L'AUTORITÉ PATERNELLE

DANS

L'HISTOIRE DU DROIT

Par N. HAILLANT

DOCTEUR EN DROIT

❧

« Il faut éclairer les lois par l'histoire, et l'histoire
par les lois. »
    (Esprits des lois).

« L'enfant, à tout âge, doit honneur et respect à
ses père et mère. »
    (Code civil des Français).

❧

SAINT-NICOLAS ET NANCY
IMPRIMERIE DE N. COLLIN
—
1873

L'AUTORITÉ PATERNELLE

DANS

L'HISTOIRE DU DROIT

L'AUTORITÉ PATERNELLE

DANS

L'HISTOIRE DU DROIT

Par N. HAILLANT

DOCTEUR EN DROIT

❦

« Il faut éclairer les lois par l'histoire, et l'histoire par les lois. »

(Esprits des lois).

« L'enfant, à tout âge, doit honneur et respect à ses père et mère. »

(Code civil des Français).

❦

SAINT-NICOLAS ET NANCY

IMPRIMERIE DE N. COLLIN

1873

A MON PÈRE

A MA MÈRE

A MES FRÈRES

A MA SŒUR

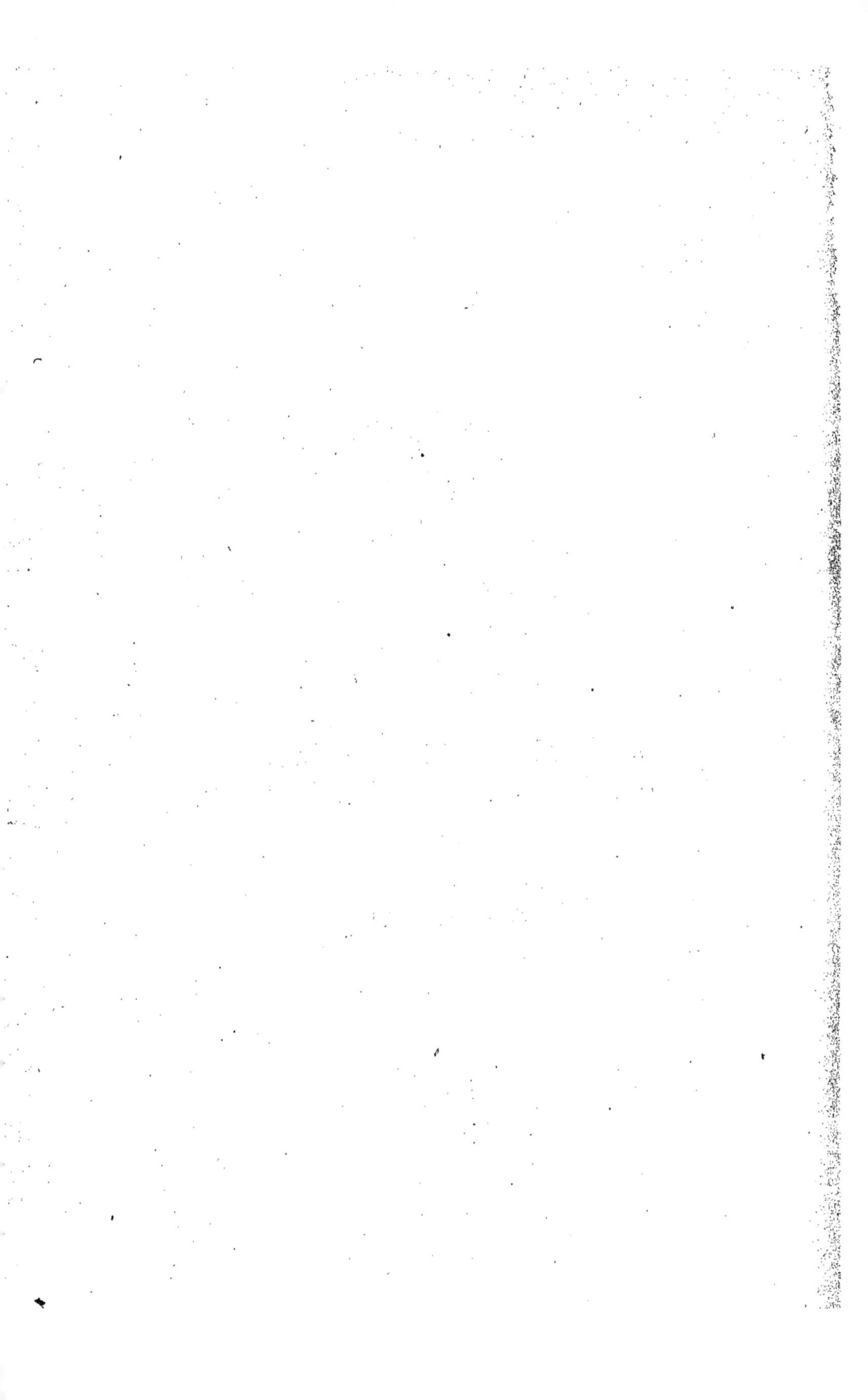

AVANT-PROPOS

Il faut éclairer les lois par l'histoire, et l'histoire
par les lois.

(Esprit des lois.)

Nous avons essayé dans ce travail, de faire pour une institution
de notre droit civil, ce qu'il est désirable d'être fait pour notre
droit tout entier : *Son histoire interne.* Un de nos auteurs classiques, M. Troplong, regrettait, il y a quelques années, cette
lacune dans la culture de notre droit. L'activité semble se porter
maintenant tout entière vers la publication des textes. Les Beugnot,
Rozière, Pardessus, Laboulaye, ont donné des matériaux abondants, et sur lesquels, dans l'état actuel de la science critique, on
peut se reposer complétement. Leurs savantes éditions invitent maintenant à l'œuvre ceux d'entre nous qui feront maintenant les
premiers pas dans cette voie nouvelle de la science historique,
appliquée au droit. Dans cette science que l'on ne connaît encore
chez nous que de nom, il faut procéder par analyse, c'est-à-dire
par monographies et finir chacune des parties dont se composera
l'édifice tout entier. Ainsi ont fait Kœnigswarter pour la famille,
Laboulaye pour la propriété et la condition des femmes, et beau-

coup d'auteurs que nous n'avons pas le temps d'énumérer ici. Plus tard, quand chacune des parties est terminée, quand la raison de chacune des institutions est connue, apparaît un ouvrier qui procède alors par synthèse, rassemble tous ces éléments épars, assigne à chacun sa place, explique leur existence ou leur dispa- rition, et tire la conclusion. Cette conclusion est le système juri- dique d'un peuple à un moment donné. Ceci constitue l'originalité de ce peuple à cette époque. Car, un peuple, qui est un organisme vivant, ne reste pas plus stationnaire que l'individu. Et les peuples qui sont de la même race, vivent et travaillent d'abord sur un fonds commun et se séparent bientôt par des traits fort caractéristiques. Mais ce travail de transformation est extrêmement lent et presque imperceptible pour l'individu. La nature ne procède point par soubresauts : *Natura non facit saltus* ; les accidents ne sont qu'apparents. C'est pourquoi on ne rompt jamais complétement avec le passé, et ceux qui ont voulu faire table rase des éléments anciens, se sont singulièrement trompés. Il paraît donc utile, nous dirons plus, il est nécessaire de connaître l'histoire interne d'un peuple, si on veut juger en toute connaissance de cause le rôle qu'il a joué dans la civilisation générale. Et, par quel trait plus saillant un peuple peut-il se révéler, si ce n'est par ses lois et ses institutions. Il suffit de citer les Romains et les pays de coutumes. Le travail est presque fait pour les premiers, si toutefois l'on veut bien se rendre compte des matériaux que l'on possède. Il reste à faire de même pour notre droit coutumier. Mais on constate la pénurie presque complète pour l'époque de nos origines celtiques, comme à Rome pour l'époque aryenne. Il ne faut pas toutefois se décourager, car on a conservé pour les périodes suivantes de nos antiquités, des matériaux nombreux et non altérés. On sait qu'il

y a quelques regrets à exprimer à cet égard, pour la période classique à Rome et les temps où vivait Cicéron.

On a négligé toutefois et à dessein, dans cette monographie,
ces temps quasi-préhistoriques dont nous parlons, et dont on ne
peut reconstituer la physionomie qu'à grands traits. Cette période
est éloignée de la nôtre, de plus de quatre mille ans peut-être, et
les liens qui nous unissent aux Aryas sont sensiblement relâchés.
Il n'en est pas de même du peuple romain, dont la souche toutefois est âryenne, mais dont le droit classique est, pour ainsi dire,
de formation secondaire : la première couche étant formée par le
fonds commun d'idées des Hindous, des Hellènes et des Latins.
Ce peuple doit, à ce titre, trouver place dans nos origines juridiques.

D'un autre côté, le rameau celtique laisse place encore à trop
de conjectures, pour qu'on puisse en faire actuellement une étude
approfondie. On ne saurait trop regretter que nous soyions si peu
riches en documents authentiques sur ces peuples primitifs, qui
forment en somme la première couche nationale. Mais l'élément
germanique, qui ne fut au fond qu'un accident, est largement
représenté. Le système féodal qui suit, imprime un cachet original aux institutions, qu'il fait souvent dévier de leur direction
première. Enfin, la coutume qui se rencontre même dans le Midi,
parce qu'en définitive, la loi n'est chez un peuple qu'une coutume, que la société traduit en précepte sanctionné par l'autorité
publique, la coutume, dis-je, semble renaître. La nature reprend
ses droits ; elle prend autant de formes qu'il y a de peuples, de
provinces, de « pays » ou même de villes, parce que l'unité que
l'on veut créer ne sera jamais qu'apparente.

Tel était l'état de choses, quand les lois révolutionnaires détruisirent tout ce qui était ancien, parce que c'était ancien. On ne pouvait aller plus directement contre le cours naturel des idées et des institutions humaines. Aussi, après quelques années, le législateur revint-il prudemment sur ses pas, en dissimulant son erreur sous les mots de « transaction » et de « conciliation ».

Malgré le peu de temps qui s'est écoulé depuis la promulgation du code, l'histoire de nos institutions a déjà subi des variatior s, soit en législation, soit en jurisprudence, voire même en doctrine. En sorte que l'histoire interne, si elle est ici renfermée dans un horizon plus petit et ne présente plus les grandes lignes des longues périodes, offre néanmoins cet attrait particulier de l'étude d'une institution vivante, à la naissance de laquelle on a parfois assisté, que l'on voit se développer et que l'on peut même voir disparaître.

Telles sont les idées que nous avons dû exposer, avant de commencer l'histoire interne de l'Autorité paternelle.

L'AUTORITÉ PATERNELLE

DANS

L'HISTOIRE DU DROIT

Introduction philosophique et historique.

Sommaire.

1. L'autorité paternelle est une institution aussi ancienne que le genre
humain, parce qu'elle est nécessaire à la vie de famille. Elle a même dû être
la première puissance sociale: car la société renfermée à l'origine dans les
étroites limites de la famille, fut régie par le chef le plus ancien ou le plus
vigoureux. Chez la plupart des peuples antiques, elle conserve des prérogatives toutes puissantes, que nous appellerions *royales* si nous ne craignions
de commettre un anachronisme dans l'expression : ainsi la puissance judiciaire, qui est domestique ; la puissance, ou le pouvoir exécutif, qui se traduit énergiquement par le droit de vie et de mort. Son dernier caractère
principal était la perpétuité, car elle ne s'éteignait qu'à la mort de celui qui
en était dépositaire.

2. Chez tous les peuples connus, et dans tous les temps, l'autorité paternelle est née d'abord de la tendresse naturelle à l'homme pour sa progéni-
ture. Elle ne tarda pas à se changer en véritable pouvoir, facilement usurpé
par le fort sur le faible, rendu au reste nécessaire par la situation précaire

des enfants, dont le développement physique et intellectuel attira l'attention du père. Le droit naturel tire du fait de la génération l'obligation de nourriture et d'entretien qui incombe au père ; le droit social impose l'éducation, tout en donnant au père l'autorité suffisante pour remplir ce devoir. L'auteur de l'*Emile*, après avoir rappelé au père l'obligation de nourrir l'enfant, lui impose ensuite le devoir d'en faire un homme sociable, et de donner un citoyen à l'Etat: « Un père, dit-il, quand il engendre et nourrit des enfants, ne fait en cela que le tiers de sa tâche. Il doit des hommes à son espèce, il doit à la société des hommes sociables, il doit à l'Etat des citoyens. » Un autre puissant génie, Kant, s'appuyant sur l'idée de personnalité qui caractérise le fruit de l'union du couple, et sur le fait de la naissance de cet enfant sans sa volonté, mais bien par celle de ses parents, fonde la puissance paternelle sur le devoir. « Les enfants en tant que personnes, dit-il, ont droit, comme avantage inné (Angeerbtes) aux soins de leurs parents jusqu'à ce qu'ils soient capables de se conserver eux-mêmes. En effet, le fruit étant une *personne*, on doit considérer la procréation comme un acte par lequel on engendre une personne sans son consentement et d'une façon toute arbitraire et qui nous impose l'obligation de rendre aussi agréable que nous pourrons le faire, cette existence que nous lui avons donnée. Les parents ne peuvent pas détruire leur enfant comme si c'était une œuvre mécanique (als ihr Gemæchsel) et leur propriété, ni même l'abandonner au hasard, car ce n'est point seulement une chose (ein Weltwesen) mais un citoyen du monde qu'ils ont produit (ein Weltbürger). De ce devoir résulte aussi nécessairement pour les parents tant que leur enfant n'est pas encore lui-même en état de faire usage de son corps et de son esprit, outre le soin de le nourrir et de l'élever, le droit de le diriger (zùr Handhabùng) et de le former sous le rapport pragmatique (lui faire apprendre un art mécanique, disons-nous) afin qu'il puisse plus tard pourvoir lui-même à son existence et à ses besoins, comme aussi dans le rapport moral. Mais l'âge de l'émancipation (emancipatio) étant arrivé, ils doivent renoncer à leur droit paternel de commander, comme aussi à toute prétention de dédommagement pour les soins et les peines qu'ils ont eus jusque-là et l'obligation que l'enfant leur doit en échange, une fois son éducation terminée, ne peut être considérée par eux que comme un simple devoir de vertu, c'est-à-dire un devoir de reconnaissance. » Au paragraphe suivant, le philosophe trace les limites de la durée du pouvoir paternel en ces termes : « Les enfants deviennent majeurs, c'est-à-dire leurs propres maîtres (sui juris) par ce seul fait qu'ils sont devenus capables de se suffire à eux-mêmes... Ils acquièrent ce droit en vertu de la loi seule (lege), qui les libère en même temps de toute dette à l'égard des parents, pour l'éducation qu'ils ont reçue, de même qu'on affranchit à leur tour les parents de toute obligation à l'égard des enfants ; de telle sorte que les uns et les autres acquièrent ou recouvrent leur liberté naturelle, et que la société domestique qui était nécessaire d'après la loi est maintenant dissoute. » Il indique ensuite la nature du droit des parents sur leurs enfants, lequel « est le plus personnel de tous (das allerpersœnlichste) et qui est de la même nature que celui de l'époux sur son épouse, du maître sur les domestiques. Les objets acquis en vertu de ce droit (la femme par l'homme, les enfants par le couple, les domestiques par la famille) sont inaliénables. Ce droit est un droit personnel d'*espèce réelle* (Auf dingliche Art persœnlichste Recht) car il consiste à posséder un objet extérieur *comme une chose*, et à en user comme d'une personne (1). »

On nous pardonnera cette citation, peut-être un peu longue, que nous avons cru néanmoins devoir faire, d'abord parce que la nature de notre sujet le comportait, en outre parce que l'école française, qui brille surtout par l'interprétation et la clarté de sa doctrine, néglige peut-être un peu trop l'étude de la philosophie du droit, qui seule néanmoins fournit les principes vrais du législateur et à son interprète, et dont les anciens reconnaissaient déjà l'importance (2): « Penitus ex intima philosophia hauriendam juris disciplinam. » Si tels paraissent devoir être les devoirs de la puissance paternelle et les limites rigoureuses dans lesquelles elle doit se renfermer, nous concluerons facilement que la destination de l'homme, laquelle est si élevée, que ses devoirs de famille, qui doivent être si dignes, que ses obligations envers la société, forme essentielle du genre humain, le soustraient à sa transformation en propriété, en instrument d'acquisition ; que si toutefois une théorie différente fut jadis appliquée, l'histoire ne peut la rappeler que pour la flétrir et en plaindre les malheureuses victimes. Ainsi, nous arrivons à admettre, si on ne veut nier la liberté humaine, que désormais l'*intérêt de l'enfant*, en harmonie avec celui de la société, doit servir de principe à l'autorité paternelle. Nous retournons donc hardiment l'ancien système, qui fondait le pouvoir paternel sur l'intérêt du père. Aussi l'antiquité et les

---

(1) KANT. *Eléments métaphysiques de la doctrine du droit.* Part. I., ch. 2. Sect. 3, tit. 2, §§ 28 et 29. trad. J. BARNI. Paris, Durand, 1854.

(2) *De legibus*, lib. I, c. 2, § 5.

temps barbares permettaient-ils logiquement l'exposition (1) et même l'assassinat de l'enfant (2). Ce système fut en pleine vigueur dans l'ancienne
Rome. Les progrès de la civilisation, les habitudes morales que l'on contracte facilement dans un pays libre, apportent à l'autorité paternelle le secours d'un élément bien autrement puissant et plus noble : l'amour paternel.
En effet, la tendresse du père, l'amour du père, l'amour malgré les diffor-
mités physiques ou les monstruosités morales ; la sollicitude des parents à
entourer l'enfant de la plus grande somme de bonheur possible ; l'intérêt
immense que porte le chef de famille à tout ce qui touche celle-ci de loin ou
de près ; enfin des sentiments affectueux, éclairés et maintenus par la raison,
tout cela laisse loin en arrière le principe actuel de notre législation : l'intérêt de l'enfant. C'est l'idéal que nous entrevoyons au temps actuel, et qu'on
peut ne pas désespérer d'atteindre, dût-on attendre pendant de longs siècles.
Mais l'immense progrès réalisé hier, comme d'un coup de foudre, console le
moraliste, obligé d'examiner ces théories qui au premier abord paraissent
évidemment bizarres et injustes, et qui ne sont plus aujourd'hui qu'un effrayant monument historique.

4. L'étude historique d'une institution doit, à notre avis, avoir pour base
l'alliance du droit et de la philosophie, afin de mieux comprendre son esprit,
les diverses phases de son développement, et en même temps les modifications que les mœurs et les événements lui ont fait subir. Nous n'avons pas
la prétention de faire une œuvre nouvelle, car sur ce point les travaux sont
aussi nombreux que remarquables, et les matériaux abondants. Nous y pui-
serons néanmoins avec discrétion. Le principe de l'autorité du père étant
donc hors de doute — on n'a jamais sérieusement mis en question que les
limites de ce pouvoir — nous rechercherons dans quel cercle cette puissance
doit se mouvoir, quelles limites elle doit respecter, quel droit elle laisse aux
enfants. Nous rechercherons également quelle fut, dans l'esprit des diverses
législations que nous étudierons, la raison d'être de l'autorité paternelle,
quels furent les principes sur lesquels on la fit reposer ; comment on les mit
en harmonie avec la société existante ; quelles transformations cette institution subit à travers les âges, depuis les temps où régna le despotique pouvoir du chef de famille romain, jusqu'à l'époque actuelle, où l'intérêt des

(1) Les Arabes de nos jours renvoient celles de leurs femmes qu'ils ne peuvent plus
nourrir.

(2) ARISTOTE : *Politique,* livre VII ch. XVI ; HOBBES, *du citoyen,* ch. IX, part. II.

enfants remplace l'intérêt militaire féodal, détrôné à son tour par l'orgueil de la famille aristocratique sous la période de la monarchie française. Tels sont, en résumé, les principes sur lesquels la puissance paternelle reposait à ces diverses époque (1).

5. Chaque peuple a son caractère propre ; ce qui constitue son originalité. Cette originalité se traduit d'une part par les mœurs et les institutions civiles et religieuses, de l'autre par les traits physiologiques distinctifs de la race. Le peuple romain en est une preuve étonnante. Il est vrai que les ancêtres de ce groupe ont vécu longtemps dans l'Asie centrale avec les Hellènes et les Hindous avant de se répandre en Europe, et qu'ils ont été étroitement liés entre eux par un idiôme commun. Mais ce qu'il y a de remarquable chez le peuple romain, c'est qu'il a conservé, grâce à la prodigieuse énergie de son caractère doué d'une ténacité étonnante, les anciennes traditions et les vieux principes qu'il a apportés avec lui, comme un legs pieux de ses ancêtres, lors de la grande émigration des peuples. Nous croyons qu'il n'est pas inutile, pour l'étude que nous essayons de faire des attributs de la puissance paternelle, de remonter à ces origines lointaines, parce que, seules, elles peuvent nous expliquer la nature et les véritables caractères de cette institution.

6. Il semble que ce soit une loi commune à toutes les nations naissantes de fonder la famille en lui donnant pour principe constitutif la puissance absolue du chef, pour arriver ainsi, par la formation d'une petite société liée par la génération ou l'esclavage, à une plus grande, ayant des intérêts communs, laquelle fut appelée d'abord *tribu*. Cette manière de comprendre la société fut longtemps en usage. Nous voyons, en effet, chez les peuples les plus anciens se produire le même phénomène. Les documents historiques, la science de la philologie comparée le prouvent pour les peuples Aryens comme pour les autres. Ainsi les Sémites virent longtemps dans le patriarche le chef suprême et le maître absolu des personnes groupées sous sa puissance (2). Ce ne fut qu'à l'époque de Moïse que la puissance paternelle subit certaines restrictions, notamment quant à un de ses attributs, jusqu'alors regardé comme essentiel : le droit de juridiction domestique.

---

(1) Les propositions énoncées au texte se trouvent prouvées dans la suite de notre travail, à la période correspondante à ces époques. Une introduction bien faite doit, à notre avis, tout en indiquant les matières à étudier, présenter en même temps comme un aperçu succinct des phases historiques de l'institution que l'on examine.

(2) V. LA GENÈSE, et LE DEUTÉRONOME, *passim*.

Néanmoins et même après la réforme de ce grand législateur, le père put encore vendre sa fille comme esclave, ou plutôt, pour employer l'expression du texte, en faire *la servante d'un hébreu* (1). C'était un contrat analogue à celui que nous rencontrerons à Rome. De même chez les Mèdes et les Perses (2) et chez les Gaulois (3) la puissance paternelle était absolue : le père disposait de ses enfants comme l'eut fait un maître de ses esclaves (4). On rencontre le même caractère encore chez les Hindous (5), peuple de la même race que les Grecs et les Romains, dont la religion, qui était celle du foyer des ancêtres et purement domestique, a été le principe constitutif de la famille ancienne (6). « La comparaison des croyances et des lois montre qu'une religion primitive a constitué la famille grecque et romaine, a établi le mariage et fondé l'*autorité paternelle*, a fixé les rangs de la parenté, a consacré le droit de propriété et le droit d'héritage (7). »

7. Après ce rapide aperçu historique, nous allons exposer l'objet de notre travail et indiquer l'esprit d'après lequel nous l'avons conçu.

De courtes observations sur le but de l'institution de l'autorité paternelle et sur la manière dont on l'envisage généralement au point de vue de l'organisation de la famille et de la société nous aideront à le faire.

La nécessité de l'autorité paternelle, du moins, avec certaines restrictions, ne fait pas pour nous l'ombre d'un doute. L'on n'a jamais discuté, disions-nous plus haut, que ses modes d'exercice et ses prérogatives, jamais son existence même (8). Certains peuples l'ont fait découler de la religion, d'autres, et parmi ceux-ci on compte les peuples modernes, de l'état de faiblesse de l'enfant, et de son impossibilité à se suffire à lui-même. La force serait ainsi la source du droit : elle le primerait. Quoiqu'il en soit au point de vue historique, les publicistes les plus autorisés sont presque unanimes

---

(1) *Exode*, XXI, V. 7.

(2) Aristote, *Ethiq.*, lib. 8, c. 10.

(3) Caesar, *Comment.*, lib. 6.

(4) Eschbach, *Introd. à l'étude du droit*, 3ᵉ Part., Ch. 1ᵉʳ., Sect. 1ʳᵉ., p. 455 de la 3ᵉ édit.

(5) *Lois* de Manou, *passim*, notamment VIII, 416. La propriété y est *domestique*. L'acquisition des enfants et de la femme profite au père, dépositaire des biens reçus des ancêtres et qu'il transmettra à l'aîné pour que celui-ci en fasse de même. — *Ibid.* IX, 104 et s.

(6) Voy. Fustel de Coulanges, *La cité antique*. Liv. I, Ch. 4, et Liv. II, Ch. 1.

(7) Fustel de Coulanges, *ibid.* Telle est la thèse sur laquelle repose le beau livre de notre ancien professeur de Strasbourg.

(8) Les plus radicaux en cette matière, notamment les communistes, sans la supprimer toutefois comme institution, se contentent d'en conférer l'exercice à l'État.

aujourd'hui à accorder au père sinon une puissance complète et absolue, du moins une certaine administration de la personne et des biens de l'enfant, espèce de tutelle paternelle dont les pouvoirs doivent être en raison inverse du développement physique et intellectuel de l'enfant. Chaque peuple envisage donc la question à son point de vue ; soit que le progrès se réalise d'une manière lente par le jeu régulier de l'intelligence et le développement normal des institutions, soit par les secousses violentes mais passagères qui résultent des révolutions. Toujours est-il que l'histoire doit envisager cette institution au point de vue du règlement des droits respectifs du père et de l'enfant ; l'étudier dans les limites du pouvoir paternel, alors même que ce pouvoir ne serait désigné que sous le nom modeste d'*administration*. Débarrassée des principes religieux et politiques qui l'entouraient à sa naissance, la puissance paternelle est devenue de nos jours une pure question d'organisation sociale et de législation. Non pas que nous voulions considérer cette institution comme un joug que certaines idées égalitaires actuelles tenteraient de nous imposer ; nous respecterons toujours ce précepte religieux formulé par le législateur du Sinaï : « Honore ton père et ta mère » (1) ; mais nous mettrons en regard cet autre principe : « C'est l'affection, et non le caprice, qui doit inspirer ce pouvoir (2). »

8. Tout pouvoir supposant des limites, le pouvoir paternel s'exerçant soit sur la personne, soit sur les biens des enfants, a donc les siennes. Absolu toutefois à l'origine, n'ayant d'autres règles que le bon vouloir du père, il a été réglementé dans la suite par l'autorité législative, ou l'interprétation des jurisconsultes. Alors même que les droits respectifs du père et de l'enfant seraient déposés dans une loi, il resterait toujours à les interpréter et à les élever au-dessus des prétentions souvent exagérées de l'une ou de l'autre partie. C'est la recherche de ces limites à travers les âges, et notamment chez nos ancêtres, c'est la recherche de l'intention parfois plus ou moins obscure du législateur sur le règlement des droits respectifs de l'enfant et du père qui doit faire l'objet de notre travail.

9. L'étude de cette institution ne serait pas complète, selon nous, si nous nous bornions au droit privé. Le pouvoir social a souvent réglementé la puissance paternelle même dans ses rapports avec lui. Ici il l'a respecté, et longtemps, comme nous le verrons à Rome ; là, il l'a avilie comme à l'épo-

---

(1) *Exode*, 20, 2 ; *Eccl.*, 3, 10.

(2) Fr. 5, MARC. *De lege Pompeia de Parricidiis*, 48, 9.

que féodale ; on l'a même vu, sous l'empire du fanatisme religieux, se rendre coupable d'attentat à cette autorité sacrée (1). Enfin dans des temps plus rapprochés de nous, un guerrier s'est rencontré qui a rêvé l'application d'un système gigantesque d'éducation militaire. Le développement historique de ces faits, la cause de l'inaction du pouvoir public, ou le mobile puissant qui l'a poussé à agir ne sont pas une de ces choses qui excitent le moins l'activité curieuse de l'historien, tout en espérant présenter au lecteur des aperçus nouveaux.

10. D'un autre côté, notre travail sera plutôt historique qu'exégétique. L'étude de notre institution dans nos origines nationales occupera dans cette monographie une place notable. Ce n'est qu'en remontant aussi haut que le permettent les documents historiques, peut-être même les conjectures, que l'on peut se flatter d'arriver à une connaissance aussi exacte que possible des divers éléments qui ont concouru à former l'autorité paternelle chez les différents peuples qui ont habité le même sol que nous. Ces éléments, dont quelques-uns sont disparus, ont lutté entre eux, se sont modifiés sous l'influence du caractère du peuple, ou du temps, ou des besoins de la société. Ainsi le droit celtique mérite une étude spéciale, comme étant la racine, la souche de notre droit national ; car les éléments romain, frank et chrétien sont des éléments étrangers. De plus, l'ancien droit français proprement dit exige un certain développement, puisque malgré sa division assez nettement accentuée en deux grandes branches, il offre déjà un certain caractère d'unité, résultat du temps et de l'influence monarchique, et qu'il précède immédiatement dans l'histoire notre droit actuel, né de la Révolution.

Réduit à un pur intérêt historique pour les peuples anciens et ceux qu'on est convenu d'appeler *Barbares*, notre étude présentera, quand nous arriverons à l'époque révolutionnaire, un intérêt plus vif : car nous aurons à interpréter une loi qu'on voit appliquer tous les jours, et à étudier les principes nouveaux d'après lesquels est organisée la famille actuelle, qui est la base de la société moderne.

Dans l'exposé de la matière, nous suivrons l'ordre du temps. Ainsi la période ancienne comprendra l'étude du pouvoir paternel à Rome ; la pé-

(1) Allusion à la révocation de l'édit de Nantes, et aux terribles conséquences qui en furent la suite. Voyez sur ce point la partie de notre travail relative à cette période.

riode nationale, qui remontant aux origines les plus reculées, descend jusqu'à nos jours, se partagera elle-même en deux périodes plus restreintes
au point de vue de la force obligatoire des lois qui ont réglé ce pouvoir : *a*).
Les époques celtique, gauloise, féodale et monarchique ; *b*). L'époque actuelle, commançant à la révolution de 1789, traversant la période du droit
intermédiaire pour arriver jusqu'au droit actuel proprement dit, aujourd'hui
en vigueur.

11. Chacune de ces époques est caractérisée par une étendue très-inégale
de la puissance paternelle. Absolue, conférant le droit de vie et de mort
chez les Romains et les peuples du Nord, elle est limitée chez les modernes
dans un de ses attributs, qui fut parfois considéré comme essentiel et qui est
la juridiction domestique. Notre droit actuel ne reconnaissant plus au père
aucune espèce de juridiction, prérogative redoutable du chef de famille antique et de l'époque barbare, ne lui a plus laissé qu'un faible droit de garde
et de correction. C'est ainsi qu'à mesure que nous avançons dans les temps,
les droits des enfants s'accroissent d'une façon telle que des auteurs respectables ont craint, mais à tort selon nous, la dissolution de la famille, et
ont cru les liens de la puissance paternelle relâchés au point de comprome-
tre les intérêts les plus sacrés de l'humanité (1). Nous sommes parfaitement
rassurés à cet égard, alors même qu'on enlèverait au père le droit de séquestration arbitraire, vieux débris de son ancienne juridiction, et qui porte
une si profonde atteinte à la liberté individuelle. Mais la force même des
choses devra toujours amener à tolérer, sinon à lui reconnaître vis-à-vis des
enfants, une supériorité tout à la fois physique et intellectuelle. Néanmoins,
confiants dans la loi inévitable du progrès, et la diffusion plus grande des
lumières, nous espérons qu'au nombre des réformes sociales, la réforme de
la famille, surtout en ce qui concerne la puissance paternelle et le rétablis-
sement du divorce, attirera à juste titre une des premières, l'attention du
législateur.

Nancy, 2 novembre 1872.

(1) AUBRY et RAU, *Cours de droit civil français*, § 16, *in fine*, page 27 de la 4ᵉ édition.

PREMIÈRE PÉRIODE

ROME.

Sommaire.

12. Le peuple romain a eu près de quinze siècles d'existence. Il est donc facile de comprendre que le droit n'y soit pas resté stationnaire et qu'au contraire les institutions aient dû s'harmoniser constamment avec la civilisation et les mœurs. Il n'existe peut-être pas de peuple dont l'histoire soit plus intéressante à ce point de vue.

Enveloppé à l'origine dans la religion, mêlé aux rites du culte, déposé comme un trésor mystérieux et sacré entre les mains des Pontifes, le droit fut enfin révélé au peuple. Fixé ensuite par un monument important, la loi des Douze Tables, il se développa durant de longs siècles par la seule interprétation des jurisconsultes, de sorte que ce peuple offre le spectacle, presque unique dans l'histoire, d'une législation créée par des citoyens n'ayant aucun caractère officiel.

Les institutions de Rome, pour être comprises, doivent être rattachées aux idées qu'elles ont produites, c'est-à-dire aux croyances philosophiques et religieuses de ses citoyens. Le droit ancien est né de la religion et du culte. D'après les anciennes croyances de la race Græco-latine, la mort était considérée comme un simple changement de vie ; mais ce n'était pas dans un monde étranger à celui que nous habitons que l'âme allait passer sa seconde existence, elle restait tout près des hommes et continuait à vivre sous terre, ou même dans les tombeaux. De là les rites de la sépulture et les offrandes destinées à la nourriture des morts, de là, en un mot, le culte des morts, qui paraît avoir précédé tous les autres chez les hommes de cette race. A côté du culte des morts, il y avait le culte du foyer (1).

13. Dans une période aussi longue, l'institution qui nous occupe se présente sous des faces bien diverses.

A. Le pouvoir paternel depuis ses origines historiques jusques et y compris la loi des Douze tables a un caractère absolu ;

B. Ce pouvoir subit ensuite les modifications prétoriennes; il devient modéré ;

C. Sous les Césars, jusques et y compris les réformes de Justinien, cette autorité eut à subir d'abord l'influence du stoïcisme, puis celle du christianisme, dont l'action fut presque toute puissante depuis le règne de Constantin, époque de l'avènement officiel de cette religion.

Toutefois ces divisions trop tranchantes peut-être, et si elles existent réellement dans l'histoire du peuple romain, introduiraient dans notre étude une classification qui nous semble arbitraire, vu qu'il n'y a pas eu à Rome comme chez nous, une révolution subite dont le contre-coup s'est fait sentir jusque dans le droit civil et dans la législation écrite.

14. Avant d'entrer dans les détails, il nous semble bon de donner un court aperçu de la puissance paternelle, d'en définir le caractère général. Le pouvoir paternel consistait à Rome dans l'ensemble des droits que la loi romaine accordait aux citoyens romains comme pères de famille sur leurs enfants. La loi 201 de *Verb. sign.* 50,16, nous indique quelles sont les personnes qui doivent être considérées, les unes comme dépositaires de ce pouvoir, les autres comme devant y être soumises. D'un autre côté, ce pouvoir étant exclusivement civil, était refusé aux femmes (2). Les fils de famille, alors même qu'ils auraient des enfants, n'exercent pas ce pouvoir, car il est de principe que celui qui est soumis à la puissance paternelle ne peut lui-même exercer cette puissance (3).

15. Du caractère essentiellement civil de la puissance paternelle à Rome, il résultait encore qu'elle était refusée aux étrangers (4). A ce point de vue, les Romains étaient si jaloux de cette prérogative, qu'ils ne craignaient

---

(1) R. DARESTE. *Rev. hist.* ; 1865, p. 96.

(2) § 10, *de Adopt.* Instit. 1. 11.—L. 195, *in fine, De Verb. Sign.*, 50., 16 ; fr. 196,§ 1, ibid., GAIUS.

(3) *Inst.*, § 3, de patr. pot., 1. 9.—L. 4, ULP. *De his qui sui vel alien.*, 1.6.—*Inst.*,§ 1, quib. mod. jus pot. solv., 1.12. Ibid., § 2 fr., de hered., quæ ab int. def., 31 — fr. 13, GAIUS. *De suis et légit. hered.*, 38.16.

(4) ULPIANI, *Fragm.* § 3, qui in pot. manc., tit. X.

pas d'affirmer fièrement qu'il n'existait pas de peuples ayant une puissance paternelle égale à la leur (1). L'étranger ne pouvait donc être dépositaire de ce pouvoir que si on ne lui accordait les droits de cité, à lui et à ses enfants ; auquel cas ceux-ci étaient considérés comme étant nés du mariage légal, *justis nuptiis*, entraient sous la puissance de leur père (2). Nous verrons plus bas, à propos du consentement au mariage des fils de famille que le furieux, *furiosus*, pouvait avoir ses fils en puissance, et que cet état mental ne lui faisait pas perdre ses droits de chef de famille (3).

(1) GAII, *Inst.*, § 55, c. I, — *Instit.*, § 2, *de patr. pot.*, 1.9.
(2) V. Notre regretté ORTOLAN, *Explic. hist. des Instit.* sur le § 13 *de nuptiis*, 1.10.
(3) Fr. 8, ULP. *De his, qui sui*, 1. — V. aussi le même jurisc. Fr 20, *De statu hom.*, 1.5.

CHAPITRE PREMIER.

Sommaire.

§ 16. Sources de cette autorité. — *a*). § 17. Le mariage. Détails sur le concubinat et le *stuprum* — *b*). § 18. La légitimation ; ses divers modes. — *c*). § 19. L'adoption et ses formes. La mancipatio. — *d*). § 20. Le *Postliminium* — § 21. Appendice. Modes de de recouvrer l'autorité paternelle.

16. Ces principes généraux étant posés, nous allons étudier la puissance paternelle proprement dite.

Il semble naturel de commencer par les sources de ce pouvoir.

Or les principales sources de ce pouvoir sont au nombre de trois : le mariage légal, *justæ nuptiæ*, la légitimation, et l'adoption. En y ajoutant le *postliminium*, fiction légale au moyen de laquelle le captif acquérait à son retour la puissance paternelle sur les enfants nés en captivité (Const. 1, de postlim. rev. 8, 51 ; cf. Const. 16 eod.), nous croyons notre énumération complète. Quant au droit public, celui à qui on conférait les droits de cité acquérait par là même, ainsi que nous l'avons déjà vu, le droit de puissance paternelle (Gaii, *Inst.*, §§ 93-95 ; Ibid., §§ 66 à 75).

17. *a*). Nous allons parler d'abord du mariage, qui est la première et la plus importante des sources de ce pouvoir, non-seulement chez les Romains, mais encore chez tous les peuples.

Le mariage qui confère la puissance paternelle est celui que les jurisconsultes romains appellent *justæ nuptiæ*, *justum matrimonium*, mariage selon le droit civil, union légale exclusivement propre aux citoyens romains (1).

Réciproquement, des justes noces découlaient les droits de famille proprement dits : la parenté légale ou civile, *agnatio*, et toutes les conséquences.

Les autres unions de l'homme et de la femme, connues l'une sous le nom de *concubinatus*, qu'il faut bien se garder de traduire par notre mot *con-*

---

(1) ULPIANI, *Reg.*, §§ 1,2, *De his qui in pot.*, tit. 5. — *Inst.*, § 2, *de patr. pot.*, 10.

cubinage, mais que nous appelons dans la langue juridique *concubinat* — l'autre sous le nom de *stuprum*, union passagère et illicite, ne conféraient point la puissance paternelle, ni les droits de famille. La première, le concubinat, était une union légale toutefois, en ce sens qu'elle était réglementée par la loi ; elle donnait naissance à des enfants qui pouvaient être légitimés, à la différence de ceux nés du *stuprum*, qui ne le pouvaient ; elle jetait du reste peu de déconsidération sur les personnes ainsi unies, et était fort fréquente.

Ces unions légales étaient l'apanage exclusif des citoyens. Les esclaves n'étant pas citoyens ne pouvaient contracter le mariage légitime, ni même le concubinat ; partant, ils ne pouvaient acquérir la puissance paternelle. Leur commerce s'appelait *contubernium*.

Les effets du mariage, restreints à notre sujet, sont de placer les enfants qui en naissent sous la puissance paternelle. Mais, chose remarquable et toute particulière à ce peuple singulier : le mariage ne suffit point à lui seul pour produire cet effet. L'époux n'aura ses enfants *l*en sa puissance que s'il est lui-même son propre maître, *sui juris*, car il est de principe que celui qui est en puissance ne peut avoir personne en sa puissance. Ainsi sont exclus du droit de fonder une famille — du moins actuellement, *hic et nunc*, — et d'en être le chef, *paterfamilias* : 1° les fils de famille, quoique mariés légitimement (1).

2° Leurs propres descendants tant que ces fils ne seront pas *sui juris* ;

3° Enfin les femmes et leur descendance, car la puissance paternelle est réservée aux hommes seuls ; et leurs enfants sont au pouvoir de leur père à eux, à condition, toutefois, que celui-ci sera *sui juris*. Ceci s'applique même au cas où la femme serait maîtresse d'elle-même, *sui juris*, ce qui pouvait arriver, 1° par mariage sans puissance maritale, *sine manu* ; 2° par la mort, soit de son père qui l'a en puissance, soit de son mari, qui excerçait sur elle la puissance maritale, la *manus*. Un de nos jurisconsultes romains les plus autorisés, le célèbre Ulpien, résume ces idées dans ces expressions laconiques : *Mulier familiæ suæ caput et finis est* (2).

Réciproquement, et par application de ces mêmes principes, l'époux marié légitimement et qui est *sui juris*, bien entendu, aura en puissance

---

(1) *Instit.*, § 3, *de patr. pot.* 1, 9.—Fr. 4, ULP., *De his qui sui vel alien.*, 1.6, *Instit.*, § 1, *quib. mod. jus pot. solv.*, 1. 12. — Ibid., § 2, *de hered. quæ ab intest def.*, 3. 1.—GAIUS, *De suis et légit. hered.*, 38. 16.

(2) 195, § 5 ; 59. 16.

non-seulement ses propres enfants, mais aussi les enfants de ses enfants, qui seront issus du mariage légitime de ses *fils*, et ainsi de suite, de génération en génération. Nous soulignons ici à dessein le mot *fils*, car nous venons de voir que les enfants de la fille mariée légitimement passent dans la famille de leur père, ou de leur grand'père, ou de tout autre aïeul, si leur propre père n'est pas *sui juris*.

Nous ne croyons pas devoir retracer ici les conditions auxquelles le mariage civil et légitime était subordonné. Il nous suffit, pour l'intelligence de notre sujet, de rappeler que vu l'absence des cérémonies civiles solennelles (1), telles qu'elles existent chez nous, ce n'était que l'intention que l'on considérait pour établir la différence qui existait entre le mariage légitime et le concubinat dont nous avons parlé plus haut, et pour en tirer toutes les conséquences légales (2).

18. *b*). Une seconde source de la puissance paternelle, c'est la légitimation. C'est un acte juridique au moyen duquel une personne assujettit au pouvoir paternel, des enfants qui jusqu'alors avaient été hors la puissance et la famille de cette personne.

On ne voit pas de traces de cette institution sous la République, sauf en ce qui concerne les étrangers (3) et encore pour ces derniers n'était-ce pas à proprement parler une légitimation, mais une concession des droits de cité qui produisait pour eux et leurs propres enfants les mêmes effets. Ce n'est qu'à l'époque de Constantin, en 335, que l'on vit apparaître pour la première fois un acte régulier ayant spécialement pour but de placer au rang d'enfants légitimes issus du mariage légitime des enfants nés hors de cette union. Après plusieurs développements que subit cette institution sous les successeurs de ce prince, on la trouve organisée à peu près complétement à l'époque de Justinien : les deux modes de légitimation mentionnés dans les *Instituts* de cet empereur sont le *mariage subséquent* et l'*oblation à la curie*. Les Novelles de ce prince y ajoutèrent la légitimation par *testament*, et par *rescrit du prince*.

Ce sont les enfants nés du *concubinat* qui peuvent ainsi être légitimés, car ils ont un père en quelque sorte reconnu par la loi, lequel père n'a pas toutefois les mêmes prérogatives que celui qui est uni à sa femme par le ma-

---

(1) Const. 13; de Nuptiis, 5. 4; —Const. 22 et 9 ibid. — Fr. 35, in fin. Ulp. *De condit. et demonstr.*, 35. 1.

(2) Fr. 4; PAUL, *de concubinis*, 25. 7.

(3) V. ORTOLAN, p., 102, § 13, *Explicat. hist. des Inst.*, tit. 10, de nupt.

riage légitime, puisque la légitimation a précisément pour but de lui conférer les mêmes droits ; quant aux enfants bâtards, *spurii* nés du *stuprum*, union passagère, non permanente comme le concubinat, ni reconnue par la loi, ils ne jouissent pas de ce bénéfice et leur père n'étant pas légalement connu ne peut les faire entrer dans sa famille. Le mariage subséquent produisait la légitimation, pourvu qu'il y ait eu *connubium*, c'est-à-dire capacité relative de s'épouser entre le père des enfants et la femme qu'il voulait épouser (1). Mais une remarque curieuse à faire sur ce mode de légitimation, c'est le droit des enfants de consentir à cet acte, dont la conséquence était de les faire entrer dans la famille de leur père. On ne pouvait, en effet, les assujettir malgré eux à la puissance paternelle. Ce principe était reconnu dès longtemps avant Justinien : nous en trouvons un témoignage dans un extrait des *Pandectes* du jurisconsulte Modestin, qui, on le sait, vivait au 3e siècle de l'ère chrétienne : *Inviti filii naurales, vel emancipati, non rediguntur in patriam potestatem* (2). Ce fragment nous apprend en même temps que les enfants émancipés jouissaient du même droit ; il y avait par l'effet de l'émancipation un droit acquis au profit des enfants qui ne pouvaient plus malgré eux être de nouveau soumis à la puissance paternelle.

L'*oblation à la curie* est un second mode de légitimation. La curie était une espèce de Conseil politique dans une ville, dont les membres, quoique jouissant de certains priviléges, étaient néanmoins assujettis à de lourdes charges. L'enfant offert à ce corps municipal acquérait les droits de l'enfant légitime (3) et passait sous la puissance paternelle (4). Toutefois, ces droits sont restreints rigoureusement au père, et ils ne s'étendent pas jusqu'à ses agnats ou ses cognats : l'enfant ne devient légitime qu'aux yeux du père. Nous devons faire remarquer aussi que ce mode de légitimation ne pouvait être appliqué à ces enfants que de leur consentement ; ce qui résulte des expressions générales de l'extrait des *Pandectes* de Modestin cité plus haut (5).

La *légitimation par rescrit* avait lieu sur la demande du père, qui s'adressait au prince pour obtenir le rescrit impérial autorisant la légitimation. Ce fut Justinien qui l'introduisit (6).

(1) *Inst.*, § 13, *de nuptiis*, 1. 10.
(2) Fr. 11, *De his qui sui vel alien.*, 1. 6.
(3) Const. 4, *De natural. lib.*, 5. 27.
(4) Const. 9, § 3, Ibid. 5. 27, nov. 89, ch. 2 et s.
(5) Fr. 11, *Dig.*, 1. 6.
(6) Nov. 74, ch. 2. Voy. aussi Nov. 89, ch. 9.

Enfin, le quatrième et dernier mode de légitimation était *le testament* du père. Toutefois, cet acte de dernière volonté ne produisait pas ses effets *ipso facto* et dès l'ouverture des tables du testament. Les enfants devaient, en outre, s'adresser à l'Empereur pour obtenir le rescrit permettant la légitimation. C'est une nouvelle et curieuse application du principe que les enfants naturels ne peuvent être soumis malgré eux à la puissance paternelle. Dès l'obtention de la lettre impériale, les enfants devenaient légitimes et héritiers du testateur (1).

19. *c*) Une troisième source principale de la puissance paternelle est *l'adoption*. Les auteurs classiques et les *Instituts* n'en parlent qu'à ce propos, comme du mariage. Mais à la différence de la légitimation par oblation à la curie, qui ne faisait acquérir à l'enfant légitimé des droits que par rapport au père, ici l'adopté acquérait tous les droits de famille dans celle de l'adoptant et partant de succession au nom, aux biens et à la religion domestique du même adoptant (2). Mais par contre l'adopté sort de sa famille où il perd ces mêmes droits, et où il n'est plus considéré que comme étranger. Nous devons toutefois faire une restriction pour son nom.

Cette institution est bien plus ancienne que la légitimation, que nous n'avons vu apparaître que sous Constantin. L'adoption au contraire remonte aux premiers temps historiques, et on se rappelle qu'elle était même entrée assez avant dans les mœurs romaines.

A l'origine, il n'y avait qu'une seule espèce d'adoption, qui était appelée *l'adrogation*. C'était l'acte juridique au moyen duquel le chef de famille, le citoyen *sui juris*, passait sous la puissance de celui qui l'adoptait avec sa propre famille — s'il en avait une — et ses biens. Les conséquences étaient les mêmes que pour l'adoption proprement dite, sauf que l'adrogation pouvait s'appliquer à plusieurs personnes à la fois. Ces deux espèces d'adoption tirent leur nom de leur forme. Gaius (3) nous indique pourquoi l'adrogation était ainsi appelée. Celle-ci fut à l'origine, comme l'adoption proprement dite, un acte solennel, public, auquel la cité était appelée à consentir, ou pour lequel son concours était nécessaire. Ainsi l'adoption primitivement se faisait par une loi curiate, émanée des curies romaines. C'était, on le voit, un acte essentiellement solennel. Il en fut de même de l'adroga-

(1) Nov. 74, ch. 2, § 1. — Voy. aussi Nov. 89, ch. 10.
(2) Cicer., *Pro dom.* 13, § 35. Fr. 195, § 2 et 5, *de Verb. signif.*, 50.16.
(3) *Comment.* I, § 99.

tion : *populus rogatur an id fieri jubeat.* C'est précisément cette intervention de la cité et les demandes qui lui étaient adressées qui donnèrent ainsi à cette adoption le nom d'adrogation (1).

Ces formalités plus ou moins embarrassantes et qui avaient le grand tort de ne pas être fort pratiques, ne tardèrent pas à disparaître, ou du moins à se simplifier singulièrement, et le génie inventif des Romains trouva dans le seul droit privé le moyen d'arriver au même résultat. Ce moyen était la *mancipation.* Cet acte juridique faisait cesser la puissance paternelle chez le mancipant, et au moyen d'une *cession juridique*, sorte de procès fictif (2), il était constaté que désormais le mancipé acquérait la qualité de fils par rapport à celui à qui il était cédé, c'est-à-dire à l'adoptant (3). Quand le mode d'adoption par testament se fut introduit (4), il fallut néanmoins la ratification de la cité, qui se faisait par plébiscite.

20. *d*) Nous avons parlé plus haut du *postliminium*, que nous avons considéré comme un des moyens d'acquérir la puissance paternelle. Il ne sera pas hors de propos d'ajouter ici quelques observations sur cette fiction légale, en tant qu'elle se rattache à notre sujet.

Le *postliminium* exerce son influence non-seulement sur les enfants nés avant ou pendant la captivité, mais aussi sur ceux conçus pendant ce temps, à condition toutefois que la mère ou les parents de ces derniers seront rendus à la liberté. Ces enfants seront donc soumis à la puissance paternelle s'il y a eu mariage légitime (5). Cette dernière décision suppose que les deux époux retournent sur le territoire romain, car si la mère revenait seule à Rome, l'état *status* de ces enfants serait réglé par elle : quoique ayant la liberté, *status libertatis*, et l'ingénuité, *status ingenuitatis*, ils seraient néanmoins traités comme *Vulgò concepti*, comme bâtards, parce que le mariage est dissous par la captivité (6).

Les enfants du transfuge (7), comme aussi ceux du prisonnier qui resterait volontairement en captivité (8), ne recouvreraient pas leurs droits

---

(1) GAIUS, I. 99.— Voy. aussi CICER., *Pro dom.* 29, et AULU-GELLE, *nuits attiq.*, 5. 19.

(2) AULU-GELLE, ib. Fr. 4, *De adopt. et emancip.*, 1. 7.

(3) AULU-GELLE, ibid. — Voy. aussi SUETON, *Auguste,* 64.

(4) APP., *Bell. civ.*, 3. 14. 94.

(5) FR. 9, ULP. et fr. 25, MARC. *De Captiv. et postlim.* 49.15.

(6) FR. 1, PAUL, *De divort. et repud.*, 24.2.

(7) Transfugæ nullum postliminium est, Fr. 19, PAUL, § 4 ; cf, § 8, Ibid., *De captiv. et postlim.*

(8) Fr. 5, § 5, ARRIUS MENAND. *De re milit.*, 49-16—Fr. 20, POMPON. *De captiv. et post.* pr., 49.15.

d'enfants légitimes, car le postliminium ne s'appliquerait pas à leur père.

Lors au contraire que le postliminium s'applique, le captif est censé n'avoir jamais changé d'état, n'avoir subi aucune *capitis deminutio*, pour employer les expressions consacrées. Il recouvre son ancien état, ses droits actifs ou passifs, sa condition, en un mot. Le fils de famille rentre en puissance, et le père est réintégré dans ses droits de chef de famille. Il voit donc revivre à son profit la puissance dont il était investi ; et il l'exerce de nouveau sur les enfants, comme précédemment (1), soit que ceux-ci soient nés avant la captivité, soit qu'ils aient été simplement conçus pendant ce laps de temps — son épouse partageant sa captivité. — C'est un principe que le captif aura sous sa puissance toutes les personnes qui lui auraient été soumises s'il n'avait été pris par l'ennemi : une application curieuse est faite aux descendants nés de ses propres enfants (2), alors même que le mariage légitime aurait été contracté pendant la captivité de l'aïeul et par suite sans son consentement. Un motif d'utilité publique l'avait fait décider ainsi (3).

Toutes ces décisions supposent le retour du captif. Dans le cas où il ne reviendrait pas, la situation est différente. Si par exemple, le prisonnier meurt, ses enfants seront devenus *sui juris* du jour, non pas de la mort de leur père, mais du jour où il sera tombé entre les mains de l'ennemi. C'est une conséquence non plus du *postliminium*, mais d'une autre fiction légale, créée par la *Loi Cornelia*, qui réputait mort dès l'instant de la captivité, celui qui mourait dans les prisons ennemies. Les Romains étaient si jaloux de leur titre de citoyens, qu'ils voulurent, par une ingénieuse fiction, que le captif mourût dans la plénitude de ses droits (4). Dans l'intervalle, la condition des fils de famille est en suspens, *in pendenti*, disent les textes ; on agit comme si le fils était encore en puissance. C'est ainsi que celui-ci ne peut se passer du consentement de son père à son mariage, comme nous le verrons plus bas. Toutefois, des raisons pratiques firent admettre un délai fixe de trois années.

D'après les développements que nous avons donnés, on voit facilement quelle doit être la position des enfants du captif. Disons toutefois que le testament du fils de famille sur son pécule militaire devra être suivi de son

(1) GAIUS, *Comment.*, § 129, c. I.
(2) Fr. 11, § 3, TRYPHON., *De captiv. et postl.*, 49.15.
(3) TRYPHON., ibid. Voy. aussi Fr. 23, JULIEN, ibid.
(4) ULPIANI, *Regul.*, § 4, *qui in pot.*, tit. X.

effet, si son père ne revient pas. Les acquisitions qu'il aura faites seront également valables sous la même condition (1).

21. Après avoir ainsi indiqué les sources de la puissance paternelle et l'influence du postliminium sur cette autorité, nous allons dire rapidement comment le père de famille recouvre ses droits quand il les a perdus.

C'est d'abord par la rescision de l'émancipation des enfants ingrats, dont nous parle la Const. *De ingratis liberis* (2).

C'est ensuite l'*in integrum restitutio*, au moyen de laquelle celui qui en bénéficiait était replacé dans son ancien état, dans son rang, était réintégré dans ses droits et ses anciennes dignités. Cette grâce de l'Empereur produisait néanmoins ses effets seulement pour l'avenir (3).

Enfin, nous avons vu précédemment que par l'effet du postliminium la puissance paternelle pouvait être rendue au père, bien qu'à proprement parler cette autorité reste en suspens, *in incerto, in pendenti* (*Inst.*, § 5, *quib. mod. jus pot. solv.*, 1. 12).

---

(1) Fr. 22, § 2, JULIEN *de captiv.*, *et postl.*, 49. 15 et fr. 14, PAPIN. *De castr. pecul.*, 49.17.

(2) VALENTIN, VALENS ET FRAT., 8, 50.

(3) Inst., § 1, in fine, *Quib. mod. jus pot. solv.*, 1. 12; Const. 1, ANTON., 6, GORD, 9, DIOCLET. ET MAX., *De sent. pass. et restit.*, 9. 51.

CHAPITRE DEUXIÈME.

DES EFFETS DE LA PUISSANCE PATERNELLE.

§ 22. *Division.*

22. Pour introduire plus de clarté dans cette partie de notre travail, il est nécessaire de la diviser en deux sections qui seront relatives à l'objet sur lequel la puissance paternelle produit ses effets. Ainsi donc nous étudierons d'abord les effets de cette puissance sur la personne même des enfants qui y sont soumis ; puis nous examinerons les effets qu'elle produit sur les biens.

Sommaire.

§ 23. Effets sur la personne. — § 24, 25, 26. Organisation politique de la famille, qui forme une société, à la tête de laquelle se trouve un citoyen juge, chef et propriétaire. — *a)* § 27. Attributs du chef de famille comme *juge*. — § 28. Droit de vie et de mort. — *b)* § 29. Droit de correction. — § 30. Rôle du Tribunal de famille. — § 31. Attributs du chef de famille comme *pontife et maître*. — *c)* § 32. Droit d'émancipation. — *d)* § 33. Droit de donner en adoption. — *e)* § 34. Droit de consentir au mariage. —Exclusion de la mère. — § 35. Effets du consentement et conséquences du défaut de consentement. — § 36. La loi Julia. — § 37 à 41. Mariage des enfants dont le père est *furiosus, demens,* absent, ou captif. — § 42. Y a-t-il lieu à exhérédation en matière de consentement au mariage. — *f)* § 43. Le père de famille considéré comme *propriétaire*. — Droit de vente. — Quels effets elle produit. — Le *mancipium.* — Effets de cette puissance sur le mancipé, et les enfants du mancipé. — § 44. Disparition de la vente sérieuse. — § 45. Disposition relative aux parents qui prostituent leurs filles. — *g)* § 46. Abandon noxal.

SECTION I.

23. *Effets de la puissance paternelle sur la personne.* — Sous l'empire de la législation des XII Tables, il s'est écoulé une période de puissance absolue ; le père est revêtu du pouvoir d'un roi : *paterna majestas,* dit Tite Live. Il est le pontife des lares domestiques. Il réunit dans sa main puissante toutes les prérogatives d'un pouvoir à la fois civil et religieux. Interprète de la religion domestique, son droit sur ses enfants, comme sur ses esclaves, n'a pas de limites ; il ne s'arrête qu'à la mort. Il a la libre disposition de ses biens et de sa famille pendant sa vie, et au moment suprême, la loi l'investit encore par delà la tombe du droit de faire ses dispositions de dernière volonté comme il l'entendra : « Uti legassit... ita jus esto » (1).

(3) XII TABLES ; ULPIAN., *Reg.,* § 14 *de Tutelis,* tit. 11. GAIUS, *Inst.,* § 224, C. II, etc.

24. La famille étant fondée sur une organisation essentiellement politique, l'ambition de son chef trouva une satisfaction facile dans l'augmentation et la diminution du nombre dés personnes sur lesquelles le pouvoir de famille était exercé. Cette organisation vicieuse, permettant au chef de constituer une famille toute de convention, enraya l'autorité paternelle dans sa marche progressive vers la famille naturelle, laquelle est restreinte aux liens formés par le sang ; il faut franchir une période de plus de mille années pour trouver une organisation qui ait quelque ressemblance avec la nôtre. Néanmoins la religion, qui était la source des droits du chef de famille, lui imposait en même temps des obligations. Ainsi, à l'origine du moins, l'exclusion du fils de la famille lui faisait craindre l'extinction de sa race, et l'interruption du culte des dieux domestiques ; l'adoption lui était défendue s'il avait un fils ; car c'était à celui-ci qu'était dévolu le devoir religieux. On doit donc écarter l'idée de paternité, bien que le peuple romain devenu chrétien, ait essayé de faire reposer la famille sur ce fait. « La paternité romaine, dit un auteur dans un article remarquable (1) est le titre qu'on donne à la puissance sur les hommes libres, vis ac potestas *in capite libero*. Ces hommes libres sont de plusieurs sortes : les enfants nés du mariage quiritaire : *liberi naturales* ; ceux que le père de famille s'est acquis *liberi adoptivi*. L'épouse achetée ou usucapée compte au nombre des personnes libres ; elle prendra part à l'héritage en cette qualité *inter liberos*, et non comme dit Gaius, *locofiliæ*. La mère ne devient ni la fille de son mari, ni la sœur de ses enfants. Une fiction aussi monstrueuse n'a pu être rêvée ! » Ainsi donc, à la période que nous traversons, la sœur ne joue pas dans la famille le même rôle que le frère, et l'émancipation du fils ou le mariage de la fille ont pour effet de les faire sortir complètement du clan domestique. On ne doit pas regarder non plus comme le fondement de la famille romaine l'affection résultant des liens naturels, puisque la fille était incapable d'être héritière ; car le citoyen romain, en transmettant son héritage, avait principalement pour but la continuation du culte du foyer et des ancêtres. Si nous insistons sur ce point, c'est que la religion antique explique seule le principe et la nature de la puissance paternelle ; car il n'est pas admissible qu'un législateur ait agi ainsi en dehors de toute justice, méprisant les liens de la nature, et abandonnant la vie des enfants à la volonté du père. Ces croyances ont été fortes, vivaces ; inébranlables comme le roc, elles ont traversé des siècles, et ce n'est qu'après

_____

(1) DE SAINT-VINCENT. *De la famille romaine*, Revue WOLOWSKI, 37ᵉ année, 1850

un long espace de temps et avec infiniment de précautions que les hommes des âges postérieurs ont essayé de tourner et de modifier les principes qui en découlaient. Alors les anciennes maximes sont restées écrites, il est vrai, dans la loi, ou conservées fidèlement dans la mémoire des hommes, mais battues en brèche par les innovations ingénieuses des magistrats postérieurs.

25. La famille formait ainsi, au milieu de la société romaine, une petite société, soumise elle-même à un pouvoir autocrate. Elle est la véritable unité sociale, dit l'auteur précédemment cité. Le chef résume en lui la double force que la théocratie et l'aristocratie donnent aux gouvernements primitifs. Pontife et roi du foyer, la charte qui règle son autorité est concise, mais d'une clarté farouche : *jus vita necisque*. Le dépositaire de ce pouvoir s'appelle *chef*, *Pater*. Ce mot comprend les divers pouvoirs. Il indique la puissance et la souveraineté. Ainsi les sénateurs étaient des *Patres*, parce qu'ils avaient l'autorité. Ainsi encore l'enfant qui vient de naître peut être *Pater*, car le *Pater* est le citoyen romain qui a une famille et une propriété (1). Ce n'est donc ni le *genitor*, ni le *parens*, mais celui qui a la *vis ac potestas in capite libero*. On voit chez les peuples anciens, notamment chez les Hindous, les Hellènes et les Latins, que le mot *Pater* était l'expression consacrée pour invoquer les dieux ou honorer un grand personnage. Il est facile de comprendre comment du langage religieux ou politique, cette expression a pu s'appliquer au chef de la famille : car celui-ci était roi, pontife, et appelé lui-même après sa mort à devenir un être divin que ses descendants devaient invoquer et adorer comme un des dieux de la famille (2). Ces idées se sont conservées durant des siècles, et au temps du droit classique nous rencontrons encore les mêmes définitions. Ainsi pour Ulpien, le *Pater-familias* est celui qui a le *dominium* dans sa maison : Pater autem familias appellatur qui in domo dominium habet (3).

Ces préliminaires posés, énumérons les principaux attributs de la puissance paternelle, en tant que ce pouvoir s'exerce sur la personne.

---

(1) FUSTEL DE COULANGES. *La cité antique.*

(2) Il paraît que ce droit au culte divin n'était pas exclusivement réservé aux Patres-familias mais, que les matrones romaines jouissaient aussi de cette faveur : « Dès que je serai morte, écrit Cornélie à Grachus, tu m'offriras le culte des aïeux et tu invoqueras la divinité de ta mère. »

(3) F. 195, § 2, *de Verb Signif.*, 50. 16. Le même auteur en donne ailleurs une autre définition, mais qui au fond rentre dans la même idée : Patres familiarum sunt qui sunt suæ potestatis, fr. 4, *de his qui sui vel al.*, 1. 6.

26. Le caractère essentiel du Pater consiste dans la dignité de juge ; dans sa puissance comme chef ; dans ses droits comme propriétaire.

A. DROIT DE JURIDICTION.

27. Comme juge, le père a le droit de vie et de mort. C'est là son droit le plus redoutable, et qui n'était que l'exercice régulier et légal de sa juridiction domestique. Il l'exerce en qualité de magistrat de la famille, d'une façon absolue et sans contrôle. « Les Romains, dit Montesquieu (1), accoutumés à se jouer de la nature humaine dans la personne de leurs enfants et de leurs esclaves, ne pouvaient guère connaître cette vertu que nous appelons humanité, car lorsque l'on est cruel dans l'état civil, que peut-on attendre de la douceur et de la justice naturelle ? » Selon le témoignage d'un ancien, le mari est juge de sa femme ; son pouvoir n'a pas de limites, il peut ce qu'il veut. Si elle a commis quelque faute, il la punit ; si elle a bu du vin, il la condamne ; si elle a eu un commerce avec un autre homme, il la tue (2). » L'historien cité, M. Fustel de Coulanges, ajoute que le droit était le même à l'égard des enfants : Quum patri Lex Regia dederit in filium vitæ necisque potestatem, etc. (3). Aulu-Gelle (4), nous rapportant la formule de l'adrogation, le mentionne également : Utique ei vitæ necisque in eum potestas siet. L'histoire témoigne qu'on vit ce magistrat domestique, père de famille, exercer plusieurs fois cette prérogative, et prononcer la condamnation sans appel (5). Cette organisation fut si puissante, si énergique, qu'elle résista à plus de dix siècles sans se laisser entamer : et ce n'est qu'après ce long espace de temps, que nous rencontrerons les premières limites imposées à la rigueur du chef, et que nous aurons la consolation de voir les premiers adoucissements à la condition des enfants. Personne, disons-le hautement, personne ne s'étonnait de l'exercice à Rome de ces droits conférés par l'autorité paternelle. Comme le témoigne un des jurisconsultes de l'époque classique, c'était entré dans les mœurs : jus potestatis moribus receptum (6). Ainsi, un certain Fulvius, fils de sénateur, déclaré par jugement de son père

---

(1) *Grand et décad.*, ch. 15.
(2) Caton l'Ancien, rapporté par Fustel de Coulanges. *Cité antique*, liv. 2, ch. 8.
(3) Fr. Papin. Lib. sing. *De adulter*, dans la *Collatio leg. mosaïc*, tit. 4, ch. 8 ; Const. 10, *de Patr. pot.*, 8. 47.
(4) *Nuits Attiq.*, 5. 19.
(5) V. Denys d'Halic., 2, 4 ; Val Max., 5, 8.
(6) Fr. 8, Ulp., *de his qui sui.*, 1, 6.

complice de Catalina, fut condamné à mort (1), *parens necari jussit*. La même peine fut prononcée par un certain Atilius contre sa fille, pour s'être livrée à son amant (2).

On pense genéralement que ce droit était inscrit dans la quatrième des Douze Tables, qui était sans doute relative au pouvoir paternel, et que les modernes intitulent *de patrio jure*. Comme elle nous est incomplètement parvenue, on ne peut faire là-dessus que des conjectures.

A l'époque classique, le droit de juridiction domestique est loin d'être éteint. Les enfants ne sont pas encore devenus justiciables de l'Etat, et leur condition ne semble pas s'être sensiblement améliorée. Ils n'avaient d'autre adoucissement à attendre que des mœurs, du progrès et des idés philosophiques venues de Grèce, et des sentiments de douceur et de charité prêchés par le christianisme.

A l'époque impériale, ce droit de vie et de mort tendait singulièrement à paraître inutile, sinon barbare. La société adoucie ne pouvait plus le supporter. Senèque nous en donne un exemple frappant : il nous raconte (3), qu'un chevalier romain qui avait fait mourir son fils , fut poursuivi par le peuple jusque sur la place publique, où il fut frappé à coups de stylets. D'un autre côté, cette autorité ne pouvait plus subsister longtemps avec la nouvelle forme constitutionnelle qui tendait à centraliser tous les pouvoirs dans les mains d'un seul, *l'imperator* (4). En sorte que ce pouvoir domestique, basé d'abord sur des principes religieux et l'intérêt du père, allait peu à peu être absorbé par le pouvoir judiciaire public. L'état se substituant à la famille poursuivit d'office les accusations criminelles laissées jusque-là à l'initiative individuelle ; nous n'en voulons d'autres preuves que le silence des historiens et l'argument qu'on peut tirer de la Const. des empereurs Dioclétien et Maximien, qui ne permettait plus la vente, ni l'abandon à titre de gage des enfants (5). Nous voyons en effet dans le *Traité des adultères* d'Ulpien (6), que le père ne peut tuer son fils sans l'avoir entendu dans sa défense, mais qu'il doit l'accuser près du Préfet ou du Président de la province.

De plus, la condamnation à la déportation d'un père qui avait tué son fils

(1) SALLUST., *Catilin.*, 39.
(2) VAL. MAX., VI, § 7.
(3) SENEQ., *de Clement.*, 1, 14.
(4) TROPLONG. *Influence du Christ. sur le dr. civ. des Rom.*
(5) Const. 2, *de patrib. qui filios distrax.*, 4, 43.
(6) Fr. 2, *ad Leg. Cornel. de sicar.*, 48, 8.

à la chasse (1), prouve que le père ne pouvait plus exercer sur ses enfants son antique droit de vie et de mort. Ce père, qui avait néanmoins de légitimes griefs contre son fils. — celui-ci avait des relations criminelles avec sa belle-mère, *novercam adulterabat* —, oubliait, mais non impunément, le précepte d'un Romain même : la puissance paternelle doit reposer sur la tendresse, et non sur la barbarie (2). On ne peut toutefois trouver cette conduite par trop sévère, eu égard aux mœurs de ce peuple. Les Romains ont toujours été très-pointilleux sur ce chapitre (3).

On ne saurait affirmer toutefois d'une façon absolue que le droit de juridiction domestique disparut complètement dès le commencement de l'Empire. Il y a encore dans les historiens des exemples de l'ancien système criminel qui régissait les personnes en puissance (4).

Ce dernier système a même dû se conserver pendant tout le premier siècle de l'ère chrétienne. La mère en effet, qui a tué son enfant est bien punie de la peine du parricide, mais on ne voit pas qu'il en fût de même du père (5).

Le silence de la loi serait inexplicable sur le cas du père, s'il n'avait plus eu son ancien droit. Désormais, et quand le père eut perdu ses prérogatives, Constantin, et les autres empereurs chrétiens qui le suivirent, édictèrent des peines assez fortes contre les pères qui feraient mourir leurs enfants. Au lieu de la peine de la déportation dans une île, peine relativement légère encore, Constantin décréta la peine du parricide (6). Le parricide était cousu dans un sac de cuir, où l'on avait renfermé une vipère, un singe, un coq et un chien : *impiis animalibus impius homo* (7), conduit à la mer sur un char attelé de bœufs noirs ; on le précipitait ensuite dans l'abîme, l'usage de tous les éléments commençait à lui manquer même avant sa mort, le ciel était dérobé à ses yeux, la terre à son cadavre (8).

C'était bien la loi *Pompéia de Parricidiis* qui avait édicté cette peine, mais

(1) Fr. 5 MARC. *De leg. Pomp. de parricid.* 48, 9.

(2) *Ibidem.*

(3) § 6, ch. 3, Nov. 115.

(4) V. en effet SUÉTONE. *Tiber.* 35 ; TACITE. *Annal.* 13. 32 relativement à la puissance maritale.

(5) Fr. 1., MARCIEN. *Ad leg. Pomp. de parricid.*, 48. 9.

(6) *De his qui parent. vel lib. occid.*, 9. 17. Cette peine était très-ancienne, et sans doute antérieure aux Douze Tables.

(7) ADRIAN. *Sent.*, § 16.

(8) *Inst.*, § 6, *De Publ. jud.*, 4. 18., trad. ORTOLAN. Une description plus complète de ce curieux supplice a été faite par M. Ch. Dezobry dans son ouvrage *Rome au siècle d'Auguste,* lettre 40.

ce supplice remonte au moins aux *Douze Tables*. Marcien nous rapporte que de son temps la mère ou l'aïeul coupable du meurtre de leurs enfants ou petits-enfants tombaient aussi sous l'application de cette loi. Rendue l'an de Rome 701, elle reconnaissait encore au père le droit de vie ou de mort, puisque dans la longue énumération des personnes auxquelles elle était applicable, on ne rencontre pas le nom du père, et que l'on prend bien soin de rendre passible de cette peine la mère et l'aïeul (1). Nous devons rappeler que selon un de nos savants historiens, le supplice du parricide pourrait bien avoir été purement comminatoire. Il semble que la loi se sentant faillir, veuille faire peur, enfle sa voix et menace de revenir à la barbarie (2).

Néanmoins, et à la même époque, il fut permis au père de faire mourir sa fille « *in rebus Veneris deprehensam* (3), surprise en adultère (4). Mais le meurtre devait avoir lieu sur-le-champ « in continenti filiam suam occidat » le père en effet ne semble agir légitimement que parce qu'il est poussé par le sentiment de l'indignité de sa fille, et par la colère soudaine qui doit l'emporter en pareille occurence « hoc impatientia justi admisit. » Le jurisconsulte Paul, dans son commentaire sur cette loi, dit que ses dispositions ne prévoyaient pas expressément le meurtre de l'épouse adultère par son père : *Verbis quidem legis prope est ut non possit occidere*, et rigoureusement on aurait pu soutenir qu'il ne lui était pas permis d'attenter aux jours de sa fille surprise en flagrant délit ; qu'il devait laisser ce soin au mari, lequel en effet semblait plus outragé. Mais on avait fini par le lui permettre : *permitii tamen ei ut occidat* (5). En tous cas, il fallait que la fille fût encore en puissance (6). L'adultère devait être commis dans la maison du père, bien que la fille n'y habite pas, ou dans celle du gendre (7) ; car la fille qui ose commettre ce crime en introduisant le complice dans la maison de son père ou de son mari commet évidemment une injure plus grave (8). De plus le père devait tuer la fille et son complice en même temps, *uno impetu*

---

(1) Fr. 1. MARC. *h. t.*, 48. 9.

(2) MICHELET. *Origines du droit*, Préf. p. CII.

(3) Et hoc est, ajoute Ulpien, quod Solo et Draco dicunt ἐν ἔργῳ. (sur le fait, à l'œuvre.)

(4) PAUL. *Sent.*, § 2. *De adulter.*, 26 ; fr. 20 et 23, PAPIN. 21 ; ULP. 32 ; MACER. *Ad Leg. Jul. de adult.* 48. 5.

(5) PAUL., *Sent.*, §2, *de adult*, 2, 26. Papinien refusait ce droit au fils de famille devenu père lui-même, fr. 20 et 21, *Ad leg. Jul. de adult.*, 48, 5.

(6) Fr. 20 et 21, ibid.

(7) Fr. 22, § 2, ibid.

(8) Fr. 23, § 2, ibid.

utrumque occidere æquali ira adversus utrumque sumpta (1). Le même droit était accordé au père adoptif (2).

B. DROIT DE CORRECTION.

29. Lorsque le fait répréhensible sur lequel le père devait se prononcer ne méritait pas la mort, il prononçait des peines moindres consistant en châtiments corporels, ce qui constituait un droit de correction, mais excessivement étendu. L'enfant pouvait être retenu enchaîné aux travaux de la campagne, flagellé, jeté en prison pour le reste de ses jours, ou même vendu. Ces rigueurs évidemment ne pouvaient être exercées qu'à titre de peine, et comme résultat d'une condamnation émanée du droit do justice du père, car Denys d'Halicarnasse qui énumère ces divers droits (3), ajoute, comme complément : le droit de vie et de mort ; or nous avons vu plus haut que ce droit n'est accordé au père qu'en sa qualité de juge. On conjecture que ce droit était inscrit dans les *Douze Tables*. Mais pour le droit de correction, comme pour le droit de vie et de mort, le père, du moins à l'époque primitive, ne relevait que de sa conscience et de son intérêt, et aucune autorité n'avait le droit de ui demander compte des arrêts qu'il rendait sans appel contre sa femme et ses enfants. Il faut aller plus avant dans l'histoire pour trouver des restrictions apportées plus tard à cette juridiction. Elle alla se relâchant de sa trop grande sévérité sous l'influence des mœurs et du christianisme. Et quand les moyens qu'elle laissait encore à la disposition du père à cet égard étaient insuffisants pour ramener le fils dans la voie du devoir, le père, désarmé de son antique autorité, ne pouvait plus que porter plainte devant les magistrats institués à cet effet.

« Votre pouvoir, écrivait Alexandre-Sévère à un père de famille, vous donne le droit de châtier votre fils, et s'il persévère dans sa conduite, vous pouvez, recourant à un moyen plus sévère, le traduire devant le Président de la province, qui prononcera contre lui la peine que vous demandez (4). » A prendre à la lettre les dernières expressions de ce rescrit, il s'en suivrait qu'indirectement, il est vrai, et par l'intermédiaire du magistrat, le père pouvait encore condamner son fils à mort : *Præsidi dicturo sententiam quam tu*

---

(1) Ibid. et fr. 32, pr. *loc. cital.*
(2) Fr. 22, ibid.
(3) *Archæolog.*, 2. 26 et 27.
(4) Const. 3, ALEXAND.; *de patr. pot.*; 8, 47. Cf fr. 9, § 3, ULP. *De off. procons. et leg.*, 1, 16.

dici volueris. Le père, en effet, bien que déchu de sa dignité de magistrat domestique, était revêtu encore d'une autorité respectable, mais ce serait selon nous une fausse induction. Le recours forcé du père au magistrat public implique une forte décadence du juge de la famille. Il ne semble pas toutefois que le magistrat ait eu le droit de contraindre le père à lui exposer les motifs de sa conduite envers l'enfant, ni qu'il eût pu apprécier différemment du père le châtiment que celui-ci avait résolu de faire infliger à son fils. Le magistrat, qui remplaçait le père, semblait bien remplir son rôle, qui doit être celui de médiateur : il encourageait les enfants, et au besoin les forçait à témoigner aux auteurs de leurs jours les sentiments de respect qu'ils leur devaient : *reverentiam autem debitam exhibere matri filios coget.* Les pouvoirs de ce magistrat ne paraissent pas néanmoins bien définis. Les Empereurs, dans leurs rescrits, emploient ces expressions : *dicet sententiam quamtu dici volueris ; reverentiam matri debitam exthibere filios coget ; lœsam pietatens severius vindicabit,* etc. Eux-mêmes se sont faits souvent les défenseurs naturels des enfants. Ils ont pu aller jusqu'à prononcer la déchéance des droits de puissance paternelle dont un père avait abusé. C'est ainsi que Trajan, comme le rapporte Papinien (1) fit émanciper un fils de famille que son père ne traitait selon les règles de la piété filiale : *filium quem pater male contra pietatem adficiebat.* Ainsi cette loi eut pour sanction l'émancipation forcée, accompagnée de la privation pour le père des droits de succession en qualité d'ascendant ayant émancipé.

Sous les Empereurs, ce droit de correction put être également exercé par la mère, ou même par de simples cognats (2). « Nous permettons aux personnes âgées d'infliger à leurs proches parents mineurs des châtiments proportionnés à leurs fautes, afin que ceux que les bons exemples domestiques n'ont pu porter à mener une conduite régulière, y soient contraints par la correction. Nous ne leur accordons pas néanmoins le droit d'appliquer de trop fortes punitions, mais seulement la faculté de châtier les mineurs, comme il convient à la puissance paternelle de punir et de réprimer leurs égarements par une punition domestique. Si l'énormité du fait excède les bornes de la correction, nous ordonnons que le coupable soit livré aux juges. »

Dès l'avènement du christianisme, l'évêque, dit Troplong, (3) s'interposait

---

(1) Fr. 5 *Si a parente quis man. sit.,* 47, 2.
(2) Const. Unic. VALENT. et VALENS, *De emend. prop.,* 9, 15.
(3) *Mémoire* déjà cité, *revue* WOLOWSKI, 1841, 14ᵉ an., p. 346.

entre le père et les enfants (1), il corrigeait les abus d'autorité et les mauvaises directions. On sait que dès les premiers temps du christianisme, cette médiation avait été conseillée par les apôtres (2) et favorablement accueillie même pour les différends purement civils et non de famille, et que ce fut là l'origine de la juridiction ecclésiastique. Ajoutons que Constantin voulut que les jugements rendus par les évêques en ces circonstances eussent la même vigueur que ceux rendus par les juges compétents et reçussent la même force exécutoire dans tout l'Empire (3).

30. Nous ne pouvons quitter cette partie de notre travail avant de dissiper les doutes que pourrait faire naître une monographie de M. de Fresquet (4). Nous ne croyons pas devoir abandonner les opinions que nous avons émises sur le pouvoir autocratique du père en ce qui concerne son droit de juridiction et de correction. Car si M. de Fresquet arrive à prouver non-seulement l'existence du tribunal de famille, ce qui éminemment est hors de doute, mais sa participation à l'exercice de l'autorité judiciaire dont la famille, véritable unité politique, fut investie à Rome avant l'État, l'auteur précité ne peut se prononcer nettement et sûrement que sur un point : la décision de ce tribunal était souveraine sur la question *de culpabilité*, ainsi l'atteste Sénèque (5). Selon ce dernier auteur, le pouvoir du chef de famille était paralysé par le seul fait qu'il se trouvait une opinion opposée à la sienne. C'est par l'application de ce veto d'un seul des membres composant ce tribunal, qu'un Lucius Gellius fut renvoyé absous par *l'Assemblée*. Mais rien ne prouve que cette Assemblée prononçât sur la *peine*, après avoir rendu le verdict de culpabilité. Tout porte au contraire à croire que ce dernier droit était exercé par le père, à l'exclusion du tribunal de famille : de Spurio supplicium *Pater* sumpsit (6). L'autocratie de ce chef, qui semblait avoir été un moment effacée, reparaît donc. C'est ainsi que M. de Fresquet a raison de se demander si le père avait seul le droit de vie et de mort sur ses enfants. Les historiens, en effet, nous rapportent que le père ne prononçait jamais une sentence capitale, ou même une condamnation ayant une certaine gravité, comme peine disciplinaire, sans être *assisté* par un conseil com-

(1) Const. 6, *de spect.*

(2) V. PAUL, I. *Corinth.* Ch. 6, 4 et s. ; le même auteur à *Thimoth.*, Ch. 3. 3.

(3) V. DE POUILLY, *Mém. des Inscrip. et Belles-lettres*, T. 39, p. 569 et SOZOMÈNE, 1, ch. 9.

(4) Le *Tribunal de famille*, dans la *Revue Histor. de dr. fr. étr.*, 1855, p. 126 et suiv.

(5) *De Clement*, ch. 15.

(6) FLORUS, I, 26.

posé de parents et d'amis. Un historien grec, Paul Orose (1), appelle en effet parricide le père qui agirait seul. Mais ce n'est pas sur le témoignage de l'historien grec que l'on peut mettre en doute le fameux droit de vie et de mort, dont nous n'avons malheureusement que trop d'exemples, et que M. de Fresquet invoque précisément en sa faveur. C'est d'abord Spurius Cassius, immolé par son père pour avoir voulu renverser l'aristocratie romaine et aspirer à la royauté *ac de Spurio Cassio supplicium pater ipsius sumpsit* (2). *Sunt qui patrem auctorem ejus supplicii ferunt ; eum cognitâ domi causâ verberasse ac necasse... cæterum sive illud domesticum sive illum. damnatur.* Or, eût-on blâmé cet acte, s'il eût été accompli sous le contrôle ou par l'ordre du Tribunal de famille ? Vient ensuite Lucius Gellius, dont nous avons déjà parlé, et qui soupçonné de *stuprum* avec sa belle-mère, et aussi accusé d'attenter aux jours de son père, fut renvoyé absous, après avoir présenté sa défense devant cette Assemblée (3). Puis c'est Quintus Fabius Maximus, qui *exigit pœnas à filio dubiac castitatis*, et relégua d'abord son fils à la campagne, puis le tua lui-même sans avoir pris l'avis du Conseil : et l'historien Orose, qui nous rapporte ce fait le qualifie de crime. Ce romain, fils de famille, fut en effet condamné. Enfin, Manlius est accusé par un tribun d'avoir banni et relégué à la campagne son fils pour l'y employer à des travaux serviles. Ici le père avait sans doute cru pouvoir se passer du concours de ses parents et amis. Les exemples toutefois des fils comdamnés à mort par leurs pères sans participation de ce conseil sont assez rares. Ainsi, on ne cite guère que Brutus, qui en sa qualité de consul, condamna son fils conspirant le retour des Tarquins, et Manlius Torquatus, qui comme général en chef, fit mettre à mort son fils qui avait combattu sans ses ordres (4). Nous ne pensons pas que ces exemples ébranlent notre système. Il semble au contraire qu'ils le confirment ; car la toute-puissance réside plutôt dans la prononciation de la peine (et M. de Fresquet ne peut nier que ce ne fût l'attribution exclusive du père) que dans le verdict de culpabilité. Souvent le père ne se contentait pas de prononcer la peine capitale. Il arrivait quelquefois qu'il se faisait lui-même l'exécuteur de sa propre sentence : *filium suum interfecit* (5) ; *suppliciam pater sumpsit* (6) *patrem auctorem*

(1) Liv. 3, ch. 9 ; liv. 5, ch. 16.
(2) FLORUS, I, 26.
(3) VAL MAX., V, 9, § 1.
(4) TITE-LIVE, II, 5 ; VIII, 7.
(5) OROSE, V, 16.
(6) FLORUS, I, 26.

ejus supplicii ferunt, eum verberasse ac necasse (1). On suivait les mêmes règles pour la fille tant qu'elle n'était pas mariée, c'est-à-dire, tant qu'elle restait dans la famille de son père. Nous n'avons pas à nous occuper de la fille qui quoique non mariée est *materfamilias*, c'est-à-dire *sui juris*. En ce cas, il n'y a pas de puissance paternelle (2). La femme mariée sort de la famille où elle est née, puisque par le consentement à son mariage le père lui permettait de passer dans une autre. Néanmoins le consentement donné par le père n'avait pas pour effet de soustraire sa fille à la juridiction domestique de son propre père : toutefois son mari avait le droit d'y siéger, ou le père du mari, si celui-ci n'était pas sui juris (3). Ceci est certain quand il n'y a pas *manus*. Même quand il y avait manus, notre auteur ne pense pas que la fille échappe à la juridiction domestique paternelle, et retombe sous la juridiction domestique maritale, ou du père de son mari. Le père, malgré le mariage, conservait donc une des prérogatives dont il devait être le plus jaloux. En effet, l'agnation — ici produite par la *manus* — ne faisait perdre que les droits de successions *ab intestat* dans le deuxième ordre d'héritiers du droit civil ; les droits de cognation ou de parenté naturelle subsistaient, quia civilis ratio civilia quidem jura corrumpere potest, naturalia vero non (4). Le père conserve ces mêmes droits après l'émancipation (5). Dans le cas de flagrant délit d'adultère, il semblerait que le mari eût pu tuer sa femme impunément : *in adulterio uxorem deprehensam sine judicio impune necares*. Ce qui paraît diminuer à ce point de vue les droits du père ; mais il n'en était rien : il ne faut voir dans ces expressions qu'une figure de rhétorique, peignant plutôt les mœurs que donnant une solution juridique. On sait qu'à Rome les poursuites crimininelles d'office étaient très-rares, et que chaque citoyen pouvait se faire accusateur public. On a voulu dire simplement qu'en ce cas personne ne songerait à poursuivre le mari, et qu'on se bornerait à le plaindre (6). C'était le père qui en droit conservait le triste privilége de tuer sa fille en ce cas (7). « Patri non marito mulierum permissum est occidere, » — et ailleurs le même auteur « Nulla

(1) TITE-LIVE, II, 61.
(2) V. sur ce sujet la monographie de M. DE FRESQUET, p. 137.
(3) TACIT. *Annal.*, 4, 16.
(4) GAIUS, 1, § 158.
(5) Fr. *excollat. Papin. lib. sing. de Adult.*, p. 860 *du Manuel de droit* de PELLAT, 1862.
(6) V. de FRESQUET, *op. cit.*
(7) Fr. 22, § 4, PAPIN., *Ad Leg. Jul. de adult.*, 48, 5.

parte legis marito uxorem occidere conceditur (1). » Toutefois le meurtre de la femme par le mari était dans ce cas moins puni que l'homicide ordinaire ; le mari échappait à la peine capitale (2).

31. Si nous considérons maintenant le père de famille comme pontife de la religion (3), et chef de famille, les droits dont nous le trouverons revêtu sont très-nombreux et non moins énergiques. Comme c'est la religion qui forme les liens de famille, on a écarté toute idée de génération ou de filiation. Maître de la famille comme de son culte, le chef y admettait qui bon lui semblait ; et ce n'était que l'association au culte qui permettait à l'enfant l'entrée en famille. De là pour le père le droit de le reconnaître ou de le repousser (4). On nous permettra de rappeler ici ce que dit Michelet de cet usage. « Dans l'antiquité classique ou barbare, l'enfant mis aux pieds du père n'a pas droit à la vie tant que le père ne l'a point relevé, tant qu'il n'a point goûté aux éléments sous la forme du lait ou du miel (5). Rome voit dans l'enfant un serviteur, non un héritier ; chez les Romains, les Grecs et la plupart des nations héroïques et barbares, le nouveau né est mis aux pieds du père qui peut l'abandonner ou l'élever (tollere, ἀναιρεῖσθαι). Il gît tout nu à terre, dit le grand poète romain, comme le matelot jeté à la côte par le flot furieux :

..... Tum porro puer ut sœvis projectus in undis ;
Navita nudus humi jacet infans indignus omni
Vitai auxilio cum primum in liminis oras
Nixibus ex alvo matris natura profundit ;
Vagituque locum lugubri complet, ut aquum est
Cui tantum in vitâ restet transire malorum.

LUCR., *De nat. rer.*, lib. *V*.

Il était rare que les parents se décidassent à tuer leur enfant eux-mêmes, ils l'exposaient plutôt. » Ils ne le tuaient guère que s'ils le trouvaient diffor-

---

(1) Lib. *de Adulteriis*, p. 861, du *Manuel* de Pellat, tit. IV, ch. 8 et 9 de la *Collat. leg. mosaïc.* Cf. PAUL, *libr. de adult. ead Collat*, tit. 4, ch. 2, 4, 6, § 1 : certae autem enumerantur personœ, quas viro liceat occidere, in adulterio deprehensâ uxore, quamvis uxorem non liceat, p. 864, *op. cit.*

(2) fr. PAPIN, *ibid.*

(3) Voy. TITE-LIVE, II, 41, et *Epitone*, liv. 48 ; FLORUS, I, 26 ; SALLUST. *Catilin.*, 39.

(4) HÉRODOT., 59 ; PLUTARQ. *Alcibiad*, 23, *Agesil*, 3.

(5) *Orig. du droit, Préf.*, p. XI.

me ou monstrueux (1). On peut conjecturer en ce cas, avec D. Giovanni, D^r. Silvestri (*Brev. interpret. delle leggi delle XII Tavole*, Padova 1769) que le père le faisait noyer ou brûler. Cet auteur cite en effet Sénèque (2) : « *Portentosos fœtus restinguimus*, liberosque si debiles, monstrosique sint *mergimus*, » et Tibulle : « *Prodigia indomitis mersa sub aquoribus* (3). » Ennius, confirmé par Macrobe, témoigne ainsi du supplice par le feu : « *Mihi ausculta nate : pueros cremari jube* (4). »

Même au temps de Paul, on ne considérait pas ces malheureux êtres comme des enfants : *Mulier si monstrosum aliquid aut prodigiosum enixa sit nihil proficit, non sunt enim liberi* qui contra formam humani generis converso more procreantur (5). Ce ne fut que sous les Empereurs que le droit de reconnaître ou de repousser l'enfant fut condamné par les lois. *Unusquisque sobolem suam nutriat* (6). Les enfants exposés dans les Eglises — la religion chrétienne était devenue la religion de l'empire — ou dans les bourgs et partout ailleurs devenaient libres, et nul n'était admis à les réclamer en puissance (7).

Selon le témoignage de Sénèque, ce droit d'exposition aurait encore existé à l'époque où ce philosophe écrivait : « Nous noyons nos enfants difformes ou débiles comme nous retranchons un scélérat de la société. » Ce fameux philanthrope vécut de 3 à 65. Tout cela se faisait légalement : « *quod et occidere licebat* (8). » Les Spartiates avaient les mêmes habitudes. Chez eux le père était tenu de porter le nouveau né à l'Assemblée des anciens de sa tribu, qui après l'avoir examiné, assuraient sa subsistance future, s'ils le trouvaient bien constitué, ou le faisaient jeter dans un gouffre auprès du Taygète, s'il était faible ou mal conformé (9). Solon, au contraire, avait

---

(1) HERODOT., ibid ; CICER., *de Legib.* 3, 8. ORTOL., Étude sur la 4ᵉ Table : Pater insignem ad deformitatem puerum cito necato. Pater filium natum sibi monstruosum, vel prodigiosum cito necato.

(2) Lib. I, *de Irâ*, cap. 15.

(3) Liv. 2, Eleg., 2.

(4) Arbores, dit Macrobe, lib. 2, *Saturnal.*, cap. ult. quæ inferum deorum avertentium que in tutela sunt, eas infelices nominant : alternum sanguinem, silicem ficum atramque baccam nigram nigrosque fructus ferunt, itemque aurifolium pirum silvaticum, ruscum, rubum, sentesque quibus portenta prodigia mala *comburi* jubere oportet.

(5) PAUL, *Sentent.*, IV, tit. IX, § 3.

(6) Const. 2, VALENT. VALENS ET GRAT. de infant. exposit. 8. 52;

(7) Const. 3 pr. et 4, *ibid.* ;

(8) Fr. 11, PAUL *de lib. et posth.* 28. 2 ; voy. cepend. Fr. 5 MARC. *De ley. Pomp. de parricid.* 48. 9.

(9) ESCHBACH, *Introd. à l'étude du droit* 3ᵉ éd. Paris 1856, 3ᵉ partie, sect. IV, p. 522.

défendu aux Athéniens de disposer de la vie et de la liberté de leurs enfants ; toutefois, il avait permis au père de vendre sa fille qui se déshonorait par la prostitution (1).

Selon Bynkershoek (2), ce droit avait déjà disparu vers la fin de ce même siècle où vivait Sénèque, ou au plus tard vers l'époque d'Adrien (117-138). Un autre auteur, Gérard Noodt (3), ne fait disparaître ce droit qu'au temps de Valentinien, qui régna de 364 à 375. Nous inclinons assez à penser que ce droit dut disparaître au moins deux siècles plus tôt que ce dernier auteur ne pense ; car, le droit d'exposition n'était en somme qu'une forme du droit de tuer qu'on employait quand on reculait devant l'assassinat direct. Ce fut Trajan qui le premier attaqua législativement le droit de vie et de mort, et le droit d'exposition dut en ressentir le contre-coup. Au reste, d'après le passage même de Sénèque cité plus haut, ce droit ne paraît plus guère en usage que pour les enfants difformes ou débiles. Tout porte donc à croire que les mœurs, plus encore que les lois, contribuèrent à le faire disparaître.

C. DROIT D'ÉMANCIPER.

· 32. Pénétrons plus avant dans le droit privé proprement dit. Nous rencontrons d'abord le droit d'émancipation, c'est-à-dire de céder momentanément, soit pour toujours, à un autre citoyen la puissance paternelle dont le chef jouissait et de faire ainsi sortir son fils de la famille. Cette puissance était donc tout à fait en faveur du père, qui pouvait ainsi y renoncer lorsqu'elle le gênait. Malgré l'énergique organisation de la famille romaine, le droit de la cité n'était pas allé jusqu'à interdire au père le droit de disposer de son autorité (4). A un moment donné, le fils de famille devient donc sui juris. Si le père ne rencontrait point d'obstacles de la part de la cité pour émanciper son fils, on ne pouvait non plus, du moins en principe le forcer à renoncer à son autorité (5). Toutefois, on exigeait le consentement des enfants, mais il suffisait qu'il n'y eût pas d'opposition de leur part (6). Mais il

. (1) V. ESCHBACH, op. et loc. cit., p. 573.
(2) De jure occid. vend. et expon. lib. apud veter. romanos.
(3) Lib. sing. de part. expos. et nece apud. veter.
(4) Inst. 1, tit. XII, § 6 ; GAIUS, 1, § 132 ; ULP., reg. tit. X, § 1. On sait que chez nous cette puissance est intransmissible du vivant du père.
(5) Fr. 92, de cond. et dem. 35, 1, ULP. ; PAUL, Sent., IV, tit. XIII, § 1 ; Fr. ult. Dig. Si quis. 37. 2 ; Fr. 32, pr. Fr. 33 ht. 8. 49. ; Cf. GAIUS 1, § 137, et L. 3 de minor. 4. 4.
(6) Const. 5, 8. 49 ; Nov. 89, ch. 11 pr. ; V. aussi L. penult. in fin. Cod. ht. 8. 49 ; § 3 Inst., et L. 10 pr. Cod. de adopt. 8. 48.

est un passage de Paul qui semble contredire la proposition précédente : Filius familias emancipari *invitus non cogitur* (1). Si, en effet, c'est un droit que le père exerce, pas n'est besoin du consentement du fils ; si ce n'est plus un droit pour le père, il faudra voir dans l'émancipation une espèce de *convention* qui intervient entre le père et le fils. Quoiqu'il en soit, et d'après les meilleures interprètes, il nous semble qu'il suffisait que l'enfant qu'on se proposait d'émanciper fût présent et ne protestât pas. Alors seulement, et ces conditions étant remplies, le père pouvait user de son droit. Toutefois, à l'origine, ce droit nous semble avoir été absolu.

On sait qu'il y eut trois formes successives d'émancipation. La première, qu'on peut appeler *légitime* et qui fut celle qui eut le plus de durée, car elle remonte à l'origine de la législation romaine, et est en vigueur jusque la constitution d'Anastase. Elle se faisait par ventes fictives et manumissions (2). La deuxième était celle par rescrit impérial, insinué chez le juge compétent, qu'on employa quand les enfants n'étaient pas présents à l'acte (3). Et enfin la *Justinienne*, qui remplace la *légitime* : les deux parties se présentent devant le magistrat compétent (4). A la période classique, on employait surtout la *mancipatio* pour arriver à l'émancipation (5). La réforme de l'Empereur Anastase date de l'an 503. Elle s'appelle chez les commentateurs émancipation *Anastasienne*. Toutefois, les enfants doivent consentir à l'acte, s'ils sont suffisamment avancés en âge pour le faire raisonnablement, car s'ils sont *infantes*, on se passe de leur assentiment. Malgré la réforme de Justinien sur ce point, laquelle simplifia singulièrement les formalités, le droit romain ne reconnut jamais d'émancipation tacite (6), à moins qu'on ne regarde comme ayant ce caractère la collation, aux derniers jours de l'Empire, de certaines hautes dignités, telles que celles de patrice ou d'évêque.

D. DROIT DE DONNER EN ADOPTION.

33. Un autre droit dont le résultat était de faire sortir le fils de la famille et de l'y rendre complétement étranger, c'était l'adoption. Mais en revanche, et comme compensation, le fils adopté acquérait dans la nouvelle famille les

---

(1) *Sent.* II, 25, § 5.
(2) § 6, *Inst. ht.* 1. 12 ; L. ult. Cod. 8 . 49 ; GAIUS 1, § 134 à 136 ; ULP. *fragm.* 10. 1.
(3) L. penult. ht. 8. 49. Cod.
(4) L. ult. Cod. *ht.* 8. 49.
(5) GAIUS, 1, § 117 et 118.
(6) Const. 3, Dioclet. et Maxim., *De emancip. liber.* 8.49.

droits qu'il abandonnait dans celle où il était né, c'est-à-dire les droits de succéder aux biens, au culte, au nom (1). Nous n'avons pas à entrer ici dans des détails qui nous entraîneraient hors du cadre que nous nous sommes tracé. Nous nous contenterons d'indiquer rapidement les effets principaux. Toute la puissance paternelle et les droits de famille qui en résultaient s'éteignaient chez celui qui donnait son fils en adoption pour se transmettre à celui qui recevait ce même fils de famille. On arrivait à ce résultat, à l'origine et pendant la période classique par la *mancipatio*, vente solennelle et quiritaire, suivie de la *cessio in jure*, espèce de procès fictif, dans lequel l'adoptant réclamait comme sien l'enfant qu'il se proposait d'adopter. A l'origine, la puissance du père étant absolue, il nous semble que le consentement du fils n'était pas requis en cette matière, pas plus que pour l'émancipation (2). Les textes sur lesquels pourrait s'appuyer une opinion opposée sont tous d'une époque bien avancée, et alors que ces formes solennelles résultant des anciens principes religieux étaient employées pour accomplir des actes fictifs, et non plus réels, comme à la première époque.

L'adoption ne produisait pas des effets irrévocables. Comme l'adoptant avait acquis la puissance paternelle, il pouvait l'exercer comme s'il l'eût acquise de toute autre manière, par le mariage, par exemple; il pouvait donc l'épuiser, soit par l'émancipation, soit en donnant l'adopté en adoption à un autre (3). Toutefois, remarquons qu'on ne pouvait réadopter l'enfant qu'on avait déjà adopté et qu'on aurait pu donner en adoption à un autre père de famille (4).

Sous les Empereurs, l'adoption se faisait de deux manières : *par rescrit du prince*, ou *par l'autorité du magistrat*. Toutefois, cette dernière forme seulement est intéressante pour nous, car la première s'applique à l'adrogation et non à l'adoption proprement dite, laquelle ne concerne que les enfants de famille. On dressait alors devant le magistrat compétent un acte constatant le fait et relatant les trois consentements nécessaires (5). Les effets de l'adoption furent aussi gravement modifiés, quand le fils de famille était donné en adoption à une personne qui n'était point ascendante

---

(1) Hereditas nominis, pecuniæ, sacrorum secutæ sunt. Cicer. *Pro domo*, 13, § 35.

(2) Const., 11, Justin. *de adopt.*, 8. 48. Fr. 42, Modest. *ejusd. tit.* 1. 7.

(3) Gaius, § 103 et 132, I; *Instit.*, § 6. Quib. mod. jus. pot. solv.. 1. 12; § 8, *de adopt.*, 1. 11.

(4) Fr. 37, § 1, *de adopt.* 1. 7, Paul.

(5) Const. 11, Justin., *De adopt.*, 8. 48.

du fils, il ne tombait plus en la puissance de l'adoptant et ne devenait pas son agnat. Tout se bornait à un appel à la succession ab intestat de l'adoptant (1). La réforme de Justinien eut pour but de parer à un grand inconvénient : car dans le cas où l'adoptant émancipait l'adopté, comme celui-ci avait déjà perdu tous ses droits de famille dans celle d'où il sortait, il pouvait de plus être dépouillé complétement par le renvoi de la famille où il entrait par l'adoption. Or ce fut pour lui conserver ses droits que Justinien réforma la législation sur ce point. Mais lorsque l'enfant était adopté par un ascendant, il n'y avait pas à craindre que celui-ci ne le renvoyât sans motif grave, et ne le privât ainsi de l'hérédité : c'est pourquoi Justinien a cru devoir conserver en cette circonstance à l'adoption tous ses effets.

E. DROIT DE CONSENTIR AU MARIAGE.

34. Considérant toujours le père de famille comme chef, nous n'avons plus qu'à examiner ses pouvoirs relativement au mariage de ses enfants.

Nous commençons toujours par les origines, pour ne nous arrêter qu'aux réformes de Justinien.

De même qu'il était permis au père d'émanciper ses enfants, c'est-à-dire de les faire sortir de la famille, ainsi il lui était permis de consentir à leur mariage, ce qui permettait à la fille de passer dans une autre famille, et au fils d'introduire dans celle du père une personne qui jusqu'alors y était étrangère. En consentant au mariage de son fils, le père chargé de pourvoir à ce que le culte domestique ne subisse pas d'interruption, perpétuait aussi sa famille et s'assurait des successeurs dans ses fonctions de pontife des dieux du foyer. S'agissait-il du mariage de sa fille, il ne faisait qu'user de son droit ou plutôt *abuti* dans le sens juridique, épuiser sa puissance, qui était transmise à un autre père de famille, au père de l'épouse, ou à l'époux, s'il est sui juris. Mais l'autorité du père va plus loin. Toujours quand il s'agit du mariage de la fille, celle-ci n'a pas le droit de refuser l'époux choisi par son père : celui-ci lui impose sinon le mariage, du moins son choix (2). De là, on n'est pas bien éloigné à pouvoir conjecturer du moins qu'à l'origine de cette puissance, alors qu'elle était absolue, le père aurait pu marier ses enfants sans leur consentement. C'est ce qui a lieu en réalité pour la

(1) *Inst.*, § 2, *De adopt.*, 1.11.
(2) Fr. 12, § 1, ULP. *de spons.*, 23.1.

fille, bien qu'il y ait une différence notable entre l'ordre de se marier que le père lui aurait donné, ou l'ordre de prendre tel époux. Si la fille n'était pas forcée au mariage *in abstracto*, elle l'était du moins *in concreto*. Elle ne pouvait se refuser à contracter cette union que si elle pouvait alléguer que l'époux choisi par le père était une *persona turpis*, ou *moribus indigna*. Cette autorité était moins grande sur le fils, car le père, s'il craignait de mourir sans successeur naturel, avait toujours la ressource de l'adoption. On ne pouvait donc, sans son consentement, procéder à son union légale, ni même à ses fiançailles. C'est du moins ce que nous affirment les textes de l'époque classique du droit (1).

Dans la suite du développement des institutions juridiques sous l'influence des prudents instruits et judicieux, la volonté tyrannique du père tendait peu à peu à disparaître (2). Le jurisconsulte Terentius Clemens dit fort bien dans son commentaire que l'enfant ne peut être forcé de se marier : non cogitur filiusfamilias uxorem ducere. Mais le mariage reste inattaquable, alors même qu'il a été contracté sous la pression du père : si patre cogente, ducit uxorem quam non duceret si sui abitrii esset, contraxit tamen matrimonium (3), et le fils n'est pas admis à exciper de l'obsession dont il aurait été victime.

En ce qui concerne la forme, le consentement devait être exprès ; les conséquences logiques de la règle *Nemini invito heres suus agnascatur* l'exigaient évidemment (4). Pour le fils, il devait précéder l'acte juridique. Tandis que pour ce qui concerne la fille, il suffisait au père de ne pas s'opposer (5). On était donc amené par application du principe cité plus haut, à dire que le consentement tacite suffisait pour le mariage de la fille, puisque celle-ci ne donnait pas d'agnats à son père, ni aux agnats de celui-ci.

D'après ce que nous avons dit déjà, on peut voir que le droit de consentir au mariage repose sur des principes tout différents de ceux qui existent aujourd'hui chez nous. Car tandis que la fille romaine sort à proprement parler d'une famille pour entrer dans une autre où elle acquiert absolument les mêmes droits que ceux qu'elle a abandonnés dans son ancienne famille,

(1) Fr. 13, PAUL, ibid.

(2) Fr. 21, TERENT. CLEMENS, *de ritu nupt.* 23,2 ; Const. 12, DIOCLET et MAX. *de nuptiis*, 5.4.

(3) Fr. 22, CELSE, *de ritu nupt.* 23.2.

(4) Fr. 7, § 1, Paul de *Sponsal.* 23.1.

(5) *Inst.* Pr., 1.10 ; Const. 5, SEVER. et ANTON. et 25, JUSTIN., *de nuptiis*, 5.4.

ce n'est que très-improprement que nous pouvons dire chez nous que notre
épouse entre dans notre famille. La femme romaine acquiert le droit d'hérédité avec ses enfants, puisqu'elle entre dans la famille comme si elle était
la fille de la maison, *loco filiæ*, ou plutôt *inter liberos*, c'est-à-dire au rang
des personnes libres. Chez nous, elle n'a aucune vocation propre à l'hérédité
du mari tant qu'il existe des enfants du mariage qu'elle vient de contracter
ou d'autres parents du mari, même assez éloignés. Or pour produire des
effets aussi importants que ceux que nous voyons se produire dans le droit
romain, il n'est pas de trop que la toute-puissance paternelle intervienne dans
ces circonstances regardées comme les plus solennelles par les anciens romains. Ce n'est donc qu'en qualité de chef de famille que le père a le droit
d'intervenir au mariage de ses propres enfants. Une première conséquence
à tirer de ce principe, c'est que le père a perdu le droit de consentir au
mariage du fils qu'il a émancipé ; car par l'émancipation le père a perdu ses
droits de puissance paternelle : filius familias etiam sine consensu patris uxorem ducere potest (1). Une seconde conséquence à tirer du même principe,
c'est que la mère n'ayant pas le droit de puissance paternelle, n'était pas appelée à donner son consentement. La femme, en effet, était exclue des fonctions
religieuses de *famille*, bien qu'elle pût remplir des fonctions religieuses *publiques*, comme le faisaient les prêtresses de Vesta. Même après la mort de
l'époux, elle ne lui succédait pas dans l'exercice du pouvoir domestique qui
appartenait au chef seul ; le fils, par la mort de son père, devenait sui juris,
et sa mère était elle-même en tutelle perpétuelle. Ces principes reçoivent leur
entière application, quant aux personnes soumises au chef de famille, lequel
peut être leur père, ou leur aïeul, et quel que soit du reste le sexe de l'enfant. Mais il est une circonstance particulière où le droit des enfants vient
limiter la toute-puissance du chef, c'était le cas où le père était soumis avec
ses propres enfants à la puissance d'un chef commun. On aurait pu croire
que le consentement du chef de famille seul suffisait pour le mariage de ses
petits-fils, dans l'espèce ; mais il n'en était rien, et le père était appelé à
consentir, de concert avec l'aïeul, au mariage de ses propres enfants, petits-
fils du chef commun. Il est facile de donner raison de cette disposition qui
semble une anomalie. Le chef de famille pouvait bien de sa propre autorité
diminuer la famille, par l'émancipation ou autrement, mais comme le fils de

---

(1) Fr. 25. MODEST., *de ritu nupt.*, 23.2,

famille était appelé à devenir un jour lui-même chef de famille, son père, s'il se fût passé de son consentement au mariage des petits-enfants, l'eût exposé à voir sa propre famille s'agrandir contre ses prévisions, et à lui donner malgré lui de nouveaux héritiers siens, puisque le mariage eût placé un jour sous sa puissance les enfants qui en seraient nés (1). C'est en cette matière la seule restriction apportée au droit du père de famille, et nous pouvons faire remarquer en terminant que cette restriction n'existait pas au profit de l'aïeul lorsqu'il s'agissait du mariage de sa petite-fille, puisqu'en ce cas, les enfants passaient avec leur mère dans une famille étrangère, circonstance particulière où la difficulté ne se présente pas, puisque la femme n'est point la tige de la nouvelle famille qui va se créer (2).

Nous avons vu que l'on n'astreignait nullement le fils à consulter sa mère pour son prochain mariage. Mais les auteurs chrétiens des premiers siècles usèrent de l'influence dont ils jouissaient pour faire respecter ce principe naturel, qui exige évidemment le consentement du père et de la mère pour l'établissement de l'enfant commun. Toutefois Saint Augustin n'exige ce consentement de la mère que pour les filles qui ne sont pas encore parvenues à un âge assez avancé pour se guider elles-mêmes (3).

Mais cette réforme ne fut pas consacrée législativement. Justinien qui, contre la volonté et malgré les larmes de sa mère, avait épousé la comédienne Théodora, se garda bien, on le comprend, de rien changer sur ce point (4).

35. Il nous reste à voir maintenant les effets du consentement du père au mariage des enfants, et la position des enfants mariés sans ce consentement.

Comme la puissance du chef de famille était absolue, il semblait logique de décider que le mariage contracté même avec le consentement du chef pouvait être dissous à sa volonté. Il dut en être ainsi en effet à l'origine du droit. Notons toutefois en passant que Denys d'Halicarnasse nous rapporte qu'une loi de Numa avait défendu au père de vendre son fils marié légitimement et avec son consentement. Ce législateur avait pensé qu'il était souverainement injuste que le caprice du père de famille pût faire descendre dans une condition presqu'analogue à celle de l'esclave, deux époux dont le ma-

---

(1) *Inst.*, § 17, 1.11.
(2) La règle *Nemini invito* s'appliquait aussi au cas d'adoption. *Instit.*, § 7. *De adopt.*, 1.11.
(3) *Epist. ad Benenatum*, 233 : Puellæ fortassis quæ nunc non apparet, *apparebit et mater cujus voluntatem in tradendâ filiâ*, omnibus ut arbitror *natura proponit* nisi eadem puella *in eadem ætate fuerit ut jure licentori sibi ipsa eligat quod velit.*
(4) Inst., *De Nupt.*, 1,10. V. aussi GIBBON, T. 7.

riage était bien assorti (1). Mais on sait que la toute-puissance paternelle fut loin de conserver longtemps une telle énergie. Des tempéraments furent apportés plus tard à l'exercice de ce droit.

La question principale en cette matière est de savoir si le défaut de consentement du chef formait, comme nous dirions chez nous, un empêchement dirimant, ou simplement un empêchement prohibitif. Lors donc que suivant les règles de la puissance paternelle le chef de famille n'était pas appelé à consentir au mariage, l'union n'était pas valable, comme mariage civil, justæ nuptiæ ; cette union ne produisait aucun effet civil, sauf le *concubinatus*. Du concubinat, il ne résultait pour les enfants nés de cette union que les droits que leur conférait l'équité. Il résulte de ce que nous venons de dire que pour contracter cette union légale connue sous ce nom, pas n'était besoin du consentement du père. C'était pour ainsi dire un mariage de fait. Cette union offrait au fils de famille cet avantage de pouvoir, dès qu'il est devenu sui juris, légitimer les enfants issus de cette union par un mariage subséquent, ce qu'il n'aurait pu faire si les enfants étaient nés du *stuprum*.

Lorsque le consentement, au lieu d'être donné antérieurement au mariage, n'intervenait qu'après l'union, y avait-il effet rétroactif ? Nous ne le pensons pas. Les *Instituts*, en effet, semblent bien indiquer que l'autorisation du chef de famille doit précéder la célébration de l'union. « Ut jussum parentis præcedere debeat. » Ainsi, quand le consentement du père était postérieur à l'union contractée, on ne devait voir dans cet acte qu'une ratification bien incomplète qui ne devait alors produire ses effets que dans l'avenir, sans aucune rétroactivité. Il en était de même en cas d'impuberté, c'est-à-dire quand l'union était contractée soit par un impubère, soit par une femme non *viripotens*, non nubile. L'union n'était que le concubinat (2). Nous trouvons une application de cette idée dans la loi 11. *Dig. de stat. hom.* 1,5, où le jurisconsulte Paul décide que l'enfant né d'une fille de famille mariée sans le consentement de son père reste *illégitime*, bien qu'il naisse après la mort de celui dont le consentement au mariage était nécessaire.

Néanmoins, nous devons dire que certains auteurs, notamment Mühlenbruch (3) décident que la ratification du père doit faire considérer le mariage comme ayant été contracté légitimement à l'origine ; et ils tirent ar-

---

(1) *Antiq. Rom.*, II, 8.

(2) Dans notre droit actuel, le défaut de puberté ne forme plus qu'un empêchement prohibitif et par conséquent il y a véritablement mariage. (Art. 185 *Code civ. des Fr.*)

(3) § § 510 et 511, *Doctrina pandectarum*.

gument de la Const. 25 au code *de Donat. int. vir. et uxor*, 5. 16 ét des *Fragments du Vatican*, § 102. Si ce dernier texte est bien de l'époque classique, il en est autrement de la constitution précitée, qui est de l'époque de Justinien, puisqu'elle émane de lui, alors que les principes juridiques vraiment romains sont singulièrement altérés (1). La ratification produisant des effets rétroactifs est évidemment une idée exceptionnelle pour la période classique. S'il y eût eu réellement ratification, les jurisconsultes romains n'eussent pas manqué de le dire et même d'insister fortement sur ce point, ce qu'ils faisaient toujours quand une décision de droit semblait s'écarter des principes. Et comment Justinien, qui adopte, selon nos adversaires, précisément la doctrine de la rétroactivité, ne reproduit-il pas au moins quelques-uns des textes de ces mêmes jurisconsultes, de Paul entre autres ? Ses commissaires auraient pu puiser à pleines mains. L'opinion que nous combattons a pour nous le grave défaut de manquer de logique, ce qui est énorme, quand on sait que c'est là le principal caractère de la jurisprudence classique, ceci nous fait craindre pour nos adversaires que les prudents de la bonne époque n'aient enseigné la doctrine qu'on veut leur prêter. L'un d'entre eux, Ulpien, décidait en effet que le mari ne pouvait intenter *l'action d'adultère* contre son épouse, quand l'adultère avait été commis avant la ratification du père. Si l'on décide qu'il n'y avait pas lieu à accorder cette action, c'est qu'il n'y avait ni réellement ni juridiquement mariage, et si l'action ne pouvait être intentée même après la ratification, c'est que cette même ratification ne produisait ses effets que pour l'avenir. Si l'on argumente du caractère exceptionnel et criminel de l'espèce, nous répondrons qu'au contraire cette décision, dont on ne veut faire qu'une exception, était véritablement la règle ; que Paul après avoir décidé que la ratification avait pour effet de régulariser le mariage, *matrimonium efficere*, et de constituer la dot, — ce qui, disons-le en passant, peut parfaitement s'entendre comme un acte dont les effets ne se produisent que dans l'avenir — hésite, semble revenir sur sa décision et déclare en définitive qu'il est plus prudent et plus sûr de n'intenter *l'action de dot* que contre celui qui avait contracté, dans l'espèce contre le fils qui avait promis la dot au nom de son père et en son absence. L'argument que nous tirons du fragment du *Traité des adultères* d'Ulpien,

---

(1) Notons que le texte de Paul des *Fragments du Vatican* est le seul à notre connaissance que l'on invoque dans l'opinion contraire ; nous venons de dire pourquoi on doit tenir peu de cas de la constitution de Justinien.

nous semble bien plus sûr et presque irrésistible, car on aurait dû décider qu'il y avait adultère s'il y avait ratification rétroactive ; et de même qu'on ne pouvait accuser d'adultère la concubine que l'on épousait ensuite, pour les infidélités commises avant son mariage légitime, ainsi on ne pouvait intenter la même action contre l'épouse dont l'union a été ratifiée dans la suite pour les mêmes faits commis avant cette ratification ; car dans l'intervalle, l'épouse n'était rien moins qu'une concubine, ainsi que nous l'avons vu plus haut. Il paraît que dans le droit actuel allemand, dont la base, on le sait, est le droit romain, on ne doute nullement que la ratification ne remonte à la célébration du mariage (1). Sur cette question qui nous occupe, M. Demangeat décide avec raison que le mariage contracté à l'insu ou sans le consentement du père, peut devenir valable, mais *pour l'avenir seulement*, à partir de la mort du père ; car le fils étant devenu sui juris peut alors se marier légitimement. Or la logique exige que cette décision du savant professeur, s'applique également au cas de ratification par consentement.

La rigueur des principes sur la puissance paternelle a dû amener naturellement à décider que le père peut s'opposer pendant toute sa vie au mariage de son fils. Nous ne voyons en effet aucune loi romaine qui indique que le fils, parvenu à un certain âge pouvait, comme de nos jours, passer outre à la célébration de son mariage (2). Le fils était ainsi condamné par le caprice du père à un célibat perpétuel.

On considérait encore à la même époque et avec une logique aussi inflexible, que le consentement donné au mariage devait être pour ainsi dire perpétuel et se renouveler à tout instant ; en sorte que si le père venait à changer d'opinion, le mariage du fils devait s'anéantir et dégénérer en concubinat. C'est bien en effet ce qui eut lieu ; car il fallut une constitution impériale pour remédier à ce fâcheux état de choses. Ce fut une constitution de Marc-Aurèle, rapportée par Dioclétien et Maximien (3), qui décida que le père ne pourrait plus à son gré imposer le divorce à son fils. Il lui fut interdit de briser cette union, si ce n'est pour un motif grave et juste, « *nisi magna et justa causa interveniente pater hoc fecerit* » toutefois le père exerçait encore ce droit de dissolution dans le cas où l'enfant se trouvant en démence, il ne pouvait lui-même demander le divorce (4). La fille une fois mariée ne

---

(1) MUHLENBRUCH, *loc. cital.*
(2) Arg. *L.* 19, *de rit. nupt.*, 23, 3.
(3) Const. 5. *de repudiis*, 5, 17.
(4) Fr. 4, *Dig.* 24. 2 ; fr. 22, § 9, 24. 3.

pouvait plus être réclamée par son père ; le fameux Interdit *De liberis exhibendis* (1), s'il était intenté par le père pouvait être repoussé par une exception *ne bene comordantia matrimonia jure patriæ potestatis turbentur* (2).

La législation sur le mariage fit d'énormes progrès sous l'empire. Elle se rapprocha davantage des droits de la nature. Un rescrit des Empereurs Dioclétien et Maximien inséré au Code *de nuptiis*, 5, 4, défend au père de violenter son fils pour le forcer au mariage. D'après ce même rescrit, le fils dut jouir dès la même époque d'une certaine latitude : « Sociare conjugio tuo quam volueris non impedieris. » Il fut même ordonné aux magistrats de suivre l'inclination de la personne qui voulait se marier, lorsque le parti était sortable : « ut si pares sint genere, ac moribus competitores is potius existimetur quem sibi consulens mulier approbaverit. »

Si l'enfant de famille ne pouvait se marier sans le consentement de son chef, on devait rigoureusement conclure qu'il pouvait contracter mariage s'il devenait sui juris. Nous savons déjà que le fils émancipé n'a plus besoin de ce consentement. Ce n'était qu'une conséquence du droit d'autorité domestique dont le chef de famille était revêtu et de la liberté rendue aux enfants. Néanmoins, dans le Bas-Empire, la veuve mineure de vingt-cinq ans qui voulait convoler en secondes noces devait se munir du consentement de son père à ce nouveau mariage, alors même qu'elle serait émancipée ; en cas de mort du père, elle s'adressait à sa mère et à ses proches parents. La disposition de la constitution de Valens et de Valentinien fut étendue plus tard par Honorius et Théodose à toutes les filles mineures du même âge (3). C'était déroger complétement aux principes rigoureux de l'ancien droit quiritaire. Cette disposition ne concernait d'abord que les personnes illustres, *senatoriæ et nobiles viduæ*, ne in inhonestis artibus ad indigna et imparia matrimonia cum insigni senatoriarum familiarum dedecore properarent (4). Elle fut généralisée par Justinien pour les veuves de toute condition. On voit comment les liens de famille qui se relâchent d'une certaine manière se desserrent d'une autre ; quel nouveau système sert de base à la famille ; le respect des parents et la protection due aux femmes. Le droit romain qui passera en France étendra les mêmes dispositions aux fils de familles eux-mêmes.

36. Il est une loi vraiment remarquable qui touche notre sujet d'assez près

(1) 43. 30, *Digest.*
(2) Fr. 1, § 5, ULP., ibid.
(3) Const. 18 et 20, *de nuptiis*, 5. 4.
(4) Cod. Théod. L. 1, de *nuptiis*.

pour que nous fassions quelques réflexions à cet égard. Nous voulons parler de la fameuse *Loi Julia.*

Vers la fin de la République, les mœurs s'étaient relâchées d'une manière effrayante ; on avait répudié les liens sacrés du mariage proprement dit, pour se jeter dans les plaisirs faciles d'un concubinat qu'on pouvait rompre à tous moments ; presque chaque année le divorce mettait fin aux justes noces. Ajoutons aussi que les guerres civiles et la réaction politique qui les avait suivies avaient singulièrement épuisé la population. Alors Auguste, dit Tacite, essaya d'arrêter ce débordement en favorisant le mariage d'une manière étonnante : Papia popæa quam senior Augustus post Julias rogationes incitandis cœlibum pœnis et augendo ærario sanxerat (1). Ce qui permit en même temps au prince de remplir ses coffres, dans lesquels les derniers événements avaient fait de grands vides. Cette Loi fit une révolution profonde dans la société , et le grand nombre de commentaires qui en furent faits, atteste son importance. Elle tendait dans son ensemble à remettre en honneur le mariage. Prenant les hommes par leur côté faible, qui est leur intérêt, elle récompensait les personnes mariées et les pères de famille, et n'avait pas assez de rigueurs contre les célibataires.

Pour ce qui nous intéressse, cette loi dispose dans son chapitre XXXV, que le refus systématique du père au mariage de ses enfants n'avait plus de raison d'être ; qu'en conséquence le père de famille pouvait être condamné à marier son fils, « in matrimonium collocare. »

Voici au reste le texte de ce fragment important et si intéressant, non-seulement au point de vue de la liberté et de l'indépendance des enfants, mais aussi comme contenant l'obligation imposée aux parents de les doter. « Capite XXXV, *Legis Juliæ,* qui liberos quos habent in potestate injuria prohibuerint ducere uxores vel nubere (vel qui dotem dere non volunt ex constitutione Div. Severi et Antonini) per Proconsules Præsidesque provinciarum coguntur in matrimonium collocare (et dotare). Prohibere autem, videtur et qui conditionem non quærit. » On sait que l'obligation de doter s'est conservée pendant plus de quinze cents ans dans nos pays du Midi. En ce qui concerne le refus irréfléchi et tracassier des parents au mariage de leurs enfants, l'esprit de la loi romaine a passé dans les dispositions précises de notre loi civile actuelle , dont les dispositions sont fermement maintenues par la jurisprudence, qui suit en ce point le précepte de Bacon : « Judicia auchora

(3) *Annal.*, § 25.

legum. » Cette loi romaine, bien que rendue trop évidemment dans un but fiscal, et dans la pensée de son auteur pour repeupler la république (1), cette loi, disons-nous, contient néanmoins en germe l'émancipation des enfants et commence à imposer des devoirs aux parents, qui avaient joui jusque-là d'une autorité trop grande. Mais elle ne dura guère plus longtemps que les circonstances qui la firent naître. Elle ne fut pas abrogée d'un seul coup, mais fut successivement ébréchée par les Empereurs qui suivirent, notamment Caracalla, Constantin et Justinien. Les groupes de célibataires, de mariés et de pères disparurent (2) et il n'en est plus question sous Justinien. L'innovation impériale qui persista à travers les siècles, ce fut l'obligation imposée aux parents non-seulement de ne pouvoir se refuser à un mariage raisonnable et honnête, mais de doter l'enfant à l'occasion de son mariage. Sur la plainte de l'enfant, le père peut être condamné à le doter : « qui dotem dare non volunt ex constitutione divorum Severi et Antonini coguntur dotare (3), neque enim leges incognitæ sunt quibus cautum est ommino paternum esse officium dotem vel ante nuptias donationem pro suâ dare progenie (4).

37. Nous avons supposé jusqu'alors que le père de famille est capable de donner son consentement. Nous devons examiner maintenant les cas de folie, d'absence et de captivité de ce même chef de famille.

38. Les Romains distinguaient soigneusement deux cas de folie, ou plutôt ils admettaient la folie proprement dite et l'imbécillité, ou faiblesse d'esprit. Lorsque le chef de famille est en état de folie, *furiosus*, le consentement qu'il donne est évidemment vicié. Néanmoins comme aucune atteinte n'était portée aux droits du père, on admit même à la longue, que la fille pouvait se marier sans son consentement : nous savons déjà, en effet, que la fille par son mariage entre avec ces enfants dans une autre famille. Mais on ne pouvait tenir le même raisonnement quand il s'agissait du mariage du fils. Permettre au fils de se marier de son propre chef, c'était s'exposer à agrandir la famille sans l'aveu du père de famille et violer la règle *Nemini invito*. Les textes qui nous sont parvenus nous apprennent que les jurisconsultes romains étaient divisés sur ce point, et les *Instituts* nous ont conservé le souvenir

(1) La *Res publica* existait toujours, mais de nom, car on sait ce que fit Auguste des libertés publiques.
(2) Const. de infirmand, pœnis cœlibat et orbit, 8. 16, Cod. Theod.
(3) Rapport. par Marcien, fr. 19, *de ritu nupt.* 23. 2.
(4) Const. Ult. *de dotis promiss.*, 5. 11.

de cette controverse (1). Dans la pratique, et pour concilier tous les principes, on pouvait attendre et saisir à l'improviste un moment favorable, un intervalle lucide qui permit au chef de famille de donner un consentement juridiquement valable. Cette controverse de l'époque classique pour la question de droit fut résolue par Justinien en faveur du fils. Celui-ci put dès lors se marier *sine partis interventu* (2). Toutefois le fils devait en présence du curateur et des parents les plus proches du père faire agréer la personne qu'il se proposait d'épouser ; faire régler la dot ou la donation nuptiale par le Préfet de la ville en la Cité, par le Président ou les Évèques de la Cité en province. On ne faisait plus de distinction à ce point de vue, entre le fils et la fille.

39. Lorsque le père de famille était *mente captus*, c'est-à-dire dans un état habituel de faiblesse d'esprit, d'imbécillité, on ne saurait dire ce qu'il en était à l'origine, car les documents font défaut pour ces temps reculés. La rigueur des principes devait vouer le fils à un célibat perpétuel, puisque le père était dans l'impuissance absolue de manifester une volonté juridiquement valable. Le fils dut se résigner et attendre patiemment la mort de son père, s'il ne préférait le concubinat. Le droit impérial réglementa cette position. Le fils de famille put se marier sans même être tenu de se munir d'un rescrit impérial *etiam non adito principe* (3). On comprend qu'à l'époque impériale, c'est-à-dire dans un temps où la puissance paternelle a perdu toute son énergie, il ne puisse s'élever de doute sur cette question. Juridiquement parlant, le *mente captus* n'est pas coupable de consentir : on craint donc, et avec raison, que le mauvais état de ses facultés intellectuelles du père ne s'améliore pas, et on n'a pas voulu que les enfants souffrent inutilement d'une pareille infortune.

40. Nous serions fort embarrassé pour résoudre la question de savoir si à l'origine le fils pouvait contracter valablement mariage en cas d'absence de son père. Les documents nous manquent, et l'absence n'est pas indiquée dans les textes qui nous sont parvenus comme devant entraîner la perte de la puissance paternelle. On devait donc logiquement, comme pour le cas du *mente captus*, refuser le mariage aux enfants de l'absent, puisqu'il n'y avait pas pour ce cas de fiction analogue à celle qui fut admise pour le cas de

---

(1) Pr. *de nuptiis*, 1. 10.

(2) *Instit.*, pr. *de nuptiis*, 1. 10.

(3) Constit. de MARC-AURÈLE, rappelée par ULPIEN et mentionnée par JUSTINIEN, Const. 25, *de nuptiis* 5, 4.

captivité. A l'époque classique, on décida que s'il s'est écoulé un délai de trois ans depuis la disparition du père, les enfants de l'un et de l'autre sexe pourraient légitimement contracter mariage. On y mettait toutefois une condition, c'est que l'union fût bien assortie, et qu'il fût à peu près certain que le père eût donné son adhésion aux vœux de ses enfants (1).

41. Un dernier cas exceptionnel à examiner, c'est celui où le père de famille était captif dans les prisons ennemies. La captivité faisait perdre au Romain la qualité de citoyen (2); il devenait esclave, et les esclaves n'ayant aucuns droits de famille, le père était dès l'instant même de sa captivité déchu de tous ces droits. Appliquant ces idées à la puissance paternelle, nous devons décider que la captivité chez l'ennemi, ou l'esclavage faisait déchoir le chef de famille de son droit de puissance ; le fils devenait alors *sui juris*, et libre de sa personne (3). On dut donc permettre au fils de famille de se marier, et cela dès le jour même de la captivité du père. Mais on sait aussi qu'un certain bénéfice, connu sous le nom de *jus postliminii* fut conservé au captif. A l'aide d'une fiction ingénieuse, comme l'étaient presque toutes les fictions de cette remarquable législation romaine, l'état du captif n'était pas irrévocablement fixé ; son retour à la patrie faisait considérer comme n'ayant jamais existé le temps qui s'était écoulé depuis sa captivité jusqu'au moment où il touchait le sol romain, en sorte que dans cet intervalle, tous ses droits sur ses enfants et ses biens étaient seulement suspendus (4). On devait donc rigoureusement déclarer non valable le mariage du fils du captif, puisque le retour de celui-ci était incertain et que le *postliminium*, loin d'éteindre les droits de famille, ne faisait que les tenir en suspens pendant la captivité pour les faire revivre après un certain temps. On ne saurait affirmer si à l'origine on raisonna d'une manière aussi rigoureuse ; toujours est-il que les textes qui nous sont parvenus sur la question sont de l'époque classique, et bien postérieurs. D'après une autre fiction, celle de la loi Cornélia, si le captif venait à mourir, on considérait sa mort comme remontant au jour de sa captivité, et tout était alors irrévocablement fixé à partir de ce moment. Voici quelle marche on dut suivre. Le fils de famille se mariait valablement, puisqu'il était sui juris, son père étant devenu esclave; mais par l'effet du *postliminium*, son mariage ne devait être regardé comme vala-

---

(1) Fr. 11 et 10 *de ritu nupt.* 23. 2 ; *Voy.* aussi *Fragm. Vatic.;* § 102.
(2) *Instit.*, § 5, *quib. mod. jus. pot. solv.* , 1. 12.
(3) PAUL, *Sentent,* § 1. *Quemadm. filii sui juris effic.;* 11, 25.
(4) *Instit.*, § 5 *quib., mod. jus pot. solv.*, 1. 12.

ble que sous la condition résolutoire de la ratification de son père à son retour. La loi 11 *Digest, de ritu nupt.*, 23. 2, semble nous autoriser à donner
cette solution. Mais à l'époque du jurisconsulte Tryphoninus, qui est la classique, il fut admis un tempérament à cette déduction par trop logique qui
portait une si grave atteinte aux droits des enfants. En considération de l'u-
tilité publique, intéressée à la fixation définitive de l'état des familles, on
se prononça hardiment pour la validité du mariage : « publica nuptiarum
utilitas exigebat, » disait-on. Sous les Empereurs, les enfants purent se marier
après un délai de trois ans, qui aurait été fixé par les compilateurs de Justinien, comme le remarque M. Demangeat (1). Sans descendre jusqu'à l'é-
poque de Justinien, on peut toutefois peut-être admettre, ce qui n'est pas
absurde, que ce point avait été réglé par des constitutions impériales anté-
rieures, peut-être même par un édit du préteur. Le fragment de Paul, en
effet, qui nous est parvenu sur cette matière (2) est extrait de son *Commentaire sur l'Edit.* Les jurisconsultes Ulpien, Paul et Julien n'auront pas alors
pris la peine de rappeler ces descriptions législatives dans leurs écrits.
Quoiqu'il en soit, si ce point a été réglé par le législateur, nous ignorons à
quelle date cela fut fait, et quel est le monument législatif qui s'y rapporte.

42. Il est à remarquer, avant de quitter la législation du mariage, qu'on
ne trouve pas dans les cas nombreux d'exhérédation, fixés à quatorze, sous
Justinien, ce droit comme sanction contre les enfants qui se sont mariés
contre le gré de leurs parents. On pourrait toutefois inférer du Fr. 3, § 5,
Ulp. *De bon. possess. contr. tab.*, 37. 4, et §§ 10 et 11, *Novell.* 115, ch. 3,
que ce même droit existait en faveur du père dans le cas de mariage désho-
norant. Ce droit d'instituer un héritier ou d'exhéréder diminuait en raison
directe de l'affaiblissement de la puissance paternelle. Cette autorité s'effaçait devant les lois émanées du pouvoir social, qui avait absorbé peu à peu
les prérogatives de l'autorité domestique. Ainsi à Rome, les causes d'exhérédation furent nombreuses et indéfinies et ce n'est que sous Justinien qu'elles
furent réduites au chiffre donné plus haut.

(1) *Cours élem. de dr. rom.*, T. I, p. 253, 1ʳᵉ édit. Il n'est guère admissible en effet que
les jurisconsultes dont le rôle se borne à l'interprétation des lois, à en rechercher l'esprit et prévoir les cas où elles doivent s'appliquer, aient fixé de leur propre autorité un
délai, qui a toujours un peu quelque chose d'arbitraire et qui est du domaine purement
législatif. Fr. 9, § 1, *de ritu nupt.*, 23. 2.
(2) Fr. 10, *de rit. nupt.*, ibid.

F. — DROIT DE VENTE.

43. Nous avons étudié le caractère du père de famille romain comme juge d'abord, ensuite comme chef ; il nous faut maintenant examiner les diverses prérogatives dont il jouissait en sa qualité de maître du domaine.

En vertu du pouvoir absolu conféré à l'origine par la religion et les lois, au chef de famille sur toutes les personnes qui sont en sa puissance, et sur les biens qui formaient l'héritage, le père avait le droit de vendre ses enfants : *Si pater... filium venumduit*, porte la *loi des Douze Tables* (1). Ce qui n'était qu'une conséquence du droit qu'il exerçait sur la famille, appelée *sua res*, *ex jure Quiritium*. De plus, d'après la constitution énergique de la famille, qui réunissait en une seule main, celle du chef, tout l'avoir de cette petite société, le fils ne pouvait avoir aucuns droits pécuniaires à l'encontre du père : tout ce qu'il acquérait passait immédiatement à la famille ou plutôt au père (2), en vertu de cet autre principe que le produit de notre chose nous appartient. Toutefois la question de savoir si cette vente transférait à l'origine la propriété sera étudiée tout à l'heure. Nous savons que le père a sur sa chose pleins pouvoirs, *plenam in re potestatem* (3). Les textes que nous possédons, quoique assez nombreux, sont peu explicites, et il nous semble difficile d'admettre que la vente eut produit cet effet et qu'elle n'eut pas plutôt conféré à l'acheteur une possession temporaire. Les trois ventes dont parle la loi des Douze tables, ont été exigées pour faire sortir le fils du pouvoir du père : « Si filium ter venumduit, filius a patre liber esto. » Toutefois l'enfant ne devient pas l'esclave de l'acheteur, la liberté étant inaliénable et hors de commerce (4).

Voici comment il pouvait se faire que le père après avoir vendu une première fois son fils pouvait encore le revendre une seconde et même une troisième fois. L'acheteur pouvait après la première vente affranchir le fils, en retenant sur lui les droits de patronage, de tutelle et de succession ; le fils retombait alors sous la puissance de son père (5), et il y restait tant

---

(1) Tab. iv, *De jure patrio.*
(2) *Instit.* pr. *Per quas person,* 2. 9.
(3) *Inst., ibid.,* § 4.
(4) *Dig.* 40. 12 *passim* et notam. L. 37. Il avait été fait néammoins exception à ce principe lorsqu'un homme libre s'était laissé vendre pour partager le prix de cet odieux trafic. *Inst.,* 1. 3, § 4, in fin.
(5) Gaius, 1, § 132.

qu'il ne s'était pas opéré une troisième vente. Alors seulement le père perdait ses pouvoirs de puissance paternelle, mais il acquérait un pouvoir particulier appelé *mancipium*. Sans être esclave, le fils se trouve néammoins dans une condition qui s'en rapproche assez, mais spéciale pour les personnes libres ; il n'est pas encore sui juris, et ce sera seulement l'affranchissement qui éteindra ce pouvoir particulier. A un certain point de vue, le *mancipium* est donc à proprement parler l'état de la personne affranchie de la puissance paternelle ou de la puissance maritale (1).

En ce qui concerne l'époque classique, nous croyons pouvoir maintenant résoudre la grave difficulté à laquelle nous avons fait allusion plus haut. Pour nous, la vente de l'enfant ne pouvait conférer à l'acheteur le droit de propriété. Le droit acquis par l'acheteur a, il est vrai, quelque analogie avec le droit du maître sur ses esclaves. Le chef qui a une personne *mancipio*, possède cette personne *loco servi*, comme si elle était esclave, et il profite en effet de ses *operae* et acquisitions tant qu'elle reste en sa puissance. Ce droit conféré à l'acheteur n'est pas irrévocable. Car certaines personnes, au premier rang desquelles se trouve le père, ont la faculté d'exercer une espèce de retrait. Elles ont le droit, en remboursant le prix de vente, de faire sortir le fils de famille de cette position infime, et de le soustraire à son maître (2). Pendant la durée du *mancipium*, le fils conserve sa qualité d'ingénu, car il est né libre et n'a jamais été esclave (3). En ce point il diffère de l'homme libre qui s'est laissé vendre lui-même (4), et qui devient esclave. Le maître qui avait le mancipium devait avoir pour garantie de ses droits des actions analogues à celles qui étaient à la disposition du maître à l'égard des esclaves ou des affranchis. Mais, dit un de nos maîtres (5), nous ne trouvons rien de spécial à ce sujet dans les fragments des anciens auteurs et sous Justinien cette partie du droit est complètement disparue.

Si comme nous l'avons déjà dit, avant un troisième achat, le maître affranchit le fils de famille *in mancipio*, celui-ci retombe au pouvoir de son père, qui recouvre tous ses droits de puissance paternelle, sauf que le droit de vente ne peut en tout s'exercer que trois fois. Mais si après le troisième achat, le maître affranchit la personne *in mancipio*, celle-ci devient sui juris,

(1) Gaius, 1, § 116. et suiv.
(2) Const., 2. Constant, *de Patrib. qui fil. suos distràx.*, 4. 43.
(3) Paul, *Sent.*, § 1, *de liber. causa*, 53. 1.
(4) *Instit.*, § 4. *De jure person*, 1. 3.
(5) M. Ortolan, Tit. XII *Instit.*, I, in fine : *Actions relat. aux. dr. de fam.*

libre d'un côté du *mancipium*, par l'affranchissement, de l'autre de la puissance paternelle, dont les droits ont été épuisés par trois mancipations successives. Ceci s'applique également aux filles de famille, sauf que pour elles les droits de puissance paternelle étaient épuisés par une seule vente, car exiger trois ventes pour l'extinction de la puissance paternelle, imposer une telle condition, c'était en même temps imposer une restriction aux droits du père ; et comme le texte de la *Loi* des Douze Tables ne parlait que du fils, on en avait naturellement conclu qu'il ne devait s'appliquer ni aux filles ni aux petits enfants, et par conséquent on décidait qu'une seule vente suffisait pour épuiser complètement les droits du père sur ces personnes (1).

On nous saura gré, sans doute, de nous étendre sur ce sujet, car on n'a pas assez insisté, selon nous, sur le caractère des personnes *in mancipio*, sous ce spécieux prétexte que cette institution était à peine mentionnée par Gaius, et qu'elle était disparue sous Justinien. Mais nous ne faisons pas du droit pratique. Nous n'étudions pas plus les *Pandectes* que tout autre recueil du droit romain, nous étudions une institution depuis les origines les plus reculées de la législation romaine jusqu'au dernier état du droit, et notre étude étant essentiellement historique, nous n'avons de préférence pour aucune époque.

Donc nous poursuivons l'étude du *mancipé*, mancipatus (2). L'affranchissement pouvait avoir lieu comme pour les esclaves par la vindicte, le cens et le testament (3). La loi Fusia Caninia, qui limitait le nombre des affranchissements, et la loi Ælia Sentia, qui fixait entre autres dispositions l'âge de l'affranchi et de l'affranchissant ne recevaient pas leur application à notre matière. Bien plus, comme le dit Gaius, les droits politiques de la personne *in mancipio* lui étaient conservés. L'âge arrivé, le fils mancipé était inscrit comme s'il eût été libre et sui juris. — On sait que les anciens Romains, très-libres sous le rapport politique, étaient soumis au contraire au despotisme dans l'intérieur de leur famille (4). — Le mancipé acquiert donc par l'opération du recensement la liberté politique, à moins qu'il ne soit mancipé *noxali causâ*, c'est-à-dire abandonné en réparation d'un dommage qu'il a causé.

---

(1) Gaius, 1, § 132 ; Ulp., *Regul.*, 10, § 1. Nous verrons plus bas une autre application de cette interprétation restrictive dans Gaius, 4, § 79.

(2) Gaius, 1, 135.

(3) *Instit.*, I, 5 et 6 ; Gaius, 1, 138 et s.

(4) Gaius, 1, 138.

Cette puissance existait tant que l'affranchissement, les ventes successives pour les fils de famille, le rachat ou la réparation pécuniaire ne venaient pas y mettre fin (1). Enfin, il n'était pas permis au maître qui avait
cette puissance de se conduire d'une manière outrageante envers les personnes qu'il avait *in mancipio*, autrement il s'exposait à être poursuivi judi-
ciairement par l'action d'injures (2).

Il n'est pas moins intéressant d'examiner quelle était la condition des enfants du fils de famille mancipé. L'enfant, dont la femme du mancipé une
fois ou deux était enceinte, était soumis à la puissance de l'aïeul, bien que
cet enfant naisse après la troisième mancipation de son père. Quant à l'enfant dont cette même femme du mancipé pour la troisième fois était enceinte, il n'était pas soumis à sa naissance à la puissance de son aïeul;
mais le jurisconsulte Labéon le répute soumis au mancipium du même maître que son père. Gaius, au contraire décidait avec les auteurs de son temps
que l'état du fils était en suspens pendant toute la durée du mancipium de
son père : dans le cas d'affranchissement du père, son fils tombe sous sa
puissance : dans le cas de mort, il devient sui juris. On pense généralement (3), que la divergence des prudents sur ce point tenait à la différence
des époques. Labéon, en effet, se rapprochait davantage de l'ancien droit ;
le mancipium devait être très-fréquent, et on inclinait naturellement à fa-
voriser les droits du maître. Mais les choses se passaient d'une manière
différente à l'époque où Gaius vivait. Ce mancipium à l'époque classique
était la plupart du temps fictif, *imaginaria venditio*, et n'était guère employé que pour l'émancipation. Il n'y avait donc aucune raison plausible
de rendre pire la condition des enfants du mancipé.

Ce que nous venons de dire suppose que le mariage légitime du mancipé
n'était point dissous par sa soumission à cette puissance. C'est en effet ce qui
avait lieu, tandis que le contraire arrivait à celui qui devenait esclave (4).

44. A l'époque classique, nous venons de voir que la mancipatio ou vente
solennelle du droit romain subsistait encore ; mais nous avons vu aussi que
cette vente n'était plus sérieuse, et que dans la pratique elle ne servait
guère que pour affranchir les personnes de l'autorité qui pesait sur elles:
plerumque... mancipantur, cum velint parentes... suo jure eas personas

____

(1) GAIUS, 1, 141 in f.
(2) *Ibid.*, § 141.
(3) V. ORTOLAN, *Instit.*, 1, 12, *in fine*.
(4) GAIUS, 1, § 135.

dimíttere (1). Les ventes sérieuses des enfants ne pouvaient plus avoir lieu que dans des cas d'extrême nécessité et faute d'aliments « contemplatione necessitatis aut alimentorum gratia. » Il s'était écoulé plus de mille ans depuis les origines du droit romain jusqu'à l'époque où écrivait le jurisconsulte Paul, qui vivait au commencement du troisième siècle, et on comprend facilement que dans un aussi long espace de temps, les idées de justice et d'humanité se soient fait jour et aient enfin ouvert les yeux aux Romains. Cette vente, du reste, pas plus que dans les origines du droit, n'avait pour effet de rendre les enfants esclaves : leur ingénuité n'était en aucune façon atteinte, car, disait l'auteur précité, la qualité d'homme libre n'est pas dans le commerce (2). Bien plus, des peines sévères furent édictées contre le créancier qui aurait accepté des enfants en gage ou en fiducie ; il encourait la déportation. Néanmoins, et cela allait de soi, les parents pouvaient passer avec des tiers des contrats de louage de services (3), car ces conventions privées ne portaient en aucune façon atteinte aux droits des enfants, leur qualité d'homme libre et leur dignité étant également respectées. La vente sérieuse des enfants ne pouvait plus avoir lieu qu'au sortir du sein de leur mère, quand ils étaient *sanguinolenti*. Une constitution antérieure avait déjà qualifié les ventes réelles d'enfants d'acte illicite et blàmable (4). Plus tard, une constitution de Dioclétien et Maximien défendit expressément cette aliénation (5), ainsi que la donation et la mise en gage. En dernier lieu, Constantin confirma la législation existante en admettant toutefois, comme nous l'avons vu, le cas d'extrême nécessité comme exception. Encore le retrait pouvait-il être exercé, soit par l'enfant vendu, soit par une personne étrangère, en offrant à l'acheteur un prix convenable ou un esclave comme remplaçant. Mais les mœurs étouffèrent la loi, celle-ci dut alors permettre à l'enfant de reconquérir sa liberté sans indemnité (6). Toutefois, Justinien ne reproduisit pas cette dernière disposition, car il se contenta de la législation en vigueur sous Constantin (7).

---

(1) GAIUS, 1, § 117 et 118.
(2) PAUL, *Sentent.*, § 1, *de liberali causâ*, 5, 1.
(3) PAUL, *ibid.*
(4) Const., ANTON. *de liber. causâ*, 7, 16.
(5) Const., 1. *Cod. De Patrib. qui fil. suos distrax.*, 4, 43.
(6) Const. VALENT., THEOD. et ARCAD., *Cod. Theod.*, 3, 3.
(7) Voy. sur ce point, et les limites étroites où fut restreint le droit de vente Const. 1. ANTON. *de lib. causâ*, 7, 16 ; fr. de JULIEN, 39, § 3, *de evict.*, 21, 2 ; fr. 34, § 2. PAUL. *de contr. empt.*, 18, 1 ; et pour le gage, fr. dernier de PAUL, *quæ res pignori*, 20, 3. Constit. DIOCL. et MAX. *De Patrib. qui*, 4, 43 ; enfin, § 7, *Inst. De nox. act*, 4, 8.

45. Nous devons rapprocher de ce droit d'aliéner, un usage sinon un droit plus honteux. Il paraît que certains pères de famille ne reculaient pas devant l'odieux trafic de l'honneur de leurs filles. On voit, en effet, les Empereurs chrétiens s'élever avec indignation contre un pareil acte. Constantin permit aux ecclésiastiques de racheter les filles vendues aux lieux de débauche et Théodose le Jeune décida que le père de famille qui contraindrait sa fille à se livrer à la prostitution serait déchu de tout pouvoir sur elle (1).

Enfin, Constantin vint en aide aux parents nécessiteux en ordonnant, en 315, aux agents du fisc et de son domaine privé de procurer les aliments et vêtements nécessaires aux enfants qui viennent de naître. D'un autre côté, les auteurs chrétiens, Tertullien et Lactance, tonnent avec indignation contre les parents assez dénaturés pour vendre leurs enfants même dans le cas unique réservé par la loi. « Que ceux que leur indigence empêche de nourrir leurs enfants s'abstiennent de leurs épouses, cela vaut mieux que de porter des mains impies sur l'œuvre de Dieu (2). »

G. DROIT DE FAIRE L'ABANDON NOXAL.

46. Une autre conséquence de la qualité de maître du domaine donnée au père de famille, c'est l'*abandon noxal*. Cet abandon est ainsi nommé de *noxa*, auteur du dommage ou de *noxia*, le délit (3). Lorsque le fils avait commis un délit à l'encontre d'un tiers, le père poursuivi en justice pour le fils, contre lequel il n'y avait pas d'action avait le droit de se libérer de la condamnation en faisant l'abandon noxal du fils coupable. Cet abandon se faisait au moyen de la *mancipatio* (4). L'enfant devenait comme esclave (5). Ceci se déduisait logiquement des principes juridiques. En effet, le fils de famille n'étant qu'un instrument d'acquisition pour le père, ne pouvait par son fait lui occasionner de dommage dont la valeur eût dépassé celle du corps de l'enfant. Il eût donc semblé inique de ne pas permettre au père d'abandonner en paiement le corps qui a nui (6). Cette coutume barbare paraissait si logique et si naturelle, qu'elle s'est conservée jusque l'époque de Gaius, qui

---

(1) *Cod. Theod.*, Liv. 15, tit. 8, ch. 1 et 2; Voy. aussi D'ESPINAY. *De l'influence du dr. canon. sur la lég. fr.* Toulouse 1856. Ouvr. couron. par l'Acad. de législ. de cette ville.

(2) TROPLONG. *Mémoire sur l'infl. du Christ. Revue* WOLOWSKI, p. 389, 1841.

(3) *Instit.*, § 1, 4. 8. Le mot *nocere* est de la même famille.

(4) GAIUS, I, § 141.

(5) GAIUS, I, 123, 128 ; *Dig.* Fr. 3, § 1, *de cap. min.*, 4. 5.

(6) *Inst.*, 8. *de nox. act.* § 1 et 2, liv. 4.

vivait sous Antonin et Marc-Aurèle (1). Un certain droit était donc conféré à la personne à qui se faisait cet abandon : l'abandonné devenait pour l'offensé un instrument de travail et d'acquisition ; il est même probable que le maître pouvait aller plus loin, ce qu'il faut bien admettre en face de ce passage des *Institutes* : in faliabus *pudicitiæ favor* hoc bene exclndit (2). Il est vrai que Gaius nous dit qu'on ne pouvait outrager les personnes qu'on avait *in mancipio*, sans s'exposer à être attaqué par l'*action d'injures* ; mais la difficulté de savoir si cette règle était générale et s'appliquait au cas d'abandon noxal, et si du moins dans les premiers temps, et bien avant l'époque classique, le pouvoir du maître n'était pas si étendu que nous le pensons, ne permet pas d'hésiter à reconnaître au maître certains droits sur lesquels les textes que nous possédons sont malheureusement muets. La faveur spéciale accordée aux personnes *in mancipio* de pouvoir s'affranchir *censu*, malgré le maître, ne s'étendait pas au cas où le mancipium résultait de l'abandon fait *noxali causa* (3) ; le maître, en effet, possédait le mancipé à titre d'indemnité : « pro pecunia hunc habet. » La mort même du maître ne mettait pas un terme à cet état ; d'après le même principe que le mancipé restait au pouvoir du maître à titre de réparation civile, les héritiers venant à l'hérédité trouvaient le fils de famille parmi les biens du défunt. A ce point de vue, la puissance sur le mancipé ne différait pas sensiblement de la puissance sur l'esclave.

L'abandon pouvait se faire dès que le dommage avait été commis, avant toute poursuite judiciaire, ou pendant l'instance, ou même après la condamnation, selon les intérêts du père de famille (4). Il se faisait, disions-nous, par la mancipation. Une seule, de l'avis de tous, suffisait pour les filles et les petits-enfants. Mais les fameux Sabiniens et les non moins célèbres Proculéiens étaient en désaccord sur le nombre de mancipations nécessaires pour faire l'abandon noxal du fils. Ceux-ci s'attachaient au texte de la loi des *Douze Tables*, tandis que ceux-là identifiaient la position du fils avec celle des filles et des petits-enfants, sous le prétexte que cette même loi ne prévoyait que l'aliénation volontaire. C'était bien en notre cas pourtant une aliénation volontaire, car le père n'était nullement forcé d'abandonner son

---

(1) Ce jurisconsulte vécut de l'an 138 à 180. GLASSON, *Etud. sur Gaius*, n°° 6 et 8.
(2) § 7, *de nox. act.* liv. 4.
(3) GAIUS, 1. 140.
(4) GAIUS, 4. 75 et suiv. ; *Inst.* pr. *De nox. act.* 4. 8.

fils noxalement ; tout ce qu'on pouvait exiger légitimement de lui, c'était le paiement du montant de la condamnation prononcée en faveur de la personne qui a subi le dommage. Nous nous rangerions donc plutôt à l'avis des Proculéiens, quoique l'on pût prétendre toutefois avec les Sabiniens que par son fait, et lorsque le dommage était fort considérable, le fils de famille forçait néanmoins en quelque sorte son père à l'aliénation noxale. Cette controverse ne pouvait plus exister à l'époque de Justinien, qui avait supprimé législativement ce droit (1). Sous la nouvelle législation, la personne qui a subi le dommage aura l'action judicati, qui est quasi ex contractu, et résulte de l'action de peculio intentée contre le père. Celui-ci alors paiera le montant de la condamnation sur les biens formant le pécule de son enfant.

Le maître ne pouvait plus retenir la personne à lui mancipée noxali causa quand il était désintéressé du dommage à lui causé. C'était une conséquence du principe que l'abandon était fait à titre d'indemnité. C'est ce qui est expressément dit dans ce fragment de Papinien : « Per hominum liberum noxæ deditum si tantum adquisitum sit quantum damni dedit, manumittere cogendus est a Prætore qui noxæ deditum accepit (2). Un effet remarquable qui se produisait à la sortie du fils de famille du mancipium, c'est qu'il devenait sui juris, et était libéré de la puissance du maître d'une part et de celle de son père de l'autre (3).

SECTION DEUXIÈME.

Effets de la puissance paternelle sur les biens.

Sommaire.

§ 47. Capacité juridique du fils de famille, au point de vue pécuniaire. — § 48. Période antérieure aux pécules. — Acquisition par le fils au profit du père : a) de la propriété ; b) de la possession ; c) des créances. — § 51. Quid si le fils se porte *adstipulator ?* — § 52. S'il exerce la *querela ?* — § 53. L'action d'injures ? § 54. Certains interdits ? — § 55. Ou les actions in factum ? — Capacité de la fille d'exercer l'action en recouvrement de la dot. — § 57 et 58. Rapports pécuniaires entre le père et le fils. — L'obligation alimentaire. — § 59. L'action intentée pour obtenir des parents le consentement au mariage. — § 60. L'unité de patrimoine s'oppose à la naissance d'obligations civiles entre le père et le fils. — Répétition de l'indû exercée par le père. — § 61. Nature de la propriété romaine. — § 62. Le père jouit de certains honneurs dus au fils. — § 63. Capacité juridique de la fille.

47. En continuant l'étude du pouvoir paternel en tant que le père de famille l'exerce comme propriétaire, nous devons examiner quels étaient les

_____

(1) *Inst.*, § 7, *De nox. act.*, 4. 8.
(2) *Collat. leg. mosaïc.* 3, c. 3.
(3) GAIUS, 4, § 79.

rapports pécuniaires du père de famille avec son fils, autrement dit la capacité juridique des fils de famille, et cela en nous plaçant d'abord à la période antérieure aux pécules. Car nous suivons toujours l'ordre des temps.

I. PÉRIODE ANTÉRIEURE AUX PÉCULES.

48. « Jadis les enfants de l'un et de l'autre sexe faisaient acquérir au chef de famille sous la puissance duquel ils se trouvaient tout ce qui leur obvenait ;..... à un tel point que ce que le chef de famille avait ainsi acquis par un de ses enfants, il était maître de le donner, de le vendre ou de le transporter d'une manière quelconque à tout autre qu'à ses enfants, ou même à un étranger (1). » Tel était le principe général, que celui qui se trouve en puissance ne peut rien avoir en propriété, car il est censé ne faire qu'une seule et même personne avec le chef, ce que les commentateurs ont appelé *unité de personnes* (2). Ce principe s'appliquait également aux fils de famille *in mancipio*. Ainsi donc les acquisitions par mancipation ou tradition, par stipulation, etc., passaient au chef (3).

Nous examinerons les unes après les autres quelles choses le père de famille acquérait par son fils ; ainsi la propriété d'abord, la possession et les créances, tout en traitant sous chacune de ces divisions, des modes d'acquisition.

a) Etudions d'abord la propriété. Elle peut s'acquérir par le fils de famille. Supposons un legs *per vindicationem*, aucune difficulté ne se présente. Si c'est par une *mancipatio*, on faisait subir une légère modification à la formule « Hanc rem ex jure Quiritium *Titii patris mei* esse aio, eaque *ei* empta esto hoc ære æneaque libra », au lieu de dire : Hanc ego rem ex jure Quiritium *meam* esse aio, eaque *mihi* empta est hoc ære æneaque libra (4). D'autres modes d'acquisition, qui supposent nécessairement la qualité et la capacité de propriétaire, ne lui sont pas accessibles : ainsi l'*adjudicatio*, qui clôt le partage demandé par les actions *communi dividundo*, et *familiæ erciscundæ*. Vu aussi l'incapacité d'ester en justice, il ne pourra acquérir par l'*in jure cessio*. Mais ce sont là des modes du pur droit civil, ou du *jus Quiritium*. Le fils, au contraire, a pleine capacité d'acquérir

(1) Pr. *Instit. Per quas person. nob. adq.*, **2.9**, trad., ORTOLAN.
(2) GAIUS, **2**, § 87.
(3) ULP., *reg.* tit. 19, § 1 ; GAIUS, 2. § 86 ; id., 3. 114.
(4) GAIUS, 1. § 119 et 3, § 167.

par les modes du droit des gens, ou du *jus gentium*. Pour les uns et les autres, quand ils sont toutefois des modes d'acquisition à *titre particulier,* l'effet se produit immédiatement, à l'insu et même contre le gré du père. Il ne pouvait être question d'acquisition à titre universel par le fils à son père *invito et ignoranti,* car il y avait un principe qui s'opposait à ce résultat : c'était que le père de famille ne pouvait se trouver obligé par le fait de la personne qu'il avait en puissance. Toutefois rien n'empêchait que le père ne donnât à cette même personne l'ordre de le faire : l'*universitas* alors lui était acquise.

b) Passons maintenant à la possession. On sait que la possession comprend deux éléments : la détention de la chose, fait matériel, et l'intention de la posséder, fait intellectuel. On pouvait posséder par une autre personne, pourvu qu'elle le voulût et eût l'intelligence pour le faire (1). Ainsi le *furiosus* ne pouvait faire acquérir la possession, parce que bien qu'il le voulût, il n'en était pas capable (2). Appliquons ces principes au fils de famille. Son père acquérait les avantages de la possession au moyen de son fils ; il avait les interdits et les fruits. Le fils de famille pouvait même usucaper au bénéfice de son père : car la possession — et c'est là un de ses plus grands avantages — conduit à la propriété après une possession continuée pendant un certain temps, avec le juste titre et la bonne foi. A cette occasion, toutefois, on s'est demandé ce qu'il faudrait décider si le fils seulement était de bonne foi. Dirait-on encore maintenant que le père peut usucaper ? Ce serait bien décider que l'usucapion est possible sans le juste titre avec la bonne foi seulement, et violer la règle *Error falsæ causæ non parit usucapionem*. Nous ne pensons donc pas qu'ici le père pût usucaper par son fils, et les fragments du *Digeste* qui sont contraires à notre proposition ne sont que des exceptions au principe ci-dessus énoncé (3). Dans ces cas auxquels nous faisons allusion, la bonne foi suffisait.

50. *c)* Continuant le développement de notre sujet, nous arrivons aux créances. Ici encore, le principe est que les créances du fils sont acquises au père. Mais ce principe, s'il était d'une application absolue, simplifierait notre tâche ; et, comme plus haut, nous allons rencontrer des dérogations assez nombreuses, qui soulèvent des questions délicates. Nous trouverons

---

(1) Fr. 1, § 9, PAUL, *de acq. vel am. poss.,* 4.12.

(2) § 10, *ibid.*

(3) Fr. 4, PAUL, *Pro legato,* 41.8. Cette loi l'indique pour l'usucapion *pro legato ;* Fr. 3, POMPON. *Pro herede vel pro possess.,* 41.5, pour l'usucapion *pro herede.*

même ce résultat assez curieux que parfois la créance et l'action qui la garantit sont bien acquises au père, mais que dans d'autres cas aussi le père acquiert le bénéfice d'une action toute personnelle au fils. La règle est donc celle-ci. Le père acquiert les droits de créance nées pour le fils du contrat et du quasi-contrat, du délit et du quasi-délit ; il acquiert en même temps l'action qui lui permet de poursuivre le bénéfice qui en résulte. Exemple : le fils de Titius a stipulé une dation de cent : « centum dare spondes ? » c'était comme si Titius, le père lui-même eût stipulé : car « vox filii tanquam tua intelligitur (1) « Parenti non adquirit, dit Gaius parlant de l'*adstipulatio*, quamvis ex omnibus cæteris causis *stipulando* ei adquirat (2). » L'acquisition passe donc au père, sans qu'il y ait à rechercher pour qui le fils a stipulé, si c'était pour lui-même, pour la personne en puissance avec lui, ou pour son père.

Toutefois, il faut combiner le principe posé plus haut que le père acquiert les acquisitions faites par le fils, avec celui-ci que le père doit avoir un intérêt pécuniaire à ce que cette acquisition soit faite ; autrement, comme le fils a la capacité juridique de stipuler *ex personâ suâ,* cette acquisition lui resterait acquise. Exemple : Titius, fils de famille, habitant seul à la campagne, stipule de son voisin, Lucius, le droit de se promener dans son jardin « ut sibi in horto deambulare liceat. » On ne voit pas trop dans l'espèce quel intérêt pécuniaire le père pourrait retirer de cette stipulation. Il n'y a de réellement intéressé que le fils et encore c'est pour lui un simple intérêt d'agrément, ou d'affection. Mais il en serait autrement si le même Titius stipulait par exemple un droit de passage, et que cette stipulation augmentât la plus-value de la maison habitée par notre fils de famille. — On suppose évidemment que la maison habitée par le fils appartient à son père. — Le père profite alors de l'acquisition ; il pourra même intenter l'action contre Lucius récalcitrant, en se conformant aux termes de la stipulation.; mais l'exercice de ce droit n'appartient qu'au fils, car « quæ in facto consistunt ad dominum non transeunt. »

51. A cette période que nous étudions actuellement, on était dans l'habitude, lorsqu'un citoyen romain faisait une stipulation, de s'adjoindre une personne qui stipulait la même chose. Cette personne s'appelait dans le langage vulgaire *adstipulator,* et avait par là même mandat de recevoir le

(1) § 4, inf. *Instit., de inut. stip.*; 3.19.
(2) 3, § 114.

paiement (1). Si nous supposons que ce soit un fils de famille qui se porte *adstipulator* pour une autre personne, on ne voit pas non plus pourquoi le père acquerrait la stipulation. Car si l'*adstipulator* est créancier à l'égard du promettant, il est en même temps mandataire à l'égard du stipulant ; et le mandat est un contrat personnel, ou plutôt fait ici *intuitu personœ* ; et si le stipulant a choisi pour ce cas le fils de famille, c'est qu'il l'a préféré au père, et on ne voit pas pourquoi celui-ci viendrait le remplacer. Nous supposons dans ce cas, bien entendu, le fils de famille en puissance du père ; car s'il était *in mancipio*, son *adstipulatio* serait nulle de plein droit : nihil agit, nam est loco servi (2). Nous voyons donc que dans ces deux cas, le père de famille n'acquiert ni l'action ni le bénéfice qui en résulterait.

52. Or, dans certains cas, bien que le fils ait l'action, et même une action personnelle, le père néanmoins acquerra l'intérêt pécuniaire. Supposons qu'il y ait lieu à la *querela inofficiosi testamenti*. Il n'est pas douteux d'abord qu'elle ne compète au fils (3). « Papinianus, *lib.* 5 *quæst.* recte scribit *inofficiosi querelam* patrem filii sui nomine instituere non posse invito eo : ipsius enim injuria est. » Et Tryphoninus (4). « Filius non impeditur quominus *inofficiosi testamenti* matris accusaret... quanquam in ejus esset potestate... nam indignatio filii est. » De plus, ces textes prouvent que cette action est exclusivement personnelle. Alors que le fils intente l'action, s'il triomphe, l'injure qui lui a été faite se trouve lavée (5), il recueille aussi une certaine valeur. Eh bien ! cette valeur passe au père. Nous supposons encore ici bien entendu que le fils est toujours en puissance ; car dans notre espèce, si le fils de famille était sui juris, il acquerrait le bénéfice de la plainte d'inofficiosité.

53. Passons à une autre hypothèse. Lorsqu'un fils de famille a été injurié, il nait de ce fait : 1° une action pour le fils, dont la personne même est en premier lieu attaquée ; 2° une action pour le père, qui est injurié dans la personne de ses enfants (6). Il y a donc deux actions que le père peut intenter (7). Si le père ne poursuit ni l'une ni l'autre, et que le fils seul venge

(1) GAIUS, 3, § 114.
(2) GAIUS, loc. citat.
(3) Ulp., fr. 8, *de inoff. test.*, 5. 2.
(4) Fr. 22, pr. *hoc. tit.*
(5) Fr. 5. MARCELL., *hoc. tit.*
(6) *Iustit., de injuriis,* 4. 4, § 2 et GAIUS, 3, § 221 ; fr. 41, *de injur. et fam.* NERAT., 47. 10.
(7) En l'absence de son père, le fils pouvait, s'il ne pouvait agir par lui-même, nommer un *procurator* pour intenter l'action : fr. 8, ULP., *de procur.*; 3. 3.

son honneur, le bénéfice de cette action sera acquis au père (1). Telle nous semble être la solution dictée par les principes généraux émis ci-dessus. Et si nous supposons comme dans l'espèce précédente, le fils devenu sui juris, lui seul alors profiterait de la condamnation.

54. Par certains motifs d'utilité, et comme agissant en son nom, on avait reconnu au fils de famille l'interdit *Quod vi aut clam* (2). Le fils exerçait cette action « quasi procuratorio nomine (3). » Il en était de même pour ce cas que pour les précédents.

55. Les principes qui régissaient la dépendance du fils de famille en puissance ne s'opposaient pas non plus à ce qu'il pût exercer certaines actions qu'on appelait *in factum*. Il y avait encore ici un motif puissant d'utilité pour le père, lequel pouvait être empêché d'intenter lui-même l'action. « In factum actiones etiam filiifamilias possunt exercere (4). » Dans cette catégorie rentraient les actions *depositi* et *commodati* (5). La question de fait n'était pas ici mise en doute. Dans l'espèce, le fait du dépôt ou du commodat n'était pas contesté par le défenseur ; rien donc ne s'opposait à ce que le fils demandât tout simplement au juge, au moyen d'une formule conçue *in factum*, une condamnation en rapport avec l'obligation dont il poursuivait l'exécution (6).

56. Dans un autre ordre d'idées, et particulièrement en ce qui concerne l'action en recouvrement de la dot, les jurisconsultes romains permirent à la fille d'exercer elle-même cette action en remplacement du père empêché (7). Ils avaient probablement jugé à propos d'appliquer à cette espèce le principe d'utilité publique : *Rei publicæ interest mulieres dotes salvas habere propter quas nubere possint* (8). On sait que si la fille était alieni juris, le père devait se l'adjoindre pour exercer l'action *rei uxoriæ*.

57. Après avoir examiné la position du fils de famille avec les tiers, nous allons maintenant l'étudier dans ses rapports avec le père. Le principe est encore que tout ce que le fils acquiert est acquis au père. Appliquant ce principe, nous déciderons que la créance que le fils a contre le père appar-

---

(1) Fr. 1, § 9, ULP., ibid.
(2) Fr. 13, § 1, ULP., 43. 24; fr. 9, PAUL, de O. et A., 44. 7.
(3) Fr. 8, pr. ULP. *de procurat.*, 3. 3.
(4) Fr. 13, ULP. de O. et A., 44. 7.
(5) Fr. 9, PAUL, *loc. citat.*
(6) V. GAIUS, 3, § 47, qui donne la formule et la différence en même temps des actions conçues *in factum* et de celles conçues *in jus*.
(7) Fr. 8, pr. ULP., *de procurat.*, 3. 3.
(8) Fr. 2, PAUL, 23. 2, *de jure dotium*.

tient à ce dernier, et que jamais le fils ne pourrait en poursuivre le paiement.
« Lis nulla potest esse cum eo quem in potestate habemus (1). » « .... Non
magis cum his quos in potestate habemus quam noleis ipsis agere possu-
mus (2). » C'est formel. Mais ici, comme plus haut, nous aurons des restrictions à signaler. Elles ne touchent pas toutefois les rapports purement
pécuniaires, car du moment que nous supposons le fils privé de patrimoine,
il ne peut être question d'action entre lui et le père. Mais parmi les relations
de famille nombreuses et variées qui existent entre ces deux personnes, on
en trouve quelques-unes, du moins à une certaine époque du droit (3) qui
supposent des obligations de la part du père, d'où découlent par contre certains droits pour le fils. A moins donc de ne voir dans ces obligations que
des obligations purement morales et dépourvues de toute sanction judiciaire, ce qui pour nous serait absurde et contraire à l'esprit général de la
législation romaine, nous sommes amené à reconnaître en dehors du cercle
de la famille un pouvoir supérieur exerçant un certain contrôle sur les actes
du chef, et écoutant avec déférence les plaintes du fils quand son père ne
remplissait pas ses devoirs de famille. Prenons par exemple l'obligation alimentaire. Sa nature la classe dans le cercle des obligations de famille, puisqu'elle est fondée sur les liens du sang. Or le père se refusant à remplir
cette obligation, ce fils avait évidemment recours au magistrat : « Si quis à
liberis ali desideret, vel si liberi ut a parente exhibeantur, judex de eâ re
cognoscet (4). » « Competentes judices ali te a patre tuo jubebunt, pro modo
facultatium ejus (5). » C'était là un des cas de la *cognitio prætoria*, ou
extra ordinem ; car cette forme de procédure devenait la règle en l'absence
d'action formellement édictée par le droit civil ou prétorien. Il devait en être
de même si le père transgressait ses droits en ce qui concerne le droit de
correction, par exemple, sans cependant s'exposer à des poursuites criminelles. La sanction de ces obligations était donc purement judiciaire, du
moins d'après ce que nous voyons dans les textes, et les obligations de famille du père soumises au contrôle du pouvoir public.

(1) Fr. 4, GAIUS, *de judic.*, 5. 1.
(2) Fr. 16, PAUL, *de furt.*, 47. 2.
(3) Nous excluons, bien entendu la période des temps primitifs ; car outre l'absence
de textes qui ne nous conduirait qu'à des conjectures plus ou moins probables, le principe de l'unité de patrimoine et l'omnipotence du chef nous semble à peu près évident
et général, et dominant tout l'ensemble des rapports de famille.
(4) Fr. 5, ULP., *de agn.*, et al., lib. 25, 3.
(5) Rescrit d'Antonin le Pieux, fr. 5, § 7, *loc. cit.* La constitution des Empereurs
Sévère et Antonin mentionne aussi ce droit : Cod., *de alend.*, liber., 25, 5.

59. Mentionnons aussi : 1° l'action que pouvaient à une certaine époque, exercer les fils de famille pour amener leurs parents à consentir à leur mariage (1) ; 2° l'action en émancipation, quand telle a été la volonté du testateur. Le testateur avait intérêt à cette émancipation s'il désirait que les biens légués appartiennent exclusivement au fils. Cette question, toutefois, divisait les jurisconsultes (2). Marcien et Papinien ne permettaient pas l'action, car, disait celui-là, la puissance paternelle n'a pas de prix : potestas enim patria inæstimabilis est. Ulpien, au contraire, semblait vouloir faire respecter la volonté du testateur : neque enim debet circumveniri testantium voluntas. Cette question qui se fût résolue à l'origine en faveur du père et contre les enfants ne fit plus de doute à l'époque d'Alexandre Sévère. Ce prince décida que la volonté du testateur serait suivie (3) ; 3° l'action en restitution d'une hérédité que le père dit être onéreuse (4).

60. Nous n'avons en vue ici que les obligations civiles proprement dites, qui sont le type des engagements en droit romain (5), comme par exemple un prêt, une stipulation. Pour celles-là, l'unité de patrimoine et l'incapacité juridique du fils de famille d'acquérir des biens de son père faisaient évidemment obstacle à ce qu'elles pussent être considérées comme contractées civilement. Ces obligations ne peuvent avoir que la qualité d'obligations naturelles et il ne saurait dériver aucune action de ces engagements contractés néanmoins entre le père et le fils (6). On ne pouvait dire du fils contractant ces obligations : *nihil agit*, car elles rentraient dans la classe des obligations naturelles, et on sait quelle importance avaient acquise ces sortes d'obligations. Le jurisconsulte Africain, dans une espèce demeurée célèbre, applique la théorie des obligations naturelles à la répétition de l'indû. Il suppose qu'un fils de famille emprunte une somme de... à son frère également en puissance ; leur père étant mort, l'emprunteur opère son remboursement et le jurisconsulte se demande s'il peut exercer l'action en répétition.

---

(1) **Fr.** 19, MARCIEN, *de jure dotium*, 23, 2; V., aussi fr. 12, ULP., § 1, *de sponsal.*, 23, 1.

(2) **Fr.** 114. MARCIEN, § 8, *de legat.*, 1°, et fr. 92, ULP., *de cond., et demonst.*, 35, 1.

(3) Le rescrit auquel nous faisons allusion est mentionné par Ulpien, *loc. citat.* On sait que les rescrits, quoique rendus à l'occasion d'une espèce, et pour résoudre une difficulté pratique, avaient néanmoins force de loi générale, quoiqu'en ait dit le savant Savigny. T. 1, §§ 23 et 24, de son *System des Rœmischen Rechts*, réfuté du reste par un de ses compatriotes, Puchta : *Cursus des Instilut.* Tit. 1, § 111.

(4) **Fr.** 16, § 11, ULP. *Ad Snc Trebell.*, 36, 1.

(5) § 6, *Instit.*, *de inutilib. stipul.* ; v. aussi fr. 38, AFRIC, *de cond. indebit.*, 12, 6.

(6) V. MASSOL, *de l'obl. nat. et de l'obl. morale*, 2ᵉ édit., Paris, Durand, 1862, 1ʳ partie, ch. 4, sect. 6.

Il décidait que l'emprunteur pouvait se faire rendre la partie dont il avait hérité de son père, c'est-à-dire moitié. Quant à l'autre moitié dont son frère avait hérité, il pouvait également la réclamer, si dans le pécule de son frère qu'ils se sont partagé entre eux, celui-ci créancier, avait touché au moins la moitié de sa créance (dont il avait également hérité de son père). Le prêteur comptait naturellement sur ce même pécule pour être payé. Or si la part tombée au lot du prêteur l'a suffisamment désintéressé, l'emprunteur aura droit à la répétition, car la dette naturelle est éteinte (1). Au § 1 de ce même fragment, le même jurisconsulte suppose encore qu'un père a prêté une certaine somme à son fils, qui rembourse après son émancipation. Il pouvait répéter, si le père se trouve désintéressé par ce qui restait dans le pécule, car la preuve que l'obligation naturelle survivait à l'émancipation, c'est que si un créancier étranger du fils poursuivait le père dans l'année pour être payé, le père aurait le droit de retenir sur ce même pécule ce qui lui serait dû par son fils. Au § 2 enfin on voit que si le père était débiteur de son fils et qu'il l'eût payé après son émancipation, il ne pourrait redemander ce qu'il a payé, et pour les mêmes raisons. En effet, si un étranger créancier poursuivait le remboursement de sa créance, on compterait dans le pécule la somme qui lui serait due par le père. Il en était de même encore si le père avait deshérité son fils, et que l'étranger institué héritier eût payé au fils ce qui lui était dû par son père.

Il n'y a rien d'étonnant qu'à cette occasion on se soit posé la question de savoir comment il pourrait arriver que le père fût débiteur naturel de son fils, puisque la créance acquise par le fils faisait partie de son pécule, lequel pécule pouvait être révoqué au gré du père. La question n'était intéressante en effet que pour le cas où le fils deviendrait sui juris. Alors si le père ne lui retirait pas ce pécule dont il lui avait laissé l'administration, cette même créance qui faisait partie du pécule continuera d'exister au profit du fils, et le père se trouvera ainsi débiteur. Si au contraire le pécule est révoqué, la créance se trouve éteinte.

Si l'on envisage la position du père vis-à-vis des tiers et non plus dans ses rapports avec le fils, ces tiers qui seraient devenus créanciers du fils ne pourraient évidemment souffrir que le père exerçât le droit de révocation sur le pécule abandonné au fils, car ils verraient leur gage diminué, ce que ne peut faire le père. Celui-ci à leur égard, sera donc considéré comme débiteur,

(1) Fr. 38, de condict. indebit., 12. 6.

et la révocation ne pourra s'exercer que jusqu'à concurrence de ce qui n'est pas dû aux créanciers par son fils.

61. On voit donc que pendant une période qui fut plus longue, le fils de famille n'avait guère plus de droits sur les biens qu'il n'en avait sur sa personne. Il était un instrument d'acquisition entre les mains du père. Quelques jurisconsultes le désignaient comme associé du père de famille (1). A proprement parler, à l'origine surtout, la propriété n'était pas individuelle, en ce sens qu'elle était, si on nous permet l'expression, *familiale* ; elle appartenait aux ancêtres et aux descendants, de sorte que le père n'était qu'usufruitier ou dépositaire (2). Et on ne s'en étonnera pas si on veut bien se représenter une famille comprenant non pas seulement, comme de nos jours, le père et les enfants, mais s'étendant jusqu'aux petits-fils, et généralement tous les descendants par les mâles ; il y avait entre tous les membres, quelquefois assez nombreux, communauté de travail et d'idées, assez analogue à ce qu'on voit de nos jours entre frères travaillant à l'augmentation du patrimoine commun jusqu'à ce que l'un deux se retire pour fonder lui-même une nouvelle famille.

A cette époque reculée encore, l'acquisition par les fils ne s'arrêtait pas aux biens. Cicéron nous rapporte que d'après la loi des Douze tables, le père avait un certain droit à jouir des distinctions honorifiques que le fils avait acquises à l'armée : ainsi on portait aux funérailles du père la couronne due au courage militaire du fils : « Coronam virtute partam et ei qui peperisset, et ejus parenti sine fraude, lex impositam esse jubet (3). »

La fille étant en puissance ou en tutelle, ses droits étaient moindres encore que ceux du fils. Elle ne quittait la famille paternelle que pour entrer dans celle du mari. Non mariée, ou mariée sans employer le mode solemnel qui confère au mari sur elle la puissance maritale proprement dite, la *manus*, elle restait dans la famille de son père. Nous sortirions de notre sujet si nous nous occupions de la position faite à la femme *in manu*, et des pouvoirs exorbitants que le mode solennel du mariage conférait à l'époux (4). Contentons-nous de rappeler qu'elle était frappée en ce cas d'une incapacité radicale quant à l'exercice de la puissance paternelle sur ses propres enfants.

(1) GAIUS, 2 § 157. Fr. 1 §. 12 ; ULP., *de success. edict.*, 38. 9.
(2) FUSTEL. DE COULANGES. *La cité antique*, passim.
(3) *De legibus*, 2. 24.
(4) Propinquis coram de capite famaque conjugis cognovit TACITE., *Annal.*, 13, 32 ; GAIUS, §§ 117 et 118.

Elle n'échappait à la puissance paternelle ou à la tutelle qu'en se faisant vestale (1).

II. PÉRIODE JUSTINIENNE.

Sommaire.

64. Période Justinienne. — Adition d'hérédité. — Incapacité du fils de s'obliger par vœu. — § 65. Acquisition *jure patrio* d'une succession. — § 66. Incapacité du fils de famille de tester, même avec l'autorisation du père. — 67. Capacité de s'obliger. — § 68 L'unité de personnes empêche la validité des donations. — § 69. Le fils de famille fidéjusseur — § 70 et 71. Son incapacité d'être témoin et sa qualité d'héritier sien sont encore des conséquences de cette unité de personnes.

64. Bien plus tard, et à l'époque de Justinien, où le principe de l'acquisition par le fils de famille était encore le droit commun (2), les exceptions étaient devenues si nombreuses qu'elles absorbèrent presque la règle. Sans parler des pécules, nous aurons bien des hypothèses à examiner où nous retrouvons encore l'ancien système en pleine vigueur. Quand un patrimoine eut été créé en faveur des enfants, ceux-ci durent néanmoins se munir en outre de l'autorisation de leurs parents relativement à certains actes concernant ce même patrimoine (3). Ainsi *l'adition d'hérédité* ou la demande de l'envoi en possession des biens qui doit être faite par le père si le fils est âgé de moins de sept ans, ou avec son consentement, si le fils dépasse cet âge.

Il n'était pas non plus permis au fils de famille non pubère de *s'obliger par vœu* sans l'autorisation du père (4). La chose promise en vœu ne pourrait être réclamée : le vœu n'ayant pas été régulier n'avait pas obligé celui qui l'avait fait.

65. Le principe de l'acquisition *jure patrio* s'appliquait encore à une succession dont le père avait négligé de faire adition pour un enfant mineur décédé avant l'âge de sept ans. Le père recueillait cette hérédité comme si la succession avait déjà été acquise à l'enfant (5).

66. Même avec l'autorisation du père, le fils de famille n'aurait pu tester (6). Cette prohibition découle encore de l'unité de personnes ; car comme

---

(1) ULP., *Regul.*, 10, § 5.
(2) Pr. *Inst. Per quas person.* 2. 9.
(3) Constit. THEOD. ET VALENT., 18 pr. et § 4, *de jure delib.*, 6. 30.
(4) Fr. 2, § 1, ULP., *de pollicitat.*, 50, 12.
(5) Const. 18, § 1, *de jur. delib.*, 6, 30; V. aussi. Const. 8, § 1 et 2, *de bonis quæ*, 6, 61.
(6) Fr., 25, § 1, *de mort. causa donat.*, 39, 6.

l'héritier soutenait la personne du défunt, et que le fils formait avec son père une seule personne juridique, il n'avait pas qualité pour transmettre une personnalité qu'il ne possédait pas lui-même. On lui permettait toutefois de donner à cause de mort. Ce principe subsista même pendant la période des pécules, car la législation des pécules ne fut qu'une exception et une dérogation au droit commun (1).

67. Nous devons faire observer que ce que nous appelons unité de personnes, et ce qui forme obstacle à la naissance d'obligations civiles entre le père et les enfants, ne peut être confondu avec ce qu'on appellerait une incapacité chez le fils de famille, ou une privation de patrimoine. Le fils est parfaitement capable de contracter des dettes (2), « filius familias tanquam paterfamilias obligatur. » Le fr. 43, *ibid*, ne s'oppose pas à cette théorie, car, dit Massol, de ce que les conditions que doit réunir le père de famille pour s'obliger civilement sont indiquées, il ne suit pas que le fils de famille n'ait pas la capacité de s'obliger de la sorte. Ainsi le paterfamilias *impubère* aura besoin de son tuteur, etc... (*De l'obligat. natur. et de l'obligat. mor.* 1re partie, ch. 4, sect. 6.)

68. Par application du principe de l'unité de personnes, on décide que les donations faites par le père à ses enfants ne peuvent être valables (3), comme l'atteste un rescrit des Empereurs Sévère et Antonin, retrouvé dans les *Fragments du Vatican* (4).

Le testament du père, fait postérieurement à la donation avait aussi pour effet de valider la donation (5). Notons aussi qu'il fut décidé plus tard que la mort du donateur suffirait pour rendre valables ces donations : on les favorise ainsi à l'égard de celles faites entre époux (6).

69. Nous avons vu plus haut que le fils de famille pouvait se porter *adsti-*

(1) *Instit.* fr. *quib. non est permiss. fac. testam.* 2, 12 ; Const. 6, § 5, *de bonis quæ. lib.* 6,61 : Nec testari permittimus, melius enim est coarctare juveniles calores ne cupidini dediti tristem exitum sentiant. Le César qui a rédigé cette constitution paraît encore tout imbu des principes classiques, quoiqu'il veuille évidemment s'ériger ici en moraliste.

(2) Fr., 39, GAIUS, *de O. et A.*, 44. 7.

(3) *Vatic. fragm.*, § 295.

(4) Fr., 2, § 2, JULIAN. *Pro herede*, 41, 5 ; fr, 1, § 1, PAUL *Pro donato* 41.6; Const. DIOCLET. ET MAX. *de donat.*, 8. 54, L'émancipation, qui rompait cette unité de personnes, validait ces donations, fr. 31, § 2, PAPIN, *de donat.*, 39,5 ; *Fragm. Vatic.*, §§ 255, 260, 261.

(5) *Vatic. fragm.*, 294, et suiv. ; fr. 1, § 2, JULIAN. *Pro herede*, 41,5 ; fr. 1, § 1, PAUL, *Pro donat.*, 41,6.

(6) *Fr. Vatic.*, 277, et s., Const. 18., pr. Cod., 3.36 ; Const. 25, Code 5. 16.

pulator. Il peut de même se porter *fidéjusseur* pour son père (1). L'effet de
de cette fidéjussion était d'obliger le fils de famille devenu sui juris *in id
quod facere potest*, selon sa solvabilité, et pendant qu'il était en puissance
de permettre au créancier d'obtenir condamnation au paiement du montant
de l'obligation.

70. Signalons enfin deux conséquences encore de l'unité de personnes. Le
fils de famille était incapable d'être témoin dans une affaire concernant le chef
auquel il était soumis. La réciproque était également vraie. La loi réprouvait
en effet dans ces matières le témoignage domestique (2) . Toutefois, en ce
qui concernait la capacité pleine et entière du fils de famille de tester sur
son pécule militaire, comme on le considérait propriétaire exclusif et chef
de famille à cette égard, certain jurisconsultes, notamment Marcellus et
Ulpien avaient émis l'opinion que les membres de la famille du fils pouvaient
être employés comme témoins lors du testament du fils sur cette propriété.
Mais nous voyons que Gaius était partisan de l'opinion opposée, et se
fondant sur l'unité de personnes, refusait au père comme au fils le droit
d'être employés comme témoins en ce cas (3). Cette incapacité était étendue
en outre à tout témoignage relatif aux affaires qui se passent entre ce chef
de famille et ses surbordonnés (4).

71. En dernier lieu, on peut considérer la qualité d'héritier sien comme
une conséquence de la puissance paternelle et comme une continuation de
ce même pouvoir (5).

III. LES PÉCULES.

GÉNÉRALITÉS.

Sommaire.

§ 72. Les pécules. — Progrès de la personnalité du fils dus à l'influence des philisophes
et des préteurs. — § 73. Ces progrès ne sont réellement remarquables qu'en ce qui
touche les intérêts pécuniaires. — § 74. Amélioration's sensibles néanmoins de la condition des enfants de famille, et quelles en furent les causes multiples.

72. Avant de traiter encore d'autres droits de la puissance paternelle,
tels que ceux qui ne produisent leur effet qu'après la mort, ou ceux non

(1) Fr., 10, § 2, *de fidéjuss*. 46,4.
(2) *Instit*., § 9 et 10, *de test. ordin*., 2,10 ; fr. 20, § 3 ; ULP. *qui testam. fac poss*., 28.1.
(3) GAIUS, 2, § 106, in fine.
(4) Fr., 20, § 3, ULP., *qui test. fac. poss*., 28, 1.
(5) Voy. MÜHLENBRUCH, *Doctrin. Pandect*, § 563,4° ; GAIUS, 2, § 157 et 158 ; *Instit*., § 2.
de hered. qual. et diff., 2, 19. Ce fut précisément à cette occasion que fut institué le *Bénéfice d'abstention* mentionné dans les *Instituts* de Justinien., Livr. 2, tit. 19, § 2.

exclusivement réservés au père, nous allons voir les droits du père singulièrement restreints par l'institution des pécules. La personne du fils, nous
l'avons vu, était absorbée par le père ; elle va se détacher peu à peu et devenir indépendante dans un si grand nombre de cas, que l'ancien système
va presque disparaître, la famille va subir l'influence des idées d'égalité et
d'humanité qu'avait prêchées Jésus. Le fils aura même une responsabilité
distincte. La création des pécules va presque l'affranchir de l'autorité paternelle et l'émanciper aux yeux de la société, en faisant disparaître des
mœurs et bientôt des lois l'abandon noxal, auquel les esclaves seuls demeu-
rèrent soumis. Reconnaître une propriété au fils de famille en dehors de la
propriété de la famille, c'était renverser l'antique principe de l'unité de patrimoine ; c'était répudier un système suranné. Alors éclatait une révolution juridique immense, étonnante. Poser un rival en face du père et au sein
même de la famille, n'était-ce pas dire que la propriété n'est plus sacrée,
qu'elle est sortie du domaine religieux pour devenir profane ? n'était-ce pas
dissoudre même l'ancienne famille ? La religion et la propriété, bases jadis
immuables de l'ancienne famille, se laissant peu à peu ébrécher, on revenait
nécessairement à un système qui se rapprochait davantage de la nature et
de la raison. Le sentiment de la justice, et la tendance générale des jurisconsultes de l'époque classique vers l'équité devaient faire crouler le vieil
édifice du droit quiritaire. Quelqu'originale donc qu'eût été la constitution
de la famille, on la vit s'altérer avec le progrès du temps, la perte des
croyances religieuses anciennes, et les souffrances du trop grand nombre de
personnes qui y étaient soumises. L'institution de la préture ramena peu à
peu la famille à ses liens naturels. On sait en quels termes Cicéron rappe-
lait les fonctions du préteur : « Juris disceptator, qui privata judicet, judi-
care debeat, Prætor esto. Is juris civilis custos esto (1). Ce fut le préteur
qui remplaça le père de famille dans ses fonctions judiciaires et dans la
garde du dépôt sacré des lois. La loi jusque-là n'avait été qu'une émanation
de la religion, et la procédure consistait en rites religieux. Les nouveaux
magistrats étaient animés d'un autre esprit. C'est avec un vif sentiment de
curiosité que nous examinons aujourd'hui les détours ingénieux de ces magistrats ou des jurisconsultes, qui portaient une main timide sur cette organisation sacrée. On les voit essayer de faire fléchir les principes antiques
pour les adopter aux besoins nouveaux du temps, et faire plier les règles

_ (1) *De legib.*, III, 3.

du droit avec les mœurs et les habitudes de la société. D'un autre côté, les rapports journaliers de Rome et de la Grèce ne devaient pas non plus rester sans porter leurs fruits. Des idées philosophiques plus humanitaires se faisaient jour, et le sévère Caton, l'homme certainement le plus lent à se convertir aux idées de son temps, jetait le cri d'alarme. Une de ses sorties les plus vigoureuses avait été dirigée contre les femmes et en même temps contre les maris, qu'il accusait d'être leurs complices dans cet oubli des anciens principes (1). Le droit prétorien qui se donnait pour mission de compléter et même de corriger le droit civil, ne tarda pas à reconstituer peu à peu la famille sur ses principes naturels (2). « Il ne reposait pas sur la rigueur sévère des lois civiles : il admettait des tempéramments, il donnait plus à l'équité, plus à la nature; il convenait davantage à ce qu'on nomme la civilisation; mais aussi il préparait la dissolution successive du droit primitif. Ce fut l'œuvre de la science, de la philosophie, l'œuvre du progrès qui remplaça successivement le vieux droit quiritaire. Aussi voit-on Cicéron se plaindre déjà que de son temps on n'étudie plus comme autrefois les *Douze Tables* et qu'on les remplace par les édits des préteurs (3) ».

73. Toutefois ces changements lents, mais constants ne furent décisifs qu'en ce qui concerne les biens, c'est-à-dire la constitution *réelle* de la famille. Une grande rigueur continua d'exister longtemps encore dans les rapports personnels du père et des enfants. Le pouvoir absolu du père se se conserva même dans un temps postérieur au vieux Caton. En effet, Cicéron nous rapporte qu'un père arracha son fils de la tribune, et Salluste raconte la condamnation à mort prononcée par un sénateur contre son fils jugé complice de Catilina (4). La République romaine fut évidemment inimitable pour le courage civique et l'amour de l'indépendance, mais ce fut un triste temps pour la vie privée et les droits des enfants, qui étaient réunis en groupe serré sous la main puissante d'un seul homme. Nous sommes loin de voir appliquer le principe que proclamait un Romain lui-même : « Le droit est identique à l'équité, autrement il ne serait plus le droit (5) :

(1) TITE LIVE, 34, 2.
(2) Adjuvandi vel *supplendi* vel *corrigendi* juris civilis gratiâ. Dig. 1, 1, *de just. et jure*, 7, § 1, PAPIN.
(3) ORTOLAN, *Hist. de la législ. rom.*, dans son *explicat. hist. des Instit.* de Justinien, § 289, T. I.
(4) CICER., *De Invent.*, II, 17 ; SALLUST., *Catilina*, 39.
(5) Trad. LAFERRIÈRE, *Hist. du droit*, T. I, ch. 7.

jus enim semper quæsitum est æquabile, neque enim aliter esset jus (1). »
Les Romains évidemment n'avaient pas l'idée du droit, du moins d'un droit
« identique à l'équité » ou s'ils l'avaient, ils ne nous semblent guère s'être
disposés à l'appliquer à leurs rapports de famille. Ainsi se justifie cette ju-
dicieuse réflexion d'un de nos auteurs juridiques les plus connus : « Dans
notre droit civil, on aperçoit avec évidence, que l'équité y est indigène,
tandis que chez les Romains c'était plutôt une étrangère de bonne maison
qui n'avait pas encore obtenu ses lettres de naturalité (2). » Le peu de
progrès que nous voyons réalisés dans les rapports personnels des membres
de famille tient, en grande partie du moins, à l'absence d'une organisation
judiciaire criminelle, dont les attributions se fussent étendues jusques à la
famille, et qui eût enlevé au père l'une de ses pérogatives les plus redoutables et les plus dangereuses : le droit de juridiction, d'où découlait le droit
de vie et de mort. A l'époque du droit classique, mais avant l'avènement du
christianisme, les Romains n'avaient pas encore fait cette réforme nécessaire, et l'on ne comprend guère qu'il n'aient pas encore remplacé le pouvoir domestique, trop indulgent ou trop sévère, presque toujours partial,
par un pouvoir public criminel, analogue au pouvoir civil qu'ils avaient déjà.

74. A l'époque impériale, le progrès incessant de l'esprit humain ; l'introduction à Rome, après la conquête des sciences et des mœurs douces et
polies de la Grèce ; l'affection naturelle du père pour ses enfants, enfin,
l'avènement du christianisme, tout cela eut pour effet de modifier la puissance paternelle très-profondément. Du reste, à ce troisième âge du droit,
l'autorité du chef de famille s'affaiblissait non-seulement à l'égard des enfants, mais encore des autres personnes qu'il avait en puissance : ainsi la
femme *in manu* commençait à s'émanciper, car cette dernière forme de puissance était tombée en désuétude, surtout depuis l'organisation légale du
concubinat par Auguste. Le *mancipium*, autre forme de puissance sur les
hommes libres, tendait à disparaître et semblait exclusivement réservé à
l'abandon noxal. Une part notable de ces progrès doit être attribuée au
christianisme, qui même avant sa proclamation officielle et avant qu'un
César en fit la religion impériale, avait déjà secrètement pénétré les mœurs.
Ce fut cette religion qui proclama le véritable caractère de la puissance
paternelle. Suivant la doctrine des Docteurs chrétiens, cette autorité a pour

(1) CICER., *de Offic.* II, 12.
(2) TROPLONG, Préface *de la Vente.*

but l'éducation physique et morale de l'enfant, elle doit perdre le caractère rigoureux que l'ancienne loi lui avait imprimé (1). L'Eglise dit en effet, par la bouche de son Apôtre : « Enfants, obéissez à vos pères et à vos mères en ce qui est suivant le Seigneur... Vous, pères, n'irritez pas vos enfants, mais ayez soin de les bien élever en les encourageant et en les instruisant suivant le Seigneur (2). Les constitutions apostoliques ne permettaient au père que le châtiment modéré ; il devait respecter les jours de son enfant (3). Aussi voit-on, dit M. Troplong, l'ensemble du droit impérial dominé par l'empire des idées chrétiennes qui s'étaient infiltrées insensiblement dans les travaux des jurisconsultes. Cet élément nouveau améliore le droit romain, mais il le laisse toutefois encore inférieur à celui de nos idées modernes (4). A la fin de cette période impériale, la puissance paternelle respecta les liens du sang et de l'affection (5) ; l'émancipation ne rompt plus la famille, et l'adoption ne confère plus les droits exagérés de la période classique. L'autorité du père semble se laisser diriger par la nature et la raison, et on put croire dès lors que l'intérêt de l'enfant devait passer en première ligne.

Justinien n'apporta aucun changement à l'essence même de l'autorité paternelle ; les améliorations de la condition des enfants sont dues à ses prédécesseurs, qui avaient absorbé la toute-puissance législative, comme ils avaient fait tous les autres pouvoirs de la république que la sagesse et l'expérience des anciens Romains avaient répartis sur la tête de plusieurs citoyens.

ÉTUDE SPÉCIALE DES PÉCULES.

Sommaire.

(1) D'ESPINAY, *Influence de la lég. canon.*
(2) PAUL, *ad Ephes.*, Epist., VI, vers. 1, 4.
(3) *Const. Apost.*, liv. 5, ch. 10.
(4) TROPLONG, *Influence du Christianisme.*
(5) V. en une application dans la loi 9 au Code *de Impub. et aliis substit.*, 6, 26.

75. D'après ce que nous avons déjà dit, on a pu voir que le pécule fut d'abord un fait avant d'être un droit. Il convient donc de bien préciser ces deux périodes. Ainsi, à l'origine, le pécule était une portion de biens que le père, bénévolement, détachait de fait de sa fortune (1) pour en laisser une administration plus ou moins large à celui à qui était fait cet abandon. La concession était comme un précaire, et ne constituait pas un droit pour le fils. Le maître, vrai propriétaire, conservait tous ses droits, tels que ceux de propriété, de possession, d'acquisition, etc., et même de révocation, puisqu'il n'y avait que tolérance de sa part.

76. Sous la période suivante, le pécule devint, du moins en général, une propriété. Ce fut une innovation des Empereurs, qui dans un but politique créèrent d'abord en faveur des fils de famille militaires, puis en faveur des non-militaires, une situation indépendante de leurs parents, tout en cherchant à s'attacher l'armée et leurs fonctionnaires civils. Un premier pécule fut donc créé au profit des fils de famille soldats. Auguste, le premier, leur donna le droit de tester sur les choses acquises *in castris*. Le droit de propriété fut ensuite étendu à d'autres acquêts faits en dehors des camps. On ne sait au juste à quelle époque. Ulpien en fait déjà mention (2).

Le pécule qu'on appelle *adventice* rendit ensuite presque tout à fait indépendant la personne du titulaire de ce pécule, en fit un véritable chef de famille et propriétaire. Certaines concessions légales furent faites, de telle sorte que les droits du père devaient s'éteindre sur ces biens (3). Constantin, néanmoins, fut le véritable créateur de cette institution (4). Il forma un pécule adventice avec les biens recueillis par les enfants à titre de succession de leurs mères. On y fit ensuite rentrer les biens provenant de la mère et les biens nuptiaux (5). Toutefois, ce pécule offrait ceci de particulier que la propriété résidait sur la tête de l'enfant, mais que l'administration et l'usufruit étaient conservés au père (6). Néanmoins Justinien établit l'uniformité sur cette

(1) Fr. 5, § 4 ; ULP., 15, 1.
(2) Fr. 1, § 6, *ad Snc. Treb.*, 36. 1; fr. ejusd., 3, § 5 *de B. P*, 37,1; fr. ejd., 1 § 15 ; *de Collat*, 37, 6. Toutefois certains auteurs semblent craindre que ces textes ne nous soient parvenus altérés. V. en effet Muhlenbruch, *Doctrina Pendectarum*, § 564.
(3) Fr. 50, PAPIN, *Ad Snc Treb.*, 36. 1.
(4) L. 1 et 2, *Cod Theod. de mat. bon.* 8.18 ; Const. 1, *Cod. Justin.*, 6,60.
(5) L 6 et 7, *de mat. bon. Cod. Theod.* ; L. 2 *Cod. Justin. de bon mat.* 6,60 ; L 1 à 5, *de bon. quæ lib.* 6,61
(6) L 9. *cod. Theod.*, *de mat. bon*, 8,18 ; L. 3 Cod. *De bon mat. Cod. Justin.*, 6. 60.

matière en décidant que l'on appliquerait les mêmes règles à tout bien acquis par les fils en dehors des pécules militaire ou quasi-militaire (1).

Pécule militaire (2).

77. La concession que fit Auguste aux soldats du droit de tester sur les choses acquises au camp fut étendue par Hadrien aux anciens militaires ou vétérans ayant un congé honorable.

78. Le pécule militaire comprit d'abord les choses acquises dans les camps (3) Puis sous Septime Sévère, il comprit les biens donnés au militaire à son départ pour l'armée (4). On entendait par biens acquis dans les camps la solde, le butin, les récompenses, les dons meubles ou immeubles que le militaire reçoit de ceux qu'il a connus au service. On exclut par conséquent les biens faisant l'objet de donations à lui faites par des personnes qu'il n'a pas connues de la sorte « vel quis alins non ex castris notus (5). » Mais on y fait rentrer les hérédités de ses compagnons d'armes ; ce qu'il a acheté avec sa solde, etc., et les accessoires du pécule, tels que fruits, alluvions, extinctions d'usufruit, car le pécule était une *universitas* (6). Un rescrit d'Adrien y fit rentrer les biens que le soldat recueillait en vertu du testament de sa femme, mais il fallait pour cela que le mari fût encore soldat et au jour de la confection du testament et au jour de l'acquisition (7). Mais la volonté seule du donateur ou du testateur ne pouvait avoir pour effet de faire rentrer ces biens dans le pécule. Il y avait là, nous dit Ulpien (8), un caractère de réalité qui dominait l'intention du bienfaiteur. Toutefois, on résolvait en question de fait celle de savoir si une donation faite au militaire par un parent qui lui aussi est à l'armée a été faite comme parent et comme compagnon d'armes, et si elle doit ou non rentrer dans ce pécule.

Les armes, l'équipement et choses semblables rentrent aussi dans le pécule militaire.

(1) L . 6 et 8, *de bon mat.* 6, 60.
(2) Il est traité du pécule militaire au Digeste 49,17, et au Code 12,37. sous la Rubrique *de Castrensi peculio.*
(3) F. 11. MACER ht.
(4) Fr. 54 PAPIN. *Ad Snc Trebell.* 36.1., fr. 4, TERTYLL. ht ; fr. 23 § 2 PAPIN. *de fideicomm. libert.* 40,5.
(5) Constit. 4, *fam. exisc.*, 3.36.
(6) Fr. 20, §, 10 5. 3, ULP., *de hered. petit.*, ; fr. 8, ULP., fr. 11, MACER, fr. 19, pr. TRYPHON, *ht.*; Const. 4. ht.
(7) Fr. 13 fr. 16, pr. PAPIN. *h. t.*
(8) Fr. 8 *h. t.*

Le soldat appelé mais non encore sous les drapeaux, « exeunti in castra » acquiert aussi comme pécule, mais seulement à titre de donation mobilière entre-vifs. Ces dons ont lieu en effet *occasione militiæ*, car il doit les emporter avec lui.

79. Passons aux droits respectifs du père et du fils.

Le principe dominant est que le fils avait sur ce pécule les droits d'un chef de famille (1) et le droit d'en poursuivre la garantie en justice (2). Toutefois, à l'origine, les droits du fils de famille se réduisaient strictement au droit de tester. Encore ce droit n'était-il conféré qu'au militaire en activité. Jusque Hadrien, le fils de famille ne put même affranchir les esclaves du pécule. Il fallait pour ce cas l'autorisation du père, et l'esclave devenait l'affranchi de celui-ci. Toutefois, les biens laissés par l'affranchi rentraient au pécule, car le fils avait l'administration (3).

La donatio morti causâ ne put être faite valablement par le fils qu'à une époque relativement assez éloignée de l'origine de ce pécule (4).

Il est curieux de suivre les diverses transformations que subit d'abord la détention pure et simple des biens du pécule par le fils ; le droit d'administration plus ou moins large que lui laissait son père ; l'interdiction faite ensuite à celui-ci d'aliéner les biens de ce pécule, lorsque cette aliénation produirait ses effets du vivant du fils (5), avant d'arriver au droit de propriété dont le fils fut plus tard investi. C'était une révolution dans la sphère du droit civil, et l'esprit de conservation lutta longtemps contre l'esprit progressiste. Le père donc resta encore longtemps propriétaire. Toutefois l'interprétation des jurisconsultes et surtout une constitution d'Hadrien à laquelle nous faisions naguère allusion, étendirent d'une manière notable les droits du fils et restreignirent du même coup ceux du père. Le droit de tester qu'Auguste instituait en faveur du soldat en activité de service était étendu au vétéran renvoyé dans ses foyers. Le droit d'affranchissement lui était reconnu et en même temps les droits de patronage. Mais si le fils de famille avait le droit de tester, il devait être propriétaire ; et s'il était propriétaire, il devait pouvoir disposer de son pécule de toute autre manière que par testament. Ainsi les jurisconsultes, suivant leur méthode d'interprétation,

(1) Fr. 2, ULP., *de Suc. Maced.*, 14, 6.
(2) Fr. 4, § 1, TERTYLL. *h. t.* ; fr. 5, ULP., ibid., fr. 13, § 3 ; ibid., Constit. 2 et 3 *h. t.*
(3) Fr. 19 § 3 TRYPH. *h. t.* ; fr. 22 MARC. de *bon libert.* 38, 2, ; 13, PAPIN *h. t.*
(4) Fr. 15 JUL. *de mort. causâ donat*, 32,6.
(5) Fr. 18, § 1 et s.; MOECIAN, fr. 4, § 2, TERTYLL, *h. t.*

permirent au fils de famille de disposer à titre de donation d'abord, puis autrement (1). De là à déclarer le fils de famille propriétaire et à refuser désormais tous droits au père et aux créanciers de celui-ci il n'y avait qu'un pas. Ainsi s'en allaient disparaissant peu à peu les droits du père sur les biens (2) et on vit le fils acquérir posséder civilement, usucaper par lui-même ou par les esclaves du pécule.

80. Le principe de propriété étant posé, on tirait les conséquences suivantes :

1° Le fils de famille peut s'obliger avec des tiers par toute espèce de contrat et cela sans l'autorisation du père (3). Le Sénatus-Consulte Macédonien ne s'y oppose pas ; toutefois l'engagement du fils est limité aux ressources que lui donne le pécule ; « in id quod facere potest (4). » Ainsi la condamnation obtenue en justice ne pourra jamais dépasser le montant du pécule, quoique en droit pur, le fils soit obligé pour le tout.

81. 2° Le fils de famille pouvait contracter avec son père ; il naissait alors de cet acte des actions ou obligations entre ces deux personnes (5). La vente peut avoir lieu, selon le principe de capacité reconnue au fils (6).

82. 3° Le fils pouvait disposer de son pécule par testament, comme tout père de famille (7). Toutefois, quoiqu'il eût sur ce pécule les droits d'un *pater familias*, les droits du fils recevaient plusieurs restrictions : *a*) Il ne pouvait nommer un tuteur à ses enfants, ni faire une substitution pupillaire. *b*) Un fragment de Pomponius nous dit aussi que le fils de famille n'avait pas tout à fait les droits du père : car on controversait la question de savoir si la personne qui succédait au pécule en vertu d'un testament du fils était réellement *héritière* (8). *c*) Un autre motif de ne pas assimiler complétement le fils de famille au père à ce point de vue se tirait du droit qu'avait le père de revendiquer *jure peculii* le pécule de son fils mort intestat (9). Cette prérogative du père disparut dans le dernier état du droit par suite de la

(1) Fr. 7, § 1 et s. ; ULP. *de donat*, 39.5.

(2) Const. ALEX. 2 et 3 *h. t.* ; fr. 2 *de Snc Mac.* 14,6

(3) Fr. 1, in f. et 2, *Ad Snc Maced.*, 14,6.

(4) Fr. 7, *h. t.*

(5) Fr. 15, PAPIN. § 1, 3 in fine *h. t.* et Fr. 4, GAIUS, *de jud.*, 5.1 ; V. aussi Fr. 18, pr. MÆCIAN., *h. t.*

(6) Fr. 2, ULP. *de contr. empt.*, 18. 1.

(7) *Inst.* pr. *Quib. non est permiss. fact. test.* 2. 12.

(8) Fr. 10, pr. ad. *Snc. Tertyll.*, 38. 17.

(9) Fr. 34, PAUL, *de hered. pet.* 5, 3 ; Fr. 2, § 2, ULP. *fam. ercisc.* 10. 2 ; Fr. 18 PAUL, ad. *leg. Falcid.*, 35, 2.

création d'un nouvel ordre de succession (1). *d*) Le décès *ab intestat* du fils de famille n'a pas pour effet de faire du pécule une hérédité dévolue au père par droit de succession ; mais c'est *jure peculii* que le père reprend le pécule ; c'est-à-dire comme propriétaire (2). Ce droit n'est pas exclusivement réservé au père ; les héritiers du père, après sa mort jouissent de la même prérogative et peuvent faire rentrer le pécule *ipso jure* au patrimoine du père de famille (3). Le père reprenant son pécule rétroactivement, il en résulte que les dispositions de propriété que le père aura faites seront valables, si elles ne doivent avoir leur effet qu'après la mort du fils. Exemples : l'affranchissement d'un esclave du pécule, le paiement fait avec une chose du même pécule (4).

83. Les acquisitions résultant de stipulations faites par l'esclave du pécule, *même au nom du père* profitent évidemment au fils, parce qu'il est propriétaire. Il en est de même si cet esclave stipule au nom d'un étranger (5). Toutefois, le père a un droit éventuel au profit de ces acquisitions, mais en supportant les charges et dettes *intra modum peculii* (6).

84. Lorsque, malgré l'institution d'héritier du pécule par le fils, personne ne se présente pour recueillir, soit que l'héritier refuse, soit par toute autre cause, on agit comme si le fils était mort intestat (7). Toutefois, cette décision avait fait difficulté ; car, par exemple, pendant que l'héritier institué délibère, il est évident que les biens du pécule ont pendant un certain temps appartenu à l'hérédité jacente ; mais comme le refus de l'héritier faisait que le testament ne produisait en réalité aucun effet, on avait fini par décider que ce cas serait analogue à celui de succession ab intestat.

85. Dans l'intervalle de l'ouverture de la succession au pécule et de l'addition, les stipulations faites par l'esclave du pécule étant acquises au pécule, considéré comme hérédité jacente, profitent en définitive à la personne qui recueillera les biens, soit le père, soit l'héritier (8). Papinien, toutefois, considérant que le père recueille les biens du pécule *jure peculii*, et qu'il n'y a pas pour lui de *pécule jacent*, comme il y a une hérédité jacente pour

---

(1) *Nov.* 118, ch. 2.
(2) Fr. 18, Paul, *ad leg. Falcid.*, 35, 2 ; Fr. 2, Ulp. *h. t.*
(3) Fr. 9, Ulp. *h. t.*
(4) Fr. 98, § 3, Paul *de solut. et liberat.* 46 ; 3 : V. aussi Fr. 9 d'Ulpien, précité.
(5) Fr. 15, § 3, Papin. *h. t.*
(6) Fr. 17, pr. *h. t.*
(7) Fr. 19, § 5, *h. t.*
(8) Fr. 32, Gaius, *de acq. rer. domin.*, 41. 1.

représenter le défunt dans l'intervalle, avait hésité à laisser le père profiter de ces stipulations, mais il se rallia à l'opinion émise plus haut.

86. Si le père était lui-même institué héritier par son fils, il reprenait le pécule comme succession testamentaire ; mais ceci ne s'opposait pas à ce que le principe de rétroactivité reçût son application et ne conduisît à déclarer valables les aliénations antérieurement faites par lui (1).

87. Remarquons, toutefois, que le père n'est pas appelé le premier à recueillir le pécule de son fils décédé intestat. Il est exclu 1° par les descendants du fils ; 2° par les frères et sœurs du défunt (2). Ce pécule ne parvenait donc au père, du moins à l'époque du Justinien — car ni le *Digeste* ni le *Code* ne reproduisent cette particularité, — que dans le cas où le fils décédé ne laissait ni enfants, ni frères ni sœurs. Nous avons déjà dit qu'une *Novelle* fit de ce pécule une succession dans tous les cas.

88. Nous avons étudié la capacité du fils de disposer de son pécule par testament. Qu'en était-il du mode de dispositions par codicile ? Deux principes se trouvaient ici en opposition. L'un qui faisait recueillir au père le pécule, puisque le fils est mort intestat ; l'autre faisant déclare cette disposition valable puisque le fils de famille pouvait disposer entre-vifs. C'est cette dernière décision qui fut admise. Le père put donc être grevé d'un fidéicommis portant sur la totalité du pécule (3).

89. Voyons comment se conserve et se perd ce pécule.

Le pécule reste évidemment au fils quand il devient sui juris. Il n'en doit compte à personne, et n'est pas soumis non plus à l'obligation du rapport (4).

L'émancipation qui faisait subir au fils de famille une *capitis deminutio* n'avait pas pour effet d'empêcher le fils de famille de conserver le pécule (5).

On sait que le testament devient *irritum* par la *capitis deminutio*. Toutefois le testament du fils de famille sur le pécule n'est point attaqué par le changement d'état (6).

L'adoption n'a pas non plus pour effet d'enlever le pécule au fils, bien qu'il subisse encore une *capitis deminutio* (7).

---

(1) Fr. 20, PAUL, *h. t.*
(2) *Inst.* pr. *quib. non est perm.*, 2. 12.
(3) Fr. pr. 114, MARCIEN, *de legat.*; 1° ; Fr. 18, pr. PAUL, *ad leg. Falcid.*; 35. 2.
(4) Fr. 1, § 15, ULP., *de collat.*, 37. 6.
(5) Fr. 12 *h. t.* PAPIN.
(6) Fr. 6, § 13, Ulp., 28. 3, *de injust. rupt. irrit. test.*
(7) Fr. 12, PAPIN. *h. t.*

Le fils de famille perd son pécule lorsqu'il se trouve chassé honteusement de l'armée « ignominiæ causa missus (1). »

Le fils de famille perdait encore son pécule quand il subissait une condamnation pouvant emporter confiscation (2). En ce cas le père recueillait le pécule.

90. *Pécule quasi militaire.* A l'imitation du pécule militaire, on créa en faveur des fils de famille non militaires un autre pécule qui pour cela fut appelé *quasi castrans*, quasi militaire.

Son origine paraît bien antérieure aux Empereurs chrétiens, car de nombreux textes appartenant à Ulpien nous sont conservés au *Digeste*; ce qui fait remonter par conséquent ce pécule à l'époque classique (3). Pour combattre cette opinion, on a employé un moyen assez en usage dans les controverses historiques. On a supposé interpolés ou altérés les textes classiques, ce qui nous semble un faible moyen. Une explication plus ingénieuse consiste à dire que le pécule quasi militaire désignait précisément le pécule du fils de famille vétéran, qui n'est plus en activité de service (4). Cette dernière opinion est celle que nous adoptons. Le jurisconsulte Ulpien aurait ainsi désigné dans les nombreux textes cités les biens appartenant au fils de famille soldat, lesquels biens, à son époque, n'avaient pas encore été juridiquement compris dans le pécule militaire, et qu'il essayait d'y faire rentrer, ou tout au moins de placer dans une situation juridique analogue : *quasi castrans.* Ce seraient les biens acquis hors du camp, ceux par exemple qu'il recueillait par testament de sa femme. L'institution n'existe pas encore comme institution juridique proprement dite. Ce ne fut réellement que Constantin qui la créa (5). Mais ce fut au profit des employés de son palais auxquels il voulut créer une position aussi indépendante que celle des militaires. Cette création fut ensuite étendue à toute fonction publique, sans distinction de sexe (6).

91. Ce pécule comprenait *a)* ce que les fonctionnaires publics acqué-

---

(1) Fr. 26, pr. et § 1, MACER. *(e test. mil.*, 29, 1.

(2) La confiscation ne s'appliquait qu'au patrimoine des chefs de famille ; il ne pouvait donc être question de confiscation proprement dite pour le pécule du fils de famille, fr. 8, § 1, MODEST., *de excusat.*, 27. 1 ; Const., 3, ANTON. *De bon. proscript.*, 9, 49.

(3) Fr., 32, § 17, *de donat. intervir. et ux.*, 24, 1, fr. 1 § 6, *ad Snc Trebell.*, 36, 1 ; fr., 3, § 5, *de bon. poss.*, 37, 1 ; fr. 1, § 15, *de collat.*) 37. 6, et enfin fr., 7, § 6, *de donat.*, 39, 5. N'oublions pas non plus les *Instituts*, § 6, *de milit. test.*, 2, 11.

(4) Fr. 1, § 6, ULP. *ad Snc Trebell.*, 36, 1 ; fr., 7, § 6, ejusd. *de donat.*, 39, 5.

(5) Const. unica, *De castr. omni palat. pecul.*, 12. 31.

(6) Constit., 37, pr. JUSTIN. 3, 28, *de inoff. test.*, Const., 7, ejusd., 6, 61, *de bonis quæ lib.*

raient (1). Dans cette catégorie de personnes, rentraient les officiers du palais, ceux du prince et les officiers publics. Les biens qui formaient leur pécule étaient leur traitement, leurs émoluments et les libéralités du prince. Toutefois, certains officiers appelés *silentiarii* et dont les fonctions consistaient à maintenir l'ordre dans le palais, avaient de plus le privilége de faire rentrer dans ce pécule les biens qui leur seraient donnés par les personnes qu'ils auraient connues à l'occasion de leurs fonctions (2). Les employés du préfet du prétoire furent placés sur la même ligne.

b) Ce que les avocats acquéraient par l'exercice de leur profession, ou à cette occasion (3). Un privilége non moins curieux à noter que le précédent, pour cette catégorie de personnes, c'est celui dont jouissaient les avocats qui avaient le droit de représenter le fisc et de plaider devant le préfet du prétoire : toutes leurs acquisitions, à n'importe quel titre, rentraient dans ce pécule.

c) Ce que les ecclésiastiques, évêques, prêtres ou diacres acquerraient à n'importe quel titre (4).

d) Enfin les biens faisant l'objet des libéralités du prince ou de l'impératrice (5).

92. A l'époque de Justinien, les fils de famille jouissaient des mêmes droits sur ces biens que sur ceux formant le pécule militaire (6). Ils pouvaient en disposer. S'ils mouraient intestats, le père reprenait ce pécule *jure peculii*, comme il faisait le pécule militaire.

93. *Le pécule profectice.* Si nous avions suivi l'ordre des temps pour la description des biens des fils de famille, nous aurions dû commencer par celui-ci, car il est le premier en date, et il est mentionné par les plus anciens auteurs. Toutefois, comme il ne forme pas un pécule proprement dit, nous n'en parlerons ici que pour dissiper la confusion que le même mot pourrait faire naître.

94. On appelle donc *pécule profectice* les biens qui parvenaient aux enfants *ex re patris*, des biens du père, et ne rentraient pas dans le pécule

---

(1) Const. 7, *de adsessorib.*, 1, 51 ; Const. ult. Justin. de inoff. test., 3.28 ; Const. unica *de castr. om. palat.*, 12, 31.

(2) Const., 5, *de silentiariis et decurion.* 12, 16.

(3) Const., 4, Hon. et Theod. De advoc., 2, 7, ; cf. Const., 14, Leo et Anth. *ibid.*

(4) Const., 50, *de Episcop. et cleric.* ; Nov., 123, c. 9.

(5) Const., 7, *de bonis quæ lib.*, 6, 61 ; Cf. Const. Ult., § 1, *de inoff. test.*, 3. 28.

(6) Const. ult. *de inoff. test.*, 3, 28 ; Cf. Const. ult., *Qui test. fac poss.*, 6, 22.

militaire (1). Ces biens peuvent lui être concédés, par exemple, à l'occasion de son mariage, ou d'un établissement (2). Ce pécule est compté au nombre des biens du chef de famille, comme l'est celui de l'esclave dans ceux du maître (3). De là cette conséquence que le père peut toujours révoquer le pécule ainsi concédé (4). Toutefois le fils de famille pouvait contracter des obligations relativement à ce pécule, ainsi que nous l'avons déjà vu (5). Il pouvait aussi aliéner, mais à titre onéreux et quand le père lui avait laissé la libre administration de ce pécule (6). Ce pécule reste au fils de famille en cas de confiscation des biens du père (7) et il acquiert par usucapion les objets qui le composent, quand son père ne le lui retire pas à son émancipation (8).

Du pécule adventice.

Sommaire.

§ 94. Le pécule *adventice*. — Son origine impériale. — §§ 95 et 96. Sur quels biens porte l'usufruit du père. — § 97. Ce qu'il en était du travail du fils avant la création de ce pécule. — § 98. Situation légale de certains biens qui ne rentrent pas dans les pécules. — § 99. Droits du père sur ce pécule. — Droits d'usufruit et d'administration. — Quid de l'aliénation ? Cas où elle fut permise. — § 100. Responsabilité du père administrateur. — § 101. Caractère de l'usufruit paternel. — §§ 102, 103. Quels biens n'en sont pas grevés. — §§ 104 et 105. Capacité du fils, auquel on peut confier la détention et l'administration. — § 106. Son incapacité d'aliéner. — 107. Effets de l'extinction de la puissance paternelle sur ces biens. — § 108. Règles successorales de ce pécule. — 109. Le pécule *adventice irrégulier*. — § 110. Il naît de la volonté de l'homme ou d'une disposition légale. — § 111. Droits respectifs du père et du fils sur les biens de ce pécule. — § 112. Capacité du fils de famille d'acquérir des obligations et des actions. — § 113. Capacité du même de s'obliger. — § 114. Qu'en est-il de la fille ?

L'origine de cette institution ne remonte pas à l'époque classique ; elle fut créée par les Empereurs chrétiens. Ce fut Constantin qui l'établit par une constitution de l'an 319 (9).

---

(1) *Inst.*, § 1, *Per quas person.*, 2, 9 ; Const., 6, pr. *de bonis quæ lib.*, 6, 61.

(2) Fr. 3, § 5. ULP., *de minor.*, 4, 4 ; fr. ult. TRYPH., *de dot. collat.*, 37, 7.

(3) *Inst.*, pr. *quib. ne.*, *perm. fac. test.*, 2, 12 ; Fr. JULIAN. 37, § 1, *de adq. rer. dom.*, 41, 1.

(4) Fr., 31, § 2, PAPIN . *de donat.*, 39, 5, ; fr, 32, § 1, ULP., 15, 1.

(5) Fr., 1, § 2, et fr. 21, § 4, ULP. *h. t. de peculio*, 15, 1.

(6) Const. 7, DIOCL. et MAX., *quod cum eo.*, 4, 26 ; fr. 48, PAUL, in fin. *h. t.*, fr., 28, § 2, GAIUS. *de Pactis.*, 2, 14 ; fr. ult. pr. GAIUS *de novat.*, 46, 2 ; fr., 7, ULP. pr. *de donat.*, 39, 5.

(7) Fr., 3, § 4, ULP., *de minorib.*, 4, 4.

(8) *Fr. Vatic.*, § 260.

(9) *Cod. Théod.*, L. 8, tit. 19, nᵒˢ 1 et 2. On a cependant invoqué en sens contraire Fr. 50. PAPIN. ; Fr. 16, § 1, ULP. *ad Suc. Trebell.* 36. 1 ; Fr. ULP. 3, § 7, *de minoribus*.

L'épithète. *adventice* donnée à cette espèce de pécule est de création moderne. On le fit par analogie avec les expressions classiques *dos adventitia*.

Par dérogation au principe que le père de famille acquiert par ceux qui sont en sa puissance, il n'aura plus sur les biens que recueilleront les enfants par testament ou succession de leur mère que l'usufruit sur ces biens maternels. Il conserve toutefois la libre administration de ces biens, sauf à répondre plus tard de ses fautes. Cet usufruit s'éteint et la pleine propriété est acquise par le fils quand il devient sui juris. Mais ce ne fut qu'au temps de Justinien que le droit de propriété fut formellement reconnu au fils, qui, jusqu'à cette époque, n'était propriétaire qu'éventuellement. La garantie des droits du fils consistait dans la prohibition d'aliéner faite au père.

95. Constantin qui, le premier, établit ce pécule, y comprit seulement les biens maternels « bona materna. » En 379, Gratien et Valentinien IIs y firent entrer les biens « materni generis » c'est-à-dire provenant des ascendants de la mère par donation ou succession. Théodore II et Valentinien III y ajoutèrent les « lucra nuptialia » c'est-à-dire tous les biens acquis du conjoint, soit à titre de dot, de biens nuptiaux, soit à titre d'hérédité, de legs ou de fidéicommis. Enfin, Léon et Anthémius, en 473, y firent entrer les « lucra sponsalia » c'est-à-dire toute donation venant du fiancé (1).

96. Sous Justinien, ce pécule comprit les biens acquis par le travail du fils, ou qui n'étaient pas compris dans les pécules militaire et quasi-militaire (2). Les biens dus à la libéralité du père rentrent dans le pécule profectice, puisqu'ils proviennent *ex re patris*. Il en est de même des biens acquis par la chose du père, alors même que cette chose serait entre les mains du fils, et n'aurait jamais appartenu au père, comme les fermages d'une terre.

97. Avant l'institution de ce pécule, il semble qu'il était bien logique de décider que le travail même personnel du fils ne pouvait être pour lui une cause d'acquisition, et que les biens ainsi acquis ne formaient pas une masse séparée dont l'usufruit fût au père, la nue propriété au fils. Nous savons, en effet, qu'à cette époque à laquelle nous faisons allusion, le fils de famille était, entre les mains du père et sous sa puissance un instrument d'acquisition, et que les biens gagnés par le travail du fils tombaient dans la masse du patrimoine du chef de famille.

---

(1) Const. 6, *de bonis quæ lib.*, 6. 61.
(2) Const. 6, pr. *h. t.* 6., 61 ; cf. Const. 17., in fin., *de usuf.*, 3. 33.

98. D'après le droit des *Novelles*, certains biens spéciaux sont dans une situation exceptionnelle. Ainsi le père qui se remarie perd la propriété de la dot, dont il ne conserve plus que l'usufruit. De même, le père qui divorce sans justes motifs perd non-seulement l'usufruit, mais encore la nu-propriété de la dot qui est attribuée au fils (1). Toutefois, quoique ces biens proviennent de la chose du père, ils n'entrent pas dans le pécule profectice, car c'est la volonté du législateur et non celle du père qui crée leur situation juridique ; et comme le fils de famille ne fait pas ses acquisitions comme tel, puisqu'il profite de ces avantages légaux même s'il n'est plus en puissance, et que la mère elle-même est soumise aux mêmes sanctions légales, on ne peut faire rentrer ces biens non plus dans le pécule adventice. Il résulte donc de ces observations que ces biens sont régis par des lois spéciales et ne se rapprochent en rien de la théorie des pécules. Nous avons cru toutefois devoir mentionner ces anomalies pour éviter toute confusion et traiter notre sujet d'une manière aussi complète que possible.

Ceci dit, nous allons étudier les droits respectifs du père et du fils sur les biens formant le pécule adventice.

99. Le caractère général de ce pécule consiste dans l'attribution au père de l'usufruit et de l'administration des biens qui le composent (2), la nue propriété résidant sur la tête du fils. C'était là le droit de Justinien, ou le droit définitif, car nous avons déjà vu qu'à l'époque de Constantin, le père était encore considéré comme propriétaire, toutefois avec la prohibition d'aliéner. Si le père passait outre et consentait une aliénation au profit d'un tiers, il encourait la peine du stellionat, et la prescription ne pouvait couvrir le vice de nullité dont cet acte était entaché. Cet état de choses préjudiciait gravement à l'intérêt général ; il y avait ainsi danger à traiter avec un père de famille ; car alors même que l'acquéreur eût été de bonne foi, il se trouvait néanmoins exposé à être évincé par le fils, qui vu l'imprescriptibilité, avait toujours le droit d'intenter une action en revendication. Aussi les empereurs Léon et Anthémius d'abord, et Justinien ensuite créèrent-ils la prescription trentenaire ; le délai ne courait naturellement que du jour où le fils devenait pubère ou sui juris (3). Ce que nous disons de l'aliénation s'applique également à la constitution d'hypothèque ou de gage. En ces cas d'abus graves de la puissance paternelle, le fils avait le droit de s'adresser à l'empe-

---

(1) *Novell.* **22,** ch. 23 ; 117, ch. 13 ; 134, ch 11.
(2) Const. **1,** *de bon. mat.,* 6. 60 ; Const. 6 et 8; *de bon. quœ lib.,* 6. 61.
(3) Const. **4,** *de bonis quœ,* 6. 61, et *Novell.* 22, ch. 24.

reur, qui pouvait alors prononcer la déchéance du pouvoir paternel contre le père (1).

La prohibition d'aliénation est naturellement conservée sous Justinien, puisque le fils est déclaré propriétaire (2). Toutefois, l'aliénation était permise au père dans les cas suivants : 1° nécessité de payer les dettes dont serait grevée la chose ; ce qui se présente surtout lorsqu'il s'agit d'hérédité ; et comme on doit toujours sauvegarder les intérêts de l'enfant, on commence par aliéner les meubles avant de passer aux immeubles, ces derniers étant considérés comme plus importants que les biens meubles (3) ; 2° nécessité de payer des legs ou fidéicommis dont serait grevée une succession (*Ibid*) ; 3° dans le cas où l'état des choses est tel qu'elles sont sujettes à dépérissement, ou qu'on ne peut les conserver sans grandes dépenses ou sans perte (*Ibid.*, § 5) ; 4° enfin, en cas d'insuffisance des revenus des biens adventices pour subvenir aux besoins du père (*Ibid.*).

100. Le père, disions-nous, avait le droit d'administration. Il devait apporter tous ses soins à la conservation et protection de la chose ; il répondait à l'égard de son fils de son manque de soins, même de sa faute légère, et à plus forte raison d'une aliénation consentie en dehors des cas ci-dessus énoncés (4). Il intentait ou soutenait sans condition et sans contrôle les actions relatives aux biens de ce pécule. Le fils n'était appelé à donner son consentement que s'il était pubère (5). On voit que le père, s'il était de mauvaise foi, pouvait arriver indirectement, au moyen d'un procès déguisé, à l'aliénation.

101. Le droit d'usufruit du père ne diffère pas essentiellement de l'usufruit ordinaire. Le père toutefois est dispensé de la caution ; mais il doit supporter les frais des procès, les grosses réparations ou celles nécessaires à la conservation de la chose. Par le même motif, le père n'est pas tenu de rendre compte relativement aux biens du pécule adventice. On a considéré ici le respect que les enfants doivent aux parents, et on n'a pas voulu que des sentiments de défiance pussent naître dans le cœur du fils de famille (6).

---

(1) Fr. 50, PAPIN., *ad snc. Trebell.*, 36, 1.

(2) Const. 1 et 2, *de bon. mat.*, 6. 60.

(3) Const. 8, § 4, *de bon. mat.*, 6. 60.

(4) Const. 1, *de bon. mat.*, 6. 60.

(5) Const. 8, § 3, *eod.*

(6) Const. 8, § 4, *in fine, h. t.* Les dernières expressions de cette constitution ont conduit certains auteurs à penser que le père était également dispensé de faire inventaire. Voyez MUHLENBRUCH, *Doctrina Pandect.* § 568.

102. Toutefois ce droit d'usufruit ne porte pas nécessairement sur tous les biens qui composent ce pécule. Ainsi ne sont pas grevés d'usufruit au profit du père les biens donnés ou légués au fils à la condition que le père n'en jouira pas (1). Cette disposition est très-rationnelle. Les donateurs du testateur auraient pu en effet laisser leurs biens à d'autres personnes qu'aux enfants en puissance, et écarter tout à fait le père. Or aucune raison sérieuse ne s'opposait à ce qu'on respectât la volonté de ces bienfaiteurs lorsque leurs gratifications étaient destinées à un fils de famille. « Nous ordonnons qu'il soit permis de donner... ou tester... sous la condition que le père ou autre ascendant n'aura sur ces biens ni l'usufruit ni aucun autre droit. Et nous voulons que cela soit permis non-seulement aux parents, mais aussi aux étrangers. » Toutefois, dans le cas où la libéralité est faite à un enfant qui a droit à une légitime de la part de celui qui le gratifie, la condition de non-jouissance du père n'est valable que pour l'excédant de cette même réserve.

103. Ce sont ensuite les biens recueillis à titre de succession par les frères et sœurs germains en concours avec le père du défunt. Ces héritiers se partageaient la succession par parts égales, « ex æquo inter eos hereditas dividatur, » mais le père était privé de l'usufruit sur les biens dévolus aux frères et sœurs du défunt, quoique ces biens entrassent dans le pécule adventice (2).

104. Les droits du fils sont donc bien peu étendus. Nous sommes loin ici des pécules militaire et quasi-militaire pour lesquels le fils est considéré comme chef de famille, c'est-à-dire comme plein propriétaire. Ici il n'a pas la détention (3) ; il ne peut faire aucun acte qui nuise à l'usufruit du père. Ceci n'empêche pas qu'il ne puisse se refuser à acquérir la propriété, et le père l'usufruit, pourvu toutefois que le père et le fils ne se nuisent pas l'un à l'autre par ce refus (4). Le concours des deux volontés est nécessaire pour faire entrer les biens dans le pécule adventice (5). En cas de refus de l'un des deux, si l'autre acquiert, il le fait à ses risques et périls ; si par exemple il s'agit de l'adition d'hérédité, le père qui le fait seul en a toutes les charges, mais aussi tous les avantages ; il en est de même si le fils fait

(1) Novell. 117, ch. 1.
(2) Novell. 118, ch. 2.
(3) Const. 6, § 2, *de bonis quæ*, 6,61.
(4) Const. 8, § 3, *de bonis quæ*, 6,61.
(5) Const. 8, § 1 et 2, ibid.

seul adition, il acquiert seul et administre. Nous supposons, bien entendu, pour ce dernier cas, que le fils est majeur de vingt-cinq ans, car dans le cas contraire, si le fils n'a pas atteint encore cet âge, mais qu'il soit pubère, les choses se passaient encore de même. Seulement tandis que pour le père la décision qu'il a prise est définitive, le fils, lui, pouvait encore revenir sur la sienne au moyen de la *restitutio in integrum*. De cette façon, celui-ci avait le droit ou de recueillir une libéralité qu'il avait d'abord refusée, ou de se faire décharger d'une hérédité onéreuse.

Observons que l'acceptation du fils contre le gré de son père ne pouvait avoir pour effet de forcer celui-ci à gérer et administrer les biens dont il avait cru devoir se débarrasser. En ce cas, le fils était autorisé à se faire nommer un curateur spécial ayant mandat d'administrer ces biens (1).

105. Le fils, disions-nous plus haut, n'a pas en général, la détention ni l'administration. Le père toutefois pourrait les lui confier. Le fils percevrait alors pour son père, qui toutefois n'aurait plus l'action en répétition s'il décédait sans avoir réclamé ces fruits, dont il serait censé avoir fait donation.

106. Le fils ne peut aliéner qu'en cas d'aliénation forcée : ainsi dans le cas de partage, ainsi encore dans le cas où une condition a été apposée à l'acte faisant rentrer le bien dans le pécule, comme par exemple, s'il s'agissait d'une donation d'esclave qui sera affranchi de suite. Il ne peut non plus donner entre vifs que du consentement de son père. Même avec ce consentement, il ne peut tester ni faire donation *mortis causa* sur ces biens (2).

107. *Effets de l'extinction de la puissance paternelle sur ces biens.* L'usufruit dont jouit le père est une conséquence et un des droits de la puissance paternelle : la règle générale est donc que l'extinction de la puissance paternelle entraîne l'extinction des droits du père et en particulier du droit d'usufruit. Ainsi, la mort et la déchéance du père, l'émancipation du fils par la collation d'une haute dignité, sont autant de cas qui mettent fin à l'usufruit (3). Mais le second mariage n'a pas pour effet de priver le père de l'usufruit des biens des enfants du premier lit (4).

(1) Const. 8, § 1, *eod. tit.*
(2) Fr. 7, ULP., § 4, *de donat.*, 39.5. Les deux textes invoqués contre cette opinion se rapportent au pécule profectice.
(3) *Novel.*, 118, ch. 2. La déchéance peut avoir lieu de plein droit, quand le père répudie sa femme sans motif légitime, Novel., 134, ch. 7, ou bien être prononcée par décret du prince quand le père a commis quelque faute ou abus grave au préjudice de ses enfants, Fr. 50, PAPIN., 36, 1. *ad Snc. Trebell.* Mais ceci serait mieux placé au chapitre de l'extinction de la puissance paternelle.
(4) Const. 4, in fin., *de bon. mat.*, 6. 60.

Nous devons faire ici plusieurs remarques : 1° Dans le cas d'émancipation volontaire de la part du père, celui-ci retient la moitié de l'usufruit (1). Ce dernier point fut l'objet d'une réforme de Justinien ; car auparavant, le père conservait le tiers des biens du fils, mais en toute propriété (2).

2° Le père naturel conserve l'usufruit en donnant le fils en adoption, car l'adoptant n'acquiert la puissance paternelle que dans l'avenir et non rétroativement.

3° Si la puissance paternelle cesse par la mort de l'enfant, le père conserve l'usufruit, mais la nue propriété passe aux héritiers de l'enfant.

4° Enfin lorsque la mère décède après l'émancipation des enfants, le père n'a aucun droit, pas même un droit d'usufruit sur les biens qu'elle leur a laissés, mais il acquiert toutefois l'usufruit d'une part virile, soit qu'il y ait un enfant, soit qu'il y en ait plusieurs, et cela quoique l'émancipation ait mis fin à la puissance paternelle (3).

108. *Règles successorales de ce pécule*. Dès l'époque de Théodose II et de Valentinien III, les enfants du fils de famille succèdent aux biens maternels, et ils excluent le père, qui avant ces empereurs recueillait cette succession. Toutefois, le père conserve l'usufruit de ces mêmes biens, si les enfants héritiers sont encore en puissance. En concours avec les frères et sœurs, le père conserve les biens en pleine propriété ; mais en cas de secondes noces, le père ne conservait plus que l'usufruit des dits biens. D'après une constitution des empereurs Léon et Anthénius, les frères consanguins et uterins furent mêmes préférés au père (4), quant aux biens acquis par suite du second mariage, Justinien étendit cette règle aux biens maternels et aux biens provenant d'ascendants maternels : « bona materna et bona materni generis » (5), et à tous les biens du pécule adventice.

On voit en somme que trois ordres de succession étaient établis relativement à ce pécule. En premier ordre, les enfants du fils ; en deuxième les frères et sœurs germains ; en troisième les frères et sœurs consanguins et utérins ; et ce n'est qu'à défaut de ces trois ordres, que le père reprend les biens du pécule adventice « jure peculii. »

109. *Le pécule adventice irrégulier*. Le pécule adventice irrégulier est

(1) § 2, *Instit. Per quas person.*, 2. 9 ; Const. 6, *de bon quæ. h. t.* 6. 61.
(2) § 2, *Instit. loc. cit.*
(3) Const. 3, *de bon. quæ*, 6. 61
(4) Const. 4, *de bon. quæ*, 6. 61.
(5) Const. 11, *communia [de success.*, 6. 59. *Novell.* 118, ch. 2.

celui dont l'usufruit, ni l'administration ni l'usage ne sont au père. C'est celui sur lequel le père n'a aucun droit. Il diffère du pécule quasi-militaire en ce que l'unité de personnes existe toujours entre le père et le fils, et que ce dernier n'a pas le droit de disposer de ce pécule par acte de dernière volonté (1).

110. Ce pécule peut être créé par la volonté de l'homme, ou il peut résulter d'une disposition légale.

Dans la première catégorie, on range les cas suivants a) : Legs inhérent à la personne du fils, comme par exemple une charge d'officier public ou au palais du Prince (2). b), Refus du père d'accorder à son fils l'autorisation d'acquérir une hérédité (3) c), Cas où un étranger institue héritier un fils de famille dont le père est *furiosus* (4) d). Condition opposée à une libéralité ayant pour effet de priver le père de l'usufruit des biens faisant l'objet de la donation ou du legs (5). Cette condition sera ponctuellement exécutée en ce qui regarde les libéralités faites par un étranger ; mais si les ascendants opposent une pareille condition à leurs libéralités, il ne serait pas exact de dire qu'on devrait toujours la respecter ; car l'ascendant ne peut donner que la quotité disponible ou le surplus de la légitime qui revient à l'enfant. L'étranger, lui, ne porte atteinte à aucun des droits du père, et de plus il ne doit rien à l'enfant ; tandis que l'ascendant doit à celui-ci la légitime dont il ne peut le priver. e) Repudium sans justes motifs (6), ce que nous avons déjà constaté.

Dans la seconde catégorie, on trouve les cas suivants : a) Fraude du père commise à l'occasion d'un fidéicommis qu'on l'avait prié de remettre au fils (7). b) Concours du père et des enfants à la succession d'un fils décédé intestat ; car le père est privé de l'usufruit sur la part des biens dévolue aux enfants (8).

---

(1) Muhlenbruch, *op. cit*, § 569 ; fr. 50, PAPIN., *ad Snc. Trebell*. 36, 1 ; *Instit.*, *pr. quib. n. c. perm. fac. test.*, 2. 12.

(2) Fr. 3, § 7, ULP., De minoribus, 4. 4 ; cf. fr. 11. ejusd., § 16, *de legat.* 3° « MILITIA, hic accipienda est munus et emolumentum eorum qui in palatio principis vel in scriniis officiisque publicis, operas præstabant. » DIRKSEN. *Manuale latinitatis fontium juris civilis romani*, V° *militia*. Berolini 1837.

(3) Constit. 8, pr. et § 1, Cod. ht. 6. 61.

(4) Fr. 52, MARCIEN, *de acq. vel. annitend. heredit.*, 29. 2.

(5) *Novell.* 117, ch 1, *initio.*

(6) *Novell.* 134. c. 11.

(7) Fr. 50, Papin., *ad Snc. Trebell.*, 36. 1.

(8) *Novel.* 118., c. 2.

Nous avons ici plusieurs observations à faire. Si le père abuse gravement de son droit d'administration, on le prive de ce droit, mais il conserve toutefois l'usufruit (1). En second lieu, vu la nullité de la donation entre parents et enfants, la renonciation que ferait le père à son usufruit au profit de ceux-ci n'aurait pas pour effet de lui enlever cet usufruit, et ce cas ne rentre pas dans les deux catégories ci-dessus indiquées. Observons troisièmement que l'esclave donné ou légué à un fils de famille sous condition qu'il l'affranchira immédiatement ne rentre pas dans ce pécule bien que, en fait le père n'ait pas l'usufruit, si on suppose la condition remplie aussitôt que possible. Car on ne peut nier qu'en droit le père n'ait été usufruitier, et le fils propriétaire de cet esclave pendant un instant de raison, ce qui suffit pour rejeter ce bien — l'esclave étant une *chose* — du pécule extraordinaire. Enfin la volonté du père se manifestant par une renonciation à son usufruit sur les biens du pécule adventice extraordinaire, n'a pas pour effet de faire passer ces biens dans le pécule extraordinaire. Cette renonciation ne produit d'autre effet, selon nous, que d'attribuer au fils les fruits de ces biens, ou encore de lui donner la gestion desdits biens.

111. Les droits du fils sur ce pécule sont ceux du propriétaire : nue propriété, usufruit et administration. Toutefois, il n'a l'administration que s'il a *l'œtas perfecta*, c'est-à-dire s'il est majeur de vingt-cinq ans. S'il est mineur de cet âge, le père administre pour lui. Et dans le cas de refus de celui-ci, on a recours au magistrat qui fait nommer un curateur. Lorsque le père a été exclu soit par suite d'une disposition de la loi, comme nous l'avons vu plus haut, soit par la volonté du disposant, il ne peut être question évidemment ici d'administration par le père ; mais le magistrat intervient comme ci-dessus, à moins que le donateur ou testateur n'ai désigné le curateur.

Le fils ayant le droit d'administrer peut évidemment agir en justice, même sans l'autorisation du père. Cette administration serait incomplète si le fils ne pouvait soutenir ses intérêts devant le tribunal. Toutefois, l'intervention du père est nécessaire quand le fils veut intenter les actions héréditaires d'une succession que le fils a acceptée seul. Le père doit autoriser le fils et prouver que celui-ci a réellement l'usufruit de cette succession. En cas de refus du père, le magistrat peut contraindre le père à ce consentement.

---

(1) Fr. 50, précité, PAPIN. et Const., 13 § 2. *De Sentent. pass.*, 9. 51. Ces deux textes n'indiquent pas que le père soit privé de l'usufruit.

La capacité d'aliéner les biens reconnus au fils est restreinte aux modes de dispositions entre-vifs. Il lui est interdit d'en disposer par acte de dernière volonté : testament, codicile ou donation à cause de mort. La raison est que ces derniers droits ne lui ayant pas été expressément accordés par la loi, on doit les lui refuser. Du reste, les principes généraux qui régissent les testaments sont conformes à cette opinion. L'autorisation du père de famille est nécessaire au fils pour tester, nous l'avons vu, sauf pour les pécules militaire et quasi-militaire. Eu égard au pécule dont nous parlons, le fils reste fils de famille ; et il ne pourrait contracter avec son père sur lesdits biens, quoiqu'il pût le faire sur les biens des pécules militaire et quasi-militaire.

112. *Capacité des fils de famille d'acquérir des obligations et des actions.* Nous avons vu que même sous la période antérieure au pécule, le principe de l'acquisition au profit du père de famille au moyen des enfants en puissance était loin d'être d'une application absolue. On comprend donc facilement qu'après la création de ces institutions, des restrictions plus nombreuses encore furent apportées à la généralité de cette règle. Une certaine catégorie d'obligations et d'actions étaient tellement inhérentes à la personne des enfants, qu'elles survivaient même à l'extinction de la puissance paternelle. Ce sont celles ayant pour objet une prestation naturelle (1), car la *ratio civilis* ne pouvait anéantir les droits naturels (2). Ainsi, ce qu'on reçoit pour satisfaire aux besoins ordinaires de la vie et même pour établisement se range dans cette classe (3). On y ajoute les actions *in factum*, c'est-à-dire celle qui n'ont pas *d'intentio juris civilis* (4). Le fils de famille pourra donc dans ce cas agir comme s'il était sui juris. Les autres actions, relatives à la personne ou aux biens de l'enfant ne peuvent être intentées que sur l'autorisation du père ; mais s'il y a péril en la demeure, les enfants agissent eux-mêmes (5). Si l'on ne se trouve pas dans ce cas exceptionnel, le père agit souvent lui-même.

113. *Capacité du fils de famille de s'obliger.* Le fils de famille a sous

---

(1) GAIUS, 2, § 87 ; 3, § 163 ; *Instit.*, § 1. *Per. q. person. nob. adq.* ; fr. 8, GAIUS, *de cap. min.* 4, 5 ; fr. 2, § 1, in f. PAUL, *solut. matrim.* 24, 3 ; fr. 7. POMPON. *de pact. dot.* 23, 4 ; fr. 21, § 3, PAUL, *de pactis*, 2, 14 ; Const. *de rei uxor. act.* 5, 13.

(2) GAIUS, fr. 8, *de cap. min.*, 4, 5.

(3) Fr. 8, GAIUS, précité ; fr. 130. PAUL, *de V. O.* 45, 1 ; ULP. *Regul*, § 6 *de dot.* VI.

(4) Cf. GAIUS, 4, § 47.

(5) Cf. fr. 12, ULP., *de in jus vocando*, 2, 4 ; fr. 8, pr. ULP., *de procur. et defens*, 3, 1 ; fr. 18, § 1., ULP, *de jud.*, 5, 1, Const. 8, § 3, JUSTIN. *de bon. quœ*, 6, 61.

ce rapport presque la capacité du père de famille. Ainsi, il contracte des obligations et peut être actionné en justice (1). Toutefois on exige la puberté pour qu'il puisse s'obliger, ce qui n'est pas exigé pour acquérir l'obligation (2). Après la condamnation du fils, si celui-ci n'est pas solvable, c'est-à-dire n'a pas de pécule militaire ou quasi-militaire ou adventice extraordinaire, on devra attendre qu'il soit libéré de la puissance paternelle pour intenter l'action *rei judicatæ* (3). Mais à quoi bon une condamnation antérieure à l'émancipation? Est-ce pour arriver aux voies d'exécution contre les débiteurs insolvables? Mais il est de principe que les personnes en puissance ne peuvent par leur fait dépouiller le chef de ses droits de puissance; ce à quoi on arriverait indirectement si les créanciers pouvaient procéder aux voies d'exécution auxquelles nous faisons allusion (4). Cette condamnation était néanmoins utile aux créanciers, car les preuves étant administrées, et le procès vidé au fond, les créanciers attendaient que le fils de famille sortît de la puissance paternelle pour intenter contre lui une nouvelle action, qui était l'action *judicati*. Et notons en passant que le fils pourra user du bénéfice de compétence, car, puisque antérieurement il ne pouvait avoir de patrimoine — nous sommes toujours dans l'hypothèse où il n'a pas de pécule — il y aurait injustice à user envers lui de toutes les rigueurs que le pur droit civil mettait à la disposition des créanciers.

En général, le fils de famille ne peut pas être obligé par les fonctions ou les obligations de son père. On excepte toutefois le fils de famille dont le père exerçait les fonctions de *primipile* ou de *procurator rei militaris annonariæ*; et naturellement les cas où il est son héritier (5).

114. Qu'en est-il de la capacité de la fille de famille? Il est évident pour nous qu'elle peut s'obliger. Ulpien nous dit en effet qu'elle pouvait opposer l'exception du Sénatusconsulte Macédonien. Or on ne voit pas pourquoi on lui aurait accordé cette exception et de quelle utilité elle eût pu être pour elle, si elle n'avait eu cette capacité qu'on doit lui reconnaître (6). Si

---

(1) Fr. 39, GAIUS. *De obl. et act.* 44, 7. Fr. ult. GAIUS, § 2, *de V. O.* 4, 51.

(2) Fr. GAIUS, précité; fr. 57. ULP., *de jud.*, 5, 1.

(3) Fr. 5, pr. PAUL, *h. t.*, 14, 5 : Const. 9, *h. t.*, 4, 26.

(4) Facto filiorum pejor conditio parentum fieri non potest. Parentes deteriorem filiorum conditionem facere possunt. §§ 9 et 10, PAUL, *Sentent. De mulierib. quæ se servis alienis junxerunt*, lib. 2, tit. 21.

(5) Fr. 5, § 16; ULP. *de agnosc.*, 25. 3 ; Constit. 2 et 4, *ne fil. pro patr.*, 4, 13 ; Const. 4, *de primipilo*, 12. 63.

(6) Fr. 9, § 2, *ad Snc. maced.*, 14.16.

la fille ne peut faire la *dotis dictio*, cela tient simplement, selon nous, au caractère spécial et exceptionnel de ce contrat, dont la forme, du reste, n'est pas encore très-bien connue, faute de documents (1).

Actions relatives aux pécules.

Sommaire.

§ 115. Actions relatives aux pécules. *a*). Pécules militaire et quasi-militaire. — *b*). Pécule profectice. — Action de *peculio*, et action tributoire. — *c*) Pécule adventice. — § 116. Obligation du père par le fils. — Actions *de in rem verso, quod jussu, et exercitoria*.

115. *a*) Pour ce qui est des pécules militaire et quasi-militaire, le fils de famille est considéré comme sui juris. Il pourra donc agir, et être poursuivi comme un père de famille, et cela sans le concours de son père : « Actionem persecutionemque castrensium rerum semper filius, etiam invito patre habet (2). »

b) En ce qui concerne le pécule profectice, l'action est donnée non-seulement contre le fils, mais encore contre le père : si quis cum filio familias contraxerit, duos habet debitores, filium in solidum et patrem duntaxat de peculio (3). Ce dernier se trouvait obligé alors même que les actes de son fils ne lui auraient procuré aucun bénéfice. Il y avait en quelque sorte mandat tacite donné au fils. Les tiers avaient alors l'action née du contrat, mais modifiée par ce fait qu'elle était donnée *de peculio*. Elle portait sur tout le pécule ; le premier tiers qui l'intentait était payé intégralement ; toutefois, le père avait un droit de préférence sur les autres créanciers de ce pécule. Elle existait toujours pour les obligations qui ne sont pas nées d'un délit. Mais elle n'existait pas pour les obligations nées d'un délit, à moins que le pécule ne se fût enrichi de ce fait délictueux (4), ou qu'il n'y ait eu novation *in judicio* (5).

Une autre action qui se rapproche beaucoup de l'action *de peculio*, c'est l'action *tributoire*. L'édit du Préteur disposait que si avec de l'argent du

(1) V. ORTOLAN, § 583, et les notes y relat.

(2) Fr. 4, § 1, de Castr. pecul. 49, 17, TERTYLL. ; fr. 18, § 4, 5, MAECIAN. *ibid.* ; fr. 1, § 3 et fr. 2. ULP. Ad suc. macedon., 14.6.

(3) Fr. 44, ULP., de pecul., 15.1 ; fr. 3, § 4, in. f. ejusd. de minor. 4.4 ; — fr. 3, § 9, 10, 11, 13, ULP. ; fr. 5, pr. et § 2 ejusd. ; fr, 21, § 4, ejusd. h. t. 15.1 ; L. 1 Cod. 4.26. h. t., enfin *Instit.*, § 4, *Quod cum eo contr.*, 4.7.

(4) Fr. 5, 8, ULP., de reg. juris, 50.17. Voy. aussi, fr. 3, § 12, h. t., 15.1.

(5) Fr. 57, ULP., de judic., 5.1 ; fr. 3, ULP., § 11, h. t.

pécule le père de famille a laissé son fils faire le négoce, il sera appelé, s'il lui est dû quelque chose, à concourir sur cette valeur péculiaire avec les autres créanciers du fils, en sorte qu'il ne pourra obtenir qu'au marc le franc ce qui lui est dû (1). Cette action est perpétuelle, mais elle n'est donnée contre les héritiers que jusqu'à concurrence de ce qui leur est parvenu (2). On sait que les créanciers ont le droit de choisir entre les deux actions *de peculio*, et *tributoria* (3), selon leurs intérêts.

c) En ce qui concerne le pécule adventice ordinaire, le père, qui a l'administration, répond à l'action avec le consentement des enfants pubères (4), ou non absents. On sait que la même obligation incombait à l'adrogeant, en ce qui concernait les actions intentées par les créanciers antérieurs de son fils adrogé (5).

116. *Obligation du père par le fils.* — Nous avons déjà eu occasion de parler du principe rigoureux du pur droit civil romain, d'après lequel le chef de famille ne pouvait être obligé par le fait des personnes qui se trouvaient en sa puissance. Cette règle n'est point restée absolue. La force des choses, les nécessités de la pratique et même les plus simples notions de l'équité ont dû y faire déroger. Nous rencontrons naturellement ici le préteur, qui a créé des actions relatives aux obligations nées de faits licites, — contrats ou quasi-contrats — des fils de famille. On considérait d'une part que l'ordre, ou tout au moins l'autorisation d'agir avaient été donnés au fils de famille ; et d'autre part, qu'il y aurait iniquité à ce que le chef de famille retirât un profit des opérations de ce même fils, sans compensation pour les personnes avec lesquels le fils était en relations d'affaires. Cette dernière considération fit naître l'action *de in rem verso.* Sur la première étaient basées les actions *quod jussu, institoria et exercitoria.* La première action est donnée à celui dont l'argent ou le travail sont par le fait du fils de famille tournés au profit du père (6).

On emploie l'action *quod jussu* quand le fils de famille avait fait quel-

---

(1) Inst., § 3, *quod cum eo contr.*, 4.7. ; fr. 5, § 7, in. f., § 8 et 9, et § ult., ULP., *h. t.*; 14.4.

(2) Fr. 7, § 5, *h. t.*; ULP., 14.4.

(3) Fr , 9, § 1, ULP., *h. t.* ; *Instit.*, § 5, ibid.

(4) Const. 8, § 3, *de bon. quæ lib.*; 6.61.

(5) *Instit.*, § 3, *de Adquisit. per adrogat.*, 3.10.

(6) Fr. 1, pr., ULP. ; fr. 3, *h. t.*; ejusd., § 1, 2, 3, 4, 5, 6; fr. 5, pr. ejusd., *ibid.*, fr. 10, ejusd.; § 6; fr. 17, AFRIC., pr.; 15.3 ; § 4, *Instit. Quod cum eo contr. est*, 4.7.

que affaire sur l'ordre ou le mandat de son père, ou après ratification de celui-ci (1).

On recourait à l'action *institoria* quand on était devenu créancier d'un fils de famille préposé à un négoce par son père (2). On employait l'action dite *exercitoria* quand le fils de famille était préposé à un navire, pour la poursuite des obligations relatives à ses fonctions (3).

Ces deux dernières actions ne sont employées que lorsqu'il s'agit d'obligations résultant d'une entreprise générale de commerce maritime ou terrestre. Si on se trouvait en face d'un acte isolé de commerce, on accordait une action analogue, *ad exemplum institoriæ* (4). Ce fut cette dernière qui fut aussi employée pour tout fait qui ne rentrait pas dans la catégorie des actes de commerce (5).

SECTION TROISIÈME.

Autres attributs du pouvoir paternel.

Sommaire.

117. Avant d'étudier d'une manière spéciale les devoirs et obligations des parents et des enfants, et bien que dans notre pensée notre travail soit limité aux effets de la puissance paternelle pendant la vie, nous allons toutefois dire quelques mots de certains droits spéciaux, parmi lesquels les uns ne produisent leur effet qu'après la mort du chef de famille, et d'autres ne sont pas exclusivement réservés au père.

---

(1) Fr. 1, § 1 et 3; ULP., § 4 et 6, ejusd., 15, 4; fr. 5, pr. *cod.*, PAUL.

(2) On appelait *institores* les personnes préposées à un commerce quelconque; de là le nom de cette action, § 2, *Instit.*, *quod cum eo contr. est*, 4, 7.

(3) On appelait *exercitor* ou armateur, celui à qui appartenaient les bénéfices journaliers d'un navire, § 2, *Instit.*, ibid.

(4) Constit., 5, *de instit. et exercit*, 4, 25.

(5) Fr. 19, pr., PAPIN., *de instit. act.*, 14, 3; fr. 13, § 25, ULP., *de act. empti.* 19, 1; fr. 10, § 5, ULP., 17, 1, *mandati vel contra.*

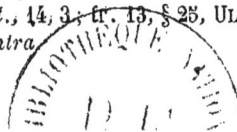

7

I. *Droits ne produisant leur effet qu'après la mort du chef.*

Parmi les droits qui ne produisaient leur effet qu'après la mort du chef de famille, le plus important fut celui d'exhéréder, et il mérite de nous arrêter quelques instants. Puis nous nous contenterons d'exquisser rapidement les autres.

a). Droit d'exhéréder. Dans les origines du droit romain, avant comme après les Douzes Tables, le droit d'exhéréder fut absolu. Nous connaissons déjà le texte fameux, et si souvent rapporté par les jurisconsultes romains et leurs interprètes : « Uti legassit super pecunia tutelave suæ rei ita ejus esto. » Or ce droit de tester, puisqu'il était absolu, comprenait évidemment le droit d'exhéréder, et il ne pouvait être limité par le fait que le chef de famille, ou propriétaire avait des enfants, fussent-ils légitimes. Ainsi donc et pendant longtemps, le caprice du père put plonger dans la misère des personnes habituées jusques-là à une certaine aisance. Il lui suffisait de disposer de ses biens en faveur d'un étranger, et sans qu'il fût jusqu'alors obligé d'exhéréder ses enfants. Vers le temps de Cicéron, l'influence des jurisconsultes qui, on le sait, fut toujours très-grande à Rome, imposa une première limite à l'absolutisme du père (1) : « Verbis legis Tabularum his : *Uti legassit suae rei, ita jus esto* latissima potestas tributa videtur, et heredes instituendi et legata et libertates dandi, tutelasque constituendi : sed *in interpretatione* coangustatum est, vel legum vel auctoritate jura constituentium. » Cette limite, qui fut une première garantie pour les enfants, consistait dans l'obligation imposée au père d'instituer ou d'exhéréder ses héritiers siens, ceux qui sont en quelque sorte co-propriétaires avec lui du patrimoine de la famille. On se représenta dès lors le fils comme ayant certains droits sur le patrimoine paternel (2). Seulement le fils seul dut être exhérédé nominativement; car c'était lui qui continuait la famille dont il devenait le chef. Cette obligation n'était pas imposée pour l'exhérédation des filles et des petits-enfants. L'omission de ces derniers leur conférait le *jus accrescendi* in virilem partem, si sui instituti sunt, in dimidiam, si extranei. De longtemps, le père de famille fut encore tout-puissant: il fallut de nouveaux efforts des prudents — ce qu'on peut conjecturer d'après les expressions

(1) V. CICÉRON. *De Oratore*, 1, 38, et fr. précité, 120 ; POMPON., *de Verb. signif.*, 50, 16.
(2) V. le texte si connu de Gaius; ULP., fr. 1, §12, *de success. edict.*, 38, 9 ; PAUL, fr. 11, de liber. et post., 28, 2.

« inductum est (1) », pour imposer de nouvelles limites au caprice paternel. Les juristes ou le préteur, créèrent *la querella inofficiosi testamenti*, ou le droit pour le fils de famille exhérédé de porter plainte devant les centumvirs chargés d'apprécier la justesse des motifs qui avaient décidé le père à l'exhéréder. Bien plus, comme le père pouvait en laissant une portion aliquote de ses biens à son fils lui enlever le droit de se plaindre, on fixa une certaine part au profit du fils, laquelle fut appelée *légitime*. La législation Justinienne augmenta cette légitime, en même temps qu'elle énuméra limitativement les causes d'exhérédation, et imposa au testateur l'obligation de les exprimer dans le testament. Ces justes causes d'exhérédation sont les suivantes · 1° Les voies de fait contre les parents ; 2° l'injure grave ; 3° le fait de se porter accusateur public au criminel, si ce n'est pour crime de lèse-majesté, ou de lèse-nation ; 4° une conduite indigne avec les scélérats ; 5° l'attentat aux jours de ses auteurs par poison ou autrement ; 6° les relations criminelles du fils avec sa belle-mère ou avec la concubine de son père ; 7° le fait de se porter délateur contre ses parents et de leur faire ainsi éprouver de graves dommages ; 8° le fait de n'avoir pas voulu faire sortir son père de la prison pour dettes en se portant pour lui fidéjusseur ; 9° le fait d'avoir voulu empêcher les parents de faire leur testament ; 10° le fait de s'engager avec des comédiens contre la volonté de ses parents qui n'exercent pas cette profession ; 11° spécialement pour la fille mineure de vingt-cinq ans, le fait de se livrer à la prostitution et de retirer un profit pécuniaire de la débauche, quand son père a voulu la marier et la doter convenablement ; 12° l'abandon des parents atteints de folie ; 13° l'abandon du père en captivité, alors que le fils pouvait le racheter ; 14° enfin, le fait d'être *hérétique* et de rejeter les conciles. L'exhérédation dut aussi, et par les réformes de Justinien, être nominative pour les filles. Ces dispositions législatives étaient sanctionnées par une bonorum posessio contra tabulas, donnée aux enfants pour le tout (2).

b). Le père avait aussi le droit de nommer par testament un tuteur à ses enfants mineurs. Il fut sanctionné par la loi des *Douze Tables*. Toutefois, pour que le testament porte son plein et entier effet à cet égard, il est né-cessaire que les enfants dont il confie la tutelle soient encore sous sa puissance ou s'y trouvent déjà à l'époque de sa mort, si évidemment ils sont

(1) *Inst.*, pr. *de inoff. test.*, 2, 18.
(2) V. aussi *Nov.* 18, c. 4

impubères et sui juris (1). Ce droit s'exerçait aussi sur les petits-enfants ou les enfants d'un fils que le citoyen romain avait en puissance, pourvu que ces pupilles ne dussent pas rester sous la puissance de leur père. Bien que ce droit rentrât, à proprement parler, dans les attributs de la puissance paternelle, il fut néanmoins concédé sous l'Empire à des personnes qui n'avaient plus cette puissance. Ce fut le cas du père émancipateur (2) qui put encore nommer un tuteur à son fils après l'avoir exhérédé. Toutefois, comme on se trouvait en dehors de la sphère du pur droit civil, on faisait confirmer cette nomination par un magistrat, mais sans enquête, laquelle était nécessaire pour le tuteur choisi par la mère au fils institué héritier.

c_j. Mentionnons enfin la *substitution pupillaire*. Elle consistait dans le droit de faire le testament de son fils pour le cas où il mourrait avant d'avoir atteint sa puberté. Ce droit paraît étrange, car c'est des biens de l'enfant que le père dispose et non de ceux qu'il pourrait lui transmettre par son testament propre, en le chargeant par substitution de les restituer à un tiers (3). Cette institution est ancienne; elle est déjà mentionnée par Cicéron. C'était un droit exclusif du père, qui a la puissance. Il était refusé à la mère et aux autres ascendants. Mais cette substitution ne pouvait s'appliquer qu'aux impubères en puissance, ou qui étaient encore en cet état à la mort du testateur, et non aux enfants nés hors mariage, ou à ceux sortis de puissance (4). Il n'était pas nécessaire, pour user valablement de ce droit, d'instituer en même temps le fils héritier, mais on ne pouvait exercer ce droit qu'en faisant son propre testament, car la substitution n'était que l'accessoire du testament du père (5).

118. Avant de passer aux droits non exclusivement réservés au père de famille, nous allons dire quelques mots d'une institution des peuples anciens, bien que le droit dont nous allons nous occuper soit mentionné dans les recueils classiques comme n'existant pas dans la législation romaine ; nous voulons parler de l'abdicatio, l'Aπόκηρυξις des Grecs. Il consistait dans la faculté laissée au père de famille d'exiler en quelque sorte son fils de la famille de l'exclure, de la maison paternelle et de le rendre ainsi légalement étranger à ses parents.

---

(1) *Instit.*, §§ 3 et 4, *de tutelis*, 1, 13.
(2) Fr. 4, MODEST. *de test. tut.*, 26, 2.
(3) Fr. 10, § 5, ULP., *de vulg. et pup.* 28, 6.
4) Fr. 2, *pr. de vulg. et pupill.*, fr. 41, § 2, *ibid.* Les garçons devenaient pubères à quatorze ans, les filles à douze ; fr., 14, *ibid.*
(5) Fr. 2, § 1, *ibid. Inst.*, § 5, *de pup. substit.*, 2, 16.

Ce droit était bien plus terrible que l'exhérédation que nous venons d'étudier ; il produisait son effet immédiatement et du vivant même du père. Portant sur l'ensemble des droits de famille, il dépouillait ainsi ceux qu'il frappait des droits de famille qu'ils pouvaient avoir. Toutefois, ce droit ne semble jamais avoir existé comme tel et avoir produit des effets juridiques. Les exemples des auteurs latins prouvent tout au plus que ce fut plutôt une habitude, une affaire de mœurs (1), et que ce moyen n'était sans doute employé que dans le but d'infliger une honte à l'enfant aux yeux de ses concitoyens. Même avant Constantin, il ne paraît pas que l'*Abdicatio* ait existé comme droit. Parmi les nombreux textes qui nous sont parvenus, on n'en a encore trouvé aucun sur lequel on puisse asseoir fermement l'opinion opposée. Les principes généraux du droit romain s'y opposent d'une manière énergique. Ce n'était pas une des formes solennelles qu'il était permis et même ordonné au père d'employer pour abdiquer son droit de puissance paternelle (2). Si d'un autre côté on considère l'époque à laquelle fut rédigée la constitution qui en fait mention, le doute n'est plus possible, vu le laconisme, assez rare chez les Césars, avec lequel cette loi s'exprime.

II. *Droits non exclusivement réservés au père de famille.*

119 *a). Testament exceptionnel.* Le père de famille et les autres ascendants peuvent tester valablement en dehors des formes ordinairement suivies, à condition que le testament n'appellera aucun étranger à recueillir les libéralités qui seront exclusivement réservées aux descendants, et que ce testament aura été daté et signé par le testateur lui-même. Les commentateurs appellent ce testament *inter liberos.* Son institution remonte à Constantin. (3) Théodore permit aux descendants des deux lignes de profiter de cette faveur (4). Cette institution est assez remarquable au point de vue historique, car elle nous donna l'idée du testament olographe.

b). Bénéfice de compétence. C'était le droit pour un ascendant actionné en paiement d'une condamnation judiciaire obtenue contre lui par son descendant de ne payer celui-ci que jusque concurrence de ses facultés, quatenus

---

(1) VAL. MAX., 5, 7, PLINE ; *Hist. nat.,* 7, 45 ; SUET., *Vie d'Auguste,* ch. 65.
(2) Const., 3, Cod. *de emancip liber.* ; Constit., 6, *de patr. potest.,* 8, 47.
(3) Const., 26, *fam. ercisc.,* 3, 36.
(4) Voy. *Novell.* 107, et la préface.

facere potest (1). Un motif de piété filiale faisait ainsi éviter la contrainte par corps qui eût été prononcée sur la requête d'un descendant (2).

c). La *légitime des ascendants.* C'était une part déterminée par la loi au profit des ascendants et prise sur la succession du testateur. Elle se montait au quart de la part héréditaire. Il n'y avait lieu à la légitime que si le descendant était sui juris," car par la querala inofficiosi testamenti. les ascendants ne pouvaient attaquer le pécule militaire. Les justes causes d'omission d'un ascendnat par son descendant" furent limitativement énumérées et fixées à sept, et elles écartent la querela de l'ascendant. Ce sont les suivantes : 1° accusation capitale contre le testateur par l'ascendant, sauf le cas de haute trahison ; 2° tentative d'assassinat commise par l'ascendant sur la personne du testateur ou d'un de ses proches ; 3° relations criminelles de l'ascendant avec l'épouse du testateur ; 4° empêchement apporté par l'ascendant au droit que le descendant avait de faire son testament ; 5° non rachat par l'ascendant du testateur prisonnier de guerre ; 6° abandon du descendant devenu fou ; 7° enfin, l'exclusion de l'ascendant pour cause d'*hérésie.*

d). Droits *aux*aliments. — Enfin mentionnons, pour être complet, le droit aux aliments, que nous avons déjà traité, et qui, du reste, sera mieux placé sous la rubrique des droits et obligations du père et du fils comme tels (respect, obéissance, piété filiale, etc.)

SECTION QUATRIÈME.

Droits et obligations des parents et des enfants comme tels (3).

Sommaire

§ 119. Droits et devoirs des parents et enfants, considérés comme tels. A. Droits des parents. — *a)* Droit de surveillance et d'éducation. — Obscurité sur ce dernier droit. — *b)* Droit de correction. — *c)* Droit de garde. B. Devoirs des enfants. — *a)* Piété filiale, respect. — *b)* Interdiction des actions déshonorantes. — *c)* Nécessité de l'autorisation du préteur pour appeler les parents en justice. — *d)* Obligation alimentaire et son étendue.

A. 119. *a)* Droits *de surveillance et d'éducation.* Aux parents incombe l'obligation de surveiller les enfants dans l'ensemble de leur conduite ; de pourvoir à leur instruction civile et religieuse ; de les mettre en état de

(1) *Instit., de act.,* § 38.
(2) Voy. *Digeste,* Fr. 19, § 1 PAUL ; *de re juridic.* 42, 1 et loi 6, *ibid.*
(3) Nous suivrons en ceci l'ordre adopté par MUHLENBRUCH, § 548, *Doctr. Pandect.*

pouvoir se procurer le nécessaire (1). Ce devoir est commun aux deux époux. Ils peuvent, pour arriver à ce but, employer les remontrances et au besoin une légère correction (2). Des voies de fait qui auraient dépassé les bornes d'une sage correction auraient rendu leurs auteurs passibles de peines judiciaires (3). C'était l'autorité du père qui, en cas de dissentiment des deux époux, prévalait (4). Toutefois, il pouvait se faire que l'éducation des enfants fût confiée à la mère, et que le père se vit ainsi dépouillé de l'exercice de ce droit (5) ; mais c'était dans des cas assez rares, et pour des motifs graves, par exemple à cause de la méchanceté ou des mauvaises mœurs du mari « ob nequitiam patris (6). » Ainsi encore dans le cas où le divorce a lieu par la faute du père, la mère a le droit d'éducation et d'entretien dans sa propre maison, et ce aux frais du père (7). Réciproquement, l'entretien et l'éducation des enfants sont à la charge de la mère lorsque celle-ci s'est mise dans le même cas. En cas de divorce, toutefois, le juge appréciera qui du père ou de la mère aura la garde et l'éducation de l'enfant (8).

Vu le peu de précision des textes romains sur l'éducation, il est assez difficile de déterminer exactement la nature et les limites de ce droit. *Educare* et *educatio*, telles sont les expressions employées : « Hinc liberorum procreatio, hinc educatio (9). » « Ipse naturalis stimulus parentes ad liberorum suorum educationem hortatur (10). » Ces expressions ne peuvent être toutefois confondues avec celles qui désignent la nourriture : *alere* ; car l'énumération du fr. 6, *De aliment. vel cib. legat.* ne comprend pas « Quæ ad disciplinam pertinent. » Les fragments des lois romaines que nous possédons et qui juxtaposent les deux expressions s'appliquent à l'enfant sui juris, à l'impubère en tutelle. Ainsi le fr. 6, § 5, *De carbon. edict.*, dit que le tuteur doit fournir au pupille non-seulement des aliments, mais aussi tout ce qui est nécessaire à ses études et aux autres dépenses. Ainsi encore un legs fait à une fille en même temps qu'on impose à son tuteur l'obligation de *l'ins-*

---

(1) Const. unique, *de emendat.*propinq., 9, 15 ; Const. 18, de nuptiis, 5. 4 ; Const. 20, *eod.*

(2) MUHLENBRUCH, § 548, *Doctr. Pandect.* ; et Const. précitée.

(3) Const. précitée, VALENT. et VALENS., 18, *de nuptiis.*

(4) Fr. 1, § 10, *in med.* ULP ; *De inspect. vent.* 25, 4.

(5) Cf. Fr. 1, § 3 et 5, *de liber. exhib.*, 43, 30 ; Fr. 22, § 6, *sol. matr.*, 24, 3, arg.

(6) Fr. 3, § 5, ULP. *ibid.*

(7) *Novelle* 117, ch. 8 et s.

(8) Const. 1, 5, 24, *Divortio facto*, etc.

(9) Fr. 1, ULP., § 3, *de just. et jure*, 1. 1.

(10) Const. *de rei uxor. act.*, 5. 13.

tituere. Que doit-on penser du silence des auteurs sur ce point ? Il semble que nous n'avons pas le droit de combler cette lacune, en assimilant la puissance tutélaire à la puissance paternelle. Il faut, au contraire, conclure à une absence de contrôle relatif à l'éducation, car faute de textes précis, on ne peut imposer une restriction, quelque minime qu'elle soit, à ce pouvoir si énergiquement constitué par les Romains.

On ne voit pas que le fils ait eu le droit de se plaindre au magistrat. On se rappelle qu'un citoyen romain d'un rang élevé et d'une grande fortune avait relégué son fils à la campagne. Sans doute il en avait le droit; car l'accusation du tribun ne doit porter que sur les mauvais traitements dont le fils était victime. Les expressions trop vagues « Paternam pietatem tibi non denegabit (1), » si elles doivent se rapporter au devoir d'éducation, ne semblent guère à leur place dans un titre qui traite de l'obligation alimentaire.

b). Droit de correction. En ce qui concerne le droit de correction, nous avons déjà vu qu'une constitution des empereurs Valère et Gallien indiquait assez bien les limites de ce droit. Les petites difficultés qui s'élèvent dans la famille doivent se vider dans son sein (2). Il est aussi un autre adage : *De minimis non curat prætor.* Les écarts graves seront portés devant le président de la province qui ordonne aux enfants de témoigner à leurs parents le respect qu'ils leur doivent. Enfin, si les enfants ont tenu une conduite tout à fait indigne, le magistrat emploiera les moyens sévères.

c). Droit. de garde. Le droit de garde qui rentre dans les attributs de la puissance paternelle que nous étudions sous ce titre appartenait aussi au père. Un fragment nous apprend même qu'il pouvait par testament désigner l'endroit où les enfants devaient rester. Et le jurisconsulte nous rapporte que ce désir du père de famille était respecté (3).

B. a). Piété filiale. Respect. Passons maintenant aux devoirs des enfants. Les parents avaient droit de la part de leurs enfants à la piété filiale, au respect et à l'obéissance : « Filio semper honesta et sancta persona patris videri debet (4). » Ainsi il était défendu aux enfants d'injurier leurs parents (5). En ce cas, l'injure était « atrox, c'est-à-dire contumeliosior et

(1) Const. 4, Sev. et Anton., *de alend. lib. ac parent.*

(2) On connaît le dicton assez heureux que le peuple a formulé d'une manière si pittoresque.

(3) Fr. 7, Pompon., *De annuis legat.,* etc., 33, 1.

(4) Fr. 9, Ulp., *De obseq., parent.,* 37, 15.

(5) Fr. 7, Ulp., § 8, De injuriis, 47, 10.

major ». Il était défendu aussi de lever la main sur eux (1) ; de les injurier d'une manière grave et indécente, d'attenter à leurs jours (2) ; de se porter délateur contre eux ; d'avoir enfin des relations trop intimes avec leur belle-mère et avec *la concubine* de leur père (3).

Les enfants ne pouvaient non plus accuser leurs parents au criminel que pour crime de haute trahison (4).

b) Interdiction des actions déshonorantes. L'action déshonorante n'était pas permise aux enfants contre leurs parents. Ils devaient s'abstenir d'intenter une action ou d'opposer une exception qui feraient supposer la fraude, la violence ou la crainte (5). Ils devaient au contraire faire leur possible pour adoucir autant que faire se pouvait les moyens judiciaires qu'ils employaient. Ils ne pouvaient intenter l'action de dol (6), parce que, dit l'auteur, cette action était « famosa, » et cela même quand ils agissaient par mandataire (7). Il en était de même encore de l'action d'injures (8), de l'interdit *unde vi*, et *quod vi* (9). On leur refusait aussi les exceptions de dol, et *metus causâ* (10). La déférence était due à la personne même des des parents, alors même qu'ils avaient représenté d'autres personnes en justice ; mais cette déférence ne s'étendait pas à leurs mandataires, sauf ce que nous avons dit de l'action de dol. On exceptait aussi l'action d'injures (11). Mais toute action n'était pas déniée aux enfants pour défendre des intérêts qui en définitive pouvaient être fort respectables. On leur accordait une exception *in factum*, comme l'exception *pecuniæ non numeratæ* (12).

c). Alors même qu'il était permis aux enfants d'appeler leurs parents en justice, ils ne pouvaient le faire sans l'autorisation du préteur (13). Peu

---

(1) *Novell.* 115, ch. 3, § 1. Nous avons vu que c'était une des causes légitimes d'exhérédation.

(2) *Ibid.*, § 2 et 5, V., aussi *Digest.*, Tit. *De lege Pompeia de parricid.*

(3) *Ibid.* § 6.

(4) *Novell.* 115, ch. 3, § 3.

(5) ULP., fr. 5, *de obseq., parent.*, 37, 15.

(6) Fr. 11, § 1, ULP., *de dolo malo*, 4, 3.

(7) Fr. 2, pr. JULIEN. *De obseq., parent.*, 37, 15.

(8) Fr. JULIEN, *ibid.*

(9) Ibid, § 1.

(10) Fr. 5, 6 et 7, ibid. ; V. aussi, § 34, fr. 4, ULP., *de doli mali except.*, 44, 4.

(11) Fr. 2, JULIEN, précité.

(12) § 16, fr. 4 ; ULP., *de doli mali et met., except.*, 44, 4 ; Cf., const., 5, DIOCLET. et MAX., *de dolo malo*, 2, 21.

(13) Fr. 4, § 1, ULP., *de in jus vocando.*

importait le sexe ou le degré (1). Par le même principe d'honneur et de respect dus aux parents, les enfants ne pouvaient leur déférer le *jusjurandum calumniæ* (2).

d). Enfin une dernière obligation des enfants, c'était l'obligation alimentaire. Les Romains l'ont tirée du droit naturel et l'ont fondée sur le lien du sang (3). Les aliments comprennent la nourriture proprement dite, le vêtement et l'habitation « quia sine his corpus ali non potest (4). » Les enfants doivent de plus les soins domestiques qui aident les parents à supporter la vie (5). Les parents avaient comme garantie de leur droit le recours au magistrat compétent (6) qui prononçait aussi en cas de contestation (7).

L'obligation alimentaire est réciproque (8). Toutefois, d'après Ulpien, cette obligation n'existait pas de plein droit à la charge des enfants à l'égard des parents *maternels*. En cette circonstance, le juge prononçait d'après le dégré de parenté et en prenant l'équité pour guide (9). Elle survivait à la sortie des enfants de puissance (10). Il ne faut pas confondre cette obligation alimentaire, qui est une obligation légale, avec le devoir d'honneur et purement moral du fils de payer les dettes du père (11). Enfin les aliments sont dus et fournis selon la fortune de celui qui les doit et selon les besoins de celui qui les réclame.

SECTION CINQUIÈME.

Droit pratique.

Sommaire.

§ 120. Droit pratique. I. A. A l'encontre du fils, droit primitif de juridiction. — B. A l'encontre des tiers. *a*) actions préjudicielles. — *b*) La *Vindicatio. c*) Les interdits; l'interdit *de liberis exibendis.* — Incapacité de la mère d'exercer les interdits. L'in-

---

(1) § 2, ibid ; fr. 13, Modest. Notons aussi que la même obligation incombait à l'enfant naturel : § 3, fr. 4, ULP., précité.

(2) **Fr. 8, § 5,** *qui satisd., cogit.*, 2, 8 ; fr. 7, § 3, ULP., *de obseq., parent.* 37, 15 ; fr. 34, § 4, ULP., *de jurejur.*, 12, 2. Ce serment était déféré à l'adversaire, qui par esprit de chicane, et pouvant donner caution à Rome, évoquait l'affaire en province.

(3) Fr. 5, § 4, ULP., *de agnosc., et alend., lib.*, 25, 3.

(4) Fr. 6, JAVOLENUS, *de alim. vel cib. leg.*, 34, 1.

(5) Fr. 5, ULP., §§ 1, 2, 13, 15, *de agnosc. et alend. lib.*, 25, 3.

(6) Constit. SEVER. et ANTON., 4, *de alend. lib.*, 5, 25.

(7) § 5, ULP., *loc. citat.*

(8) § 1, ULP. *ibid.*

(9) § 2, ULP., ibid.

(10) § 1, 2, 13, ULPIEN., ibid.

(11) V. un rescrit impér., § 16, *ibid.*

terdit *de uxore exhibenda ac ducenda*. — Absence d'interdit spécial pour le droit de garde. — *d) La cognitio extraordinaria.* § 121. II. Actions réservées à la mère et aux enfants contre le mari et le père. — Action *de partu* agnoscendo ; action *de agnoscendis liberis.* — § 122. Obligation politique imposée au père de famille de respecter la qualité d'homme libre dans la personne de son fils.

120. I. Après avoir étudié les différents attributs de la puissance paternelle, nous allons maintenant voir qu'elle était leur sanction, c'est-à-dire de quels moyens juridiques le père disposait pour faire respecter ses droits soit contre le fils récalcitrant, soit contre les tiers qui méconnaissaient son autorité.

A. A l'origine, c'est-à-dire à l'époque de puissance absolue, nul doute que le père ne fût suffisamment armé contre son fils par le seul droit redoutable de juridiction domestique. Une condamnation qui pouvait aller jusqu'à la mort, et qui était sans appel ; les châtiments corporels qu'il pouvait infliger ; l'emprisonnement perpétuel et les différents moyens de correction que nous avons étudiés plus haut, tout cela suffisait grandement au père pour faire respecter ses droits. Ce n'est donc que relativement aux tiers que la question est plus complexe et exige de plus grands développements. Quoique le père ait eut la qualité de chef de famille et de propriétaire, et eût été considéré par rapport à ses enfants comme ayant un certain *dominium*, car nous l'avons vu il a l'action d'injures (1), l'action de la loi Aquilia, qui lui permet d'obtenir de l'offensant une indemnité en dédommagement de ce que le fils pourra faire en moins (2), et quoiqu'il ait même eu l'action *furti* quand son fils lui est enlevé (3), néanmoins le droit du père est un droit de garde plutôt qu'un droit de propriété. Ce n'est pas non plus un droit de possession (4). Nous revenons à ce que nous avons déjà dit à ce sujet.

B. A l'encontre des tiers, l'exercice de la puissance paternelle avait sa sanction :

1° Dans certaines actions qu'on appelait *préjudicielles* (5), et qui sont retatives pour la plupart aux droits de familles ou à l'état des personnes ;

2° Dans la *Vindicatio* (6) ;

(1) Fr. 1, § 3, ULP., *de injur. et fam.*, 47. 10.
(2) Fr. 1, § 3, *in f.* Ulp. et fr. 6, PAUL, *h. t.*
(3) § 9, *Instit.*, *de obl. quæ ex delicto*, 4. 1 ; fr. 14, § 13, ULP., *de furtis*, 47. 2 ; V. aussi fr. 38, § 1, ibid.
(4) V. en effet, GAIUS, § 90, in fine, ch. 2 ; fr. 30, pr. HERMOGEN. *De acquir. vel amitt. possess.*, 41. 2 ; SAVIGNY : *Lehre des Besitz*, § 9 et 26, 5° édit.
(5) *Instit.*, § 13, *de action.*, 4. 6.
(6) Fr 1, § 2, *de rei vindicat.*, 6. 1.

3° Dans les *Interdits* (1) ;

4° Enfin dans la *cognitio extra ordinem*.

a). En ce qui concerne les actions préjudicielles notons toutefois qu'elles pouvaient être employées contre le fils lui-même, quand il résistait, à tort ou à raison, à l'exercice de l'autorité paternelle. Le préteur connaissait de l'affaire en fait et en droit et rendait une sentence dont les parties avaient à tirer toutes les conséquences juridiques qu'elle comportait. Si dans ce cas l'enfant était impubère ou s'il s'agissait d'une fille, même pubère, la garde provisoire était remise sur l'ordre du magistrat soit à la personne qui l'a déjà, soit à une autre qui offre plus de garanties de moralité, ou qui sera interressée plus directement à soutenir les intérêts des enfants (2).

A l'égard des tiers, c'est encore les actions préjudicielles que le père devait employer pour faire reconnaître que son fils était sous sa puissance par l'effet d'un des modes d'acquisition de l'autorité paternelle énumérés dans notre premier chapitre, et faire juger qu'il devait y rester, puisqu'il n'était survenu aucun événement juridique par suite duquel le fils fût devenu sui juris, ou d'une manière générale ne fût plus soumis à sa puissance. Sous le système de procédure en vigueur avant la réforme de Dioclétien (3), on ne rencontre pas, dans ces sortes d'actions, de condamnation, parce que le demandeur se bornait à faire reconnaître juridiquement un fait ou un droit, dont il se munissait plus tard pour obtenir une condamnation soit contre son fils, soit contre les tiers.

b). Mais il arrivait souvent que le père devait poursuivre ses droits par une autre voie que celle des actions préjudicielles : tels étaient les cas où il réclamait la liberté (4), ou la puissance paternelle. La *vindicatio* était donc une action spéciale par laquelle le père réclamait comme étant son fils *ex jure quiritium* l'enfant qu'un tiers voulait soustraire à son autorité. Mais, en ce cas, la formule de cette action contenait une modification spéciale; le demandeur ajoutait à quel titre particulier il exerçait la vindicatio, et il indiquait ainsi, *adjectâ causâ*, que c'était comme fils *ex jure quiritium* qu'il revendiquait l'enfant; cette modification était du reste nécessaire, car on ne pouvait *vendiquer* que les choses qui étaient dans le domaine, et nous avons vu que l'on ne peut reconnaître au père le *jus dominii* sur ses

(1) *Institut. de interd*, 4. 15.
(2) Fr. 3, § 4 et 6, ULP., *de liber. exhib.*, 43. 30.
(3) Code, de pedan, jud., 3. 3 ; const. 2, DIOCLET. et MAX.
(4) *De liberali causâ, Dig.*, 40.12.

enfants (1). Cette action du reste, comme les interdits, ne pouvait être dirigée que·contre les tiers (2), car lorsque le père voulait agir contre son fils lui-même, il le faisait au moyen des actions préjudicielles.

c). L'interdit était un acte par lequel le préteur intervenant de sa propre autorité dans une affaire spéciale, ordonnait ou défendait de faire quelque chose (3). Ils étaient généralement conçus en termes très-impératifs (4). Nous en donnerons une idée suffisante pour l'intelligence de notre sujet, en disant qu'ils se rapprochent assez des actes de nos magistrats que nous appelons en termes de procédure *ordonnances du juge*. Les interdits qui nous occupent en ce moment avaient été classés (5), par les jurisconsultes romains parmi les interdits *exhibitoires*, qui étaient ceux par lesquels le préteur ordonnait d'exhiber, de représenter la personne ou l'objet réclamé. La formule ordinaire était : *Exhibeas*. C'est à l'interdit qu'on avait recours pour faire reconnaître tout autre droit qu'un droit pécuniaire, car en principe, c'était l'action ad exhibendum qui était donnée en ce cas (6). On pouvait donc obtenir du préteur un interdit pour faire cesser la séquestration arbitraire. Ainsi celui qui nous importe le plus de connaître c'est l'interdit *de liberis exhibendis*, dont la formule nous a été conservée au *Digeste* (7). Cet interdit, comme on le voit, n'est qu'une application particulière de l'interdit plus général *de libero homine exhibendo* ; il est accordé spécialement au père de famille pour se faire représenter l'enfant soumis à son autorité, et il est dirigé contre toute personne qui retient illégalement l'enfant. C'est certainement celui qui vient le mieux en aide à la puissance paternelle, et qui sera employé de préférence par le père comme étant le plus puissant (8).

Dans tout ce qui précède, nous avons à dessein réservé au père seul le droit d'exercer les interdits. On sait en effet que la mère n'avait point la puissance paternelle (9). La raison était que chez les Romains la puissance

---

(1) Fr. 1, § 2, ULP., *de liber. exhib.*; 43.30 ; fr. 1, § 2, ejusd. *De rei vindicat.*; 6,1.

(2) *Instit.*, § 1, *de interd.*, 4,15.

(3) *Instit.*, pr. *De interdictis*, 4,15.

(4) GAIUS, §§ 139, 140, liv. 4.

(5) On avait dû faire ces distinctions, car la procédure variait selon le but qu'on se proposait d'atteindre, GAIUS, 4, § 141.

(6) Fr. 13, GAIUS, *Ad exhibendum*, 10,4 ; V. aussi le titre *de homine libero exhibendo*, 43,29, au *Digeste*.

(7) Fr., ULP., pr., 43.30.

(8) V. MUHLENBRUCH, § 562, in fine, *Doctrina Pandectarum*.

(9) Fr. 196, § 1, GAIUS, *de Verbor. signif.*, 50.16.

paternelle ayant précédé tout pouvoir public, était une fonction en quelque sorte publique, une véritable magistrature, presque une dictature, par là même dévolue aux hommes seuls, et dont les femmes furent exclues. Toutefois, quand la rigueur des principes primitifs se fut adoucie, la mère put prendre part en quelque sorte à l'exercice de la puissance paternelle, en ce sens que dès l'époque classique il lui fut permis de se faire représenter ses enfants par les personnes qui les retenaient contre son gré (1).

Un autre édit, dont la formule nous est également conservée, et qui est aussi commenté par Ulpien, garantit au père de famille le droit d'emmener où il juge à propos le fils qu'il a en puissance. Il est ainsi conçu : « Si L. Titius in potestate L. Titii est, quominus eum L. Titio ducere liceat, vim fieri veto (2). » Celui-ci, par sa formule finale, se place parmi les interdits prohibitoires : on le refusait au père de famille qui voulait soustraire sa fille au mariage dont il avait promis la célébration. Au temps d'Ulpien, du moins, les droits de la puissance paternelle n'allaient plus jusqu'à troubler une union contractée légalement. Le consentement du père au mariage de sa fille le faisait ainsi déchoir de son droit de garde (3). Cet interdit avait donc pour but d'empêcher qu'on ne puisse priver le père du droit de conduire ses enfants où bon lui semblait. Toutefois, ici la personne de la mère n'est pas complétement effacée. Si c'est la mère de l'enfant qui s'oppose ainsi au droit du père de conduire ses enfants où il juge à propos, et s'il est prouvé que la vie, la santé ou la bonne éducation de l'enfant sont en danger dans le cas où l'enfant resterait à la disposition du père, celui-ci ne pourra obtenir les interdits, ni les invoquer en sa faveur (4). Il en est de même si l'on suppose ces interdits invoqués par l'aïeul contre le père même des enfants, bien que ceux-ci soient sous sa puissance avec leur père (5).

Ajoutons, pour terminer cette matière des interdits, que le père qui retiendrait sa fille mariée serait tenu de la représenter à son gendre en vertu de l'interdit *de uxore exhibendâ ac ducendâ* (6).

L'esprit général de ces édits nous conduit facilement à reconnaître aux chefs de famille le droit de garde sur leurs enfants en puissance. Mais parmi

---

(1) Fr. 1, § 3, ULP. ; fr. 3, § 5 et 11, ejusd. *De hom. lib. exhib.*, 43,29 ; Cf., L. 2 *Cod., de liber. exhib.*

(2) Fr. 3, pr., ULP., ibid.

(3) Fr. 1, § 5, ULP., *h. t.*, 43.30.

(4) Fr. 1, § 3; fr. 3, § 5, *h. t.* ; ULP., 43.30.

(5) Fr. 1, § 5, *ibid.*

(6) Fr. 2, ULP., ibid.

les nombreux textes de droit romain qui nous sont conservés, nous ne rencontrons pas d'interdit spécial sur ce droit. On y suppléait dans la pratique en s'en faisant délivrer un par le préteur.

d). A l'origine de Rome, c'étaient les rois qui rendaient la justice (1) ; les Consuls, après la chute de la royauté, leur succédèrent dans cette prérogative comme dans les autres (2). Il n'était pas encore question dans ces temps reculés, de *cognitio prætoria*, puisque l'institution de la préture est bien postérieure et qu'elle ne date que de l'an 387 de Rome, sous le consultat d'Em. Mamercus, et de L. Sextus (3). Ce moyen de coercition était employé devant le magistrat lui-même. On sait en effet que sous le système formulaire, la puissance judiciaire était exercée par deux classes de magistrats, dont les attributions étaient bien distinctes : l'une posait la question de droit, l'autre reconnaissait le fait. Dans notre matière, on faisait exception à la règle, et le magistrat au lieu de renvoyer devant le juge, statuait lui-même, connaissait de l'affaire tout entière, posait la question de droit et résolvait celle de fait. C'était ce qu'on appelait la *cognitio prætoria*, ou *extra ordinem*.

Nous avons ainsi terminé l'étude des principaux moyens d'action reconnus au père comme garantie de ses droits.

Ajoutons toutefois que depuis la réforme de Dioclétien, qui eut lieu en l'an 294 de notre ère (4), la procédure extraordinaire était devenue la règle, et ce fut ce système que le père dut suivre pour la poursuits de ses droits en justice puisque les interdits avaient disparu (5). Il n'était donc plus nécessaire que le père allât trouver le préteur pour se faire rendre un interdit, mais on jugeait immédiatement son cas, comme si une action utile avait été donnée par suite d'un interdit (6).

121. II. Sans sortir du droit pratique, nous devons encore parler des actions *de partu agnoscendo* et *de agnoscendis liberis*. La première est une action préjudicielle qui est donnée à la femme et aux enfants contre le mari et le père (7). Cette action, dit Mulhlenbruch, reposait principalement sur le Sénatus-Consulte Plancien, qui avait deux chefs : l'un qui permettait d'agir

---

(1) DENYS D'HALIC., II, 14 ; IV, 41.
(2) CICÉRON, *Traité des Lois*, III, 3 ; TITE-LIVE, II, 27.
(3) CICÉRON, *op. cit.*, III, 3 ; fr. 2, § 27 et 28, POMPON., *De origine juris*, 1.2.
(4) Const., 2, DIOCLET., *de pedan. jud.*, 3, 2.
(5) *Instit.*, pr. *De interdictis.*, 4, 15.
(6) *Instit*, § 8, *eod. tit.*
(7) § 13, *Instit.*, *de actionibus*, 4, 6 ; Const. 4, in fine, *de alend. liber.*, 5, 25.

pour faire reconnaître et nourrir les enfants nés après le divorce, l'autre relatif à l'accusation de supposition de part (1). Le texte de cette action nous est parvenu (2). Elle était imprescriptible, et ne s'éteignait même pas par la mort de la personne accusée de supposition de part. Quoique ce fût une action criminelle, elle ne l'était pas en ce sens qu'elle fût publique, c'est-à-dire pouvant être intentée par tout citoyen ; il fallait un intérêt réel (3).

Lorsque l'enfant est né soit durant le mariage, soit même après la mort du père, et qu'il doit retomber sous la puissance de l'aïeul survivant, celui-ci a une action pour le faire reconnaître (4). Comme le sénatus-consulte Plancien n'avait touché que les enfants nés après le divorce, un autre fut fait sous Hadrien qui accordait une action pour faire reconnaître ceux nés même pendant le mariage. L'interprétation des jurisconsultes applique ce dernier sénatus-consulte aux enfants nés après le prédécès de leur père, et qui devaient retomber sous la puissance de leur aïeul. La décision judiciaire rendue en cette occasion avait force de loi (5).

122. Enfin, dans l'exercice régulier de son droit de puissance, une obligation extraordinaire était imposée au père en faveur du fils. Nous voulons parler de l'obligation de respecter la qualité d'homme libre dans la personne du fils de famille. Malgré le profond respect de la Cité pour le droit privé de la famille, à l'organisation de laquelle du reste elle fut étrangère, elle imposa néanmoins une restriction au pouvoir absolu du chef de famille. La Cité tenait en effet à conserver ses citoyens, lesquels étaient par rapport à elle sous une puissance et protection analogues à celles des enfants sous le pouvoir du père. Or, enlever la liberté à un citoyen romain, fût-il fils de famille, c'était enlever du même coup la qualité de citoyen romain, le reléguer au rang des esclaves, le retrancher, en un mot, du corps politique. Cet amour du citoyen romain pour la Cité fut si vif et si tenace que bien des siècles après la fondation de Rome, l'infatigable apôtre des Gentils crut devoir réclamer énergiquement ce droit de liberté et de Cité qui le rattachait à la grande famille romaine : « Je suis citoyen romain », s'écriait-il (6).

---

(1) *Doctrina Pandect.*, § 317.

(2) V. ULPIEN, fr. 1, pr. *de agn. liber.*, 25, 3 ; fr. 1, § 13, ejusd., *de inspic. ventr.*, 25, 4 ; fr., 19, § 1. PAUL, et 30, § 1, MODEST *Ad legem Cornel. de Falsis.*, 48, 10.

(3) Cf. fr. 1, § 11, ULP. *De Carbon. edicto.*, 37, 10. Nous n'entrons pas dans plus de détails ; nous nous contentons de renvoyer à l'excellent courage du regretté M. Bonjean.

(4) Fr. 3, § 1 et 2, ULP.; *de agnosc. lib.*; 25, 3.

(5) Fr. 1, § 16, ULPIEN ; fr. 2, JULIEN, fr. 3, pr. ULPIEN, *de agnosc. lib.*; 25, 3.

(6) V. aussi Constit., 10, au *Code de patrio jure*; 8, 47.

CHAPITRE TROISIÈME

EXTINCTION DE LA PUISSANCE PATERNELLE.

Sommaire.

123. Après avoir étudié les sources et les effets de la puissance paternelle, on arrive naturellement à des causes d'extinction. Ces causes d'extinction sont assez nombreuses. Elles peuvent se diviser en prenant les personnes pour point de départ, d'abord le titulaire, la personne qui a l'autorité ; ce serait une division au point de vue subjectif ; ensuite en considérant la personne sur laquelle elle s'exerce ; ce serait la division au point de vue objectif. Enfin certains faits juridiques éteignent la puissance objectivement et subjectivement, comme la mort, soit naturelle, soit civile. Dans la première catégorie, on rencontre les modes de translation de la puissance paternelle, qui sont des modes d'extinction pour le titulaire, comme l'est par exemple l'adoption. Dans la seconde classe, la puissance s'éteint sans être transmise à d'autres, tels sont les cas d'émancipation ou de déchéance. Enfin la mort éteint généralement le pouvoir paternel des deux côtés ; ce qui du reste arrive toujours lorsque c'est le père, mais non l'aïeul, qui décède.

Cette division est sans doute plus logique que tout autre. Toutefois, nous préférons suivre un autre ordre, et nous attacher à la méthode énumérative des divers modes d'extinction, en commençant par celui d'entre eux qui est le plus naturel et le plus fréquent (1).

(1) Nous indiquons comme source de cette matière les *Institutes* : *Quibus modis jus potestatis solvitur*, 1, 12 ; le *Digeste*, de *Adoptionibus et emancipationibus*, 1, 7. ; et le *Code.*, 8, 49, de *Emancipationibus liberorum*.

8

SECTION PREMIÈRE.

Modes d'extinction de la puissance paternelle.

I. *a). La mort.* La mort naturelle met fin au pouvoir paternel. « Les personnes au pouvoir d'un ascendant, disent les *Instituts*, deviennent maîtresses d'elles-mêmes à la mort de ce dernier. Toutefois, il faut distinguer : à la mort du père, il est bien vrai que ses fils et ses filles deviennent sui juris ; mais à la mort de l'aïeul, il n'en est pas toujours ainsi des petits-fils et des petites-filles, qui ne deviennent maîtres d'eux-mêmes que dans le cas où ils ne doivent pas retomber de la puissance de l'aïeul sous celle du père ; si donc le père est vivant et soumis au pouvoir de l'aïeul, lorsque ce dernier meurt, les petits-enfants, après cette mort, retombent sous la puissance de leur père. Mais si lors du décès de l'aïeul, le père est déjà mort ou sorti de la famille, les enfants ne pouvant pas tomber sous sa puissance, deviennent maîtres d'eux-mêmes (1). » Ce texte est trop clair pour qu'il soit nécessaire d'y ajouter des commentaires.

Passons maintenant à la mort civile. C'est le grand changement d'état, ou la *maxima capitis deminutio* (2). Cette déchéance de droit privé était encourue par l'interdiction de l'eau et du feu, puis plus tard, par la déportation (3). Car le romain frappé de cette condamnation était effacé du nombre des citoyens, devenait étranger et perdait par là même ses droits civils : les enfants cessent donc d'être en sa puissance. La réciproque est également vraie. Le fils de famille est affranchi de ce pouvoir quand il subit la même condamnation (4).

La déportation dans une île ne doit pas être confondue avec la simple rélégation. Aussi Justinien a-t-il soin de nous prévenir que cette dernière peine ne produit aucun effet sur la puissance paternelle. Cette peine était moins forte et ne privait pas le condamné de ses droits civiques (5). Le simple relégué, fût-il même condamné à perpétuité, conservait donc la puissance paternelle, laquelle était un droit essentiellement civil (6).

(1) Trad. ORTOLAN, pr., *h. t. hic.*
(2) *Instit.* § 1, 3 et 5, *h., t.* ; ULPIAN., *Regul.,* § 3, tit. X, *qui in potestat. mancip.*
(3) *Instit.,* § 2, *de capit. deminut.,* 1, 16.
(4) *Instit.,* § 1, *h. i.* ; GAIUS, 1, § 128.
(5) Fr. 7, § 3, ULPIEN. *De interd.,* et *releg.,* 48, 22.
(6) Fr. 4, MARCIEN., *ibid.* La peine de l'interdiction de l'eau et du feu était très-ancienne. Voy. en effet CICÉRON, *pro domo* 29 et 30. Celle de la déportation fut établie,

En ce qui concerne la captivité, qui était aussi une espèce de mort civile, puisque le captif devenait esclave, nous avons déjà étudié quelques effets du *postliminium*. Il arrivait parfois, en effet, que par l'application de cette fiction juridique, le père recouvrait ses droits de puissance paternelle. Il en était de même de l'*in integrum restitutio* accordée même aux majeurs par le prince ou le juge « Restituo te per omnia (1). » La restitution aux dignités et aux biens comprenait la restitution aux droits de puissance paternelle (2). La captivité toutefois faisant encourir la mort civile au citoyen romain, il est plus logique d'en traiter ici. La puissance paternelle était aussitôt dissoute, car le citoyen fait prisonnier par l'ennemi devenait esclave, et comme tel déchu de ses droits civiques. Ses enfants devenaient sui juris, à condition toutefois que le captif ne revienne pas. Si donc le père de famille mourait en captivité, on ne peut douter que les enfants n'aient été sui juris pendant tout le temps de la captivité de leur père. Gaius, toutefois, doutait que l'on pût faire remonter l'affranchissement des enfants à la captivité même de leur père. Il semblait ne faire devenir les enfants sui juris qu'à l'époque de la mort de leur père (1, § 129). Les compilateurs de Justinien, avec raison, ont résolu la question dans notre sens, ce qui du reste est conforme aux principes généraux (3). On aurait donc raison de se demander quels étaient les motifs de douter que le fils devint sui juris au moment même de la captivité de son père. Peut-être cette question naissait-elle de l'état incertain « in suspenso » des enfants et de leur capacité juridique à faire certains actes qui au retour de leur père captif auraient été considérés comme n'ayant pas été accomplis par des personnes sui juris (4).

Plaçons ici une courte observation sur l'émigration, assez fréquente chez les Romains. Dans le très-ancien droit, le fait de l'émigration du citoyen romain dans une colonie latine lui faisait perdre les droits de cité, et par là même le faisait déchoir de la puissance paternelle. Gaius en fait mention comme d'une institution ayant disparu. Ces émigrants devenaient en effet citoyens d'autres cités (5).

---

dit-on, par Auguste. Voy. DEMANGEAT, dans son *cours élém. de dr. rom.*, qui cite Dion Cassius. Cette peine remplaça la précédente: Deportatio in locum aquæ et ignis interdictionis successit, fr. 2, § 1, ULPIEN, *de pœnis*, 48, 19.

(1) § 1, in fine, *Instit., h. t.*; § 5, *ibid.*; Constit. unica, *de sentent. passis*, 9, 51.
(2) PAUL., *Sentences, de intest. success.*, 4, 8, § 25.
(3) GAIUS, 1, § 129; *Institut., h. t.*, § 5; ULP., fr. 18, *de capt. et postlim.*, 49, 15.
(4) Fr. 12, § 1, TRYPHON., *de capt. et postlim.*, 49, 15; fr. 18, ULP., *ejusd. tit.*
(5) GAIUS, Liv. 1, § 131.

b). Modes de translations. Ces modes, tels que l'adoption et l'adrogation, font perdre la puissance paternelle à celui qui donne en adoption, ou
qui se donne en adrogation. Mais elle ne s'éteint pas sur la tête de l'enfant ou du chef de famille, qui passent tous deux sous la puissance d'un
nouveau chef (1).

c). L'émancipation. Nous avons déjà traité de cette institution en énu-
mérant les principaux attributs de la puissance paternelle. Mais nous nous
étions contenté d'en indiquer les formalités. Nous l'étudierons dans cette
section d'une manière plus complète, surtout quant à ses effets, lorsque nous
aurons terminé l'énumération des divers modes de dissolutions, du pouvoir
paternel et quand nous étudierons les effets de l'extinction de cette puissance paternelle en général, et de l'émancipation en particulier.

125. II. *La puissance paternelle se perd de plein droit a).* Par l'élévation
des enfants à certaines dignités, ou certaines fonctions publiques, civiles
ou religieuses (2). Ainsi, les Flamines de Jupiter, pontifes spéciaux de ce
Dieu ; les Vestales, femmes vierges, prêtresses de la Déesse Vesta, sortaient
de la puissance paternelle, parce que, dit Ortolan, ces enfants, ou plutôt
ces fils et filles de famille, étaient censés entrer sous la puissance de ces
Divinités (3). Notons ici en ce qui concerne l'entrée en religion, que les
enfants de famille ne pouvaient le faire sans l'assentiment du père (4). Les
parents auraient exercé le droit d'exhérédation. Ceci disparut sous Justinien (5). On ne put, après la réforme de cet empereur, exhéréder l'enfant
comme ingrat, lorsqu'il voulait entrer en religion (6).

---

(1) *Instit. de adopt.*, 11, pr. et § 1 ; *Instit.*, h. t., § 8.
(2) *Instit.*, § 4, pr. h. t.
(3) GAIUS, 1, § 130 ; 3, § 114 ; ULP., *Regul. qui in pot. mancip.*, 10, § 5 ; GELLII, *Noct.
Atticæ*, 1, 12.
(4) Aulu-Gelle, *Nuits Attic.*, 1, 12, § 12 : Si quis honesto loco, etc.
(5) Code *De Episcop. et Cleric.*, 1, 3.
(6) Novelle 123, ch. 41. Le texte d'Aulu-Gelle porte *capi* et non *legi*. Il s'ensuivrait
que ces religieuses auraient pû entrer dans le collége des Vestales malgré leur père, et
que le Pontifex Maximus les auraient enlevées à leur famille. Il n'en était rien. La formule sacrée : *amata, te capio*, loin de désigner la violence ou la contrainte, suppose au
contraire le consentement, car il n'y avait pas *acceptio sine deditione*. Le pontife saisissait certainement la vierge pour la consacrer à Vesta, mais c'était sur le consentement et l'offre du père. *Capi* autem Virgo propterea dici videtur, quia Pontificis Maxi-
mi manu prehensa ab eo parente in cujus potestate est veluti bello capta abducitur.
Le consentement du père est tellement nécessaire, que si la vierge destinée au culte
était émancipée, ou même en la puissance de son aïeul du vivant de son père, on ne la
recevait pas. L'aïeul ne pouvait consentir. Voyez aussi sur ce point l'ouvrage d'Ar-

La disparition du paganisme entraîna la disparition de ces institutions sacrées des anciens romains. Mais le christianisme qui lui succéda suivit naturellement les mêmes errements, assez tard toutefois, et quand cette nouvelle religion fut devenue la religion officielle. Ainsi Justinien décida, en termes fort pompeux du reste, que la dignité d'Evêque libérerait de la puissance paternelle (1).

Certaines fonctions civiles publiques, telles que celles de consul et de patrice, libéraient encore de la puissance paternelle à l'époque de Justinien (2). Mais avant les Novelles, ni les hautes dignités militaires, soit par exemple la magistrature militaire — Magister militum, — ni la dignité de Consul sous la République, ni même celle do Sénateur ne pouvaient émanciper le fils de famille (3).

Enfin Justinien établit d'une manière générale que les dignités qui libéreraient de la curie libéreraient également de la puissance paternelle (4). On faisait rentrer dans cette catégorie la dignité de préfet du prétoire, à la ville ou en province; la dignité de maître de cavalerie ou d'infanterie; celle de questeur du palais (5).

b). Le père perdait encore la puissance de plein droit lorsqu'il encourait certaines pénalités (6). L'exposition des enfants entraînait cette déchéance à une certaine époque de la législation romaine : « Nec enim suum dicere potest quem pereuntem contempsit. » Il en fut de même à l'époque des *Novelles* : « Hos omnibus modis liberos esse præcipimus (7). » Il en fut de

RAULT, fol. 27, MDXCVII, Paris, Périer. Ce que nous disons des Vestales s'applique également aux Flamines de Jupiter, Flamines Diales, aux Pontifes et aux Augures. AULU-GELLE l'atteste en ces termes : Plerique autem rapi virginem non solum debere dici putant : sed flamines quoque Diales item pontificis et Augures capi dicebantur.

(1) Novelle 81, ch. 3, Voy. aussi *Constit*, 34, *de episcop. et cler.*, 1, 3; *Nor*. 81, pr., et ch. 1; *Const*. Justin, *de decur.*, 10, 31; Const., ult., *de consul.*, 12, 3.

(2) Constit., 5, *De consul.*, 12, 3. Les patrices étaient une espèce de conseillers privés du prince, qui avaient autrefois occupé de hautes positions dans l'Etat, comme magistrat par exemple. Ils étaient ainsi nommés parce qu'ils étaient honorés par les princes comme s'ils eussent été leurs pères : Loco *patris* honorantur.... Quem sibi *patrem* imperator elegit. L'un des Empereurs en fit des consuls honoraires. Const. 3, ZÉNON, *de consul*, 12, 3. Pour les consuls, ordinaires ou honoraires, voyez la constitution 66. *De decurion., et filiis eorum....*, 10, 31, qui les libère de la puissance paternelle. Cf., novelle 81.

(3) *Instit.*, § 4, *h. t.*

(4) On sait que la curie était une sorte de conseil local établi dans les municipes et les colonies, ayant entre autres attributions la perception de l'impôt.

(5) *Code*, const. 66, 10, 31.

(6) Const. 2, *Code*, *de infantib. exposit.* VALENT. VALENS et GRAT., 8, 52.

(7) *Novelle* 153, de infant. exposit.

même de la prostitution (1). Le père de famille encourait de plus la peine de l'exil et la condamnation aux mines publiques. Il devenait esclave de la peine, perdait la liberté, et par conséquent les droits de famille, entre autres la puissance paternelle. Notons toutefois que Justinien décida dans une novelle (22, ch. 8) que cette condamnation ne ferait plus perdre la liberté. Mais nous n'oserions conclure, avec le savant M. Demangeat (2) que la puissance paternelle ait subsisté, même après la réforme de Justinien, car, dans le cas étudié ci-dessus, la déchéance de la puissance paternelle nous paraît être la peine principale, l'autre ne nous semble avoir été que l'accessoire (3). Notons encore que les enfants de celui qui avait été condamné pour inceste étaient affranchis de la puissance paternelle : « suæ quidem potestatis patris supplicio facti (4). »

126. Nous devons faire remarquer ici que lorsque la puissance paternelle est ainsi perdue de plein droit, les enfants qui y étaient soumis ne subissent pas de changement d'état, et conservent par conséquent leurs droits dans la famille du père, et lui succèdent comme héritiers siens. Leurs propres enfants tombaient sous leur puissance (5). Il en faut dire autant du cas où le père vient à mourir, ou a été privé de la cité ou de la liberté (6). Ce sont là des effets remarquables de la perte de la puissance paternelle.

c). Il est curieux à noter que celui contre qui il a été jugé que son fils, par exemple, n'est pas en sa puissance, perd évidemment la puissance paternelle, car lorsque celui-ci voudra agir par un interdit, il sera repoussé par l'exception de la chose jugée (7).

d). Ajoutons enfin, pour terminer les divers modes d'extinction de ce pouvoir, qu'il pouvait aussi exister contre le père une sorte de prescription de la puissance paternelle après la mort de l'enfant en puissance. Ulpien nous rapporte qu'on ne permettait pas à un père de famille dont la fille avait vécu comme materfamilias, comme si elle avait été émancipée, de revendiquer les droits de puissance paternelle ; et que ce père de famille n'était pas admis à prouver que l'émancipation devait être nulle, comme n'ayant pas

---

(1) Const. 12, THEOD. et VALENT. De episcop. audient, 1, 4 ; voy. aussi Const. 6, De spect., et scœn., 11, 40.
(2) Cours élém. de dr. rom., 1ᵉʳ vol., p. 313 et 155, 1ᵉ édit.
(3) Cf., Novelle 12, ch. 2.
(4) Cf. PUFFENDORF, Observ. I, 99 ; II, 115 ; III, 1.
(5) Novelle 81, ch. 2 ; Novelle 122.
(6) V. GAIUS, 3, § 114.
(7) Fr. 1, § 4, ULPIEN, de lib. exhib., 43, 30 ; cf., Const. 2, si advers. rem judic., 2, 27.

été faite selon les formalités légales. La mort, évidemment, mettait fin à la puissance paternelle ; mais c'était la validité des actes faits avant la mort qui était en cause : ainsi la preuve de la nullité de l'émancipation faisait tomber le testament. Il y avait donc en faveur de la personne qui avait vécu *quasi jure emancipata* une espèce de possession d'état contre laquelle on ne pouvait plus s'élever après la mort de cette personne. Et alors même que la mort ne venait pas pour ainsi dire renforcer la présomption légale, lorsqu'un certain temps s'était écoulé pendant lequel le père n'avait pas exercé ses droits, si par exemple au lieu d'administser lui-même les biens du fils, il abandonnait pendant longtemps cette administration aux tuteurs nommés par testament de la mère, la question de savoir si la puissance paternelle existait encore pouvait être fort légitimement mise en doute, et ne pouvait plus être résolue que devant le magistrat (1).

Le dernier mode d'extinction de la puissance paternelle c'est l'émancipation. Il nous suffira de renvoyer à ce que nous en avons déjà dit.

Passons maintenant aux effets de la perte de la puissance paternelle.

SECTION DEUXIÈME.

Effets de l'extinction de la puissance paternelle.

Sommaire.

§ 127. Effets de la perte de la puissance paternelle. A. Droit civil. *a*) Effets qui résultent des deux grands changements d'état. — *b*) Du petit. — Observations spéciales sur l'adoption et l'émancipation — B. Effets produits dans la sphère du droit public. — Inscriptions au cens ; droit de suffrage — C. Effets produits dans l'ordre religieux. — Perte des *sacra privata.* — Droit exceptionnel pour les Vestales et les Flamines de conserver leurs droits de familles. — § 128. Dernières observations sur l'émancipation de l'adopté et l'adoption d'un fils émancipé.

127. A. L'effet le plus important, c'est que les enfants deviennent sui juris et acquièrent toute la capacité d'un paterfamilias, car ils le deviennent en effet.

Nous avons déjà vu que lorsque la puissance paternelle est perdue de plein droit, les enfants ne subissent pas de changement d'état, et qu'il en était de même pour les cas de mort, ou pour les cas de perte de la cité ou de la liberté.

(1) V. Const. 1, ANAST., *de patr. pot.*, 8, 47.

Lorsqu'elle est perdue par le grand et le moyen changement d'état, les droits civils sont éteints. De plus les droits à l'hérédité, lesquels naissent de la cognation, se trouvent également perdus (1).

Lorsque la puissance paternelle est perdue par le petit changement d'état, ce qui arrive par exemple en cas d'adoption et d'émancipation (2), les droits naturels subsistent. Ce qui comprend les droits de cognation ou de parenté du sang (3). Les créances ou dettes continuent d'exister comme obligations naturelles (4) : « manent obligati naturaliter. » Il en est de même des droits attachés à la personne naturelle, comme par exemple l'obligation résultant d'un délit, ou celle alimentaire : « nemo delictis exuitur quamvis capite deminutus sit (5). » Et magis puto, dit le même Ulpien, etiam si non sint liberi in potestate alendos a patribus et vice mutua alere parentes debere (6). Citons encore les prestations naturelles, et le droit d'habitation qui, on le sait, rentrait dans l'obligation alimentaire (7). On laissa aussi subsister les droits créés par la législation nouvelle (8).

Par contre, s'éteignent les droits civils, comme ceux d'agnation et de gentilité (9) ; ceux de patronage, soit par le fait du patron, soit par le fait de l'affranchi ; le testament fait auparavant devient *irritum*, mais celui des non-militaires seulement (10); enfin les droits personnels, comme ceux de créances, d'usage ou d'usufruit(11). Le capite minutus perdait aussi les droits d'hé-

(1) *Instit. de capit. deminut.*, § 6, 1, 16 ; fr. 4, § 11, MODEST. *De grad.* 38. 10.

(2) § 3, *Instit. de cap. min.*, 1. 16 ; fr. 3, § 11, in fine, *de cap. min.*, 4. 5 ; cf. fr. 5, 2. fr. 6, fr. 7, in pr. et § 1, *ibidem*.

(3) § 6, *Instit. de cap. minut.*, 1. 16 ; fr. 4, § 10, MODESTIN. *De gradibus*, 38. 10 ; fr. 1, § 4, ULPIEN. *Unde cognati*, 38. 8 ; cf. fr. 5, § 1, *de agnosc.*, 25. 3.

(4) Fr. 2, § 2, ULPIEN. *De cap. minut.*, 4. 5.

(5) Fr. 2, § 3, ULPIEN, *ibid.*

(6) Fr. 5, § 1, *de agnosc. et alend.*, lib. 25. 3 ; V. aussi fr. 21, pr. *Depositi*, 16, 3, pour le cas de dépôt.

(7) Fr. 8, GAIUS, de cap. minut., 4. 5 ; fr. 10, MODESTIN., *ibid.* ; fr. 2, ULPIEN, *de oper. serv.*, 7. 7.

(8) Fr. 9. 13. *de oblig. et act.*, 44. 7 ; fr. 8. 9, *de cap. minut.* Sur la survivance de ces droits naturels voyez encore le § 3, *Instit. de legit. adgnat. tut.*, 1. 13 ; les § 11 et 13 du même recueil, *de heredit. quæ ab intest.*, 3, 1. On sait toutefois qu'au temps où l'émancipation par rescrit fut en vigueur, on pouvait réserver les droits légitimes de l'émancipé. Constit. 11, Anast. *De legit. hered.*, 6. 58.

(9) CICÉRON, *Topiques*, 6, qui capite non sunt deminuti... gentiles sunt; GAIUS, 3, § 51, 83 et 84.

(10) § 5, *Instit. de milit. testam.*, 2, 11.

(11) *Instit.*, § 1 et suiv., *de adquisit. per adrog.*, 3. 10. Une *in integrum restitutio* était donc nécessaire au créancier antérieur du capite minutus. cf. fr. 2, § 1 et 4 *de cap. min.* En ce qui concerne toutefois les deux derniers droits ci-dessus énoncés, il faut voir une constitution de Justin, qui les réserva : 16, pr, 1 et 2, *de usufruit. et habit.*, 3. 3.

ritier sien et ceux qui dérivent du pur droit civil, comme le droit qu'avait le chef de famille patron d'assigner l'affranchi à l'un de ces enfants (1).

Les adoptés perdaient le droit et le nom d'enfant dans leurs familles naturelles (2), et il importait peu que ces personnes soient données en adoption par leur père naturel ou qu'elles se donnent elles-mêmes en adrogation après avoir été émancipées. Elles acquéraient ces droits dans la famille adoptive, et leur position différait en cela de celle des émancipés seulement, lesquels les conservaient (3).

Par droit d'émancipation, la loi défère au père, en qualité de patron, l'hérédité et la tutelle de l'enfant émancipé (4). Il y avait toutefois des exceptions (5). Au reste les droits des parents qui émancipaient n'étaient pas complétement assimilés à ceux des patrons qui affranchissaient (6). Nous rappelons ici que pour prix de l'émancipation, le père retenait l'usufruit de la moitié des biens adventices (7).

Tels sont les principaux effets qui se produisent dans la sphère du droit privé.

b. Au point de vue du droit politique, le changement d'état faisait affilier à une autre propriété celui qui le subissait, par exemple par l'adoption ; il était inscrit dans un autre chapitre du cens, votait dans la tribu et la classe de son nouveau père de famille (8), et passait peut-être, dit Ortolan, dans une autre classe (9).

c. Enfin dans l'ordre religieux, comme la famille avait son culte domestique, ses sacra privata, le capite minutus les quittait évidemment, puisqu'il quittait la famille. Il est à noter que ce culte du foyer domestique s'éteignait si l'adopté ou l'émancipé était le seul chef de cette famille (10).

Nous devons faire observer ici que les prêtres de Jupiter et les prêtresses

(1) § 2, *Instit. de adsign. libert.*, 3. 8 ; et § 9, *Instit. de hered. quæ ab. int.*

(2) § 10, *Instit. de hered. quæ ab intest.* 3. 1 ; fr. 8, § 12, ULPIEN., *de Bonor. -possess. contr. tab.* 3. 4 ; fr. 3, § 7, 8 et 11. ejusd. *ibid.* ; fr. 21, § 1, MODESTIN., *eod. tit.*

(3) § 11 et 12 *Instit. De hered. quæ ab intest.*, 3. 10 ; § 3, *Instit., de exhered. lib.* 2, 13.

(4) *Instit., De legit. parent. tut.*, 1, 18 ; § ult. *Instit., De leg. adgnat. success.*, 3, 2 ; fr., 1, § 2, ULPIEN, *Si a parente quis manum. sit.*, 37, 12.

(5) V. fr. 1, § 3, *eod.* ; Cf Const. unic. *De ingrat. lib.*, 8, 50. On sait que l'émancipation pouvait être rescindée pour cause d'ingratitude.

(6) Fr. 2, GAIUS, *Si quis a parent.*, 37, 12 ; fr. 4, MARCELLUS ; fr., 5, PAPINIEN, *eod. tit.*

(7) § 2, *Instit. Per quas person.* ; Const. 6, *de bonis quæ* 6, 61.

(8) Fr. 9, POMPONIUS, *De his quis sui vel alien.*, 1, 6.

(9) *Explicat. hist. des Instit.* Tom. 2°, n° 199 et 208. tit. *de capit. deminut.*

(10) V. CICÉRON, *pro domo.*, 73. 34.

de Vesta conservaient par privilége leurs droits de famille, et ne subissaient point de changement d'état (1). Le changement d'état dont nous parlons en ce moment a subsisté pendant tout le temps que fut en vigueur le droit romain, même à l'époque de Justinien. Il n'a pas été aboli par ce prince, comme l'ont pensé des auteurs du reste remarquables (2).

128. Nous terminerons cette matière par quelques observations sur l'émancipation de l'adopté. Cette émancipation produit en général les mêmes effets que celle du fils naturel. Toutefois, il y a quelques différences. Ainsi, la puissance paternelle que le père adoptif avait acquise est complétement éteinte par l'émancipation de l'enfant adopté (3). Aussi les enfants adoptifs une fois émancipés perdent-ils le rang et le nom d'enfants (4) qui leur sont rendus toutefois dans leur famille naturelle quand l'émancipation avait lieu du vivant de leur père naturel (5). Il en était de même du droit de cognation, qui, après avoir été acquis par l'adoption, était néanmoins recouvré après l'émancipation (6).

L'adoption d'un fils que l'on avait émancipé semblait rendre la puissance paternelle au père qui l'avait perdue par l'émancipation. Toutefois, en cas de prédécès de l'adopté, le père émancipateur et adoptif perd la puissance paternelle sur son petit-fils (7).

Coup d'œil restrospectif.

129. Jetons maintenant un regard en arrière et voyons le chemin que nous avons déjà parcouru. Nous avons traversé une période immense, remplie à la vérité d'incertitude, pour l'époque des origines, laquelle remonte peut-être à six ou sept siècles avant la promulgation des *Douze Tables*, mais qui fournit, depuis la promulgation de cet important monument législatif, des documents certains à l'historien. Nous avons vu la société romaine primitive composée, du moins quant à ses éléments essentiels, de

---

(1) AULU-GELLE., 1, 12 : « sine emancipatione ac sine capitis deminutione e patris potestate exit. » ; GAIUS, 1, § 145, in fine et 3, § 114.

(2) Constit. 5, et ult. *in fine eod. De emancip. lib.*

(3) Fr. 13, *Dig. h. t.*, 1, 7 ; fr., 14, *ibid.* ; V. aussi fr. 2, § 15, in fine, § 9, *Instit. de hered. quæ ab intest.*, 3, 1, ; fr., 3, *ad snc. Tertyll.*; § 1, *Instit. de nuptiis.*

(4) 11 et 12, *Instit. De hered quæ ab int.*, 3, 1; § 4, même recueil, *de exhered. liber.*, 2, 13; fr., 4, PAUL, *Si tabulæ test. nullæ extabunt*, 38, 6 ; fr. 3, JULIEN ; *Unde cognati.*

(5) § 4, in fine, *Instit., de exhered. liber.*, 2, 13; Cf. Const., 10, *Code de adopt.*, 8, 48.

(6) § 3, *Instit. de legit. adgnat. tutela*, 1, 15.

(7) Fr. MODESTIN., 41, *de adopt. et emancip.*, 1, 7.

deux groupes principaux : d'une part les citoyens romains, relevant de l'État ; d'autre part la famille, formant un groupe particulier, à la tête duquel viennent se replacer quelques-uns de ces mêmes citoyens. La famille est en effet une société distincte qui se régit par ses traditions et certaines lois religieuses dont la force exécutoire réside dans la main du chef. Le Pater ou Souverain jouit d'abord d'un pouvoir sans limites et sans contrôle ; il est dictateur perpétuel dans sa maison, et il ne relève que de sa conscience. Cet état de choses a duré peut-être plus de dix siècles.

La création de l'institution de la préture vint poser les premières limites à l'autocratie du paterfamilias. Les deux institutions rivales luttèrent longtemps l'une pour la conservation, l'autre pour l'extension de ses prérogatives : le père se rattachant aux antiques traditions religieuses qui avaient fondé la famille dont il était en quelque sorte le roi ; le préteur, homme de progrès et de science législative, s'efforçant d'introduire dans la famille des éléments nouveaux, mieux assortis aux besoins de la société, et cherchant en même temps à tourner ingénieusement le vieux système pour se rapprocher de plus en plus de la nature.

Enfin, la célèbre loi impériale *Julia* fit une brèche profonde à l'autorité paternelle en ce qui concerne le mariage. Puis la nouvelle forme constitutionnelle de l'état romain avait centralisé les pouvoirs, dépouillé le père de son droit de juridiction domestique et lui enlevait du même coup le droit de vie et de mort dont il avait joui pendant peut-être vingt siècles. La philosophie austère et sévère des stoïciens, la science profonde des jurisconsultes, et le christianisme, qui devint à une certaine époque la religion impériale, favorisèrent et hâtèrent d'une manière éclatante l'œuvre de l'émancipation des enfants. La propriété remise entre les mains du fils de famille sous la forme des pécules, porta un coup mortel à l'ancien droit quiritaire. Emportés par la marche irrésistible du progrès, nous arrivons à l'ère du droit définitif, à l'époque des grandes réformes de Justinien, qui donne le coup de grâce au droit romain proprement dit, abolit l'agnation et constitue ainsi la famille sur des bases telles que nous la retrouvons encore aujourd'hui, à peu de chose près, instituée comme elle le fut par ce remarquable réformateur.

DEUXIÈME PÉRIODE

ANCIEN DROIT FRANÇAIS.

Sommaire.

84. Arrivés à la deuxième période historique de notre étude, nous sommes obligés de remonter à une époque bien plus reculée que celle où nous a conduits l'histoire de notre institution dans le droit romain. Si nous jetons un regard sur notre sol national à l'époque même où Justinien faisait ses réformes législatives, c'est-à-dire au sixième siècle, nous touchons presque à la période carlovingienne et à la féodalité, et nous omettrions de parler des Gaulois, des Germains et des Franks. N'ayant pu, sous peine de rompre l'unité chronologique nécessaire à notre travail, mener de front l'étude de la législation des deux pays, qui du reste diffèrent essentiellement entre eux au point de vue des principes qui régissent la famille, nous avons dû terminer sans désemparer cette période romaine, sauf à nous reporter maintenant à plusieurs siècles en arrière, pour y observer les origines de notre droit français sur la remarquable institution que nous avons choisie comme sujet de notre travail.

85. La Rome conquérante laissait habituellement leurs lois aux peuples vaincus (1). Ce qui fait que nous retrouvons, même après la conquête, d'anciennes coutumes celtiques, que laissait aux Gaulois la magnanimité du vainqueur. Les Barbares — conservons leur ce nom historique — agirent à peu près de même. Si l'on ajoute à cela que les vainqueurs, romains ou barbares, tout

---

(1) En cela les modernes l'ont généralement imitée. Nous avons toutefois imposé notre code à certains pays conquis, notamment à l'Italie, 30 mars 1806 ; à la Hollande, 18 oct. 1810 ; aux départements Anséatiques, 3 décemb. 1810 ; au grand-duché de Berg, 17 décemb. 1811.

en respectant les us et coutumes des vaincus, conservèrent leurs propres lois nationales, qu'ils regardaient comme supérieurs, on aura une idée de la bigarrure législative et du chaos juridique dans lesquels notre pays fut plongé à une certaine époque. L'invasion des Germains, représentés par une de leurs puissantes tribus, les Franks, eu pour effet d'imprimer plus fortement les usages nationaux des vainqueurs sur le territoire qu'ils occupèrent, en sorte que, à bien observer le fond de la législation, l'élément germain prédomine néammoins sur un certain zone du territoire et forma ce qu'on appela plus tard les *pays de coutume*, tandis que l'élément romain, moins fortement agité, se maintint plus vigoureusement ailleurs, dans les *pays de droit écrit*. Cette différence fut, à un moment donné, assez profonde pour que nous ayons cru devoir faire une étude séparée et distincte de ces deux courants parallèles de lois et de coutumes ; car il y avait des lois et des coutumes dans chacune de ces deux zones. Ajoutons à cela le droit féodal proprement dit, qui forme, combiné avec les ordonnances royales, une sorte de droit public et général dominant le droit privé, l'effaçant même quand il en est gêné, et nous aurons une idée générale de la législation de l'ancienne France.

86. Mais nous croyons d'abord nécessaire d'exquisser aussi brièvement que possible les coutumes originales et les mœurs si loyales de nos ancêtres Gaulois, ensuite les habitudes rudes et barbares des tribus germaines. Nous arriverons ainsi sans secousse à l'époque de Charlemagne, et après la mort de ce puissant monarque, nous verrons les grands feudataires affermir insensiblement leur pouvoir et nous tomberons en pleine féodalité.

Nous verrons ensuite le despotime seigneurial pendant un certain temps indépendant, combattu d'abord par les communes, puis absorbé par le pouvoir royal, dégénérer en noblesse à priviléges exorbitants, et former cette caste aristocratique des derniers temps de la monarchie, que la Révolution a seule pu vaincre ; nous toucherons ainsi à la période actuelle.

87. Cette seconde partie historique de notre étude qui roule sur le droit français, depuis ses origines les plus reculées jusqu'à nos jours, comprendra ainsi deux périodes distinctes : l'ancien droit, et le droit en vigueur. La période ancienne des origines juridiques nationales se divisera naturellement en deux chapitres, correspondant, le premier aux temps antérieurs à l'ancien droit proprement dit et comprenant dans une première section la Gaule, dans une deuxième les Franks et Carlovingiens, dans une troisième, les temps féodaux ; le second chapitre sera consacré à l'ancien droit proprement dit.

CHAPITRE PREMIER.

TEMPS ANTÉRIEURS A L'ANCIEN DROIT PROPREMENT DIT.

SECTION PREMIÈRE.

La Gaule.

Sommaire.

88. La forte constitution de la famille chez les Romains, qui, suivant l'expression énergique de M. Thiers (1), puisait son principe dans un noble orgueil de race, ne fut pas l'apanage exclusif de la cité antique. En dehors même du groupe latin, on rencontre chez nos ancêtres, sinon les mêmes bases d'organisation, du moins la même énergie et le même pouvoir despotique du chef sur tous les membres de la famille. Depuis ces temps reculés, la famille a conservé son organisation puissante pendant peut-être plus de deux mille ans, et il n'y a pas cent ans que la famille française est fondée sur les principes nouveaux.

89. Commençons par le droit celtique.

Et d'abord il ne faut pas nous dissimuler les difficultés du sujet, car il n'existe aucun code, aucun texte de loi, même aucun texte précis sur les lois, qui date de la vraie époque celtique. On possède seulement les codes qui ont été rédigés dans les parties celtiques de la Grande Bretagne, postérieure-

---

(1) *De la Propriété,* liv. II, ch. V.

ment à l'ère chrétienne (1). On sait en effet que des peuples bretons, reje-
tons de la race Galloise, se réfugièrent dans la Bretagne armoricaine et dans
les montagnes du pays de Galles et de Cornouailles, pressés qu'ils étaient
par l'invasion germanique (2). Si l'on s'en rapporte exclusivement aux *Lois
Brehon*, vieilles de vingt siècles, la société celtique régie par ces lois mises
en vers est d'une originalité exceptionnelle, et ne peut être comparée ni à
la société antique, ni à la société moderne, ni même à la société germanique,
qui était presque de la même époque, ni à la société féodale, qui apparut
dans la suite (3). Le *Senchus-Mor*, ou « le monument de la sagesse antique »
remet sous nos yeux un état social où tout est primitif, original ; et dans
deux de ses quatre lois principales, dans la « loi sur la nourriture et l'éducation », *fosterage*, et dans la loi sur les « parentés sociales » on trouve l'organisation de la famille, ou plutôt du clan ou tribu dans laquelle nous ad-
mirons, dit M. de Lasteyrie, le respect pour les parents et le divin amour
pour la vieillesse, qui est encore le plus beau trait du caractère irlandais (4).
On y voit aussi que les enfants sont tenus de soigner leurs parents âgés ou
infirmes ; que lorsqu'une famille néglige le soin de nourrir un vieillard, et
qu'une autre le nourrit, celle-ci devient son héritière (5). Tels sont, en ce
qui concerne notre sujet, les faibles débris qui nous restent du droit celtique
d'une époque relativement postérieure. Cette rapide esquisse ne semble
guère nous autoriser à conclure, avec un savant historien français, au maté-
rialisme de ce droit, dans la forme et dans le fond (6).

Sans examiner ici la question de savoir si les Celtes formaient une race
distincte des Gaulois (7), il nous suffit de savoir que les Celtes étaient une
race qui habitait la Gaule, et comme tels ils sont pour nous un peuple aussi
intéressant que les Gaulois proprement dits et les tribus étrangères germaniques qui ont envahi notre sol national.

(1) Nous devons cette note à l'obligeance de M. Fustel de Coulanges ; qu'il nous soit
permis de donner ici à notre ancien professeur, un témoignage public de nos remercie-
ments.

(2) Voy. Kœnigswarter, *Hist. de l'org. de la fam. en France*, Paris 1851, introduction.

(3) Voy. l'article de M. J. DE LASTEYRIE, dans la *Revue des Deux-Mondes* du 15 nov. 1865,
ayant pour titre : *L'Irlande au 5e siècle*.

(4) *Ibid.*, p. 374 et p. 379.

(5) *Ibid.*, p. 387.

(6) MICHELET, *Origines du droit*, préface, p. LXXXIV.

(7) Voy. sur ce point KLIMRATH, *Travaux sur l'hist. du dr. franç.* p. 191 du tom. 1er;
CHAMBELLAN, *Etudes sur l'hist. du dr. franç.*, p. 19 ; DE COURSON, *Hist. des orig. et des
instit. de la Gaule armoric.*, ch. 1er.

90. César nous représente les peuples de la Gaule comme ayant une langue, des institutions et des lois différentes (1). D'après Chambellan (2), les peuples du centre auraient acquis une supériorité marquée sur les autres tribus, et leur organisation sociale leur aurait assuré une véritable influence. Ils avaient même une législation particulière (3). Quoiqu'il en soit de ces questions, qui à vrai dire, sortent du cadre de notre sujet, nous allons essayer d'esquisser rapidement ce que nous savons de plus certain sur le groupe Gaulois, et sa législation après la conquête.

91. Nous trouvons chez eux une famille fortement organisée, sur laquelle le chef exerce son omnipotence. Il en est ainsi à l'origine des peuples, alors que ceux-ci à l'état de tribus errantes, sont obligés de se donner un chef soit militaire pour les défendre contre les tribus ou familles ennemies, soit religieux, pour perpétuer le culte des ancêtres. On se rappelle les patriarches, qui, chefs de famille de pasteurs d'abord, et fort paisibles, deviennent ensuite des chefs guerriers et finissent par soumettre les familles et tribus voisines. En ces temps reculés, la force semble avoir été ainsi l'origine de la puissance de famille ; et soit conviction, soit nécessité, tous les membres de la famille se plièrent devant le chef qui les nourrissait, et agrandissait le patrimoine par le travail ou le pillage.

L'absolutisme du chef de famille gaulois paraît donc naturel. Selon César (4) les chefs de famille avaient, comme à Rome, le droit de vie et de mort. Mais on s'éloignait singulièrement de l'arbitraire romain, et les anciennes coutumes gauloises permettent de supposer que ce droit ne s'exerçait qu'en vertu de la loi, laquelle ne confiait la vengeance de certains crimes qu'au père. Ce droit d'exécution ou de condamnation devint, de domestique qu'il était, théocratique, et par là même plus impartial ; un progrès notable s'était donc réalisé dans les mœurs et les institutions en faveur des enfants. A prendre à la lettre la légende de la fondation de Marseille, on y remarque la grande liberté dont jouit la fille dans le choix de son époux. Le redoutable droit de vie et de mort paraît bien incompatible avec de telles mœurs, qui nous montrent la femme comme étant l'égale du mari, une compagne librement choisie et non achetée, une personne à laquelle est confiée

(1) CÉSAR; *de bello Gallico* : « Linguà institutis legibus inter se differunt », 1.1.
(2) *Ouvr. précité*; Etude 2ᵉ; ch. 1ᵉʳ, p. 168 et 9.
(3) CÉSAR; ibid., 7; ch. 77.
(4) *De Bello Gallico*, VI, 19: Viri in liberos vitæ necisque habent potestatem.

9

exclusivement l'éducation des enfants et qu'on voit « intervenir dans les actes de la vie civile, la paix et la guerre (1). »

L'histoire nous rapporte aussi qu'il y avait égalité presque complète des prérogatives de l'autorité paternelle et de l'autorité maritale. On est donc naturellement conduit à décider que la puissance domestique dut être fort douce chez les Gaulois, surtout depuis que les Druides s'étaient attribué insensiblement le droit de vengeance privée, comme nous le disions plus haut. Le fondement de la puissance paternelle qui, à Rome, est tout politique et religieux, est chez nos ancêtres plus doux, plus humain et moins artificiel, pour ainsi dire ; les besoins journaliers, l'esprit de solidarité qui liait les membres de la famille et animait tous les vieux Gaulois en général, en un mot les liens naturels imprimèrent à cette institution un cachet original qui la sépare complétement de l'organisation de la famille romaine. Aussi cette différence de principes dut amener assez tôt des tempéraments à un pouvoir qui semble avoir été jusqu'alors absolu. Nous croyons donc pouvoir affirmer que ces antiques traditions des Gaulois, que les Romains avaient qualifiées de barbares, indiquaient, du moins à l'origine, une civilisation bien supérieure à celle des Romains. Et malgré la conquête, les Gaulois ne purent s'accommoder des nouveaux principes apportés par les vainqueurs. Aussi remarque-t-on une certaine différence entre les anciennes coutumes gauloises et les lois romaines modifiées, introduites sur le sol gaulois.

92. Ce pouvoir du père de famille était loin d'être perpétuel, comme nous l'avons vu à Rome. Certains auteurs (2) admettent même l'émancipation dès l'âge de quatorze ans, âge fixé pour l'investiture des armes. Le jeune Gaulois était alors armé chevalier, jurait de suivre les traditions nationales de loyauté, de dévouement et d'honneur, et il devenait dès lors capable de suivre son père dans les aventures belliqueuses. C'était aussi l'âge fixé pour la puberté des filles (Kœnigswarter, *op. cit.*)

Toutefois, nous devons dire ici que les auteurs sont loin d'être d'accord sur la question qui nous occupe en ce moment. Laferrière, entre autres (3), n'admet l'émancipation chez les Gaulois qu'à l'époque du mariage. L'an-

(1) C'est le témoignage de Plutarque, rapporté par Bernard, *Hist. de l'aut. pat. en France*, p. 23, prem. part., ch. 1er.

(2) BERNARD, *op. cit.*, ch. 1, p. 22; KŒNIGSWARTER, *Organis. de la fam. en France*, p. 44 ; HUMBERT, *Revue historiq.*, 1858, p. 525.

(3) Liv. 2, p. 72 et s. de son *Hist. du dr. civ.*, etc. ; voy. aussi CHAMBELLAN, *Étud. sur le dr. gaulois.*

cienne Bretagne a conservé ce dernier principe, qui serait d'origine Celtique, et qui subsiste encore dans notre législation actuelle.

Quelle que soit l'opinion que l'on adopte sur cette question, il reste bien démontré que le jeune Gaulois était loin d'être soumis à cette puissance perpétuelle dont les Romains paraissaient si jaloux (1). L'émancipation avait naturellement pour effet de tempérer ce que le pouvoir paternel pouvait avoir de trop absolu, et M. Bernard, dans sa monographie remarquable, fait justement observer qu'on ne trouve pas en Gaule d'exemple de cette justice impitoyable qui existait dans la famille romaine.

Une fois le fils marié, il a dû devenir lui-même chef de famille, et il ne semble pas que l'aïeul ait joui, comme à Rome, des prérogatives du pouvoir paternel. César nous fait remarquer que les maris avaient autorité sur leurs femmes, et comme il ne distingue pas si ces maris ont encore leurs propres pères et leur sont soumis, on doit facilement conclure que les fils de famille, mariés, sont indépendants ; ce qui, du reste, est conforme au principe d'égalité de la puissance maritale et de la puissance paternelle (2). Le silence du code d'Hoüel le Bon sur la continuation de l'autorité du père sur son fils marié est en harmonie avec les propositions précédentes, basées surtout sur César. Mais ce code n'est pas muet sur le désaveu, et nous voyons, en effet, que ce droit appartient au père seul. En effet, comme le dit Laferrière (*Ibid.*, p. 73), le premier parmi les trois modes de désaveu est celui où le *père seul* nie et désavoue en posant sa main gauche sur la tête de l'enfant, et la droite sur l'autel. Et ce n'est qu'après la mort du père que les parents interviennent dans cet acte qui a pour but de rejeter l'enfant de la famille.

93. L'éducation des enfants, chose remarquable, est confiée à la mère pendant leur impuberté, car le père est occupé au dehors, à l'agriculture, ou à la guerre. On ne pourrait donc admettre que difficilement ce que M. Am. Thiéry pose comme principe incontestable chez les nations gauloises, qu'on ne trouvait chez eux nulle vie de famille.

94. Il y avait égalité complète entre les enfants mâles. On ne rencontrait chez eux aucun droit d'aînesse. Si une inégalité existait, c'était à l'avantage du plus jeune. C'était un droit de minorité, plus connu sous le nom de *juveigneurie*, en vertu duquel le plus jeune des fils était préféré aux autres

---

(1) Non potest filius qui est in potestate patris ullo modo compellere ne sit in potestate : Fr. MARCIEN, 31, *de adoption*, 1. 7.

(2) *Bell. Gallic.*, 6. 19 ; cf. Fr. 20 et 21 ; PAPIN. et ULP. *Ad. Leg. Jul. de Adult.*, 48, 5.

pour la possession du manoir paternel, mais sans enfreindre pour cela l'égalité des lots dans le partage, puisque le droit du plus jeune ne consistait
qu'en choix de lots, le reste étant compensé (1).

95. La famille était très-étendue. Elle allait jusqu'au dix-huitième degré.
Nous avons trouvé le même principe chez les Irlandais du 5e siècle ; lesquels
constitués en clan, faisaient reposer la famille sur une parenté poussée à
l'extrême, et qu'ils appelaient parenté sociale (V. l'art. précité, de M. J. de
Lasteyrie, dans la *Revue des Deux-Mondes*).

Peut-être à cause de ce grand développement, l'adoption y fut inconnue.
Les liens naturels suffisant, il semblait inutile de chercher ailleurs une parenté fictive. Même après la conquête, cette institution se développa fort peu
en Gaule. On ne peut donc la compter au nombre des sources de la puissance paternelle (2).

96. Mais on ne saurait en dire autant de la légitimation par mariage subséquent, qui, créée par Constantin, est mentionnée dans les textes du droit
gallo-romain. Peut-être à l'époque du christianisme, les Celtes de la Gaule
avaient-ils resserré les liens de la famille dans des limites plus étroites que
leurs frères de l'Irlande au cinquième siècle. Toujours est-il que cette dernière institution devint assez fréquente sous l'influence des Évêques, qui
combattirent vivement le concubinat.

97. Après la conquête, les principes romains furent assez favorablement
accueillis dans le Midi, notamment à Toulouse, dans les deux Narbonnaises,
dans une partie de la Lyonnaise et dans l'Aquitaine. Nous n'avons pas à en
rechercher les causes. Dans ces contrées, le fils majeur de vingt-cinq ans,
même père de famille, reste avec ses enfants sous la puissance de son père.
Il n'y a pas émancipation par le mariage, comme dans la Gaule celtique ou
dans les pays du Nord, qui résistèrent avec énergie à cette invasion du droit
et des principes romains. Ainsi, dans la plus notable partie de la Gaule, un
principe tout opposé à celui du droit romain caractérise l'organisation de la
famille : c'est la personnalité celtique, tandis qu'à Rome, l'individualité du
fils était absorbée par un chef religieux et politique, avide de pouvoir ; chez
nos ancêtres, le fils de famille, s'il n'est pas encore émancipé par les armes,
comme le pensent des auteurs respectables, le sera du moins au jour de son

(1) *Leg. Wallic.* II, 12, 4e alin. : Frater natu minimus habebit *domicilium principale*, etc.

(2) De nos jours aussi les cas d'adoption sont extrêment rares ; cette institution semble répugner à nos mœurs.

mariage. Et quand l'antique Gaule désarmée, divisée en quatre grands gouvernements, occupée par de fortes garnisons se reliant entre elles par de colossales voies romaines, dut courber la tête, et abandonner la vie aventureuse des camps pour se livrer aux paisibles occupations des champs, le fils de famille eut toujours son indépendance assurée. C'est ainsi que le génie de nos pères se révélait fortement par l'indépendance dont ils avaient un amour extrême ; c'est ainsi que le pouvoir domestique qui, à Rome, était le résultat d'un système politico-religieux puisait, au contraire, chez eux son principe dans des sentiments plus rationnels, et qu'il semblait s'exercer plutôt dans l'intérêt des enfants que dans celui du père, ou même de la famille.

98. En ce qui concerne le consentement des parents au mariage de leurs enfants, il n'y a nul doute que ceux-ci n'y aient été soumis ; toutefois, les unions clandestines devaient être assez fréquentes, car les lois du pays de Galles contiennent d'assez nombreuses dispositions sur ce sujet (voy. Kœnigswarter, *op. cit.*)

99. Enfin, au point de vue religieux, le jeune Gaulois qui se destinait au sacerdoce ne pouvait entrer dans le collége sacré des Druides sans le consentement du père : Tantis excitati prœmiis (1), multi suâ sponte in eorum disciplinam conveniunt, multi à *parentibus* propinquisque mittuntur (2).

100. Voyons maintenant les effets du pouvoir paternel sur les biens.

Le droit d'exhérédation n'existait pas chez les Gaulois : « Pater filium hereditatis sibi jura debita exuere non potest... Si pater filium terra spoliaverit, filius quod suum est recuperabit, nisi pater et fratres et consobrini et consobrinarum filii et dominus consenserint prædium aliquod dare pro pretio sanguinis (3). Le fils pouvait ainsi rentrer dans l'héritage dont on l'avait privé, à moins que la famille ne consente à donner en échange un autre bien-fonds, qui était comme une indemnité due au lien du sang.

La propriété appartenait pour ainsi dire à la famille : car le concours des enfants et descendants était exigé pour l'aliénation du patrimoine. Le fils avait le droit de revendiquer le fonds aliéné à tout autre titre que pour composition ou pour aliments (4). Mais le fils était déchu de ses droits s'il

---

(1) Allusion à la haute considération dont étaient environnés les Druides, et aux nombreux priviléges dont ils jouissaient.

(2) *Sponte*, ceux sui juris ; *missione*, ceux en puissance ; interprétation de P. Ayrault, dans son ouvrage sur la *puissance paternelle*, fol. 27, Paris, J. Périer, 1497.

(3) *Leg. Walicæ. Gloss.* de WOTTON, II, 17, 1.

(4) *Leg. Wallic.* Liv. 4. § 85. citées dans Laferrière. Tom. 2. Epoq. Celtiq, liv. 2, ch. 3.

ne concourait à la vente quand il le pouvait. Cette coutume s'est conservée jusqu'au onzième siècle (1).

101. On reconnaissait l'égalité de partage dans les successions, et il était défendu aux père et mère d'avantager l'un de leurs enfants au détriment des autres, soit par donation soit par testament. C'est là un trait saillant du principe que la propriété appartient à la famille (2). Nous avons déjà mentionné le droit de *juveigneurie*, en vertu duquel le plus jeune des fils était mis en possession du manoir ou foyer paternel, et qui au fond, ne blessait point le principe d'égalité. Ce principe se maintint en Bretagne jusqu'en 1185, époque ou l'*Assise du Comte Geffroy* fit prévaloir le droit d'ainesse (3).

102. Le mineur, âgé de quatorze ans, avait capacité de s'obliger. Les Gaulois avaient en effet pour le serment un respect profond : « Lorsque le mineur a quatorze ans passés, il est à âge de faire serment, et ce qu'il jurera sera tenu, s'il n'est pas contre bonnes mœurs (4). »

C'était aussi à cet âge qu'il pouvait être actionné en justice pour la poursuite de l'exécution des obligations contractées par lui (5).

103. Vers la fin de la domination romaine, les ventes des enfants nouveaux-nés étaient malheureusement trop fréquentes. On a vu que le père avait le droit de rachat (6). Valentinien III convertit ce droit en obligation à la charge du père (7).

---

(1) Voy. GALLAND. *Traité du franc-alleu*, 1637, ch. 1er, n° 13.
(2) V. *Leg. Walicæ*, 11. 15, et WOTTON, *Glossaire* au mot *Rhan*, *partage entre frères*. V. aussi la *Très-anc. Cout. de Bret.* en ses art. 18, 206 et 210.
(3) V. LAFERRIÈRE, *op. et loc. cit.*
(4) LAFERRIÈRE, *liv.* 2, ch. 3, Section 5, § 1 ; *Très-ancienne coutume de Bretagne*, ch. 79.
(5) *Leg. Walicæ* 11, 4, 52, 2e alin.
(6) Const. 2, *De patr. qui fil.* 4, 43 ; Const. Cod. Theod. *De his que sanguinol.*, 5. 8.
(7) V. KOENIGSWARTER, *op. cit.* et *Novell.* VALENT. 111, 34.

SECTION DEUXIÈME.

Temps barbares

Sommaire.

§ 104. Persistance des coutumes Gauloises. — § 105. La famille germanique. — 106. Influence des idées religieuses. — § 107. Conditions des nouveaux-nés. — § 108. Condition de la fille. — § 109. Sources de la puissance du chef germain. — § 110. Le mariage. — § 111. La femme *in mundio*. — § 112. Le droit canonique. — § 113. Vente des filles pour le mariage. — § 114. L'adoption et la légitimation. — § 115. Effets de la puissance paternelle. — Droit de vente. — § 116. L'exposition. — § 117. Influence salutaire du christianisme. — § 118. Le droit de vie et de mort inconnu. — § 119. Le *mundium* et la *saisine*. — § 120. Récapitulation. — § 121. Fin de la puissance paternelle. — La majorité et l'émancipation. — § 122. Capacité du fils d'acquérir — § 123. Sa qualité de co-propriétaire.

104. L'état d'agitation perpétuelle dans lequel se trouvait le pays, s'est opposé à ce que les lois romaines prissent le dessus sur les coutumes gauloises. On s'occupait plutôt de repousser l'invasion des Franks associés (1) qui débordèrent au cinquième et sixième siècle, ou même de secouer le joug romain. Un peuple ne sort pas facilement de ses habitudes (2) surtout quand l'élément vainqueur ne se fusionne pas complètement avec l'élément vaincu. C'était en quelque sorte une couche nouvelle qui venait se juxtaposer près de l'ancienne. Chaque peuple conserva sa loi nationale, tant était vif à cette époque l'amour de la personnalité et de l'indépendance.

105. Les anciennes coutumes germaniques organisent la famille sur le principe de la force, comme chez les Gaulois ; il n'y a qu'un seul chef, courbant sous sa puissance les femmes (car la polygamie est de droit commun), les enfants et les esclaves. Tout est primitif chez ce peuple. Le mariage, source de la famille est une affaire d'argent, et on paie au père de la jeune fille une certaine somme, comme prix de la virginité. L'existence de l'enfant dépend, aux yeux du père, de sa constitution physique ou de sa beauté. On ne nour-

---

(1) MICHELET, *Origines du droit*, page CXVIII de la préface.

(2) Voy. sur la persistance des coutumes H. KLIMRATH, *Essai sur l'étude historique du droit, et son utilité pour l'interprétation du* CODE CIVIL, Prem. part., notam. pages 10 et suiv. Strasbourg, Levrault, 1833.

rit pas de bouches inutiles ; on n'élève pas de filles dont on n'espère retirer beau bénéfice plus tard. Le nouveau-né est présenté à son père, qui l'accepte en le prenant dans ses bras, sur ses genoux, ou en le couvrant de ses vêtements (1). Mais il peut aussi le rejeter. Il se contente de détourner la tête, et l'enfant sera exposé au bord de l'eau, jeté en proie aux bêtes sauvages ou aux féroces habitants des cavernes (2). Si par miracle l'enfant échappe à cette triste destinée, il sera élevé comme une chose qui augmente d'autant la valeur du patrimoine. C'est dire assez qu'il restera soumis à la vente dont le prix dédommagera le père des dépenses qu'il aura faites.

106. Telles étaient dans les temps reculés les mœurs de nos ancêtres. Mais leurs croyances religieuses vinrent adoucir d'une manière notable la condition des enfants. Le nouveau né échappera à la mort quand il aura été *consacré* à l'homme qu'on ne voit pas. C'est en le baignant dans l'eau sacrée, et en lui faisant prendre le lait et le miel, nourriture divine, que le chef de famille, prêtre, l'enlevait à la mort et lui donnait le droit de vivre (3).

107. On ne peut donc nier l'influence salutaire de la religion sur les enfants nouveaux-nés.

Le vif amour des Germains pour la guerre leur fit également respecter la vie et la liberté de leur fils quand arrivé à l'adolescence, il devient capable de manier les armes et d'accompagner son père dans ses expéditions aventureuses. Ici au moins on peut constater un motif d'utilité non pas sociale, car la société proprement dite n'existe pas encore, mais d'intérêt particulier, déterminant le père à se créer dans la personne de son fils un valeureux compagnon d'armes. La profession des armes était une consécration de l'enfant. Destiné aussi à servir de vengeur à son père victime de son ennemi, la vie du fils devait encore être respectée. Car les mains de son père ne peuvent être apaisées que par le sang, et c'est au fils qu'incombe ce devoir religieux (4).

---

(1) MARCULF. *Form.* XIII, I, II,

(2) Voy. les légendes et traditions de cette époque.

(3) L'idée religieuse dut aussi resserrer les liens du mariage, en combattant la polygamie.

(4) Peut-être peut-on voir dans cette idée de vengeance une des origines de la peine de mort. Chez ce peuple, elle est fondée non pas sur l'utilité de la famille, mais sur la religion. La société ne revendique pas ce droit, car elle n'existe pas elle-même. Il n'y avait encore d'autre groupe politique que la famille, dont le père était le chef. S'il y a des groupes plus nombreux, ce sont des guerriers de profession qui se sont librement mis sous la protection d'un chef qu'ils ont élu, et qui les conduit au pillage et à la bonne chère.

108. La condition de la fille est bien moins favorable ; car pour elle ne militent ni l'amour de la guerre, ni le caractère sacerdotal dont l'homme est revêtu. Nous verrons qu'outre le droit d'exposition et de vente, le père avait le droit de mariage , car il n'était nullement question du consentement de la fille. Les fiançailles n'étaient elles-mêmes qu'un marché dont la fille était écartée. Les personnes auxquelles serait familière l'histoire des droits de famille à Rome et que de telles mœurs n'étonneraient pas n'ont qu'à se rappeler les scènes qui se passaient naguère en Amérique, où des hommes de couleur différente de la nôtre et qu'on disait descendants d'une race maudite, faisaient l'objet de ces trafics qu'on a si énergiquement flétris (1).

109 Pénétrons plus avant dans le droit privé, et commençons par les sources de la puissance paternelle.

Le mariage conférait la puissance paternelle. La polygamie était permise et il naissait des femmes autant d'enfants légitimes. Toutefois, l'union, quoique légitime avec une femme esclave, ne conférait pas l'autorité paternelle et ne donnait naissance qu'à des bâtards. C'était le *mariage morganatique* des Franks saliens (2).

110. Nous manquons de renseignements sur l'âge auquel on pouvait contracter mariage. D'après M. Pardessus (3), les cas où un homme avant d'avoir atteint l'*œtas perfecta* aurait contracté mariage sans le consentement du père ou d'un parent ayant le *mundium* sur lui, durent être si rares, qu'on n'a pas eu besoin de les prévoir. Cette remarque du savant auteur nous paraît entièrement juste, et nous aurons encore moins lieu de nous étonner si nous nous rappelons que les Romains eux-mêmes, qui possédaient un système de législation plus avancé et plus compliqué, n'avaient rien fait à cet égard avant Justinien (4).

Si le fiancé volait, c'est-à-dire prenait sans payer, une fille à un chef de famille pour en faire sa femme, le père, outre le droit de reprendre sa fille, et de rompre ainsi le mariage, pouvait obtenir une composition, qui mettait fin à tout procès : véritables dommages-intérêts représentant le *pre-*

---

(1) Chacun se rappelle les scènes émouvantes de *La Case de l'oncle Tom*. Voy. relativement à notre sujet la légende de Halgerda, dans les *Nials-Sagas*, et l'*Histoire morale des femmes*, p. 80, de LEGOUVÉ.

(2) Si quis filiam.... alii sponsare voluerit habeat potestatem dandi cui voluerit, libero tamen homini. (*Leg. Luitprandi*, VII, I.) On exigeait en outre l'accomplissement de certaines solennités pour que la puissance paternelle fût conférée, telles que le paiement du prix devant le centenier, la tradition solennelle de la femme.

(3) *Loi Salique*, Paris, 1843, dissertat, 13.

(4) V. le *Mémoire* du même auteur sur l'âge romain. *Nouveaux mémoires* de l'Académie des Inscript. Tome XIII, p. 266 et suiv.

tium defloratœ virginis. Telle était la garantie pécuniaire que la justice d'alors accordait aux anciens Germains, hommes rudes, qui convertissaient toute affaire, même d'honneur, en argent.

Le mariage de la fille ne l'empêchait pas d'être en tutelle, mais elle restait sous celle de son mari (1).

Nous avons déjà vu que la loi avait garanti à la fille le droit de n'être mariée par son père qu'à un homme libre. Cet usage, qui limitait ainsi la puissance paternelle en faveur de la fille, empêchait le père de ravaler son enfant jusqu'à la forcer à la cohabitation avec un serf ou un esclave. La jeune Germaine avait au moins pour compagnon le Germain libre ou guerrier, chef de la nouvelle famille.

111. Lorsque la femme est *in mundio*, son mariage doit être autorisé par les personnes qui exercent sur elle cette puissance. Nous avons déjà remarqué que si on passe outre, l'époux doit rendre sa fille au père, si celui-ci l'exige, et payer en outre une composition (Tit. 44. *Loi des Allemands*). Selon les observations de M. Pardessus (Dissertat, 13ᵉ, op. cit.) la *Loi des Bourguignons* contenait une règle analogue, quoique cependant il n'y soit question que de peines pécuniaires. Dans le fond, c'était bien un rapt commis par l'époux, et toutes les lois barbares ont sévi avec assez de rigueur, en prononçant en outre la privation de certains droits civils. Ainsi, la *Loi des Bourguignons*, précitée, outre les amendes, prononce aussi l'exhérédation contre la fille romaine mariée à un Bourguignon sans le consentement de ses parents (2). D'après la *Loi Salique*, la femme libre qui suit volontairement son ravisseur perd la liberté (3). Enfin, voici la disposition de la *Loi des Allemands*, à laquelle nous faisions allusion tout à l'heure : « Si quis filiam alterius non desponsatam acceperit sibi uxorem, si pater eam requirit, reddat eam et cum 40 solidis componat. » (Tit. 55, § 1).

Si le mundium est exercé par un autre parent que le père, il semble que les droits de celui-ci étaient plus restreints, et qu'il devait se contenter d'une composition. Ainsi, il n'aurait pu reprendre la personne ravie (4) et il n'avait droit qu'à une indemnité pécuniaire. Le mariage ainsi contracté

(1) PARDESSUS, *Loi Salique*, p. 455.

(2) Romana vero puella, si sine voluntate parentum et conscientia se Burgundionis conjugio sociaverit, nihil se de parentum facultatibus noverit habituram. Titre 12. *Du rapt*, § 5 ; voy. aussi Tit. 14, 1ʳᵉ édit.

(3) Si vero ingenua fæmina aliquemque de illis suâ voluntate secuta fuerit, ingenuitatem perdat. Tit. 14, *Du rapt*, § 7.

(4) Arg. à contr. tiré de ces mots : Si pater eam requirit, reddat eam, de la *Loi des Allemands*, précitée.

paraît donc bien valable, et c'est ce que nous rapporte, en effet, le chroniqueur Grégoire de Tours, au sujet du mariage d'une fille dont le père était mort, et qui s'était mariée sans le consentement de ses autres parents (1). Les droits du parent, qui, à défaut du père, exerce le *mundium*, sont loin d'être aussi étendus que ceux du père. Le mainbour ne pouvait en effet s'opposer systématiquement au mariage de la fille *in mundio*. Lorsque cette fille était majeure, *suæ potestatis*, le refus du mainbour de consentir à son mariage était apprécié par le juge. Celui-ci, après avoir éclairé sa conscience, pouvait aller jusqu'à autoriser lui-même cette fille à se marier. C'était en quelque sorte une autorisation judiciaire qui suppléait à l'autorisation de famille (2). Le droit qui appartenait au père de marier les filles sans leur consentement ne passait pas au mainbour. Celui ci n'aurait donc pu imposer un mari à la femme qu'il a *in mundio*. Il n'y avait pas d'exception à cette disposition, même quand le mundium était exercé par le roi. On voit, en effet, qu'un édit de Chlotaire Ier, de 560, ch. 7, déclare nulles les autorisations royales obtenues pour épouser des filles ou des veuves contre leur gré. (Pardessus, *ibid*). Nous verrons dans les temps féodaux les seigneurs suivre d'autres errements, et fouler aux pieds l'indépendance et la dignité humaines.

Quand le *mundium* est exercé par un parent autre que le père sur une femme veuve, celle-ci ne peut être empêchée de convoler à de secondes noces ; le cas est analogue au précédent, c'est-à-dire au cas de premier mariage. Bien qu'à la mort du mari, le mundium de celui-ci eut passé à ses héritiers, ceux-ci n'avaient nullement qualité pour s'opposer au mariage de la veuve. Le mundium des héritiers ne consistait guère qu'en un droit de protection (3) et dans le droit de recueillir les compositions pécuniaires attribuées pour offenses à la personne *in mundio* ; mais les héritiers étaient loin d'avoir le mundium dont jouissait le défunt mari. Le père n'intervient plus au second mariage de sa fille veuve, car le premier mariage a transporté au mari le mundium du père, puissance qui est de nouveau rachetée par le nouvel époux (4).

(1) Liv. 22, ch. 33 ; PARDESSUS, *op. cit.*, Dissertat. 13 sur le mariage.

(2) V. PARDESSUS, *op. cit.*, qui voit la preuve des propositions ci-dessus dans la 9e des formules Lombardes, d'après la *Loi Salique*, publiées par CANCIANI, t. 2, p. 467.

(3) MUNDIUM, pris dans son sens étymologique, s'entend bien plus d'une protection que d'un pouvoir absolu. PARDESSUS, *op. cit.*, Dissert. 13, sect. 2.

(4) Le droit d'achat du mundium par le mari montait à trois sous et un denier, et s'appelait *reipus* ; tit. 56. *Loi Saliq*. Le droit que paie la femme veuve convolant en

112. Après l'établissement du christianisme dans les Gaules, on y reçut les Canons de l'Église qui, conformes en ce point avec la loi romaine, annulaient les mariages contractés sans le consentement des parents. La peine canonique encourue était l'excommunication prononcée contre les enfants. « Conjugium quod contra parentum voluntatem impie copulatur, velut captivitas judicetur, sed sicut prohibitum est non admittatur. Si quis perpetraverit excommunicationis severitas pro modo piaculi imponatur (C. Aurel. IV, Can. 22). Si parentes non interfuerint, consensum non adhibuerint, secundum leges nullum sit matrimonium (Can. Videtur, 31, 9. 6). Les premiers rois qui gouvernèrent notre pays suivirent les mêmes errements, et n'hésitèrent pas à prononcer la nullité de ces mariages : Non solum Childebertus et Clotarius, reges, sed etiam Dominus Charibertus rex successor eorum præcepto robaravit ut nullus ullam puellam absque parentum voluntate accipere præsumat (1).

113. La vente des filles pour cause de mariage, et qui est attestée par tous les documents qui nous sont parvenus sur le droit germanique (2) ne fut prohibée qu'au xie siècle (3). Toutefois, un capitulaire du 8e siècle, le capitulaire dit de Compiègne, de 757, avait déjà adouci la rigueur de cette législation, en permettant à la fille mariée par son beau-père contre sa volonté de quitter son mari et d'en épouser un autre avec le consentement de sa propre famille (4).

114. L'adoption et la légitimation ne peuvent être indiquées comme sources de la puissance paternelle chez les Germains, car si cette sorte de légitimation ou d'adoption faisait, en définitive, entrer l'enfant dans la maison du chef, elle ne lui conférait point les droits de l'enfant né en légitime mariage (5). On peut donc affirmer que l'adoption et la légitimation romaines étaient inconnues dans le groupe germanique.

Cette légitimation ou adoption se faisait sous le manteau dans les vieilles

secondes noces est le 1/10 de sa dot ; il est versé entre les mains du plus proche parent mâle du premier mari et s'appelle *achasius.*

(1) C. Tur. Can., 21 ; voy. aussi sur ce point d'ESPINAY, *Influence du dr. canoniq. sur la législat. franç.* Section relat. au mariage à notre époque. Toulouse, 1856. Ouvr. couron. par l'Acad. de législ. de cette ville.

(2) V. *les Sagas* ; les *lois d'Æthelbirth,* fin 6e siècle, c. 32 et 76 ; CANCIANI, t. 4, *Leges in Angliâ conditæ* ; *Leges Inae,* c. 41, ibid. Ina était roi des Anglo-Saxons de l'Occident.

(3) *Lois d'Edmond,* ch. I ; *Lois de Canut,* ch. 72.

(4) G. d'ESPINAY, *op. cit.* La fam. germ.

(5) En ce sens KOENIGSWARTER, *op. cit.,* ch. 4 ; *Formule* 13 du livre 2 de MARCULF ; *Form.* 58 et 59 de LINDENBROG.

coutumes des Francs, chez les Anglo-Saxons et les Scandinaves. L'expression consacrée était « *pallio cooperire.* » Aussi appelait-on les enfants légitimés « *Enfants mis sous le drap.* » « Se il avait pluriex enfans nez avant que il l'espousast et la mère et li enfans à l'espouser mis *Dessous le paile* en saincte Église, si demeuraient-ils loyaux hoirs (1). » Michelet nous rapporte (2) qu'une poëte flamand du 13e siècle, Philippe Mouskes dit : « Par dessous le mantiel la mère furent faits loyal cil trois frères. » Dans le nord, dit le même auteur, le soulier était quelquefois substitué au manteau. Le père apprêtait un festin, tuait un bœuf de trois ans, enlevait la peau du pied droit, et en faisait un soulier. Il mettait le soulier, puis le fils adopté ou légitimé, puis les héritiers, les amis. Cela s'appelait *monter dans le soulier.* Ou bien encore le père enlève la peau du pied droit par dorrière, au-dessus de la cheville ; il ordonne au fils de changer le soulier pendant qu'il tient dans les bras ses enfants, lesquels à leur tour viennent y mettre le pied. — Adopter dans le vieux droit du nord se dit aussi *mettre sur les genoux.*

Toutefois, il n'y avait que les enfants naturels et les étrangers qui pussent être adoptés ou légitimés.

115. Passons maintenant aux effets principaux de la puissance paternelle.

Nous avons déjà signalé le triste droit de vente. Ce droit n'était pas seulement exercé à l'occasion du mariage de la fille. La vente des nouveaux-nés, quelqu'en soit le sexe, ne fut malheureusement que trop fréquente, ainsi que l'attestent les documents de l'époque (3). Ce droit fut d'autant plus terrible qu'il semble n'avoir pas été réservé exclusivement au père, et que la mère veuve pouvait user de cette prérogative. C'est du moins ce qu'atteste l'auteur de la vie de Saint Junien (4). Mais, dit Pardessus (*Loi Salique*), l'esclavage personnel ayant été singulièrement modifié par l'influence du christianisme, un des premiers effets de cette amélioration dut être d'abolir le droit des parents de vendre leurs enfants. Cet usage néanmoins est encore officiellement constaté au IXe siècle, puisque l'Edit de Pistes de 864 et des Capitulaires essaient d'y remédier, en décidant que l'enfant vendu restera libre, et qu'une indemnité sera allouée à l'acheteur.

(1) BEAUMANOIR, *Cout. du Beauvoisis*, c. 18, p. 93.
(2) *Orig. du dr. fr.*, p. 11 et s.
(3) SIRMOND, form. 11 ; *Lois des Wisigoths*, liv. 5, tit. 4, ch. 12. Cette loi, contraire en ce point à l'Edit de Pistes, de 864, n'accordait aucune indemnité à l'acheteur, qui perdait le prix payé.
(4) Dans LABBE, *Biblioth. manuscript.*, t. 2, p. 573.

116. Nous arrivons maintenant à un usage, sinon un droit, aussi fréquent. Nous voulons parler de l'exposition. Il était universel, dit Michelet, surtout dans nos tristes climats (1). Dans le nord, les enfants que laissait l'affranchi, étaient exposés tous ensemble dans une fosse, et sans vivres. On les appelait *Grabkinder*, enfants de la fosse. Le maître retirait et élevait celui qui vivait le plus longtemps. De même, selon une tradition lombarde, on sauvait de préférence, parmi les enfants exposés, celui qui saisissait avec le plus de force la lance du roi (2). Les chrétiens exposaient de préférence à la porte des églises où les fidèles pouvaient être attirés par les cris de l'enfant. C'est ce dont témoigne une formule de l'époque : « Nous avons trouvé devant l'église un petit enfant sanguinolent encore et qui n'avait point de nom ; dans tout le peuple nous n'avons pu trouver ses parents (3). » Un autre document rapporté par Ducange, également cité par Michelet porte : Les exposants misdrent l'enfant sur un estal, au devant de la Maison-Dieu d'Amiens, et assez près dudit enfant misdrent du sel en signe de ce qu'il n'était pas baptisé

Disons toutefois que d'après le tableau flatteur qu'à fait Tacite des Germains (4), on serait tout disposé à croire que l'exposition n'existait plus chez ces peuples. Mais nous avons cité trop de documents relatifs à notre époque pour que l'on puisse prétendre que ce crime avait disparu, même à l'époque de l'historien romain. Du reste, ce passage de Tacite est loin d'être explicite, et ce n'est que d'après la version de la plupart des commentateurs que l'on peut appliquer aux enfants nouveaux nés l'expression *agnat* employée dans le récit de l'historien latin. Néanmoins, nous craindrions d'être injustes, ou du moins infidèles, si nous n'ajoutions qu'au temps où vivait Tacite, la puissance paternelle s'était déjà adoucie chez ces peuples germains et que, selon la remarque de Kœnigswarter, le pouvoir modéré du maître sur l'esclave est garant que le père n'exerçait plus une autorité tyrannique sur la famille. Ce qui est certain, c'est qu'au moment de l'établissement des tribus germaines sur le sol de la Gaule, lors de l'émigration d'une de leurs plus puissantes tribus, les Franks, et de la rédaction par écrit de leurs coutumes, l'autorité paternelle était tempérée déjà et s'exerçait dans l'intérêt des protégés (5).

(1) *Orig. du dr. franç.* Préface, p. XI.
(2) J. GRIMM, *Antiquités du droit allemand*, cité par MICHELET, *op. cit.*, p. 5.
(3) *Form. Andegav.* 48, citée par MICHELET, p. 6.
(4) Ch. 20 : aut quemquam ex agnatis necare.
(5) *De l'org. de la fam.* La fam. germanique, par KŒNIGSWARTER.

Celui qui recueillait ainsi un enfant abandonné avait le droit de le considérer comme libre, ou d'en faire son esclave. On se rappelle que c'était
la disposition d'une constitution romaine, que nous avons citée à ce sujet (1). Nous avons vu aussi que Justinien garantit aux enfants exposés
leur qualité d'hommes libres. Ils ne purent désormais — la constitution de
cet Empereur est de 529 — être réduits en esclavage (2).

117. Après l'établissement du christianisme dans les Gaules, les conciles essayèrent également de remédier à ce triste abus. On cite entre autres
ceux d'Arles, de Vaison et de Bazas, dont les canons, conformes à la législa-
lation romaine, permettaient à la personne qui avait recueilli l'enfant de le
retenir jusqu'à ce que le réclamant l'eût indemnisée (3). L'évêque donnait
une charte à la personne qui avait recueilli l'enfant ; mais si l'acquéreur
vendait l'enfant dans des pays lointains, d'où le père ne pût plus le faire
revenir, il était condamné à une amende envers le fisc (4). Cette législation,
quoique d'origine romaine, semble avoir régi à la fois les groupes romain
et salique juxtaposés sur le même sol. Il n'y avait donc pas à rechercher
si le réclamant était frank, ou romain, ni à quelle nationalité, en somme,
appartenait celui qui avait recueilli l'enfant. Tel est également l'avis de
M. Pardessus (5).

Avec le progrès des temps, la législation qui réglementa ou plutôt défendit l'exposition des nouveaux-nés, arriva jusqu'à déclarer homicides ceux
qui auraient exposé les enfants. Un capitulaire de 744 décida que la personne qui avait trouvé un enfant exposé pourrait le garder en sûreté si
l'enfant n'était réclamé dans le délai de dix jours. Si plus tard le père
venait réclamer l'enfant, il devait être considéré comme homicide (6).

118. Le droit de vie et de mort n'existait pas comme chez les Romains et
les Gaulois. En effet, César, après avoir constaté l'existence de ce droit chez
les tribus gauloises, a soin de faire remarquer la différence d'us et coutumes
de ces tribus gauloises avec les tribus germaines (7). Du reste, une maxime
de droit public en vigueur chez le peuple dont nous étudions les institutions,

---

(1) Const., CONSTANT et HONOR., au *Code Théodosien*, liv. 5, tit. 7 et 8.
(2) Const. 3. *De infant. exposit.*, 8, 52.
(3) Voy. en effet les *formules* précitées de SIRMOND, 11°, et de MABILLON, 48°, et la
Lex Romana Utinensis, liv. 5, ch. 7 et 8 ; liv. 18, ch. 10.
(4) D'ESPINAY, *Influence de la législ. canon.*, sect. précitée.
(5) *Loi Salique*, dissert. 7° sur l'exposition et l'esclavage.
(6) Capitulaire de 744, ch. 1er, cité par D'ESPINAY, *op. cit.* La fam. germ.
(7) *De bello gallico*, liv. 6, ch. 19 et 21.

ne permettait pas qu'un citoyen pût être retranché de la société sans la
volonté légalement exprimée de l'assemblée nationale. Et il y aura encore
moins lieu de s'étonner de l'inexistence du droit de vie et de mort, si l'on
observe ainsi que le fait M. Pardessus (1), que la peine de mort n'é-
tait prononcée que dans des cas très-rares, puisque Tacite et après lui la
Loi Salique nous apprennent que des crimes très-graves, même les assas-
sinats prémédités n'étaient punis que par des compositions pécuniaires. On
ne peut donc dire de ce peuple ce que Montesquieu dit des Romains, qui,
accoutumés à se jouer de la nature humaine dans la personne de leurs enfants et de leurs esclaves, ne pouvaient guère connaître cette vertu que nous
appelons humanité (2).

119. Dans un autre ordre d'idées, le pouvoir paternel s'exerçait à la fois
sur la personne sous le nom de *mundium*, et sur les biens des enfants sous
le nom de *saisine,* ou *Gewehr.* Le père considéré comme gardien de ses
enfants est appelé par les commentateurs et dans *les Formulaires* « mundoal-
dus, mundowald. » Il n'y pas à douter de la personnalité distincte des
enfants de celle du père (3). C'est en ce sens qu'un commentateur des lois
Lombardes pouvait dire « : Jure Longobardorum filii non sunt in potestate
patris », bien que chez cette nation, le mundium eût été, paraît-il (4) plus
sévère que parmi toute autre race germanique. C'est aussi de cette façon
qu'il nous faudra plus tard entendre notre vieille maxime du droit coutumier : *Puissance paternelle n'a lieu.* Le père germain ne semble donc
avoir exercé son pouvoir que dans l'intérêt de ses enfants. Comme gardien,
il percevait les compositions ou amendes pécuniaires pour les personnes qui
sont sous sa garde, femme et enfants ; et c'était aussi à ce titre qu'il recevait le prix d'achat de la fille qui va se marier.

Les princes chrétiens qui suivirent adoucirent néanmoins ce *mundium* qui,
au fond, était un droit d'une extrême dureté ; et la religion qu'ils avaient
embrassée imprima à la législation sur cette matière un caractère de charité et d'humanité que la religion primitive des Romains n'avait pas connu.
C'est ainsi qu'un capitulaire de Charlemagne, dit d'Aix-la-Chapelle, ordonnait aux enfants le respect et l'obéissance envers leurs parents, suivant le
précepte du Décalogue (Capit. de 789, ch. 67). Or comment les parents se

(1) *Loi Salique,* dissert. 9.
(2) *Grandeur et décadence des Romains,* ch. 15.
(3) Heineccius, *Elementa juris germanici,* I, § 138, partage également cette opinion.
(4) Koenigswarter, *op. cit.* La fam. germaniq.

fussent-ils montrés durs et inhumains envers des enfants auxquels il était enjoint par la loi civile de leur témoigner la déférence et le respect commandés par le législateur divin ?

La fille, toutefois, fut en mundium perpétuel. Son père l'exerçait avant le mariage de celle-ci. Le mari l'acquérait du père. Si le père venait à mourir, le mundium était exercé par le plus proche parent paternel ; à défaut de celui-ci, par le roi.

L'expression consacrée pour désigner le mineur est *parvulus*, ou encore *infans*. On est mineur tant qu'on n'a pas atteint *l'œtas perfecta*, ou la majorité, qui était fixée, pour les hommes et les femmes, à douze ans chez les Franks Saliens, et à quinze chez les Ripuaires. On pense généralement que les familles princières étaient régies par le droit commun (1). La capacité d'ester en justice est également fixée à douze ans (Capitul. de 819, ch. 5.)

Pendant la minorité, le père exerce et le mundium et la tutelle. A l'époque de la majorité, du moins chez les Franks, ces deux puissances s'éteignent alors même que les ex-mineurs n'auraient pas une habitation séparée du père. La fille, parvenue à la majorité, avait la pleine liberté de se faire religieuse (2).

Tels sont les courts renseignements que nous possédons sur la minorité et l'étendue des pouvoirs du père à l'égard de l'enfant qui n'a pas atteint *l'œtas perfecta*. Nous verrons d'autres détails quand nous arriverons à la fin de la puissance paternelle et à l'extinction du *mundium*.

120. On voit, d'après cette courte esquisse, que la famille germaine formait une société ayant pour fondement les liens du sang et prenait sa source dans le mariage. Ses membres étaient unis entre eux par la solidarité. Dans les circonstances ordinaires de la vie, ils se devaient aide et assistance réciproques ; les plus forts défendant les plus faibles et les protégeant. Dans les cas de crime ou d'offenses moindres, on voit naître l'idée de la vengeance, exercée par le plus proche parent de la victime, ou la composition perçue par le protecteur. On remarque également que les membres de la famille germanique ne sont pas absorbés dans la personnalité du chef, ainsi que nous l'avons vu à Rome ; qu'on n'y rencontre pas l'unité de patrimoine

---

. (1) PARDESSUS, *Loi Salique*, Dissert. 3. — Loi Salique, tit. 26 ; Capitul. de 819 ; Loi Ripuaire, tit. 81.

(2) Ch. 21, Capitul. de 819.

— car nous verrons que les enfants possèdent des biens d'une manière distincte du père — ; que chaque individu rentrant dans le groupe de la famille jouit de droits personnels, et les exerce indépendamment du père de famille. Le droit au respect est formellement reconnu par ces sociétés primitives ; ainsi celui qui frappait son père ou sa mère était puni de mort : « Qui patrem suum vel matrem suam percusserit, morte moriatur (1). » L'infamie était également une peine qu'infligaient les lois barbares (2). En ajoutant le droit de correction, formellement reconnu aux parents (3), on n'aura pas de peine à voir que la puissance paternelle était, du moins dans ses grands traits, à peu près organisée comme la puissance paternelle de notre temps, et que si on met de côté les sauvages coutumes des hommes du Nord, c'étaient en somme les idées d'humanité, d'égalité et d'indépendance qui régissaient la famille germanique.

121. Arrivons maintenant à la fin du pouvoir paternel.

Ce pouvoir finissait à l'époque de la majorité, fixée primitivement, comme à Rome, par le développement physique suffisant pour engendrer et se défendre. Après la rédaction des usages, des époques certaines déterminèrent la majorité. Diverses cérémonies, telles que la coupe des cheveux ou l'investiture par les armes donnaient à l'enfant une sorte de reconnaissance officielle de sa majorité (4). « Personne ne peut porter les armes avant que la cité ne l'en ait reconnu capable ; quand le moment est venu, les jeunes gens reçoivent en pleine Assemblée, la framée et le bouclier, soit de leur chef, soit de leur père, soit de quelqu'un de leurs parents. C'est là chez les Germains la robe virile ; c'est là le premier honneur de la jeunesse. » On voit aussi la plus antique coutume d'Islande confirmer l'émancipation dès que semble l'exiger la nature. Est majeur en effet le jouvenceau de douze ans, pourvu qu'il sache défendre son bien, protéger sa vie, porter son bouclier et tendre son arc (5).

Une autre émancipation résultait de son établissement par mariage ou autrement. Le Germain qui s'établit comme chef de famille sort de la garde

---

(1) *Leg. in Anglia conditæ*, tit. XIV *Legum Ælfredi*, dans Canciani, tom. 4.

(2) *Capitul. reg. franc.*, liv. 7.

(3) Flagellandi tamen et coripiendi eos quamdiu sunt in familia constituti tam avio quam aviæ seu patri quam matri potestas manebit. *Loi des Wisigoths*, liv. 4. tit. 5, n° 1.

(4) Tacite, *Germ.* 13.

(5) Koenigswarter, *op. cit.* La fam. germ.

du père (1), à la différence de ce qui se passait à Rome ; où le fils de famille, quoique marié, restait en puissance avec ses propres enfants. Il était logique en effet de décider que celui qui devait protéger la femme, devait être suffisamment fort pour se défendre ; aussi les Germains auraient considéré comme indigne de leur race de tenir sous leur dépendance des enfants qui pouvaient combattre à leurs côtés ou agiter un glaive pour protéger leur compagne (2).

Le mundium du père s'éteignait aussi par sa mort. Il passait en ce cas à un agnat, seul capable de porter le glaive (3), tandis que la tutelle, dont était égalememt investi le père, passait à la mère. Toutefois, si la mère se remariait, la tutelle et le mundium se réunissaient sur une même tête, celle de l'aïeul.

122. Jetons un aperçu rapide sur les principaux effets de la puissance paternelle sur les biens, à l'époque barbare, et nous aurons ainsi terminé l'esquisse de notre institution dans le droit germanique.

Nous avons déjà dit que le fils pouvait posséder des biens, indépendamment du père, puisqu'il jouissait d'une personnalité distincte. Les biens qu'il acquérait, il les acquérait pour lui-même, alors même qu'il eut été in mundio. Seulement, tant qu'il n'avait pas atteint *l'œtas perfecta*, c'est-à-dire la majorité telle qu'elle était fixée par les lois, le père jouissait de leurs biens ; droit analogue à l'usufruit paternel reconnu par nos lois actuelles.

A la mort de leur mère, les biens dévolus aux enfants ne pouvaient être aliénés par le père. En général, tous biens sur lesquels le père exerçait pour ainsi dire les droits de propriétaire pour le compte de son enfant, *parvolus*, ne pouvaient être par lui ni vendus, ni donnés : « Sic vero de his nec vendere nec donare prœsumat. » (*Ibid.*) « Quod si marito superstite uxor forsitan moriatur, filii qui sunt de eodem conjugio procreati in patris potestate consistant et res eorum si novercam non superduxerit, ea conditione possideat ut nihil exinde aut vendere aut evertere prœsumat ; fructus tamen omnes pro suo jure percipiat (4). On voit aussi par là que le père qui se remarie perd son droit d'usufruit. L'origine de notre usufruit légal est donc

(1) KOENIGSWARTER, *op. cit., ibid.*
(2) *Bernard, Hist. de l'aut. pat. en France,* ch. II, Sect. 2. La puissance pat. chez les Germains.
(3) *Lex Burgund.,* tit. 49 et 85.
(4) *Lex Wisigoth antiq.,* liv. 4, tit. 13.

assez reculée, et selon nous, bien plus ancienne qu'on ne le pense généralement, puisque la plupart de nos commentateurs ne font remonter cet attribut de la puissance paternelle qu'à la garde noble.

123. Non-seulement le fils possédait des biens propres, mais il était réellement copropriétaire des biens de la famille. Et il ne faut pas croire que chez les Germains ce fût une simple abstraction, comme dans la législation romaine où les fils de famille, reconnus copropriétaires, n'exerçaient en réalité aucun des droits du copropriétaire. Il n'en était pas de même ici. Nous avons déjà constaté l'intervention des enfants de familles aux ventes faites par le père, et le droit de critiquer celles faites sans leur assentiment, conséquences bien logiques de la qualité de copropriétaire du fils. Une autre conséquence remarquable de ce caractère particulier de la propriété, qui, au fond, appartient à la famille, c'est la succession naturelle, ou la transmission des biens par la mort selon la coutume des aïeux, et non par la volonté du chef de famille. On constate donc l'absence de succession testamentaire, et il faut conclure également que le chef de famille Germain était privé du droit d'exhérédation. Bien plus, d'après la *Loi des Ripuaires* (tit. 48), le père de famille ne pouvait faire de donation s'il avait des héritiers directs. Toutefois, la *Loi des Wisigoths* lui permettait même dans ce cas de disposer du tiers de ses biens (1). Enfin la *Loi des Burgondes* (tit. 42, art. 1er), lui défend formellement de disposer des biens reçus au moment de la conquête, *sors barbarica*, qui formèrent le patrimoine. Mais il avait la faculté d'aliéner les objets acquis par son industrie. Notons toutefois que dans la suite des temps, les Franks se sont écartés de ces principes qui garantissaient les droits des enfants, car on lit dans un document du 8e siècle, cité par M. Bernard (*Op. cit.*) : « Les lois et le droit permettent, et le pacte des Franks porte que chacun fasse de ses biens ce qu'il voudra et jouisse à cet égard d'un plein pouvoir. » Les droits du père furent ainsi étendus ; il y avait dans nos pays un mouvement tout à fait opposé à celui que l'on rencontre à la même époque, à Rome, où le préteur et la législation impériale s'efforçaient d'étendre la légitime, ou droit des enfants à une quote-part de l'héritage paternel.

(1) *Loi des Wisigoths,* liv. 4, tit 5.

Section troisième.

Temps féodaux.

A. SYSTÈME POLITIQUE ET SOCIAL.

Sommaire.

A. § 124. Aperçu général du système féodal. — § 125. Influence du clergé et des institutions chrétiennes. — § 126. Les *Capitulaires* et la naissance du régime féodal.

B. § 127. La famille. — § 128. La famille du colon. — § 129. La famille noble. — § 130. Sources de l'historien de l'autorité paternelle à cette époque. — § 131. Le mariage. — § 132. Le droit de *formariage*. — § 133. Le mariage féodal et le droit de *marquette*. — § 134. L'instruction obligatoire et l'éducation. — § 135. L'entrée en religion des enfants.

C. § 136. La garde féodale. Sa nature. — § 137. Effets de la garde noble. — § 138. L'ancienne garde roturière. — § 139. Fin de la puissance paternelle : la majorité et l'émancipation par mariage. — § 140. Droits de *parage* ou de *frérage*.

124. Cette période est caractérisée par la hiérarchie des personnes et des terres. Le régime féodal est né du développement successif mais exagéré des institutions de famille. Car les Germains, nous l'avons vu, appliquaient à la terre ce qui régissait la famille. Ils combattaient et protégeaient et c'est précisément le combat et la protection qui au fond constituent la vie féodale. La vie féodale paraît donc très-exactement calquée sur la vie de famille, seulement dans des proportions presque gigantesques. Le chef de famille est remplacé par le monarque féodal. On trouve donc le même fondement à la famille féodale ; c'est le mundium, ou système protecteur. Et de même que nous avons vu les enfants et la femme sous le mundium du père de famille, nous retrouvons ici les vassaux sous le mundium du seigneur (1).

On voit à cette époque les grands du royaume ou leudes s'attacher par leur puissance et leurs largesses d'autres personnes qui leur furent plus ou moins étroitement liées, et qui durent leur rendre honneur, les aider de leur personne et de leurs biens. On appelait ces personnes soumises *vassaux*.

Nulle sécurité en ces temps pour les personnes et les biens. Les attentats à la propriété étaient d'une fréquence telle que les possesseurs même libres

---

(1) V. sur ce point Lehuerou. *Hist. des instit. Caroling. et du gouv. des Carolingiens.* 1 vol. in-8°, Joubert, 1843.

durent se mettre sous la protection du leude ou seigneur. Mais cette protection, ce mundium né d'un sentiment de dignité et de bienfaisance de l'idée chevaleresque, qui fait le fond de notre caractère, et qui ne devait être qu'un acte de bienfaisance du fort en faveur du faible, se transforma en un droit. Et le mundium perdit son nom et son caractère germanique pour s'appeler *vasselage*. Il fut poussé à l'exagération, comme presque toutes les institutions, et ne put manquer de dégénérer en abus.

125. Le clergé, déjà très-riche à cette époque et par conséquent très-puissant, fit sentir son influence dans le gouvernement, et aussi dans la législation civile, qui, à proprement parler, était plutôt une collection de lois ecclésiastiques, qui forma peu à peu le droit qu'on appliquait aux rapports privés. On sait que les Moines étaient les conservateurs des sciences et des monuments qui les renfermaient. Ainsi avaient fait les Brahmes des Indiens, les Druides des Celtes et les Prêtres de l'Egypte.

Il y aurait donc injustice à ne pas reconnaître la salutaire influence de l'Eglise, dans ces temps de nuit, sur l'ensemble des institutions et notamment sur l'organisation de la famille. Elle fit du mariage une institution vraiment respectable, et de l'autorité paternelle une puissance fondée sur l'amour des parents pour les enfants et sur le respect de ceux-ci pour les auteurs de leurs jours. Le christianisme, dit d'Espinay, dans son ouvrage déjà cité, proclama le véritable caractère de la puissance paternelle. Elle a pour but, suivant la doctrine de l'Eglise, l'éducation physique et morale de l'enfant ; elle doit perdre le caractère rigoureux que l'ancienne loi lui avait imprimé : « Enfants, obéissez à vos pères et à vos mères, en ce qui est suivant le Seigneur.... Vous, pères, n'irritez pas vos enfants, mais ayez soin de les bien élever, en les encourageant et en les instruisant suivant le Seigneur (1). » « Le père doit châtier son fils, si besoin est (2), mais il doit respecter leur vie, car Dieu fait naître les âmes pour la vie et non pour la mort (3). » Un capitulaire, s'inspirant de ces doctrines et de ces principes, s'exprimait ainsi : « Filii honorent parentes suos, quia ipse Dominus dixit : Honora patrem tuum et matrem tuam. » L'Eglise, soit par ses évêques, qui non-seulement prirent part comme conseils au gouvernement, mais qui furent eux-mêmes posesseurs de vastes domaines, et comme tels eurent long-

(1) S. PAUL, *Ad Ephes.*, ep. VI, vers. 1 et 4.
(2) *Const. Apostol.*, lib. V, c. 10.
(3) LACTANCE, liv. VI. *Instit. divin.*, c. 20.

temps la haute direction des affaires publiques et privées sur leur territoire ; soit par ses membres actifs, qui possédaient une instruction beaucoup plus forte que tout le reste de la société de cette époque, exerça cette influence, qui fit dire à un de nos historiens qu'elle avait dépassé tout ce qu'en ont dit ses plus grands détracteurs, et ses défenseurs les plus zélés (1). Cette nouvelle société, qui se forma lentement et d'une manière si pénible au milieu des ruines de l'ancien monde, reçut de l'Eglise l'esprit de moralité, de fraternité et d'égalité, tandis que le droit romain lui avait légué l'idée de la légalité, et qu'elle essayait de se rappeler les traditions de liberté et d'indépendance de la race germanique (2).

120. Le puissant génie de Charlemagne avait réussi à donner un peu de cohésion à l'ensemble des institutions qui régissaient les habitants de son vaste empire. Ses *Capitulaires*, bien qu'ils n'eussent trait en grande partie qu'au droit politique et criminel, n'avaient pas néanmoins laissé que d'exercer une influence remarquable sur les personnes et la constitution de la famille. Mais à sa mort, les démembrements du territoire, les concessions fréquentes de bénéfices qui conféraient pour ainsi dire au titulaire le droit absolu sur la terre et les personnes qui l'habitaient, altérèrent singulièrement cette unité que l'Empereur Frank eût voulu réaliser, et devinrent la cause de cette étonnante diversité de mœurs, de coutumes, et surtout de cet incroyable abus de l'exercice du pouvoir souverain. Les tronçons du colosse s'agitant affectèrent la forme féodale, et la papauté fut désormais le seul pouvoir central. Sous le régime qui suivit, nous dit Frank, et qui fut celui de la féodalité, les intérêts généraux de l'homme et ce que nous appellerions volontiers la justice domestique, l'égalité qui doit exister entre les enfants d'un même père se trouvent sacrifiés à l'intérêt de caste. A l'aîné de famille le nom, les dignités, la fortune du père ; le reste devenait ce qu'il pouvait. Le père disparaissait devant le seigneur, et les enfants devant l'héritier (3).

Le pouvoir central qu'on avait remarqué sous Charlemagne alla s'affaiblissant de plus en plus ; et le pouvoir local, d'autant plus despotique qu'il s'exerçait sur une petite étendue de terrain, s'élevait de toutes parts. De là un asservissement presque complet de la masse du peuple, et dont les fu-

---

(1) Guizot. *Hist. de la civilisat. en Europe*, leçon V°. Voy. aussi Troplong. *De l'influence du christ. sur le droit civ. des Rom.*, et Koenigswarter, *op. cit.*, chap. 5.

(2) Koenigswarter, *ibid.*

(3) Mémoire sur la famille, *Revue Wolowski*, année 1845, p. 413.

nestes conséquences se firent sentir jusque dans la vie de famille. La concession nouvelle d'une terre déjà concédée, le démembrement de la terre allodiale ou de conquête, créèrent un inextricable réseau de dépendance, et engendrèrent des discussions et des guerres intestines, qui maintinrent d'autant plus la séparation des classes. On sait que ce système fut poussé si loin, qu'à une certaine époque, on vit le roi de France lui-même relever du duc de Normandie pour un fief.

B. LA FAMILLE.

127. Ces concessions qui, à l'origine, n'avaient qu'un but militaire, comme la garde des frontières, eurent plus tard leur source dans des mariages, donations ou traités entre seigneurs. L'hérédité de la concession vint donner le coup de grâce à la puissance royale et le concessionnaire devint dans son petit état tout-puissant. La société proprement dite n'existait plus ; son dernier refuge fut la famille, qui elle-même était souvent brisée dans son essence même par la volonté du seigneur féodal. Ce qui paraîtra presque invraisemblable, c'est que la famille, presque abandonnée à elle-même, chercha un appui près de ce même seigneur ; on la vit travailler avec ardeur pour hâter le rachat de son servage par le surplus du produit qui n'entrait pas dans le trésor seigneurial. Le baron se trouva ainsi maître de la situation, appliquant comme lois les mœurs et coutumes, demandant au peuple l'argent et les récoltes et aux hommes libres le service militaire. Les familles étaient donc forcées, du moins pour le moment, de respecter cette toute-puissance, et jusqu'à un certain point intéressées à la conserver, car les guerres fréquentes que se faisaient les seigneurs entre eux retombaient toujours en définitive sur le peuple qui payait de son bien ou de son travail, ou sur les hommes libres, qui payaient de leur sang. Le seigneur concentrait ainsi dans ses mains les pouvoirs publics et même quelques-uns de famille. Les formules anciennes, d'un laconisme effrayant et pittoresque, nous ont énuméré les droits du seigneur.

Mais nul droit féodal, dit Michelet (p. 258, *op. cit.*) n'a donné lieu à des dispositions plus bizarres, à des interprétations plus honteuses que le droit de *maritagium*, ou droit du seigneur de marier l'héritière ou de lui vendre l'autorisation de se choisir un époux. Nous le retrouverons quand nous pénétrerons plus avant dans le droit privé.

Les droits principaux du seigneur sur les serfs étaient garantis par le droit de *formariage* et celui *de poursuite*. Ce dernier était celui en vertu duquel le seigneur pouvait faire poursuivre et appréhender le serf en fuite, en quelque lieu qu'il se trouve, et ce pour le paiement de la taille à lui due. Nous étudierons le droit de formariage en même temps que celui de marquette, car ils se rapportent tous deux au même sujet.

128. A l'époque que nous étudions, l'imprescriptibilité de la liberté du colon du Frank étant devenue impossible ; la condition de la famille se trouva empirée, la puissance paternelle presque anéantie. La civilisation reculait. Les mêmes réflexions peuvent s'appliquer à l'esclave qui n'avait pas plus de droits de famille qu'auparavant. L'esclavage ne disparut que vers le XIIIᵉ siècle. La famille du colon se trouva toujours rivée au sol par la charte ou convention seigneuriale. Elle se vit perpétuellement exposée à être dissoute par la rupture des liens du mariage, qui en était la source.

Les non-nobles, chefs de famille, étaient surveillés par les seigneurs, jaloux de conserver leurs droits et d'empêcher les excès de travail qui auraient altéré la santé du chef de famille ou celle de ses enfants.

Disons toutefois que vers les XIᵉ et XIIᵉ siècles, quand éclatèrent les révolutions communales, la condition de ces personnes s'améliora peu à peu ; et, chose remarquable, ce furent les *fiscalins* ou serfs des domaines royaux, et les serfs des églises et monastères qui en profitèrent les premiers. Mais leur servitude, pour être adoucie, n'en fut précisément que plus longue, et ils furent les derniers de leur classe affranchis.

On observe à cette époque deux grandes classes de personnes : les nobles et les non-nobles. Les premiers sont vassaux, suzerains, même arrière-vassaux ; les autres sont esclaves, serfs, colons, mains-mortables, ou simplement colons.

129. Le noble, guerrier, auquel a été donné l'alleu ou qui se trouve bénéficiaire, restait voué au service militaire, qui du reste était assez conforme à ses goûts. Retiré sur la montagne, il y construit son manoir fortifié. A sa femme, pendant son absence, et à son fils aîné après sa mort, est confiée la garde du domaine. Ce droit conféré au fils aîné, à l'exclusion de ses frères, parut une institution nécessaire au maintien de l'unité du fief. Il est cependant contraire à la tradition franke, selon laquelle, comme on sait, les enfants se partageaient non-seulement les biens, mais encore la puissance et l'autorité.

Le seigneur a peut-être été effrayé par un morcellement trop rapide et a sans doute été guidé par la crainte de perdre son indépendance et de retomber sous le pouvoir royal, dont il était parvenu à s'affranchir. Si l'on peut expliquer ainsi le droit d'ainesse, on voit qu'il repose sur un noble amour de l'indépendance, et le désir d'augmenter le domaine paternel. La famille noble en reçut une énergique impulsion et une puissance très-grande. Les liens qui unissaient le père au fils aîné se resserraient, mais, c'était au détriment des fils cadets.

Ainsi le régime féodal consistait essentiellement dans l'union de la propriété avec la souveraineté. Le roi avait son domaine, le baron son fief, l'évêque sa propriété seigneuriale. Les terres sont cultivées par les serfs, dont la coutume ne s'occupe pas de régler les droits : « Des serfs ne fait-elle mention, puisqu'ils n'ont rien à perdre (1). » Les familles des colons ont pour ainsi dire autant de chartes qu'elles appartiennent à autant de manoirs différents.

130. Si on se demande quelles sources doit consulter l'historien à cette époque, on paraît assez embarrassé, car les *Capitulaires* sont muets sur l'organisation de la famille. On dirait que leur auteur, confiant dans la tendresse naturelle du père pour ses enfants, lui a laissé le droit de régler lui-même la charte domestique. Les rapports de famille se rapprochant assez de la nature dans les classes inférieures, sont empreintes au contraire d'un militarisme étonnant et rude dans les classes nobles. Ce n'est que bien plus tard, et à une époque relativement assez éloignée, que l'on peut citer le bel ouvrage de Pierre de Fontaine : *Conseils à un amy* ; celui non moins naïf de Phillippe de Beaumanoir : *Coutumes et usaiges du Beauvoisis*, et enfin les *Establissements de Saint-Louis*. Mais ces ouvrages n'ont pour ainsi dire qu'une autorité locale et fort restreinte. Le dernier même que nous avons cité, et qu'on croirait devoir être une loi générale pour le royaume, n'est qu'une loi spéciale pour les domaines qui étaient de l'obéissance du roi (2). Un tel morcellement de l'autorité ne doit pas néanmoins nous décourager. Nous essaierons de donner une idée générale de la famille et de la puissance paternelle, sans descendre dans les détails de chaque coutume locale, ou même générale.

131. Commençons par le mariage.

---

(1) Coutumier Anglo-Normand du 13° siècle, connu sous le nom de *Miroir de justice*.

(2) Eschbach, *Introd. à l'étude du droit*, 2° partie, Ordon. des rois de France, p. 390, de la 3° édit.

Le consentement des parents fut exigé pour la validité du mariage (1). Il devait être célébré devant le prêtre et en présence des principaux habitants du lieu (2). On essayait, dit Bernardi (3), de persuader aux récalcitrants qu'il ne naîtrait de leur union que des enfants informes et estropiés. Si le mariage était contracté sans l'assentiment des parents, on l'appelait mariage clandestin. C'étaient les évêques qui étaient juges de la violation des règles ; mais ils ne jugeaient pas en dernier ressort, car l'appel de leurs jugements se portait au Pape. Ces usages ecclésiastiques sont devenus dans la suite des temps lois dE'glise et d'Etat, mais après une longue résistance, et nous verrons que les rois ne les convertirent réellement en lois que vers le xvᵉ et xviᵉ siècle. On sait que ce fut Léon qui le premier en Orient exigea la célébration religieuse pour la validité du mariage (*Novelle* 89), chez nous ce ne fut qu'à l'apparition des *Fausses Décrétales* qu'il en fut question (4). Le défaut de consentement engendrait donc une nullité absolue. « Decretum est ut uxor legitime viro conjungatur, aliter enim *légitimum*, ut à Patribus accepimus et à Sanctis Apostolis, eorumque successoribus traditum invenimus, *non sit conjugium*, nisi ab his qui super ipsam fœminam dominationem habere videntur, et à quibus uxor custoditur, petatur et à parentibus propinquioribus sponsetur..... Taliter enim et Domino placebunt, et filios non spurios, sed legitimos atque hereditabiles. generabunt (5). » Ainsi, jusqu'au onzième siècle, ces mariages clandestins furent cassés et déclarés nuls. Tel fut le mariage de la princesse Judith, fille de Charles le Chauve, avec Baudoin, comte de Flandres, et celui de Louis le Bègue avec Ansgarde. Mais plus tard on se relâcha singulièrement de cette rigueur ; on ne regarda plus ces mariages comme nuls, et on ne s'occupa plus que du consentement des parties, lequel fut considéré seul comme formant l'essence du mariage. Ce consentement suffit désormais quand il était constaté par la cohabitation (3).

132. Considérons maintenant le mariage dans ses rapports avec l'autorité féodale.

(1) *Petri Except.*, liv. 1ᵉʳ, ch. 49.
(2) Capitul. VII, 179, 463.
(3) *Hist. des progrès de la lég. fr.*, p. 159 et s., édit de 1816.
(4) Capitul. VI, 130, 133 ; VII, 59, 103 et 179.
(5) Décret du Pape Evariste, cité dans le *Traité de l'autorité des parents sur le mariage*. Londres, 1773,
(6) Le mariage d'Héloïse et d'Abélard fut de ce genre : « Ils se trouvèrent dans une certaine église à l'issue des matines, accompagnés de part et d'autre de quelques amis

Nous avons déjà mentionné le droit de formariage. Armé de cette prérogative, le seigneur défendait le mariage d'un serf avec une personne d'une autre condition, c'est-à-dire libre ou serf d'un autre seigneur. Si le serf passait outre, le seigneur s'adjugeait le tiers des meubles et immeubles situés au dedans de sa seigneurie, et une amende (1).

Ce droit de formariage portait une atteinte énorme à la puissance paternelle. En effet, le serf qui, contre le gré de son seigneur, s'était marié, s'exposait à voir son mariage cassé par son maître, qui aurait ainsi été privé des enfants qui naissaient de la femme serve. Mais ce droit ne s'appliquait en réalité qu'aux serfs immobilisés autour du manoir, et il ne devait pas peser sur les colons libres, dont les travaux n'étaient pas rénumérés par le seigneur (2).

En 813, un concile tenu à Châlons s'éleva contre le pouvoir qu'avait le seigneur de briser le mariage du serf contracté contre son gré. Un capitulaire de Charlemagne reproduit cette prohibition (3). Relativement à ce droit, la *Loi des Wisigoths* partageait les enfants nés de ce formariage entre les deux maîtres, et le seigneur pouvait le faire, alors même que l'un des deux époux eût été de condition libre. « Femme franche de mon seigneur, mariée à un serf de quatre enfants, dont deux sont à monseigneur et deux à la mère (4). » Ce partage des enfants avait lieu alors même que l'amende ou le droit de mariage auraient été payés. Quant à l'épouse serve et à ses enfants, elle appartenait à son seigneur (5). Toutefois, dans certains pays, l'un des deux jumeaux est libre.

Ces droits, quelque barbares qu'ils nous paraissent, eurent au moins ce résultat de grouper entre elles les différentes familles des serfs et de créer des espèces d'associations qui développèrent les sentiments de famille. Les membres des diverses familles se rapprochaient peu à peu, se connurent plus intimement, et les mariages purent se contracter sans sortir des limites du terroir féodal. On concilia ainsi les droits du seigneur avec le respect de la

affidés. Ils y reçurent du prêtre la bénédiction nuptiale ; alors il n'était pas besoin de tant de cérémonies pour la validité d'un mariage ; le concile de Trente et les ordonnances des princes n'ayant point encore imposé les lois qu'on suit aujourd'hui. Dom Gervaise, abbé de la Trappe, T. I, liv. 1ᵉʳ.

(1) Argou, *Instit. au dr. franç.*, liv. I, ch. I. Paris, 1730.

(2) Laferrière, T. 3, soutient la thèse contraire.

(3) Baluze, tome I, p. 1166 de l'édition de 1780.

(4) Archives du royaume. Comptes du comte de Blois et de Chartres, dans Michelet, *Orig. du dr.*, p. 267.

(5) J. Grimm, *Antiq. du dr. allem.*, n° 325.

dignité humaine, et de ce jour un progrès sérieux fut déjà réalisé, car le sentiment de la puissance paternelle n'est vraiment fort que si l'union de l'homme et de la femme est respectée, ou a une source réellement pure.

133. Voyons maintenant le mariage féodal, et le droit de marquette, qui en fut la garantie.

On sait qu'à l'origine, les concessions de bénéfices furent faites dans un but militaire, soit pour récompenser un homme d'armes, soit à charge pour le concessionnaire d'aider de sa personne et de ses ressources son suzerain en toutes circonstances. Alors toutes les exigences de la nature s'effaçaient devant cette loi suprême de soumission et de protection dues au concédant. Il en résulta que la puissance paternelle fut atteinte dans un de ses plus nobles attributs: car le vassal n'eut plus le droit de choisir l'époux de sa fille, ou du moins de consentir seul à son mariage. On vit même le suzerain forcer la main à son vassal, épouser de force la fille de celui-ci quand il croyait qu'il y allait de sa sûreté personnelle, ou que son intérêt militaire exigeait la réunion des deux domaines dans une même main. Ainsi donc, nobles et serfs, tous ce qui est soumis au seigneur s'incline devant lui quand son intérêt l'exige. Il désigna au vassal l'époux de sa fille, de peur que ce vassal ne fît entrer dans sa propre famille l'ennemi mortel du suzerain. Ainsi, le vassal obéissant se plia devant son chef, et sa fille reçut le mari qu'un étranger lui donna. C'est ce qu'on appela *mariage féodal*. Cette coutume a son pendant dans la *garde féodale*. A bien considérer les choses, on pourrait soutenir que ce fut par des sentiments de dévouement et de protection que le suzerain s'attachait son vassal. Il est vrai aussi que si la plupart du temps la concession était faite surtout en faveur du concessionnaire, celui-ci sacrifiait à la vérité une partie de sa liberté personnelle ou de sa famille, mais il acquerrait en retour le droit d'être protégé et sauvegardé contre ses ennemis. Mais à la longue, ces liens d'honneur et de dévouement se relachèrent et il en fut de ce mariage et de la garde féodale comme de ces institutions que la raison approuve d'abord, mais qui dégénèrent ensuite en abus.

Ces usages étaient loin toutefois d'être uniformes dans toute la France, et d'avoir la même portée. Ils étaient aussi variés que les actes de concession et souvent sans être formellement stipulés résultaient de l'ensemble de la convention et de l'intention des parties contractantes. Il y avait ainsi certaines occurrences où ces droits du suzerain n'étaient pas déduits avec une rigoureuse logique, et où certaines considérations adoucissaient les rapports du suzerain avec le vassal. La continuation de la possession du fief dans la même famille fit presque oublier le titre de fondation ; une longue possession put faire croire au titulaire qu'il avait la propriété pleine et entière, sans redevance aucune ni de services personnels, ni d'argent ; le bénéfice se transforma peu à peu dans son esprit en patrimoine et en patrimoine héréditaire. Et dans ces temps où le fait était un des premiers principes politiques et où la longue possession engendrait si souvent des droits, ces institutions ne tardèrent pas à dépouiller ce qu'elles avaient en elles de plus ardent pour rendre au père tous ses droits si amèrement méconnus. On revenait peu à peu aux usages du sixième siècle, époque à laquelle les droits du père étaient formellement reconnus par l'autorité royale à l'encontre du seigneur : « Que personne, décrétait Clotaire I, n'ait l'audace de prétendre s'unir en vertu de notre autorité à une jeune fille ou à une veuve sans leur consentement (1). »Et un peu plus tard, en 615, on défendit aussi de prendre une femme de force, sous prétexte que l'on a le consentement du roi (2).

Comme garantie des droits du seigneur relativement au mariage de la fille de son vassal, le seigneur avait le droit de marier l'héritière ou de lui vendre l'autorisation de se choisir un époux (3).

134. En ces temps de barbarie et d'ignorance, on voit avec consolation le pouvoir central décréter l'instruction obligatoire. Le clergé en était seul chargé ; mais il faut observer que c'était à cette époque la seule classe instruite (4). On lui avait enjoint « de former des écoles d'enfants, et d'y appeler non-seulement les fils des serfs, mais ceux des hommes libres. » Le prêtre de chaque paroisse devait apprendre à lire aux petits enfants, sans distinction de naissance. Mais quand vinrent les guerres de château à château, cette obligation fut rarement exécutée, car les serfs étaient sous les armes et la terreur dispersait les écoles (5). C'était Alcuin qui avait inspiré à Charlemagne l'idée d'établir ces écoles dans les églises cathédrales et dans les monastères et c'était là en effet que les écoliers se réunissaient sans acception de classe.

135. Quant à l'entrée en religion, voici ce qu'il en était. Pour être prêtre ou moine, il fallait la permission du souverain (*Capitul.* I, 78). On sait que les Évêques étaient élus et que plus tard quand la royauté exerça le

(1) Constit. de l'an 560.

(2) MICHELET, *Origines du droit franç.*, page 259.

(3) Voy. MICHELET, *op. cit.*, page 258, et GRIMM n° 436 ; Assises de Jérusalem, c. 242 à 248 ; LAURIÈRE II, V° MARQUETTE, pour plus de développement.

(4) *Capitul.* de 823. Baluze, tome I, page 634 et 737 ; voy. aussi le même, V, page 1137.

(5) BERNARD, *op. cit.*, 1re partie, ch. 3, § 1.

droit de nomination, quelques églises conservèrent encore le droit d'élection par privilége.

De fortes peines avaient été prononcées, on se rappelle, contre les séquestrations arbitraires dans les cloîtres. La loi civile mettait sur la même ligne l'assassinat d'une personne ou le vol d'hommes. Saint Bernard regardait les plagiaires comme des ravisseurs, et Charlemagne comme des homicides (1). Le successeur de Charlemagne marcha sur les mêmes traces que son père, et il défendit la profession religieuse de l'un et de l'autre sexe sans le consentement des père et mère. « Ne pueri sine voluntate parentum tonsurentur, vel puellæ velentur, modis omnibus prohibitum est. » (*Capit.* 95, 10 et 109, *Legis Franciæ*.) Cette Loi ajoute : « Et qui hoc facere tentaverit mulctam quæ ex capitulis legis mundanæ à nobis constitutis continentur persolvere cogatur. » (Liv. I, chap. 10). A cette époque, la majorité canonique avait été fixée à vingt-cinq ans par les conciles de Carthage et de Tours. L'Evêque qui aurait donné le voile à une fille avant cet âge n'était exempt des peines portées par les conciles qu'au cas où il l'avait fait sur la réquisition des parents : « Si quis Episcopus virginem velaverit antè viginti quinque annos, exigentibus parentibus, non ei obsit consilium de isto annorum numero constitutum. » (*Ibid.*, ch. 107).

Nous arrivons maintenant à la garde féodale.

C. LA GARDE.

136. Essayons d'abord de donner une idée générale de la nature de ce droit, avant de passer à ses principaux effets.

Cette expression, nous le savons déjà, signifie protection, gouvernement et même autorité (2).

La garde fut exercée à l'origine par le seigneur du fief, puis elle passa aux délégués de celui-ci. C'était l'expression que l'on employait quand ce pouvoir protecteur résidait dans les mains des ascendants. On réservait celle de bail aux parents collatéraux (3). Il y avait lieu à la garde quand le vassal mourait laissant pour héritier de son fief un fils mineur. Celui-ci ne pouvait faire le service du fief, la *commise* faute d'homme était encourue. La

---

(1) AYRAULT, *De patrio jure*, fol. 21 et 22 de l'édit. citée.

(2) V. POTHIER, Introd. au tit. X de la *Cout. d'Orléans.*

(3) *Grand Coutum.*, liv. 2, ch. 31 ; LOYSEL, *Instit. Cout.* I, 4, 1. Toutefois, dans le Vermandois et le Beauvoisis, le bail a lieu en ligne directe. *Vermandois*, 261 ; BEAUMANOIR, ch. 23, n° 10.

commise était à proprement parler la confiscation faite au profit du seigneur, d'un fief ; il y avait alors réversion du fief servant au fief dominant (1). On dut appliquer à l'origine cette rigoureuse législation. C'est ainsi que Charles le Chauve retira aux fils mineurs de Robert le Fort le fief de leur père pour le donner à l'abbé Hugues. Mais un grave préjudice naissait de ce système. Les héritiers du vassal se trouvaient dépouillés. Pour y remédier, on nomma des administrateurs du fief, chargés en même temps de la personne du mineur. Le gardien ou administrateur percevait les fruits et revenus, mais en payant les dettes échues pendant la garde. C'est surtout en Normandie et en Bretagne que cette institution se développa d'une manière remarquable ; aussi les coutumes de ces deux provinces ont été généralement regardées comme formant le droit commun.

La garde, confiée par le roi, prenait naturellement le nom de garde royale. Elle différait de la garde féodale ou seigneuriale en ce qu'elle pouvait porter sur tous les biens et fiefs échus au mineur, tandis que la féodale était naturellement restreinte au fief dont le seigneur était suzerain. Mais d'assez bonne heure, le seigneur abandonna cette garde à la famille du mineur ; elle s'appela alors garde noble. Les *Assises de Jérusalem* distinguent déjà l'administration des biens de l'éducation du mineur, et la garde proprement dite ne fut plus que le droit d'éducation, tandis que l'administrateur des biens prit le nom de baillistre. Ces deux charges furent réparties sur deux têtes distinctes. Le plus proche parent mâle, qui était généralement un ascendant, fut chargé de la personne du mineur ; car le fief ne pouvant lui revenir en vertu de la maxime : *Feuda non ascendunt*, on supposait que ce parent donnerait au mineur des soins plus vigilants que celui qui pouvait un jour hériter de ses biens. Au contraire, celui à qui le fief devait revenir, fut chargé de l'administration des biens : il était en effet le premier intéressé, puisque c'était à lui que le fief échéait à défaut du mineur.

Un de nos vieux proverbes disait :

N'a mie la garde de l'agnel
Qui doeibt en avoir la pel.

Le gardien devait continuer l'éducation guerrière et militaire du mineur, comme le père l'eût fait ; car il s'agissait en effet de donner au suzerain un homme vigoureux et capable de l'aider de sa personne, le cas échéant. Pour ces raisons, et par des considérations d'ordre public, la femme fut exclue

(1) Art. 43, *Cout. de Paris* ; FERRIÈRE, *Dict. de dr.* V° COMMISE.

de la garde. On ne lui laissa que le bail, charge que la femme paraissait plus apte à remplir sérieusement. Toutefois, la veuve survivante pouvait être chargée de la garde en même temps que du bail et cumuler ainsi ces deux fonctions. Il en fut de même du père survivant, auquel le bail et la garde pouvaient être délégués. Il fallait donc, pour appliquer les deux règles précitées, que le mineur survivant fût orphelin de père et de mère. Des motifs d'humanité et des considérations tirées de l'affection naturelle des parents pour les enfants avaient fait établir les dérogations dont nous venons de parler.

137. Voyons maintenant quels étaient les principaux droits et devoirs du gardien ou baillistre. Ce que nous dirons de la personne du mineur se rapportera au gardien ; ce que nous dirons des biens s'appliquera au baillistre, si toutefois l'on tient à faire une distinction qui fut si peu de temps observée : car dans la rédaction des coutumes, ces distinctions ont souvent été effacées.

Tandis qu'ici le gardien rendait compte des fruits et revenus des biens du mineur, là les choses se passaient autrement. En général, on ne reconnaissait qu'au baillistre (1) le droit de faire siens les fruits par la perception. Le baillistre était donc obligé de porter foi et hommage au suzerain au nom du mineur ; c'était lui qui servait le fief, et il était obligé de l'entretenir en bon état. Il était également chargé de prendre soin de la personne du mineur au moral et au physique. A la fin du bail, le fief était rendu à l'ex-mineur franc et quitte de toute dette, car en prenant le bail, le baillistre acquérait la propriété des meubles du mineur ; or il eût été injuste de ne pas lui imposer l'obligation de payer les dettes qui sont une charge du mobilier. De plus, le baillistre avait l'usufruit des biens immobiliers. Ainsi s'explique la maxime : *qui bail prend quitte le rend.*

Telle fut à son origine la garde noble.

138. Vers le treizième siècle, on trouve une garde également pour les nobles, mais cette fois pour les mineurs qui ne possédaient pas de terres nobles. Elle se calqua pour ainsi dire sur sa sœur aînée. Ce fut également une administration sans émolument. Cet état de choses dura peu de temps, car plus tard ce fut la condition du mineur que l'on considéra pour établir la distinction des deux gardes, et non plus la condition de la terre.

139. Voyons, pour terminer, comment la puissance paternelle prend fin ; puis nous exposerons brièvement les causes d'extinction de la garde.

(1) V. Koenigswarter, *op. cit.*

La majorité était encore telle que nous l'avons vue sous les coutumes germaniques, qui l'avaient fixée à douze ans chez les Saliens et à quinze chez les Ripuaires. Plus tard les *Assises de Jérusalem* et les *Coutumes de l'Empire de Roumanie* la fixèrent à quinze ans pour les mâles et douze ans pour les filles (1). Telle fut la majorité féodale. C'est ce que nous dit également Beaumanoir : « Le moindre aage commence avec la quinzième année pour les garçons, avec la douzième pour les filles » (2).

La majorité mettait fin au bail ou à la garde. Il en fut de même du mariage : Hommes et femmes mariés sont tenus pour émancipés. — Feu et lieu font mancipation et enfants mariés sont tenus pour hors pain et pot (3). Le bail cessait également, mais pour le baillistre seulement par sa forfaiture ou félonie. En ajoutant la prêtrise (4), nous avons énuméré les principaux cas d'extinction du pouvoir paternel à cette période féodale.

140. Chez les nobles, le fils aîné majeur se met à la tête des domaines après la mort de son père ; car le chef de famille pendant sa vie entière conserve la possession du fief et son autorité n'est brisée que par la mort. Les frères puinés prêtent serment de foi et hommage à leur aîné pour une portion du fief. C'est ce qu'on appelle droit *de parage* ou *de frérage*. Ils restent à ses côtés, à moins qu'ils n'aient été émancipés par le fait du mariage, auquel cas ils résident dans la partie démembrée que leur a donnée leur père, ou que leur fiancée leur apporte en dot. Ou bien encore les cadets nobles sont « jetés à Malte, » au couvent ou dans l'église (5). Ce droit d'aînesse conduisait ainsi à violer odieusement la liberté individuelle, à la méconnaître au point de la sacrifier à l'intérêt aristocratique et orgueilleux de la famille. Il n'y avait pas de quoi s'étonner, car à une certaine époque, ce fut le principe de la force qui fut l'âme de la famille féodale, et la plus éclatante conséquence fut évidemment le droit d'aînesse.

Telle fut dans ses principaux traits, la puissance paternelle, sous l'influence des institutions et des mœurs de l'époque féodale.

(1) *Cour des barons,* c. 189, *Cour des bourgeois,* c. 14; *Consuet. imp. rom.,* c. 85.
(2) *Cout. du Beauv.* V. aussi DUCANGE, au mot *Ætas.*
(3) LOYSEL, *Inst. cout.* I, 1, 38, et I, 2, 7.
(4) KOENIGSWARTER, *op. cit.*
(5) BERNARD, *op. cit.,* 3ᵉ part., ch. 2, p.270.

CHAPITRE DEUXIÈME

L'ANCIEN DROIT.

SECTION PREMIÈRE.

Droit général du royaume.

A. PRÉLIMINAIRES.

Sommaire.

141. En étudiant la période précédente, nous avons observé l'existence d'une puissance féodale absolue ; on voit le baron maître et seigneur chez lui, concentrant toute l'autorité en sa personne, exerçant le pouvoir légis-latif judiciaire et exécutif. Au-dessous de lui, le prolétaire, colon ou serf. Mais la famille de celui-ci se rapproche davantage de la nature ; le sentiment de sa conservation et le bien-être des siens le soutiennent dans son pénible labeur. A cette triste époque, la puissance royale est comme voilée ; sans être éteinte, elle est trop faible pour se faire respecter, et elle attend avec impatience des temps plus heureux où elle pourra s'agrandir. Elle laisse s'user sa rivale, la puissance féodale, par ses exactions ; elle encourage même la révolution communale. Du reste, les mœurs domestiques de la cour ne diffèrent pas sensiblement des mœurs seigneuriales du manoir féodal. Dans ce pénible enfantement du monde moderne, les familles non-nobles unies seulement par une commune misère, souhaitent de tous leurs vœux se voir affranchis de la tutelle seigneuriale ; et tandis que les barons luttent pour la conservation de leurs « droits », un contre-courant se remarque dans les classes inférieures de la société, qui aspiraient à la vie libre et indépendante. Les mœurs de famille se transformèrent à la longue en une espèce de charte domestique qui, sans être écrite, avait pour consécration un long usage et le respect religieux des aïeux. Une législation tendait à se créer lentement, dis-

tincte complétement du droit féodal. La lutte fut d'autant plus longue que la roture était peu instruite, manquait presque complétement d'éducation et était douée de peu d'énergie à 'l'encontre de ses maitres. De plus, l'oppression seigneuriale avait avec tant de ruse réduit cette classe inférieure à l'obéissance passive, que celle-ci faillit perdre le sentiment de son indépendance et de sa dignité. Toutefois, l'absence de fédération entre les grands feudataires, qui, à ne consulter que leur propre intérêt, auraient dû se liguer en masse pour maintenir le peuple sous le joug, amena peu à peu la dissolution de la puissance féodale et l'abolition progressive des droits seigneuriaux en ce qu'ils avaient de plus tyrannique.

142. Cette société ignorante et grossière qui avait presque perdu les souvenirs les plus sacrés de ses ancêtres, ne pouvait plus s'adresser qu'à la nature pour la création de son droit privé. Une vague réminiscence du *mundium* germain se traduisit dans la famille sous le nom de *légitime administration* du père, et du *droit de garde* de ses enfants. Ainsi ne vit-on pas dans la plus grande partie de notre pays à cette époque, la puissance paternelle avec le caractère que lui avait donné la législation romaine. Un reste d'indépendance, qui était un legs pieux de la race gauloise, et les sentiments naturels s'opposaient au maintien de la puissance paternelle de Rome, qu'on regardait comme une perpétuelle servitude, et qui l'était bien en effet dans le fond. Cette autorité antique tranchait trop énergiquement avec les mœurs de la plupart de nos pays coutumiers.

143. A une époque un peu plus avancée, et quand la civilisation moderne eut déjà porté ses fruits, les nombreux priviléges de la noblesse et ses prérogatives ne tardèrent pas à exciter la convoitise des roturiers. Ceux-ci usaient de ruse, d'argent et parfois de bassesses pour arriver à se faire classer dans une société qu'ils regardaient comme leur étant supérieure. Tantôt c'était une confusion ou usurpation de titres et de terres, tantôt un appétit extraordinaire des charges et hautes dignités qui annoblissent ; on vit des roturiers disposant d'une puissante fortune acheter des fiefs dont ils prirent le nom ; enfin les courtisans se pressaient à la cour pour obtenir du prince les titres d'annoblissement, au moyen desquels ces nouveaux parvenus affectaient la ridicule prétention de remplacer l'ancienne chevalerie des croisades. Alors même que le roturier ne pouvait arriver à la noblesse, il fit tout son possible pour calquer sa législation sur celle de la classe supérieure. C'est ainsi que l'on constate une tendance singulière à faire passer dans les classes roturières le droit d'ainesse et de masculinité, qui ayant une

certaine raison d'être à l'époque de la féodalité militaire et absolue, devait évidemment, avec les progrès de la civilisation et dans un temps où le seigneur cessa de guerroyer pour se livrer à des occupations plus paisibles, paraître au suranné ou inique. Il en résulta une grande altération du droit coutumier qui avait pris naissance au sein de la famille tranquille du colon, et dont l'origine le rapprochait de la nature et de la raison, et devait le recommander à la garde des jurisconsultes indépendants. Mais nous voyons au contraire avec regret que les efforts de nos anciens maîtres se dirigèrent plutôt vers le maintien de la noblesse, tout en excitant les convoitises des classes roturières. Depuis, en effet, que l'esprit militaire des barons féodaux dégénéra en caste nobiliaire, on se crut obligé de flatter la vanité de l'aristocratie ; on visa à perpétuer les grandes familles, et on ne craignit point de sacrifier les droits les plus naturels, pour construire péniblement cet échafaudage artificiel qui ne reposait que sur la force, le caprice et les lettres de cachet, et qui devait s'effondrer dans le gouffre révolutionnaire.

On sait que le droit d'aînesse comprenait le *préciput d'aînesse*, et la *portion avantageuse*. En vertu du premier, l'aîné choisissait un château ou manoir principal avec un jardin. La portion avantageuse lui permettait de venir en partage des autres biens dans une proportion plus grande que ses frères et sœurs, et qui variait selon le nombre des co-partageants. Si l'aîné n'a qu'un frère, il prend les deux-tiers ; s'il en a deux, il ne prend que la moitié. Comme il représente la famille, on le met également en possession des titres, chartes, et diplômes relatifs à la noblesse de ses ancêtres.

Il ne s'agit plus désormais que de soutenir « l'éclat et la splendeur du nom » ; et comme ce n'est pas précisément le père, mais la famille que l'aîné représente, il jouit des mêmes priviléges quand il succède à la mère. Ainsi, après le principe religieux de la Rome antique ; après la nécessité de la défense du manoir féodal, nous trouvons comme base de la famille la conservation du nom, du titre ; et ce dépôt sacré ne peut être confié qu'à une seule personne de la famille, l'aîné. L'étranger même sera préféré au fils cadet (1). L'aîné pourra même revenir sur une renonciation qu'il aurait faite de ses droits, même en temps de majorité (Arrêt du 14 avril, 1616). Parfois il forcera sa sœur à renoncer par serment à la succession du père (2).

---

(1) Dumoulin fit prévaloir cette dernière doctrine contre Le Brun, Argou et Guyot, qui n'admettaient pas que le père pût transmettre son fief à un étranger, soit à titre gratuit, soit à titre onéreux.

(2) Voir les *légendes bretonnes* rapportées par BERNARD, *op. cit.*, p. 153.

Un édit de Charles IX exclut les mères de la succession de leurs propres enfants. Une vive opposition éclata dans le midi. Ce pays n'enregistra pas l'édit, qui fut du reste rapporté en 1729. Comme ce roi s'appuyait sur la noblesse, il avait voulu la fortifier (1).

145. L'institution contractuelle contribua encore puissamment à l'affermissement de la famille noble. Le suzerain du fief imposait son consentement au mariage de la fille du vassal, et on stipula dans le contrat de mariage le futur successeur au fief. C'est un extraordinaire développement du mariage féodal. « Les fiefs étant devenus héréditaires, dit Montesquieu (2), les seigneurs qui devaient veiller à ce que le fief fût servi, exigèrent que les filles (3) qui devaient succéder au fief et je crois quelquefois les mâles, ne pussent se marier sans leur consentement ; de sorte que les contrats de mariage devinrent pour les nobles une disposition féodale et une disposition civile. Dans un acte pareil fait sous les yeux du seigneur, on fit des dispositions pour la succession future, dans la vue que le fief pût être servi par les héritiers ; aussi les seuls nobles eurent-ils d'abord la liberté de disposer des successions futures par contrat de mariage, comme l'ont remarqué Boyer et Aufrerius. » On put également faire cette institution en faveur de ses propres enfants.

Puis les substitutions étant poussées à quatre générations, et davantage encore et étant parfois même perpétuelles, concentrèrent les biens dans la main des aînés et renforcèrent leurs priviléges.

B. MARIAGE.

Sommaire.

§ 146. Autorité des parents sur le mariage. — Les mariages clandestins. — Leur nullité reconnue, puis rejetée. — § 147. Les ordonnances royales. — § 148. La jurisprudence des parlements, et ses variations. — § 149. Conséquences du défaut de consentement des parents. — § 150. Influence de l'âge des enfants sur le consentement à donner par les parents. — § 151. Indications des principaux documents législatifs sur le mariage. — § 152. Fixation de la majorité pour le mariage. — § 153. Personnes dont le consentement est nécessaire. — § 154. Formes du consentement. — § 155. Sanction légale. — § 156. Mariage des enfants à l'étranger. — § 157. Effets de l'absence. — § 158. Différence d'âge des fils et des filles. — § 159. La sommation respectueuse et ses formes. — § 160. Les bannies et le droit d'opposition. — § 161. Recours des enfants

---

(1) V. LABOULAYE, Condit. civile et politiq. des femmes et BERNARD, ibid.
(2) Esprit des Lois, liv. 31, ch. 33.
(3) Suivant une ordonnance de Saint Louis de l'an 1246, pour constater les coutumes d'Anjou et du Maine, ceux qui auront le bail d'une fille héritière d'un fief, donneront assurance au seigneur qu'elle ne sera mariée que de son consentement.

au magistrat. — § 162. L'exhérédation. — § 163. Quand elle est encourue. — § 164. Personnes qu'elle frappe. — § 165. Sur quels biens elle porte. — § 166. Ses formes et sa révocation. — § 167. Motifs pour lesquels on a traité ce sujet avec développement.

146. Nous allons maintenant parler du droit des parents de consentir au mariage de leurs enfants. Nous le faisons avant d'entrer dans les détails spéciaux relatifs au droit coutumier, ou au droit écrit, car la législation sur ce point était générale et applicable à tout le royaume.

Nous avons déjà parlé des mariages clandestins, c'est-à-dire contractés sans le consentement des parents. Ils furent d'abord frappés de nullité, puis déclarés valables, ou plutôt on ne les considérait plus comme nuls. Cet état de choses dura jusqu'au Concile de Trente. Les historiens de cette assemblée, notamment Fra Paolo et Palavicini, nous racontent que la question fut long-temps agitée, que l'on discuta longuement si l'on ferait renaître la nullité de ces mariages contractés sans le consentement des parents. La cour de France et les évêques français insistèrent près du concile pour la nullité. Enfin une misérable question d'amour propre (1) décida l'assemblée à ne point déclarer nuls ces mariages ; elle se borna à témoigner qu'elle les désapprouvait et même les détestait. A cette époque et vers le dix-huitième siècle, on n'ad-mettait pas la possibilité d'annuler le mariage contracté sans le consentement des parents, car, disait-on, s'il y a obligation à *consulter* les parents pour un acte aussi important, cette obligation n'enlève pas aux enfants le droit naturel qu'ils ont de disposer de leur personne et de leurs biens (2). Le pouvoir paternel était considéré comme consistant à élever et gouverner les enfants pendant qu'ils ne sont pas en état de se gouverner eux-mêmes, il s'ensuit que lorsque l'enfant a suffisamment de forces pour se passer des secours d'autrui, la nature reprend ses droits, et comme dit Saint Thomas : « Omnes homines sunt pares in his quœ pertinent ad prolis generationem. » D'un autre côté, l'autorité domestique doit diminuer quand les pouvoirs publics s'agrandissent. Nous en avons vu déjà un exemple frappant dans la législa-tion romaine. Or la civilisation était déjà suffisamment avancée au temps où nous sommes arrivés, pour que le droit de consentir au mariage ne soit plus qu'une délégation de l'autorité sociale, un dépôt confié aux parents, une

(1) On avait fait observer que les calvinistes regardaient ces unions comme nulles de droit naturel, et qu'ils *triompheraient et penseraient qu'on aurait admis leur opinion.*
(2) Puffendorf, *Droit de la nat. et des gens,* liv. 6, ch. 2, § 14 ; Grotius, liv. 2, ch. 5, § 10, *Du droit de guerre et de paix,* nᵒˢ 3 et suiv. Rousseau, *Discours sur l'inégalité,* 2ᵉ part.

création du législateur et non un principe essentiel de la puissance paternelle telle qu'on doit la considérer de nos jours. Un avocat général au parlement de Paris exprimait ces idées au commencement du dix-huitième siècle en ces termes : « Ce n'est pas la puissance paternelle en elle-même qui a ce droit ; mais le Concile de Trente ne dit pas que l'église et les puissances séculières ne puissent donner ce pouvoir à l'autorité paternelle, en établissant ce consentement comme une forme essentielle (1). »

147. Les ordonnances royales ont essayé de compléter le système de la législation sur cette matière. Mais elles se sont moins occupées des droits des enfants que du pouvoir des parents, et d'Héricourt exprime ses regrets à cet égard (2). On sait que les ordonnances formaient le droit commun de la France, et qu'elles jouissaient d'une autorité absolue. Elles avaient par conséquent la force d'abroger une coutume contraire (3).

Les rois, en portant des ordonnances sur le mariage, n'avaient pas la prétention d'empiéter sur la compétence de l'autorité ecclésiastique. Ceci résulte de leurs propres déclarations. Louis XIII, en effet, par l'édit de 1639, art. 341, disposait que *tous les mariages faits contre la teneur de l'ordonnance de Blois seraient déclarés non valablement contractés.* Le clergé, craignant qu'on ne touchât au mariage comme sacrement, députa quelques-uns de ses membres pour prier Sa Majesté de fixer l'étendue qu'elle entendait donner à ces expressions. Louis XIII leur fit répondre par le chancelier que son intention avait été de ne viser dans l'édit que les effets civils.

148. Les parlements avaient d'abord imité la prudence du roi. Ils faisaient une distinction profonde entre le lien civil et le lien religieux et ne prononçaient que des déchéances civiles contre les enfants mariés sans le consentement des parents (4). On ne prononça « contre une fille mineure qui s'était mariée sans sçu de ses pères et mères que la déchéance et privation de toutes donations, substitutions et autres dispositions, » sans attaquer le ma-

_____

(1) JOLY DE FLEURI, dans le *Journal des Audiences*, t. 6, liv. 1, ch. 28, arrêt du 16 juillet 1711.

(2) *Lois Ecclés. de France*, Paris 1719, 3ᵉ part., ch. 5, art. 2.

(3) La coutume de Bretagne exigeait le consentement des parents dans ses art. 495, 496 et 497. D'après son savant commentateur D'ARGENTRÉ, *Aitiologie*, elle se serait inspirée de l'édit de 1556, de Henri II, sur les mariages clandestins, et de l'ordonnance de Blois, de 1579, de Henri III, art. 40. Nous rencontrons une preuve de cette autorité royale dans un édit de 1639, art. 2 : « nous ordonnons.... *dérogeant expressément aux coutumes* qui permettent aux enfants de se marier après l'âge de vingt ans sans le consentement des pères, etc. »

(4) Arrêt, 31 mai 1560, cité par l'Av. Gén. Servin, dans un plaidoyer du 22 juillet 1606.

riage en lui-même et sans décider, comme le fit plus tard la jurisprudence, « que le mariage n'était pas valablement contracté ».

Mais les parlements se départirent de ces sages errements, et ne tardèrent pas à prononcer la nullité de ces mariages, non-seulement au point de vue civil, mais aussi au point de vue religieux. Cette jurisprudence, qui devint désormais générale, imprimait une nouvelle force à l'autorité des parents, en même temps qu'elle tranquillisait les consciences et protégeait surtout les filles mineures contre les séductions si fréquentes de ce temps (1). On présumait le rapt de séduction des mineurs par le seul fait qu'il s'étaient mariés sans le consentement des parents. La volonté de la personne séduite n'était évidemment pas libre : « Elle est, dit Coquille, gagnée par blandices et allèchements. » « Il se fait dans la personne séduite, dit un autre auteur qui a un style non moins pittoresque, un transport et enlèvement du bon sens. » Et cette présompton, conclut Pothier, équivaut à une preuve parfaite et dispense d'en rapporter d'autres (2).

149. La nullité, toutefois, n'était pas prononcée en termes formels dans les ordonnances. Mais, comme dit Pothier (3), si l'on considère attentivement l'esprit de ces lois, on découvrira facilement qu'elles réputent nuls de pareils mariages (4). Il est donc constant que le rapt de séduction formait, dans l'esprit de la jurisprudence des parlements, un empêchement dirimant au mariage (5). Néanmoins comme c'était là un principe de doctrine pure, et non de législation formelle (6), les parlements se réservaient le droit d'exa-

(1) On en trouve la preuve dans un document officiel de l'époque : « Louis, etc.... Cette ordonnance n'a pas été assez forte pour arrêter le cours du mal et du désordre qui a troublé le repos de tant de familles, et flétri leur honneur par des alliances inégales et souvent honteuses et infâmes.... La licence du siècle, la dépravation des mœurs ont toujours prévalu sur nos ordonnances.... La plupart des honnêtes familles de notre royaume demeurent en trouble par la subornation et enlèvement de leurs enfants, qui trouvent eux-mêmes la ruine de leur fortune dans ces illégitimes conjonctions, etc.... *Déclarations du 26 nov. 1639, portant Règlement sur l'ordre qui doit être observé en la célébration des mariages, et contre ceux qui commettent le crime de Rapt.*

(2) *Traité du contrat de mariage*, partie 4, n° 326.

(3) *Ibid.*, p. 390, T. I, Edit. in-18. Orléans, Rouzeau-Montant, 1768, T. 1er.

(4) Elles punissent comme *fauteurs du crime de rapt* les personnes qui célèbrent ce mariage.

(5) On définissait ces empêchements dirimants, *ceux dont on ne pouvait obtenir dispense* pour la célébration. V. *Règles du droit français*, par Cl. P. DE LIVONNIÈRE, 1736, Paris, Despilly, p. 16, Liv. 1er, tit. 1er, sect. 6.

(6) DE LIVONNIÈRE en fait une de ses *Règles* en ces termes : « Les mariages faits entre les personnes ravies sont par nos ordonnances, conformément aux saints décrets, non valablement contractés, sans que par le temps ni par le consentement des personnes ravies des pères, mères, tuteurs et curateurs ils puissent être confirmés, tandis que la personne ravie est dans la possession de son ravisseur. Règle 52, sect. 6, *ibid.*

miner chaque cas, convaincus qu'ils étaient qu'il pouvait se rencontrer des circonstances telles, dans l'espèce d'un pareil mariage attaqué dans sa validité pour défaut de consentement des parents, que l'on devait évidemment éloigner la présomption du rapt de séduction.

On se fondait aussi sur l'incapacité générale et naturelle du mineur à contracter. L'autorisation des parents était regardée comme devant habiliter l'enfant à faire procéder à la célébration de son union. Cet autre ci était ainsi formulé par un avocat célèbre : « Il ne peut y avoir de mariage quand il n'y a point de volonté, il n'y a point de volonté dans un mineur qui n'est point assisté de ses parents (1). »

La présomption de rapt de séduction n'existait que jusqu'à l'âge de vingt-cinq ans ; passé cet âge, on ne pouvait plus se fonder sur le défaut de consentement pour obtenir la nullité du mariage ; il n'y avait plus dès lors qu'empêchement prohibitif, comme nous dirions aujourd'hui.

150. Ainsi 1° au-dessous de vingt-cinq ans, les enfants ne pouvaient se marier sans le consentement des parents ou la permission du magistrat : le mariage eût pu être déclaré non valablement contracté (2).

2° De vingt-cinq à trente ans, les *filles*, après la sommation respectueuse, pouvaient se marier, sans courir les risques de l'exhérédation ; sommation qui n'en garantit pas les garçons de cet âge, lesquels outre cette sommation qu'ils sont obligés de faire, doivent être munis du consentement de leurs parents.

3° Après trente ans, les *garçons*, après la sommation respectueuse, même non suivie de consentement, pouvaient se marier sans encourir l'exhérédation (3).

151. Voici l'ordre chronologique des différents documents législatifs relatifs à notre matière.

Henri II. Edit sur les mariages clandestins, à Paris, en Février 1556.

Henri III. Ordonnance de Blois, 1579, sur le même sujet.

Louis XIII. Déclaration portant règlement sur l'ordre qui doit être observé en la célébration des mariages, et contre ceux qui commettent le crime de rapt, du 26 novembre 1639, régistré le 19 Décembre suivant.

Arrêt en forme de règlement du parlement de Paris, du 9 juillet 1668,

---

(1) HENRI COCHIN, *OEuvres*, Tome 5, cause 135, p. 466, de l'édit. en 6 volumes in-8° de 1731.

(2) Edits de 1556, 1579, 1580 et 1606.

(3) Arrêt 12 fév. 1718, rapporté au *Journal des Audiences*, T. 7, liv. 1, chap. 19.

sur le mariage des personnes qui ont fait des vœux. « Fait la cour très-expresses inhibitions et défenses à toutes personnes de contracter mariages à l'avenir avec des personnes qui auront fait des vœux et obtenu des Rescrits pour les déclarer nuls ; qu'auparavant les dits Rescrits n'ayent été entérinés, à *peine de la vie* contre l'un et l'autre des contrevenans (1).

Louis XIV. Déclaration du 6 août 1686, sur le mariage des enfants dont les pères et mères sont sortis du royaume. Nous verrons qu'ils peuvent se marier sans le consentement des parents absents.

Louis XIV. Déclaration du 16 juillet 1685. Portant défense aux Français de consentir au mariage de leurs enfants à l'étranger, sans la permission du Roi, à peine des galères à perpétuité pour les hommes, de bannissement perpétuel pour les femmes, et de la confiscation.

Louis XV. Déclaration du 22 novembre 1730, à Marly, resgistrée au parlement de Rennes, le 9 avril 1731, sur les mariages clandestins et le rapt.

152. Voyons à quel âge on pouvait contracter mariage. Avant l'ordonnance de Louis XIII, de 1639, l'uniformité était loin de régner sur ce point. L'autorité des coutumes s'effaçait devant l'ordonnance qui fixa l'âge de vingt-cinq ans comme droit commun.

153. Personnes qui devaient consentir. Le consentement du père seul était nécessaire, car en cas de dissentiment des deux époux, son consentement suffisait. Toutefois, à la différence de la législation romaine, il fallait également requérir celui de la mère, à cause, disait-on, du respect qui est dû aux auteurs de nos jours, dont la mère est du nombre (2). En cas de convol de la mère en seconde noces, il suffisait alors à l'enfant de requérir son conseil et avis, sans être au dit cas tenu d'attendre son consentement après avoir essuyé un refus (3).

Hors ce cas, et celui de bâtardise (4), l'enfant qui a requis le consentement de sa mère sans pouvoir l'obtenir, devait se pourvoir en justice pour

---

(1) Par ce même arrêt, on déclare nulle la demande en entérinement d'un rescrit et on défend au nommé de Monfort de hanter Françoise Doré *à peine de la vie* ; on enjoint à Françoise Doré *de se retirer incessamment dans son monastère*, et on la condamne aux dépens : après quoi on prononce le règlement général. Note de l'auteur du *Code Pénal, au recueil des princip. Ordon. Edits et Déclarat. sur les crimes et délits*, seconde édit. Paris, Desaint et Saillant, 1755, p. 221 et suiv.

(2) BASNAGE, *Cout. de Normandie*, art. 369 ; REBUFFI, sur l'Edit de 1556, de Henri II.

(3) Edit de 1556, art 8, in fine : Ce que nous voulons aussi être gardé pour le regard des mères qui se remarient, desquelles suffira requérir leur conseil et avis, et ne seront les dits enfants au dit cas tenus d'attendre leur consentement.

(4) Arrêt cité dans le *Journal des audiences*, T. 2, liv. 4, ch. 36.

faire juger s'il sera passé outre (1). Toutefois la mère dont le consentement était ainsi requis devait prendre conseil de ses parents.

Les veuves mineures de vingt-cinq ans devaient également se pourvoir du consentement de leurs parents (2). On se rappelle qu'il en était de même en droit romain.

154. En ce qui concerne les formes à observer, la réquisition du consentement des parents, que les commentateurs ont appelée *sommation respectueuse*, devait être faite par écrit (3).

155. *Sanction*. La punition encourue par les infracteurs de ces dispositions consistait dans la privation de la succession de leurs pères et mères (4). Cette sanction fut ensuite applicable aux enfants nés de ces unions, et à leurs hoirs (5), même au cas de succession collatérale. Ils étaient également privés du droit de légitime, de toutes donations et généralement de tous avantages établis en leur faveur, soit par les conventions, soit par les lois du royaume, lesquels demeuraient acquis au fisc pour être distribués aux hôpitaux, ou employés à d'autres œuvres pies, sans pouvoir quereller l'exhérédation qui aura été ainsi faite. De plus le mariage était déclaré mais non valablement contracté.

D'après l'édit de février 1556, les parents étaient les seules personnes appelées à donner leur consentement. L'ordonnance de Blois 1579 imposa aux enfants de famille l'obligation de requérir le consentement des tuteurs et des curateurs. Toutefois, ces derniers n'avaient pas le droit d'exhérédation. Bornons-nous à dire, que relativement au droit des parents de consentir au mariage de leurs enfants, ceux-ci devaient en outre rapporter l'avis des plus proches parents (6). Toutefois, l'avis de la mère était préféré à celui de tout autre parent (7).

156. Passons au mariage des enfants en pays étranger.

---

(1) BASNAGE, *ibid.*, rapporte plusieurs arrêts conformes à cette doctrine, dont un rendu le 28 janvier 1659, par le parlement de Rouen.

(2) Déclarat. de novemb. 1639, art. 2.

(3) Edit de mars 1697 ; voy. aussi déclarat. de 1639, art. 2.

(4) Edit de 1556, 1579 et 1697. La coutume de Normandie, art. 339, privait la femme que le fils de famille épousait sans le consentement de son père du droit de prendre douaire sur le bien de ce dernier, en cas de prédécès du fils.

(5) Déclarat. royale de novembre 1639, art. 2.

(6) Ordonnance de Blois ; Edit des Tutelles de novembre 1732.

(7) Arrêt de Toulouse, 23 mai 1672. Le parlement déclara qu'on pouvait passer outre à la célébration du mariage d'une fille malgré l'opposition de son oncle paternel, vu le consentement de la mère, *Journal du Palais*, tome 1, p. 224, 3ᵉ édition, 1713.

Les déclarations du 16 juin 1685, et du 14 mai 1724 défendaient aux pères et mères de consentir au mariage de leurs enfants en pays étranger, sans la permission expresse du roi, sous peine de galères perpétuelles contre les hommes, et de bannissement perpétuel contre les femmes et de confiscation des biens des uns et des autres; et où il n'y aurait pas lieu à confiscation, d'une amende qui ne peut être moindre de la moitié de leurs biens.

157. Quant à l'absence et à ses effets relativement au consentement des parents au mariage, on suivait la loi romaine, qui permettait de passer outre à la célébration après un délai de trois années. Toutefois, la jurisprudence de cette époque exigeait le consentement des autres parents (1). Si l'absence des parents résulte de leur émigration sans la permission royale, ceux-ci étant considérés comme morts civilement, leur consentement n'était point nécessaire, et on se contentait de recourir au consentement des autres parents ou alliés (2).

158. Nous avons vu que les filles de l'âge de vingt-cinq à trente ans, après avoir fait la sommation respectueuse, pouvaient se marier sans courir les risques de l'exhérédation; mais nous avons remarqué en même temps que cette même sommation ne garantissait pas les garçons de cet âge, lesquels doivent en outre être munis du consentement de leurs parents. Si l'on a devancé la majorité pour le mariage en faveur des filles, cela tient à la différence du développement physique et moral que l'on observe chez la fille. Celle-ci en effet est nubile avant le garçon; ses facultés intellectuelles et ses dispositions naturelles dépassent en général celles des garçons parvenus au même âge; elle vieillit plus vite, et lorsqu'elle est arrivée à un certain âge, elle éprouve plus de difficultés à s'établir. Notre loi actuelle a subi l'influence des mêmes considérations.

159. Quel que soit du reste l'âge des enfants, on voit qu'ils étaient obligés de faire une sommation respectueuse, parce que cet acte est fondé sur le respect qu'on doit à ses auteurs et que ce respect doit durer autant que la vie (3). La circonstance que c'est un nouveau mariage que l'on veut contracter ne peut soustraire à ce devoir de piété filiale le nouvel époux qui se

(1) Arrêt conforme du parlement de Bretagne du 28 mars 1738, rapporté au tome 2, ch. 57 du *Journal* de Mme DUPARC POULLAIN.

(2) Déclaration du 6 août 1686, et du 14 mai 1724.

(3) Arrêt conforme du 24 mars 1699, dans le *Journal des audiences*, qui déclare abusif le mariage d'un fils âgé de quarante-trois ans, parce qu'il n'avait pas requis le consentement de ses père et mère. V. l'auteur du *Traité de l'autorité des parents sur le mariage des enfants de famille* en sa note 57.

met, par l'omission de l'acte recpectueux, sous le coup de l'exhérédation (1).

Les ordonnances étant muettes sur la forme en laquelle devait être faite la sommation, il en est résulté une variété qu'il serait trop long d'exposer ici en entier. Contentons-nous de rappeler que le parlement de Paris fit le 27 août 1692 un règlement qui ordonnait que dans toute l'étendue de son ressort, cette sommation serait faite par deux notaires royaux, ou un notaire royal et deux témoins domiciliés, qui doivent figurer avec le notaire, sous peine de nullité. C'est l'origine de la disposition actuelle de l'art. 154 de notre *Code Civil*. Mais avant d'employer les officiers ministériels, l'enfant de famille requérait d'abord des juges royaux du domicile de ses parents la permission, qu'on ne pouvait du reste lui refuser, de faire la sommation. Pour ce qui est des pays d'un ressort différent, les auteurs disent qu'il serait peu délicat d'employer le ministère des huissiers, dont le caractère avait quelque chose de blessant pour les père et mère, quoique on puisse le faire pour les autres parents.

160. Pour prévenir la clandestinité, on passait ensuite à la proclam tion des *bannies* (2) dont l'omission toutefois n'entraînait pas nécessairement la nullité du mariage célébré en vertu d'un arrêt qui l'ordonne, ou du consentement des parents. Les oppositions devaient être levées, sous peine de s'exposer à voir juger le mariage non valablement contracté. Il paraît toutefois qu'il y avait sur ce point dissentiment entre les auteurs (3), et la jurisprudence et que l'on ne devait pas donner à priori de solution absolue sur cette question. Notons cependant que si le mariage n'était pas nécessairement déclaré nul pour le fait d'avoir passé outre, malgré l'opposition faite après bannie, la loi, qui exigeait le consentement des père et mère devenait pour ainsi dire illusoire, car non-seulement il n'y avait pas en ce cas consentement des parents, mais il y avait bien au contraire manifestation énergique du sentiment opposé. On décidait plus logiquement la nullité du mariage sur défaut de réquisition du consentement par acte respectueux.

Enfin il était étroitement défendu aux curés, vicaires, etc., de célébrer le mariage des enfants de famille s'il ne leur apparaissait du consentement des pères et mères sur peine d'être punis comme fauteurs de crime du rapt (4):

(1) Arrêt du parlement de Rouen, du 24 février 1736, contre un fils veuf, âgé de soixante-trois ans.

(2) Ordonnance de Blois, art. 40.

(3) Notamment POTHIER, *Contrat de mariage*, édit. préc. ; d'HÉRICOURT, *Lois ecclésiastiques, ibid.*

(4) Edit de 1579, à Blois, etc.

or les fauteurs du rapt étaient punis comme les ravisseurs mêmes, c'est-à-dire de mort (1). Toutefois, les circonstances pouvaient déterminer les juges à prononcer une peine moindre; on condamnait quelquefois à la peine du fouet, ou au bannissement. Souvent même on n'encourait que le blâme (2).

161. Nous avons déjà mentionné le droit qu'avaient les enfants de recourir au Magistrat contre des parents dont le refus de consentement était évidemment injuste. Basnage observe avec raison que les mêmes lois qui ont si équitablement défendu que les pères ne puissent forcer leurs enfants pour le mariage, ont aussi sagement ordonné que les pères ne puissent par caprice ou par haine refuser leur consentement lorsqu'ils en sont requis par leurs enfants. En ce cas, ils peuvent implorer le secours et l'autorité du magistrat, qui est le père commun des uns et des autres (3).

Les ordonnances sont muettes sur ce point; mais, outre l'argument que l'on pourrait tirer du droit romain, regardé alors comme règle générale, en cas de silence des lois nationales pour les matières auxquelles il n'était pas formellement dérogé, nous trouvons une déclaration du roi en date du 8 mars 1704 pour la partie de la Flandre française (4). Elle dispose en effet, que « ni les ordonnances des rois d'Espagne, *ni celles des rois de France* n'excluent les juges de connaître des oppositions au refus des pères et mères, tuteurs ou curateurs, pour le mariage des mineurs. »

Les anciens auteurs font remarquer que les avocats généraux ont toujours admis le principe du recours au magistrat, non-seulement contre les parents éloignés, mais encore pour les pères et mères. Qu'on nous permette de citer des fragments de d'Aguesseau, le plus savant magistrat peut-être de l'ancienne France, en tout cas le plus intègre et le moins suspect de partialité : « Quelque grande que soit l'autorité des parents, elle a cependant une autorité supérieure dans la société, et si les parents sont les premiers juges, leur jugement est toujours soumis à celui des magistrats. Nous naissons à la patrie encore plus qu'à nos parents, et les liens qui nous attachent à eux

---

(1) Ordonnance de novembre 1639.

(2) Voy. l'aut. anonyme du *Traité de l'aut. des parents sur le mariage*, chap. 6, Du rapt.

(3) Sur l'art. 369, *Cout. de Norm.* Il ajoute que par le droit canonique les enfants, sans distinction de sexe ne peuvent être forcés par leurs parents d'accepter un parti qui ne leur agrée pas. Ce qui est très-raisonnable ; car les cœurs ne peuvent être forcés, et l'empire des pères ne s'étend pas sur l'esprit ; et l'on ne peut espérer de voir de l'amour conjugal et de l'union entre des personnes qui sont liées ensemble contre leur volonté.

(4) Rapportée dans le *Recueil des édits*, imprimé chez Saugrains, en 1712, par ordre du Chancelier.

ne peuvent être assez forts pour nous faire oublier ceux qui nous unissent au corps entier de la société. C'est par conséquent à ceux entre les mains desquels on a remis le dépôt sacré de l'autorité publique à examiner les différends qui s'élèvent entre les pères et les enfants, comme ceux qui s'élèvent entre les autres citoyens, et s'ils doivent apprendre aux enfants à respecter ceux dont ils ont reçu le bienfait de la vie, ils doivent aussi écouter leurs justes plaintes, et ne pas abandonner les membres de la patrie aux caprices et aux passions injustes d'un particulier.... Lorsqu'il s'agit de l'établissement des enfants, il semble que l'autorité des magistrats soit encore plus grande que dans les autres contestations qui peuvent intéresser les mineurs, parce que les mariages sont de droit public, et que comme ils sont le séminaire des États, la source et l'origine de la société civile, il est important à la société en général que des mariages avantageux ne soient pas arrêtés par des oppositions téméraires.... Le consentement du père est nécessaire, non parce qu'il a la puissance paternelle, mais parce qu'il est père, et le consentement de la mère n'est pas moins nécessaire que celui du père, parce que le nom de mère n'est pas moins respectable que celui de père, pour ceux à qui elle a donné la vie (1). »

Les enfants avaient donc le droit de citer leurs parents devant les magistrats, qui arrêtaient tantôt que le père serait appelé pour consentir ou motiver son refus (2), tantôt que le mariage pouvait être célébré (3) ; tantôt enfin déboutaient les parents d'une opposition ridicule et déraisonnable (4).

Les canonistes ont reconnu le même principe que les magistrats. L'un de ceux qui avaient le plus de poids en cette matière, d'Héricourt, s'exprime ainsi : « Il y a des cas dans lesquels les cours souveraines ayant reconnu un refus injuste de la part des père et mère, ont permis aux enfants de contracter des mariages que le reste de la famille trouvait avantageux (5). »

Certaines coutumes ordonnaient, en cas de décès du père, aux mineurs de vingt-cinq ans de *requérir et avoir* le consentement de la mère, tuteur

---

(1) Plaidoyer dans la cause Barbe-Thérèse Viard, et arrêt du 17 janvier 1722, dans le *Journal des Audiences*, tome 7, liv. 5, ch. 2.

(2) Arrêt 28 novembre 1606, rapporté au ch. 67 des *plaidoyers* de JACQUES CORBIN.

(3) Arrêt du parlement de Tournon, 9 décembre 1695, rapporté par PINAULT, t. 1. Arrêt 83, combiné avec la déclaration royale du 8 mars 1704, précitée.

(4) Rouen 27 novembre 1659, dans BASNAGE, sur l'art. 369 de la *cout. de Norm.* ; et une foule d'autres arrêts rapportés dans les collections de l'ancienne jurisprudence, notamment dans le *Journal du Palais* et dans le *Journal des Audiences*.

(5) *Lois ecclésiastiques*, part. 3, ch. 5, art. 2, n° 74.

et proches parents, avec l'autorisation de justice. Mais elles devaient s'entendre et s'entendaient en effet humainement dans la pratique : car à l'impossible nul n'est tenu. Nous voyons en effet le judicieux d'Argentré interpréter la coutume générale de Bretagne de cette façon et en faveur des enfants : « On ne peut pas toujours avoir, disait-il, quoiqu'on doive toujours requérir le consentement des parents », et ils s'en rapporte à l'appréciation du magistrat (1). C'est simplement le défaut de réquisition de consentement qui exposait les enfants aux peines civiles et criminelles édictées par les lois et ordonnances ; car il ne dépendait pas de ces enfants de famille d'obtenir un consentement pour un établissement qui même, pour employer l'expression des anciens auteurs, aurait été très-sortable.

162. Nous terminons l'étude de la législation ancienne sur le mariage par le droit d'exhérédation, sanction redoutable de l'autorité des parents en matière de consentement au mariage de leurs enfants.

Rousseau constatait que les biens du père dont il est véritablement le maître, sont les liens qui retiennent ses enfants sous sa dépendance ; et il admettait que le père pût ne leur donner part à sa succession qu'à proportion qu'ils avaient bien mérité de lui, par une continuelle déférence à ses volontés (2).

163. a). Voyons d'abord dans quels cas elle était encourue.

1° Quand un mineur de vingt-cinq ans contracte mariage sans le consentement de ses père et mère;

2° Quand le garçon de vingt-cinq à trente ans se marie sans le consentement, même après sommation respectueuse par écrit ;

3° Enfin quand la fille âgée de vingt-cinq ans, ou le garçon, de trente, contractent mariage sans avoir fait l'acte respectueux, et alors même qu'ils auraient l'autorisation de justice ou que le parti serait avantageux (3).

164. b). Sont frappés de cette peine civile : 1° les enfants de familles qui contractent mariage dans ces conditions; 2° les enfants nés de l'union, succédant même à l'aïeul en cas de prédécès de leur père exhérédé. C'est un dernier vestige de l'idée romaine qui n'admettait pas qu'on pût donner à un père de famille des petits-fils malgré lui. Il y avait toutefois dissentiment sur ce dernier point entre les anciens auteurs (4). Mais en presque

---

(1) Sur l'art. 496 de la *Cout. de Bretagne*, et dans son *Aitiologie*, v° *Requérir et avoir*.
(2) *Discours sur l'inégalité*, 2° part.
(3) Arrêts du 12 mai 1710 ; 21 juillet 1702 ; 3 mai 1703, et 12 mai 1712. Toutefois cette dernière rigueur n'était pas invariable.
(4) Arrêt 17 mars 1716, dans le *Journal des Audiences* T. 6, liv. 6, ch. 17.

toutes les circonstances, on ne pouvait douter que l'exhérédation ne frappât les petits enfants, vu la généralité des expressions des ordonnances : « eux et leurs hoirs » .

165. *c*). L'exhérédation porte naturellement sur les biens des père et mère, en première ligne. En outre les exhérédés sont aussi privés de toutes successions directes ou collatérales et généralement de tous les avantages que les conventions, testaments ou la loi pouvaient leur assurer (1).

166. *d*). Voyons enfin en quelles formes elle doit être faite.

Il semblerait, à ne consulter que le texte de l'ordonnance de 1639, en son art. 2, que nulle forme n'était nécessaire, puisqu'elle était encourue par le seul fait, de plein droit, dirions-nous. Mais les auteurs interprétaient l'ordonnance autrement, et ici en faveur des enfants. Ils exigaient des parents un acte formel et *authentique* (2) une intention clairement exprimée (3) et la cause prouvée.

De l'avis de tous les auteurs, la révocation pouvait être expresse ; mais le dissentiment commençait sur la validité de la révocation tacite, que l'on appelait aussi réconciliation. Et sur ce dernier point, les auteurs étaient très-partagés encore. Nous ne pouvons entrer dans ces détails. Contentons-nous de dire que l'exhédération étant une fois révoquée on ne pouvait plus la faire revivre pour la même faute ; ce qui était conforme à la législation romaine (4). La loi, en effet, dit un ancien auteur, ne permet pas que les actes postérieurs, non plus que les actes antérieurs à la réconciliation puissent en anéantir l'existence, ni que les pères prennent des précautions contre leur retour au droit naturel en cas que leur cœur soit disposé à donner des marques d'une bonne réconciliation (5).

167. Si nous paraissons avoir traité un peu longuement cette question, c'est que nous y avons été déterminé par les considérations suivantes. D'une part, on rencontre peu de développement dans les études du genre de la nô-

---

(1) Les anciens auteurs rapportent à cet égard un arrêt curieux en date du 16 juin 1655, qui jugea que l'enfant qui s'est marié sans le consentement des père et mère ne peut poursuivre leur interdiction pour cause de prodigalité, et effectivement, dit l'arrêtiste, il vaut autant que l'enfant de famille soit dépouillé de leurs successions par la prodigalité, que par l'exhérédation.

(2) D'HÉRICOURT, *Lois Ecclés.*, part. 3, ch. 5, art. 2.

(3) Application de la théorie romaine, *Novelle* 115, c. 3, princip. ; RICARD, *Traité des Donat.*, part. 3, ch. 8, sect. 4, n° 942; COQUILLE, *Cout. du Nivernois* , ch. 34, des successions.

(4) § ult. *De injuriis, Instit.* 4, 4 ;

(5) *Traité de l'aut. des parents sur le mar. des enf. de fam.*, ch. 9, de l'exhérédation.

tre ; d'un autre côté, la législation et la jurisprudence de cette époque ont été pour ainsi dire la source des dispositions de la loi actuellement en usage en France. Nous pensons donc que pour bien connaître notre législation française sur ce point, il était indispensable d'exposer les anciens errements d'une manière aussi complète que possible, sans dépasser toutefois les bornes qu'impose nécessairement l'exposé historique d'une législation qui n'est plus en usage.

C. LA PUISSANCE PATERNELLE DANS SES RAPPORTS AVEC LA RELIGION ET L'AUTORITÉ MILITAIRE.

Sommaire.

§ 168. L'entrée en religion. — § 169. La majorité canonique. — Exposé de la vive et longue controverse sur ce point. — Exemple du magistrat Ayrault. — § 170. Résumé. — § 171. Majorité pour la prêtrise. — § 173. La puissance paternelle dans ses rapports avec l'autorité militaire.

168. Un autre point qui était aussi de droit général et public du royaume et sur lequel nous désirons dire quelques mots, parce qu'il est encore moins connu que le mariage, c'est l'entrée en religion.

169. La majorité canonique avait été fixée à seize ans, pour les garçons et les filles, par l'ordonnance de Blois, en son art. 28. Les parents ne pouvaient donc consentir à l'entrée en religion de leurs enfants avant cet âge. Mais avant la proclamation de cette ordonnance, et même après, on controversait vivement (1) le droit des enfants d'entrer en religion avant vingt-cinq ans, malgré l'opposition des parents. C'était l'âge fixé par les anciens Conciles (2). La lutte fut ardente. On remontait jusqu'au temps de Saint Jérôme ; on invoquait les Conciles de Tolède et de Tibur, qui fixaient à douze ans l'âge

---

(1) Dans son ardeur à défendre les prérogatives de l'autorité paternelle, si odieusement méconnue en sa personne par les Jésuites qui lui avaient enlevé son fils, Ayrault va jusqu'à soutenir qu'un fils de famille, quel que soit son âge, ne peut faire profession de la vie religieuse sans le consentement des père et mère. Il nous rapporte l'Arrêt du Parlement rendu en sa faveur en ces termes : « Quod Petrus Ærodius, quæsitor andegavensis questus est de Renato adolescente filios uo, quem Jesuitæ sollicitassent, subrepsissent; rectore ac primario collegii Claromontani propterea introductis ad rogationem Faii advocati regii. Placere Ærodio dari inquisitionem plagii. Interea senatum prohibere ne quid in prejudicium fiat neve illum adolescentem Jesuitæ societati admisceant suæ futurum alioqui fraudi. Id ne nesciant collegæ jubere per Claromontanos dici rescribi suis. In curià XX. Maii, anno MDLXXXVI. Fol. 72, *De patr. jure.*

(2) Le Concile de Trente avait déjà fixé cette majorité à seize ans accomplis pour les enfants de l'un et de l'autre sexe.

passé lequel les parents ne peuvent plus s'opposer à l'entrée en religion de leurs enfants : « Puella si ante duodecim annos sponte sua sacrum velamen assumpserit, possunt statim parentes ejus vel tutores, id factum irritum facere ; si vero in fortiori ætate adolescentula vel adolescens servire Deo elegerit, non est potestas parentibus prohibendi. » Les Gallicans et les Ultramontains prirent part à la controverse. Ajoutons l'ambition politique des familles, et nous pourrons nous faire une idée des abus graves qui furent commis (1).

Mais heureusement la jurisprudence et la législation s'élevèrent contre cette théorie des vœux forcés (2), qui, disait Denisart, paraîtra toujours déraisonnable à tout homme sensé. Il eût semblé illogique aux jurisconsultes de cette époque de permettre à un mineur, inhabile aux moindres actes de la vie civile, de pouvoir se choisir un état sans le consentement de son père. Mais quelquefois malheureusement, les parents entraient dans les vues des religieux (3).

Terminons en rappelant un arrêt de Bordeaux, en date du 14 juillet 1472, que les rédateurs du *Journal du Palais* (Tome 1er, p. 260, Paris 1713), rapportent en le commentant. Voici l'espèce : une fille, malgré l'ordonnance du sénéchal rendue à la requête de sa mère et portant défense de procéder à la profession religieuse, avait passé outre sans l'aveu, la présence ni le consentement de sa mère. On invoquait contre cette enfant le précepte de Saint Paul : « Filii, obedite parentibus vestris in Domino (4) ».

Mais, répondaient les jurisconsultes, de toutes choses où les enfants sont particulièrement obligés de marquer leur obéissance à leurs parents, il n'y en a point où elle soit plus indispensable que dans le choix d'un état ; et quoi qu'il semble qu'il n'y ait rien de si légitime que de se consacrer au culte divin par la profession d'une vie religieuse, néanmoins cet engagement ne peut être légitime s'il n'est autorisé du suffrage de ceux qui nous ont donné le jour. C'est ce qui nous est marqué au chap. 30 des *Nombres*.

(1) Voy. un Arrêt du 1er Août en faveur de Jean Laurent, Procureur au Présidial de Chartres, contre les Feuillans de Paris ; un autre du 14 Mars 1602 en faveur de M. Ripault, conseiller en la Cour et Président aux Enquêtes, contre les Capucins de la même ville. Comme ces Arrêts sont postérieurs à l'Ordonnance de Blois et au Concile de Trente, il semble prouvé que la jurisprudence au moins exigeait le consentement des parents, car les enfants que ces pères de famille réclamaient étaient âgés de 17 à 18 ans.

(2) Voy. entre autres les deux Arrêts cités à la note précédente. — Ordonn. de Blois, art. 40 et suiv. ; Ordonn. de 1639, art. 1 et suiv. ; LIVONNIÈRE, *Règles* 4 et 6, tit. 2.

(3) Voir notamment le plaidoyer de LE MAITRE, pour le jeune Marpault, cité dans BERNARD. *Hist. de l'aut. pat.*, 3e partie, chap. 2, pag. 268 et suiv.

(4) PAUL, *ad Ephes.*, Epist. VI, vers. 1.

Le droit canonique prononce anathème contre les enfants qui oseraient manquer à ce devoir, et entre autres dispositions, nous avons celle du Canon I, Distinct. 30, *au Décret*, 1er partie, qui y est précise : « Si qui filii parentes, maxime fideles, deseruerint occasione Dei cultus, hoc justum esse judicantes, et non potius debitum honorem parentibus rediderint, ut hoc ipsum in eis venerentur quod fideles sunt, anathema sit (1). » Nous avons vu le capitulaire de Charlemagne, relatif à notre matière. Ces lois ont toujours été si inviolables, ajoutent les commentateurs, que les plus saints personnages des siècles passés, s'y sont soumis avec une obéissance aveugle, et bien souvent ont préféré leur devoir à l'inclination qu'il avaient d'embrasser la vie religieuse. Ils citent l'exemple d'Héliodore et de S. Chrysostôme. Ils réfutent ensuite l'argement tiré de saint Mathieu (chap. 19, vers. 29), qui exhorte à quitter père et parents pour suivre Dieu, en citant avec raison l'interprétation de ce passage qui, en est donnée par saint Augustin en ces termes : « Id debet intelligi cum illa conditio proponitur à patre ut filius Christum dimittat, » c'est-à-dire que le fils peut se soustraire à son père et à sa famille quand ceux-ci veulent l'obliger à quitter le culte de la véritable religion ; mais hors ce cas, il ne peut disposer de sa personne sans leur agrément. Ce n'est donc pas contre l'entrée en religion que se prononce saint Augustin, mais il défend au contraire l'indépendance religieuse d'un fils de famille dont la conscience serait violentée par les parents pour le forcer à quitter la religion qu'il aurait adoptée (2).

Enfin saint Thomas, décidait que dans le vœu des personnes soumises à la puissance d'autrui, on sous-entendait toujours la condition tacite du consentement de ceux dont ces personnes dépendent, parce que cette subordination vient de Dieu même : « In eorum voto qui sunt alterius potestati subditi, intelligitur debita conditio, scilicet si suis superioribus placuerit. »

Une dernière observation, c'est que les partisans du système de l'inutilité du consentement des parents en cette matière, ne manquent jamais de citer l'exemple cité plus haut d'Héliodore, dont parle saint Jérôme dans ses

---

(1) Le canon *Oportet* dit également : « Oportet infantes cum voluntate et consensu parentum, immo ab ipsis parentibus oblatos, sub plurimorum testimonio suscipi : ut omnis occasio maledicti gratia excludatur hominum pessimorum. » *Au Décret* caus. 20, quest. 2.

(2) Voy. aussi d'autres arrêts cités par CHOPIN, *sur la cout. de Paris*, liv. 2, tit. 5, art. 20, et par HENRYS, dans son *Recueil de questions*, tom. 2, liv. I, quest. 33 ; enfin l'arrêt en faveur d'Ayrault du 20 mai 1586 contre les Jésuites de Clermont, ci-dessus, § 169.

Epitres. Celui-ci s'adressant à Héliodore, sorti du désert pour retourner dans sa famille et consoler sa sœur demeurée veuve avec un enfant, lui enjoignait de faire violence à tous les sentiments de la nature. Mais nos adversaires oublient qu'Héliodore n'avait plus alors ni père ni mère ; et que saint Jérôme nous apprend lui-même que s'étant d'abord voué à l'Eglise, sa mère avait eu besoin de son assistance et l'empêcha pendant qu'elle vécut d'accomplir son vœu. Ce en quoi, le fils cédant au commandement maternel, obéit à Dieu et à sa mère (1).

Certaines coutumes ne permettaient même pas aux parents de consentir à ce que leurs enfants fassent profession de la vie religieuse avant vingt-cinq ans. Telle était celle de la chastellenie de Cassel, en Flandre, dont les art. 2 et 81 *du tit. des mineurs*, portent que « les tuteurs seront tenus de représenter les enfants en justice et de les délivrer à leurs parents lors de leur majorité, libres de dettes et de tout lien de mariage ou de religion (2). »

170. Résumons. La majorité canonique est fixée à seize ans. Nul avant cet âge ne peut entrer en religion, même avec le consentement des parents. A partir de cet âge, le consentement des parents est nécessaire jusqu'à l'âge de vingt-cinq ans accomplis pour les hommes, et de vingt ans pour les filles. Toutefois, l'ordonnance d'Orléans défendait aux parents de donner ce consentement avant ces deux époques fixées, mais l'ordonnance de Blois, postérieure à celle d'Orléans, revint à la majorité de seize ans, fixée par le Concile de Trente.

171. La majorité pour la prêtrise était fixée au commencement de la vingt-cinquième année. A vingt-quatre ans accomplis, et la vingt-cinquième année étant commencée, dit l'abbé Fleury, on peut être ordonné prêtre (3).

173. Enfin le système de recrutement militaire formait aussi une partie notable du droit général de la France à cette époque, et à ce titre, nous devons en dire quelques mots, en nous bornant naturellement à établir les rapports de cette organisation militaire avec l'autorité paternelle. Les enrôlements volontaires, a partir d'Henri IV, étaient reçus par des *mestres-de-camp*. En cas d'insuffisance, on ne craignait pas de recourir aux enrôlement forcés. On obligeait les villes, les bourgs et les communautés à fournir

---

(1) Dans son livre *sur la Prêtrise.* — V. aussi les arrêts du 14 juillet 1672, T. 1, p. 260, *du Journal du Palais ;* 23 juillet 1686, p. 606 du second vol. du même recueil ; arrêt 12 mai, 1685, p. 533, ibid. et les commentaires des arrêtistes.

(2) Dans le *Journal du Palais.* Arrêt 23 juillet 1686, p. 609, tome 2.

(3) *Instit. au dr. ecclés.*, tome I, 1ʳᵉ part., ch, 9, page 105. Paris, Hérissant, 1767.

un nombre d'hommes déterminé (1). Lorsque le fils entrait dans l'armée avec l'autorisation de son père, il devenait majeur pour ce qui se rapportait à ses fonctions (2). Mais cette autorisation lui était absolument nécessaire ; et l'exception à signaler dans notre droit actuel, et qui est une véritable atteinte à l'autorité paternelle, est une innovation née sous la période consulaire. Nous verrons que cette anomalie semble s'être complétement acclimatée dans notre législation militaire, car la loi du 27 juillet 1872 l'a conservée, mais avec la restriction qu'avait déjà apportée la loi de 1832.

SECTION DEUXIÈME.

Droit coutumier.

Sommaire.

§ 174. Droit général coutumier. — § 175. Certaines coutumes ne mentionnent pas l'autorité paternelle. — §176. Caractère des autres. — § 177. En quoi consiste le pouvoir du père. Doctrine de Pothier. — § 178. Personnes qui l'exercent. — § 179. La légitimation. — § 180. Droits d'éducation et de correction. — § 181. Responsabilité civile du père de famille. — § 182. L'instruction des enfants.

174. « Dans les pays appelés *Coutumiers*, dit Albisson dans son *Discours au Corps législatif*, presque autant de divagation et de contrariété que de coutumes différentes sur un point aussi important que l'est l'autorité des parents sur leurs enfants ; et comment aurait-on obtenu à cet égard quelque chose de cohérent et de coordonné, du bouleversement que firent dans les droits des individus et dans la consistance des familles, ces siècles de barbarie où la violence féodale, imposant silence aux lois et à la raison, et ne reconnaissant tout autre droit que celui du plus fort, asservit les corps et les esprits sous le despotisme avilissant du caprice et des volontés arbitraires du moindre châtelain, qui pouvait compter quelques centaines d'hommes sur son territoire usurpé, et les ranger sous sa bannière. » Ce tableau résume parfaitement ce qu'on peut dire du droit général coutumier. Mais quelle que soit, du reste, la variété immense des coutumes, si on les observe de près, on finit par s'apercevoir que cette diversité même n'a pas permis à ces pays

---

(1) E. ORY, *Recrutement et condit. jurid. des militaires.* Nancy, Vagner, et Paris, Dumaine, 1873, 2° partie, ch. 1°, sect. 2, § 366.

(2) Arrêt du 25 juin 1603, dans les *Actiones forenses*, rapporté dans l'ouvrage précédemment cité de notre confrère et ami M. ORY.

d'organiser l'autorité paternelle d'une manière systématique, d'en poser les principes certains, d'où les conséquences découlaient naturellement. On était loin de se faire en ces temps une aussi haute idée de la famille qu'aujourd'hui. Tandis que le législateur actuel en fait la pierre angulaire de la société, nos ancêtres, ou du moins les personnes qui avaient le pouvoir social, n'avaient pas l'intention de faire jouer à la famille un rôle aussi important. Aussi avait-on laissé les familles vivre à peu près comme de petites républiques indépendantes, sans chercher à leur imposer une règle uniforme qu'on aurait fait reposer sur ce qu'on eût appelé la nécessité sociale, ou les besoins de la société. L'autorité centrale n'intervient que dans ce qu'elle regarde de droit public, comme les mariages ; et elle agit moins dans le but d'améliorer ou de rendre uniforme la législation sur ce point que sous l'influence d'idées politiques ou religieuses.

175. Toutes les coutumes ne mentionnent même pas la puissance paternelle. On cite celles qui en parlaient. C'étaient : le Poitou, art. 310 et suiv.; la Bretagne, art. 498 ; le Berri, tit. 1, art. 3 ; le Bourbonnais, art. 167 ; Châlons, art. 7 et 8 ; Reims, art. 6 et 7 ; Chartres, art. 103 ; Montargis, ch. 17, art. 8 ; Sedan, art. 5 ; la Lorraine, tit. 1, art. 16 ; Metz, tit. 1, art. 4 ; l'évêché de Metz, tit. 1, art. 16 ; Toul, art. 48 ; Saint-Mihiel, tit. 1, art. 26. Les effets en sont différents suivant les diverses coutumes, ainsi que le fait observer de Livonnière (1). Dans les autres coutumes, continue le même auteur, la puissance paternelle est réduite à certaine autorité des pères et mères sur la personne de leurs enfants (*Ibid.*, règle 4). En général, les coutumes se sont inspirées du principe de protection du père pour le fils, et des besoins naturels de l'enfant.

176. Quelques coutumes du Nord avait néanmoins adopté la puissance paternelle romaine, mais notablement restreinte et adoucie, au point qu'un commentateur bien connu pouvait dire : « Aliæ vero gentes quædam ut servos tenent filios..... aliæ ut prorsus absolutos, *ut Francigenæ;* » ce que l'on traduisait par les mots : « Droit de puissance paternelle n'a lieu, » et ce qui faisait dire à Denisart : « Dans la coutume de Paris et dans la plupart des autres, les pères n'ont guère plus de pouvoir sur leurs enfants que les tuteurs sur leurs pupilles : ils ont le soin de leur éducation et de l'administration de leurs biens jusqu'à ce qu'ils soient majeurs ou émancipés (2). »

_____

(1) *Règle* 2, sect. 1, tit. 2, *Des personnes qui sont sous la puiss. d'autrui.*
(2) *Collect. de décis. nouv.*, Paris 1756, V° PUISS. PAT.

La coutume de cette ville reproduisait expressément cette disposition, tandis que d'autres coutumes se contentaient de mentionner cette autorité, sans toutefois adopter les principes romains. Il est intéressant d'observer ici que certains pays se trouvaient dans une position assez curieuse, et pour ainsi dire hésitant entre les pays de droit écrit et ceux de droit coutumier. Cette incertitude était due à la position spéciale qu'occupaient les pays dont nous parlons sur ces espèces de frontières juridiques. La province d'Auvergne notamment était dans ce cas. Certains légistes, ou plutôt certains romanistes de l'époque, faisaient tous leurs efforts pour y faire dominer les principes de droit romain, car ils étaient intimement convaincus que le droit romain devait être le droit commun du royaume de France, puisqu'ils le regardaient comme la lumière à laquelle ils devaient recourir en cas d'obscurité, d'incertitude ou d'insuffisance du droit local.

Cette règle, qu'on peut presque appeler règle générale, ne s'établit guère que vers le seizième siècle. On pouvait dire que c'était une règle générale pour notre pays, car on avait rejeté de la puissance paternelle les exagérations que nous avons constatées et qui étaient incompatibles avec notre caractère ; mais on conservait avec soin le principe même de cette autorité que la nature et la raison donnent au père sur ses enfants.

177. Pocquet de Livonnière, dans ses *Règles du droit français*, fait consister la puissance paternelle principalement dans l'éducation, jusqu'à vingt-cinq ans, et pour empêcher que les enfants ne prennent un établissement jusqu'à ce temps-là. *Règle 4, Ibid.* Selon le même auteur, elle n'emporte aucun domaine, ni sur la personne, ni sur les biens ; elle ne consiste qu'en obéissance et révérence que les enfants doivent à leurs pères (1).

De son côté, Prévot de la Jannès s'exprime ainsi (2) : « La puissance paternelle par le droit naturel consiste, 1° dans le pouvoir qu'ont les pères et mères de gouverner avec autorité la personne et les biens de leurs enfants, jusqu'à ce que la maturité de l'âge les ait rendus capables de se conduire eux-mêmes ; 2° dans les devoirs de reconnaissance, de respect et d'amour qu'ils ont droit d'exiger de leurs enfants, après même que ceux de

---

(1) *Règle* 2 ; LOYSEL, *Règle* 37, liv. 1, tome 1 ; D'ARGENTRÉ, *cout. de Bret.*, art. 498.

(2) On pourra peut-être nous faire le reproche de donner trop fréquemment des citations. Mais outre que le résumé qu'on ferait de la doctrine des anciens auteurs pourrait être peu fidèle, nous ne connaissons rien de plus propre à faire connaître exactement l'ancienne jurisprudence que de mettre le lecteur en contact direct avec nos anciens maîtres.

l'obéissance et de la soumission ne subsistent plus. Dans nos mœurs, la puissance paternelle ne consiste aussi que dans ces deux points. C'est par une suite du premier, que dans plusieurs coutumes les pères et mères sont de plein droit les tuteurs naturels de leurs enfants mineurs, auxquels il est échu des biens par le décès de l'un des conjoints, ou autrement (1) ; que les coutumes mêmes qui ne leur donnent pas de plein droit l'administration de ces biens, leur laissent toujours le soin de la personne et de l'éducation (2) ; qu'ils ont un droit de correction modéré sur leurs enfants, et peuvent, lorsqu'ils sont indociles, les faire enfermer dans des maisons de force, le père, de sa seule autorité, s'il n'est marié en secondes noces, la mère, en vertu d'une ordonnance du juge (3). »

« Une suite du second point est que les enfants ne peuvent se marier, à quelque âge qu'ils soient, sans requérir l'avis et consentement de leur père et mère, » ainsi que nous l'avions vu plus haut (4).

Enfin, Pothier ne la fait consister que dans deux choses, dans le droit qu'ont les pères et mères de gouverner la personne et les biens des enfants jusqu'à ce qu'ils soient en âge de se gouverner eux-mêmes et leurs biens. De ce droit dérive la garde noble et bourgeoise (5), qui existait dans presque toutes les coutumes.

178. Les deux parents sont appelés à l'exercer, tant qu'il n'y a point division ni désaccord entre eux, mais elle est due au père préférablement à la mère dans les choses qui ne sont point défendues et sur lesquelles les parents ne tombent point d'accord (6).

179. Outre le mariage, la légitimation était encore une source de la puissance paternelle ; mais cette institution ne s'appliquait qu'aux enfants naturels, et le seul mode était la légitimation par mariage subséquent. Philippe de Mouskes, déjà cité, s'exprime ainsi :

(1) *Cout. d'Orl.*, art. 23 et 178 ; *cout. d'Anjou*, art. 85 et 88 ; *cout. du Maine*, art. 98 et 101.

(2) *Paris*, art. 270 et s., 165 et s.

(3) Arrêt de règlem. de 1696, dans le *Journal des audiences*, t. 5, liv. 12, ch. 25.

(4) *Les principes de la jurisprudence française*, par PRÉVOT DE LA JANNÈS, 2 v. in-18, Paris, Briasson, 1759, 1ʳᵉ partie, Titre prélim. *Des droits de cité*, n° 11, p. 12 et s. du Tome 1ᵉʳ.

(5) *Traité des personnes*, part. 1, tit. 6, section 2, de la puiss. pat.

(6) LIVONNIÈRE, tit. 2, sect. 1ʳᵉ, règle 2. *Règles du dr. français*, LOYSEL, liv. 1, règle 37, *Droit de puissance paternelle n'a lieu*.

Si duc qui ses enfans ama
Gunnor adonques espousa
Et si fil qui ja furent grant
Furent entr'aultres 2 en estant
Par dessous le mantel et la mère
Furent faits loyal cy trois frères.

Mais les effets de cette légitimation ne sont complets qu'en droit privé, car elle ne donne pas toujours la vocation à l'hérédité des fiefs (1). Dans la suite des temps s'introduisit la légitimation par lettre du prince, mais plusieurs coutumes la rejetèrent, à cause des nombreux abus qu'elle engendrait (2) et dont les effets du reste étaient fort restreints. Elle ne faisait que couvrir le vice de la naissance de celui qui est ainsi légitimé (3).

Éducation et correction.

180. Avant la rédaction des coutumes, c'étaient l'usage et les mœurs qui sous ce rapport faisaient loi. On puisait dans la nature ses droits. Mais le droit de correction entraîna bientôt des abus graves, et cette peine disciplinaire, qu'on poussa jusqu'à l'emprisonnement (4), dégénéra bientôt en arbitraire. Les Parlements s'émurent d'un tel état de choses (5), et un éminent magistrat, l'Avocat général Talon, était le premier à reconnaître au père le droit de correction et de justice paternelle sur ses enfants « lorsque les pères exercent leur bonté envers leurs enfants » mais il admettait pour la magistrature « le droit de juger leurs jugements quand ils exercent leur justice et châtient leurs enfants. » Il s'était ainsi formé, sous l'influence des Parlements, une jurisprudence qui formait une loi générale qu'on appliquait comme telle dans les mêmes espèces. Ainsi le Parlement se serait opposé à la volonté du père qui aurait été dans l'intention de donner à ses enfants une éducation contraire à la décence et aux bonnes mœurs. La mère était admise, dans ce cas, à intenter une action contre le père, et elle était favorablement entendue. Le contrôle du magistrat alla jusqu'à exiger que le père

(1) V. par exemple *Les usances de l'Emp. de Roumanie*, au ch. 15.
(2) V. KOENIGSWARTER, *op. cit. La fam. féod. et coutum.*
(3) FERRIÈRE, *Dict. de dr. et de pratiq.* V° *Légitimer.*
(4) LIVONNIÈRE, *ibid.*, tit. 2, sect. 1. Règle 5 ; JANNÈS, *ibid*, n° 11 de la 1re partie.
(5) Arrêts des 9 et 16 mars 1673 ; 14 mars 1678 ; 27 octobre 1696 ; 26 octobre 1697.

donnât à son fils une éducation en rapport avec son rang et sa fortune. Cette obligation s'étendait, selon un auteur, à proportion des facultés et de la condition. Le père n'eût donc pas complétement rempli ses devoirs s'il s'était contenté de faire apprendre à son fils un état qui eût permis à l'enfant de suffire à ses besoins. Cette jurisprudence s'est beaucoup modifiée, et le pouvoir arbitraire que les juges de cette période se sont arrogé n'a point passé à leurs successeurs actuels (1).

Responsabilité civile du père de famille.

181. Tant que le fils restait sous la puissance paternelle, le père était civilement responsable des amendes ou condamnations pécuniaires prononcées contre son fils. Beaumanoir posait déjà ce principe (2), et les *Coutumes de Bretagne* le répétaient en ces termes : « Le père paiera l'amende civile, si l'enfant fait tort à autrui (3). » Cette jurisprudence était presque générale autant du moins que le permettaient la variété et le nombre des coutumes. Elle repose en effet sur un principe qui ne peut guère être discuté, qu'on trouve en droit romain, et qui se trouve encore écrit dans notre Code actuel (art. 1384, § 1). Aussi, plusieurs parlements ont-ils essayé de généraliser le système de la responsabilité civile du père. Partant en effet de l'idée de l'état de dépendance dans lequel se trouve placé le fils en puissance, on conclut facilement au pouvoir de gouverner la personne et les biens de l'enfant jusqu'à l'époque où la nature le rend capable de le faire lui-même : or ce droit de gouverne et d'administration entraîne évidemment la responsabilité de celui entre les mains duquel se trouvent ces prérogatives de l'autorité domestique ; et l'idée de *droit* et celle de *responsabilité* sont corrélatives. Toutefois, ce système avait fort bien pu soulever des difficultés entre les jurisconsultes des siècles passés, et même les diviser. On sait en effet que notre droit moderne a restreint d'une manière notable les droits du père ; on connaît la fameuse maxime « *Droit de puissance paternelle n'a lieu* » : on a ainsi laissé plus de personnalité au fils, et par conséquent plus de liberté et de responsabilité. Aussi certains auteurs se sont crus fondés à ne pas déplacer la responsabilité du fils de

---

(1) Arrêt du Parlement de Paris, du 18 juin 1607, cité par CHARDON, *Traité de la puiss. pat.*, n° 12.

(2) *Cout. du Beauv.*, ch. XXI, n° 20, tome 1ᵉʳ, p. 312 de l'édit BEUGNOT.

(3) Art. 611.

famille et à ne pas inquiéter le père pour les actes de ses enfants. On vit donc quelques coutumes, plusieurs arrêts et les pays de droit écrit ne rendre le père responsable en ce cas qu'autant qu'il était détenteur de biens appartenant au fils. Ces biens, dont le père avait le dépôt et l'administration, servaient à désintéresser ceux que le fils pouvait avoir lésés. Néanmoins, même dans ce système restreint, on avait conservé le principe de la responsabilité du père, même possédant des biens du fils, dans le cas où la faute a été commise par le fils dans l'exercice des fonctions auxquelles le père l'avait préposé (1). Il en était de même encore dans le cas où le père n'avait pas fait son possible pour empêcher le délit, ou lorsqu'il prenait la défense de son fils (2).

Dans un autre ordre d'idées, la responsabilité directe du père fut aussi formellement déclarée dans plusieurs ordonnances de police, en cas d'infraction par les fils de famille aux règlements qu'elles édictaient.

Voyons, pour terminer cette section, l'idée qu'on se faisait à cette époque de l'instruction des enfants.

Dès 1560, les Etats généraux d'Orléans demandent que « les pères et mères soient tenus à peine d'amende d'envoyer leurs enfants aux écoles qu'on allait établir pour l'instruction de la jeunesse du plat pays. » Henri III reçoit en 1582 (3), une pétition de la noblesse de France, qui le supplie d'appliquer des peines à ceux qui n'enverraient pas leurs enfants à l'école. Henri IV, qui avait l'amour et l'intelligence des classes populaires, obligea enfin les parents d'envoyer les enfants aux écoles jusqu'à l'âge de quatorze ans, édit de 1598. Une déclaration royale de 1724 renouvela les mêmes obligations ; les procureurs royaux durent dresser un état des parents qui n'enverraient pas leurs enfants à l'école, pour qu'ils fussent poursuivis. Toutefois, cette déclaration de Louis XIV, tout en prescrivant l'exécution de l'édit de janvier 1686, et des déclarations du 13 décembre 1698 et 16 octobre 1700, ajoute malheureusement et d'une façon trop arbitraire, la défense « d'envoyer élever les enfants hors du royaume, sans permission du roi par écrit, laquelle n'était accordée qu'après information suffisante de la catholicité des pères et mères ; et ce, à peine d'une amende proportionnelle à la

---

(1) Arrêt du 18 juillet 1698 ; COQUILLE, cout. de Nivern., ch. 29. Des marchands publics, art. 2.

(2) V. GUYOT, V° PUISS. PAT.

(3) EDGAR BOURLOTON ET EDMOND ROBERT. La Commune et ses idées à travers l'histoire, Paris 1872.

fortune des parents (Art. 4). » Elle réitère l'obligation d'envoyer les enfants aux écoles jusqu'à l'âge de quatorze ans (1).

Sommaire.

182. Etudions maintenant les principaux effets de la puissance paternelle sur les biens, et à cette occasion ce qu'étaient les gardes noble et bourgeoise dans le dernier état de l'ancien droit.

Les très-anciennes coutumes, ou plutôt les usages qui en tenaient lieu, avaient conservé l'ancien système romain relativement aux biens, tout en empruntant, chose curieuse à noter, aux coutumes germaniques le principe protecteur régissant les personnes. On cite entre autres l'ancienne coutume de Paris. Les parents acquéraient donc par le moyen de leurs enfants en puissance. On trouve en effet dans les sentences du *Parloüer aux bourgeois* un acte de notoriété en date du 12 juin 1293, portant que : « il fut répondu (au prévôt de Paris), régistré, témoigné et accordé que les enfants demeurant avec le père ou avec la mère, s'ils font aucun acquêts ils sont acquis au père ou à la mère. » Les *Etablissements de Saint-Louis* attestent aussi cet usage, en leur art. 140 ; et si l'on observe que ce recueil formait en quelque sorte le droit commun des provinces du centre, ou, s'il n'avait pas force de loi, comme cela est mis en doute par quelques auteurs, on y voit toutefois la relation sinon officielle, au moins attestée par un praticien exercé des usages déjà existants que ce roi aurait désiré convertir en loi. On constate donc pendant cette ancienne période coutumière, l'incapacité des enfants d'acquérir pour eux-mêmes. Au XIVᵉ siècle, on continue à suivre les mêmes errements ainsi que l'attestent les auteurs du *Grand coutumier* et

---

(1) V. Rendu, *L'obligation légale de l'enseignement,* brochure dont un compte rendu a été présenté à l'Académie des sciences morales et politiques, fascicule de juillet 1872.

de la *Somme rural*. Ce premier recueil s'exprime ainsi : « Nota que qui donne aux enfants qui sont en la puissance du père et de la mère, c'est tout au père et à la mère, si le don n'est *causé* ; et si la cause du don cesse, revient ledit don au père et à la mère par la coutume. » Et Jean Bouteiller, auteur du second ouvrage cité, dit : « Un laiz ou don qu'elle fait à mon enfant étant en ma puissance vient à mon profit, au cas toutefois que le don ou laiz ne serait pas *causé*, comme de dire pour apprendre à l'école, ou pour le marier ; et encore si la cause cessait, ledit laiz ou don reviendrait à moi, par la coutume de la Prévoté de Paris. » Un autre auteur contemporain, Jean Desmares, nous atteste les mêmes usages dans ses *Décisions* 236 à 248. Mais vers le XVIᵉ siècle, une forte réaction fit disparaître ce droit inique et c'est alors que se formula la célèbre maxime : *Droit de puissance paternelle n'a lieu*. Toutefois, certaines coutumes conservèrent l'ancien système français emprunté aux Romains. Ainsi en Poitou, le père absorbait encore la personne de ses enfants, et toute obligation était entre eux réellement impossible (1) : « Le père se puet desmettre des biens lui vivant en ses enfants, c'est assavoir s'ilz estoient en cage et les mancipast, et puis se desmeit des biens en eulx. » § 806. Laferrière cite également les coutumes de Chartres, de Montargis, du Berry, de la Bretagne, de Châlons, Reims et Vitry (2). Les coutumes qui réagirent contre la doctrine ancienne imposaient au père l'obligation de garder et conserver les biens du fils, et de lui en tenir compte lorsqu'il était devenu majeur.

183. En ce qui concerne le droit de tester, il est difficile de donner une idée générale de la capacité des fils de famille à cet égard. Certaines coutumes sont muettes, et sous leur régime on ne doutait pas que les majeurs n'eussent pu disposer ainsi *(Cout. de Senlis)*. D'autres défendent expressément aux fils de famille de tester, ou se contentent de le leur permettre en leur imposant certaines conditions.

184. Voyons la capacité de disposer du père de famille, autrement dit les droits des enfants sur le patrimoine.

185. *a)* Nous avons dit que les usages germaniques faisaient une loi au père de respecter la terre conquise la *sors barbarica*, mais qu'ils lui avaient laissé la liberté de disposer des conquêts. Pendant un certain temps, la même dis-

---

(1) *Le livre des droictz et des commandementz d'office de justice*, publ. par BEAUTEMPS-BEAUPRÉ, 2 vol. in-8°, Paris, Durand, 1865, ch. 5, *De la puiss. pat. et de l'émancip.*

(2) V. son *Histoire* au tome 6.

tinction fut d'usage dans l'ancien droit coutumier. La *sors barbarica*, transmise aux descendants par droit d'hérédité en prit le nom, et fut la réserve de la famille, sauf la cinquième partie, sur laquelle le père pouvait exercer son plein et entier droit de disposer comme il le faisait des conquèts. Néanmoins, une restriction notable fut apportée à la puissance paternelle.

Les jurisconsultes de l'époque, en tête desquels on cite toujours Pierre de Fontaine et Philippe de Beaumanoir, ne voulurent pas que les pères de famille pussent échapper à la dette naturelle qu'ils avaient contractée en donnant le jour à leurs enfants. Ils accordèrent donc à ceux-ci une créance dont étaient grevés les biens que le père possédait, lorsque « l'éritage » ou réserve de la famille, ne se trouverait pas suffisant pour leur « *sostenance* » nourriture et entretien. La théorie est simple et naturelle. Les parents ont droit à un cinquième de l'héritage quel qu'il soit (1). De plus, ils prendront dans les quatre cinquièmes restant au chef de famille de quoi vivre raisonnablement et tenir leur rang, si le cinquième à eux dévolu ne leur suffit pas : « Se li eritages est petiz et li conquest sont grants et si que li eritages ne sofisent pas à la sostenance as enfantz, de son conquest ne puet diviser fors ce qui sormonte la sostenance as enfantz » (2). « Ançois doit estre retret du testament, tant que li hoir puissent resnablement vivre et avoir lor sostenance selon lor estat » (3) on excepte toutefois le cas de juste exhérédation.

Lorsque le père de famille avait disposé de tous ses biens en faveur d'un étranger, les enfants étaient admis à quereller le testament et à faire réduire le legs à une part d'enfant. On supposait que quelques grands services que l'étranger eût rendus au père, il ne devait pas être traité mieux que les enfants, mais ses droits n'étaient pas moindres (4). *La Somme Rural* désire l'égalité des enfants autant que possible, quand ils reçoivent des libéralités de leur père : « Encore vuet la loy escripte que se li père à l'un de ses enfantz donoit de ses hesritages oultre mesure envers les aultres, que chiaux qui einzi seraient despoinctez, les puissent rècuperer contre les aultres. » Tel paraît avoir été le droit commun, car « Et combien que en moult de coustumes locaux ou tient le contraire, et que li pères pourra et puet doner à son plaizir

(1). *Cout. du Beauvoisis*; ch. 12, des testaments ; *Conseils* de Pierre de Fontaine, ch. 34. Chi parolle des dons que li pères puet faire à ses enfants. Edit. de Marnier, Paris, Joubert, 1846:

(2) *Conseil*; ch. 34, n° 10; page 422, de l'édition précitée.

(3) *Coutumes du Beauvoisis*; ibid. n° 17

(4) *Conseil*, page 124, ibid. Voy. aussi Duverdy, *Recherch. hist. sur la quot. dispon. dans l'anc. droit français*; dans la Revue Historique, 1855, notamment pages 520 et suiv.

à l'un de ses enfanz plus, à l'aultre moins. » (1) Les *Assises de Jérusalem* assurent cette liberté presque illimitée du père de famille. « *Ici orrés la raison dou don que peut faire le père et la mère à ces enfans, à sa mort ou à sa vie.* » Sachés que se il avient que uns hons ou une feme vient à mort, et il fait sa devise, ou laisse ou done dou sien dreit, ou seit heritage ou chose meuble, à ces enfans, et done à l'un plus que à l'autre, bien le peut faire, et cout deit estre ferme et estable, par dreit, tout enci comme le père ou la mère l'aura commandé. Et autel raison est c'il le veullent doner à aucun de leurs parens, que bien le peuvent donner tont enci come il vorront, ou à l'un plus, ou à l'autre mains, ou tous coumunaument. » (2) D'un autre côté, les usages de l'Anjou (3), et les *Etablissements de Saint-Louis*, consacrent le système de l'égalité.

« Quand hons coutumier a enfanz, autant à li uns come li aultres en la terre au pères et à la mères, par dreit, soit fils ou fille, et tout autant es muebles et es conquez et achat, car lois à vilain si est ni patremoines, selonc l'usage de la court laye. » (4) Tout ceci se rapporte au testament ; car le père de famille « En sa santé il peut tout donner ou vendre » (5).

Il pouvait ainsi arriver au même résultat, mais on n'espérait pas voir le père se dépouiller de son vivant pour frustrer son fils.

186. — *b*. Après la rédaction des coutumes, il y eut naturellement diversité de lois ; mais on peut dire qu'en général la réserve consacrée par le droit commun était des quatre cinquièmes des propres.

En plus, une légitime fut admise en faveur des enfants cadets dans quelques coutumes.

La liberté du père de disposer de ses biens entre ses enfants comme il l'entendrait est en général limitée. Car d'une part on constate les coutumes qu'on a appelées *d'égalité parfaite* entre enfants ; d'autre part celles de *préciput*, sous le régime desquelles le père ne peut avantager un ou plusieurs enfants que jusqu'à concurrence de la quantité disponible ; enfin celles dites

(1) *Somme rural*, composé par JEAN BOUTEILLIER, Tilt. CIII, page 605 de l'édit. de L. Charondas le Caron, Paris, Macé M. DC. XII.

(2) *Livre des Assises de la Cour des Bourgeois*, chap. CXCII, page 129 du Tome II de l'Edit. Beugnot, dans le *Recueil des historiens des Croisades*, Paris, Imp. Royale, 1843.

(3) LAFERRIÈRE, *Hist. du droit Français*, Tome VI, ch. VII, Sec. I, p. 238, 245 et suiv. Paris, Cotillon, 1858.

(4) *Establissements de Sainct Louis, Roy de France*, Liv. 1er, chap. CXXXII.

(5) *Le grant coutumier de France*, Liv. II, ch. 40, de succession, testament et exécution diceluiy, page 364 de l'édit. de MM. LABOULAYE et DARESTE. Paris, Durand, 1868.

d'option, qui permettaient à l'enfant gratifié de choisir entre la libéralité et la succession (1).

187. Nous avons constaté plus haut une légitime en faveur des parents du testateur. Mais nous avons vu également que celui-ci n'est pas tenu de la respecter en cas de juste cause d'exhérédation. L'exhérédation, en effet, existait, et dès les temps les plus anciens du droit coutumier, ainsi que le dit Beaumanoir en ce passage : « Li secons cas en coi nul restors (tort) ne doit estre fes as hoirs, si est, s'il fet mention el testament que li hoir li aient meffet, parquoi il ne lor vaut riens laissier el testament ; car se je voi mon fils, me fille, ou me mère ou celle qui doit estre mes hoirs mener si deshoneste vie que ce soit escanlles (scandales), à li et à son lignage, je li ai bone reson de li oster de mon testament. Et li escanlles, si est des péchiés de cors, d'ans vilainement et honteusement demener, ou de mariage des avenant fet par eles contre me voulenté ; ou de si folé larguece (largesse, prodigalité), l'on voie que che qui vient en lor main est perdu (2). » En ces temps, l'exhérédation toutefois ne portait que sur les meubles et conquêts et n'atteignait point la réserve établie par les coutumes, ainsi que l'atteste le même auteur : « Mais voir et que des quatre parts de mon éritage, ne puis-je pas oster à mes oirs ce que coustumes et droictz donc. » Ce n'est donc pas l'exhérédation proprement dite qui existe dans les anciennes coutumes, car d'un côté on ne mentionne pas les causes de juste exhérédation, puis elle prive les enfants de trop peu de chose, des meubles et conquets, *res mobilis vilis*, adage bien vrai à cette époque, pour qu'on puisse l'assimiler à la rigueur du droit romain. Ajoutons que le système coutumier réputait l'héritier institué de Dieu même : « Solus Deus heredem facere potest, non homo. » Aussi avait-on formulé et suivi les maximes : *Institution d'héritier n'a point lieu*, et *Le mort saisit le vif, son hoir plus proche et habile à succéder*. Mais précisément parce que les coutumes étaient muettes sur les justes motifs d'exhérédation, la jurisprudence des parlements s'arrogea le droit de combler cette lacune en empruntant les dispositions de la loi romaine, regardée comme devant suppléer à l'insuffisance de la coutume. Nous renvoyons à la partie de notre ouvrage où nous avons énuméré les quatorze causes d'exhérédation de la *Novelle* 115 (Ch. 2, sect. 3, § 117. Droit d'exhéréder). En étudiant la législation du

---

(1) V. DUVERDY, loc. et op. cit. BERNARD, Hist. de l'aut. pat. en France, ch. 4, sect. 1°.
(2) *Cout. du Beauv.*, ch. 12, n° 17, pag. 184, tome 1°° de l'édit BEUGNOT.

mariage, nous avons vu également ce qu'il en était de l'exhérédation encourue pour mariage sans consentement des parents. Rappelons que Metz,
Bar et Lorraine permettaient également l'exhérédation pour ce fait. On
constate également que l'exhérédation pour cause d'hérésie n'a pas disparu de la jurisprudence arbitraire des parlements.

188. Le fils de famille fut généralement reconnu incapable de contracter
en minorité. Toutefois, quelques coutumes le regardaient comme capable
de le faire avec l'autorisation du père, dont l'effet n'était pas le même.
Dans les pays coutumiers dont nous étudions en ce moment la législation,
le père était en même temps obligé et le fils reconnu majeur pour cet acte.
Dans les pays de droit écrit, le fils en principe était capable, même en minorité, de contracter, et l'autorisation du père avait pour effet de l'obliger
solidairement avec le fils. Le *livre des droictz*, rédigé en Poitou, nous apprend que le fils de famille ne peut ester en justice sans le consentement
du père (1) au moins en demandant : ce consentement paraît être inutile
en défendant (2) ; et il l'est certainement quand il apparaît en justice pour
répondre de ses délits (3). Quand il fait ajourner, quelquefois le défendeur
n'est pas tenu de lui répondre jusqu'à ce qu'il soit autorisé (Beautemps-
Beaupré, *Le Livre des droictz*, p. 59). Quand une injure est faite au fils,
le père a action en son propre nom pour en obtenir la réparation, et le
fils ne peut agir sans être autorisé par le père (4).

P. de Livonnière nous dit (5), que le fils de famille mineur de 25 ans peut
résigner son bénéfice sans le consentement de son père, et même malgré
lui ; et si la résignation a été extorquée ou surprise par mauvais artifices,
elle peut être déclarée nulle sur la plainte du père.

189. Voyons ce qu'étaient l'usufruit paternel et l'administration légale.
Ces expressions désignent la même chose. On employait aussi le nom de

(1) § 504. Le fils de famille, id est au pover du père ne puet fonder jugement sans
estre auctorisé. Et se il faisait adjourner quelqu'un cellui-ci ne lui respondroit point
sans être auctorisé premièrement.

(2) § 608. De villenie dicte au fils nessent deux actions, l'une au filz et l'autre au
père. Et de la villenie dicte au filz, savoir mon si aucun y respoudra sans auctorité,
non par si le filz est demandeur sans estre auctorisé ; mais s'il est reus, id est défendeur, il en respondra, car ce est délit par lui faict, et droit veult en est cas qu'il y
responde.

(3) § 629. Celui qui est ou pover d'aultrui doit respondre sans estre auctorisé des
deliz par li faiz, etc... ; voire le filz qui est ou pover du père, mais la femme non par
la coustume.

(4) *Ibid.*, et § 648 du texte.

(5) *Règle* 9, sect. 1, tit 2.

légitime administration. Mais ce n'était point une disposition générale. On sait que sous l'empire de la maxime *Puissance paternelle n'a lieu*, le père devait rendre compte, à la majorité des enfants, des biens qu'ils avaient en propre pendant leur minorité. Le père les administrait, mais sans en avoir la jouissance quand les coutumes ne lui conféraient pas expressément ce droit, selon la remarque de Ferrière (1), car la maxime précitée se trouverait fausse. Le père est tenu comme tuteur, et il n'a pas ce gain de fruits, dit Coquille (2). On cite comme coutumes ayant adopté l'usufruit paternel le Vermandois, le Bourbonnais, l'Auvergne, le Berri, le Poitou, la Bourgogne, Châlons, Sedan, etc. Il porte sur les biens qu'on pourrait appeler adventices et c'est généralement le père seul qui en jouit (3). On suivait les règles du droit romain pour l'interprétation de ces coutumes (4). Il s'éteignait avec la puissance paternelle, avec l'émancipation et le mariage des enfants, et le second mariage du père. Il est à noter que les créanciers du père devaient respecter cet usufruit, en lui laissant des ressources suffisantes pour subvenir largement à la nourriture, l'entretien et l'éducation des enfants (5). Ils n'étaient pas recevables à attaquer l'émancipation faite par le père, bien que cet acte eût eu pour effet d'éteindre cet usufruit.

Dans les pays qui ont refusé au père la jouissance des biens des enfants, et notons que ce fut le plus grand nombre, le père n'avait que les droits d'un tuteur. Il administrait d'une manière assez large ; ainsi il pouvait aliéner à titre onéreux des biens mobiliers, recevoir paiement de créances et en consacrer les fonds à des achats même d'immeubles ou de rentes. Dans ces limites, il pouvait aussi ester en justice. Mais il n'avait pas capacité d'aliéner à titre gratuit, même les meubles et les biens immobiliers ne pouvaient pas lui être aliénés volontairement.

190. Toutefois, dans ces pays, le père n'était pas privé de toute jouissance. Mais ce droit ne lui était pas exclusivement réservé, il appartenait également à d'autres ascendants, quelquefois à des collatéraux, et ne s'ouvrait qu'après la dissolution du mariage. Ce n'est donc pas à proprement parler un attribut de la puissance paternelle. Mais comme les parents en jouissent la plupart du temps, et qu'il a passé dans notre loi actuelle sous

(1) Sur *Paris*, art. 239.
(2) *Cout. du Nivern.*, Ch. 22, art. 2 et 3, BOURJON *Dr. com. de la Fr.*, liv. 1, t. 5, ch. 1, sect. 3 et ch. 2, sect. 1re.
(3) La coutume du Berri y appelle également la mère.
(4) *Lett. patentes* du 26 août 1459, approuvant la *cout. de Bourgogne*.
(5) BASMAISON, *Cout. d'Auvergne*, tit. 2, art. 2.

le nom d'usufruit légal des pères et mères, nous allons en traiter, afin de rendre notre étude aussi complète que possible.

Ce droit s'appelait anciennement *garde*. Pour en donner une idée générale, on peut dire qu'il confère aux personnes qui l'exercent la jouissance de certains biens appartenant à des mineurs. Cette institution née de l'idée de protection est un débris du mundium germanique, adouci par le christianisme. L'influence chrétienne, favorable aux femmes, amena sur ce point une modification importante à l'ancien droit germanique. Le *bail* des enfants fut donné à la mère au décès du mari (1). Elle devint leur tutrice, et la loi consacra pour la première fois la puissance maternelle. C'était une altération profonde au mundium, qui primitivement avait pour seul fondement la capacité de défendre par les armes l'héritage de l'enfant (G. D'ESPINAY, *Influence de la lig. canon*. La fam. féodale). Mais on revenait au droit naturel en associant à l'exercice de la puissance paternelle la femme à laquelle la génération et l'éducation donnent à cet égard les mêmes droits qu'au mari.

191. On distinguait la garde noble et la garde bourgeoise. Nous ne reviendrons pas sur ce que nous avons dit des origines de la première, et de la garde roturière, qui donna l'idée de la garde bourgeoise aux bourgeois de Paris. Totuefois, celle-ci différait de la garde roturière en ce qu'elle donnait la jouissance des meubles du mineur, tandis que la garde roturière était une espèce de tutelle sans émolument. Elle différait en outre de la garde noble en ce qu'elle ne donnait pas la propriété de ces mêmes meubles. Nous signalerons d'autres différences, quand nous étudierons la nature de ce droit.

192. On définissait ainsi la garde noble : le droit que la loi accorde au survivant de deux conjoints nobles de percevoir à son profit le revenu des biens que les enfants mineurs ont eu de la succession du prédécédé, jusqu'à ce qu'ils aient atteint un certain âge, sous certaines charges qu'elle lui impose et en récompense de l'éducation des dits enfants qu'elle lui confie (2). Néanmoins cette définition est loin de pouvoir être appliquée d'une manière générale, car on voit certaines coutumes étendre ce droit aux aïeuls et autres ascendants et même à des collatéraux. Ce droit s'appelait aussi *bail* ou *baillistrerie*, et le titulaire *baillistre*. Garde au bail, disait Pothier, sont synonymes et signifient gouvernement, administration. Le gardien ou bal-

---

(1) *Assises de Jérusalem*, Haute cour, ch. 170 ; *Etablis. de S. Louis*. liv. 1, ch. 17.
(2) POTHIER, *Traité de la garde noble et bourgeoise*, n° 2, édit. Bugnet, t. 6, p. 499. .

listre est celui à qui la coutume confie le gouvernement et l'éducation des mineurs, et auquel elle accorde pour cela le revenu de leurs biens. La coutume de Bourgogne employait précisément l'expression *baillistrerie* pour désigner la garde noble, réservée aux seules personnes nobles.

Notons que la garde noble n'existait pas dans toutes les coutumes, car on en voit quelques-unes qui posent en principe : *garde noble et bourgeoise n'ont lieu* (1). Mais on peut dire que cette institution fut générale dans les pays de coutume.

193. Pour jeter plus de clarté dans l'exposition de cette matière, nous examinerons sous autant de paragraphes les questions suivantes :

Quand et comment elle était ouverte ;

Quelles personnes l'exercent ;

Quelles personnes et quels biens y sont soumis ;

Quelle était sa nature ; quels droits et obligations en résultaient ;

Quand et comment elle prenait fin.

a) La garde était déférée lors de la mort de l'un des deux époux. Tous les mineurs étaient sous la même garde. Il était de principe qu'elle ne s'ouvrait qu'une seule fois, et que si elle s'éteignait avant la majorité des mineurs, elle ne se réitérait point car : *Garde ne gémine point.* Ainsi l'aïeul ne peut exercer la garde si le père ou la mère ont commencé à l'exercer ; en sorte que le mineur sortira de la garde même avant sa majorité, si le gardien perd la garde, par la mort, par exemple.

Certaines coutumes exigeaient l'acceptation du gardien ; quelques-unes de cette classe fixaient même un délai. D'autres coutumes saisissaient de plein droit le gardien, qui devait alors renoncer, s'il ne voulait recueillir la garde.

194. *b*) La seule règle générale qu'on puisse poser pour droit coutumier français, c'était qu'il fallait être noble pour exercer la garde. Il fallait de plus ne pas être interdit, ni mort civilement. En droit commun, la minorité n'était pas un obstacle pour la personne qui était appelée à l'exercer.

Maintenant, pour savoir à quelles personnes la garde était déférée, il faut établir différentes classes de coutumes. En premier lieu, certaines coutumes la défèrent au survivant des père et mère seulement. C'est ce qui avait lieu dans le Maine et l'Anjou. Dans cette catégorie de coutumes il ne pouvait y avoir de difficultés sérieuses. Une seconde classe de coutumes la déférait

---

(1) Voy. *Cout. de Châlons*, art. 9.

en outre à l'aïeul et à l'aïeule. Ainsi faisait Paris. Mais ici on pouvait fort légitimement se poser la question de savoir si à défaut des personnes appelées expressément par la coutume, c'est-à-dire à défaut du conjoint survivant, de l'aïeul et de l'aïeule, il n'y avait pas lieu d'appeler à la garde d'autres ascendants. Les juristes qui interprétaient la coutume à la lettre et qui regardaient en outre la garde comme un privilége de noblesse et une cause inattendue d'enrichissement pour le gardien aux dépens du mineur (1), refusaient impitoyablement cette garde aux ascendants autres que l'aïeul et l'aïeule. L'opinion adverse invoquait en sa faveur un argument non moins puissant. Puisque l'aïeul et l'aïeule sont appelés par la coutume, aucun motif sérieux ne doit faire écarter les ascendants d'un degré plus éloigné, et n'empêche d'assimiler à l'aïeul et à l'aïeule les bisaïeuls et autres ascendants. Rien n'autorise cette interprétation restrictive. Une autre difficulté se présentait pour l'interprétation des mêmes coutumes. Quand il y avait des aïeuls des lignes paternelle et maternelle, laquelle était préférée? Si aucun ne l'était, y avait-il concours? On pouvait appeler la ligne paternelle seule, car les mâles avaient en général la prééminence; on pouvait encore accorder la garde au père et mère du conjoint prédécédé; on pouvait enfin faire concourir les deux lignes. Nous ne nous arrêterons pas sur ces controverses qui n'ont plus qu'un intérêt historique, et assez secondaire pour nous.

Une troisième classe de coutumes déférait la garde à tous les ascendants. Ici encore la question de concours des deux lignes pouvait se présenter.

Enfin une quatrième classe de coutumes appelait à la garde noble les collatéraux, comme cela avait lieu au Berri. Mais ainsi que nous le verrons, les droits de ces collatéraux sont loin d'être aussi étendus que ceux des ascendants.

195. *c*) Voyons quelles personnes et quels biens y étaient soumis. Les nobles seuls y étaient soumis; car on sait que la garde fut instituée pour conserver les fiefs; or les fiefs n'appartenaient qu'aux nobles. A la fin du 18e siècle, on invoquait comme raison de cette restriction les frais considérables qu'entrainait l'éducation d'un mineur noble. La personne soumise à la garde devait en outre être mineure. La mère pouvait avoir la garde de l'enfant posthume (2).

---

(1) Le droit de garde était dégénéré par succession de temps *en un véritable pillage*; car on l'étendit aux biens en roture et aux meubles, il fallut enfin le restreindre. LAURIÈRE, *Texte des cout. de la prév. et vic. de Paris*, Introd. au tit. XII, 2e vol., p. 291, de l'édit. en 3 v. de 1777.

(2) FERRIÈRE, sur l'art. 265, *Cout. de Paris*,

Pour savoir quels biens y étaient soumis, on en considérait l'origine de la nature. Ainsi lorsque le mineur héritier de fief était aussi héritier de biens roturiers, chaque tenure subissait une loi différente :

« En vilenage n'a point de bail. » (1)

« Bail si est de fie mes en vilenage si n'a point de bail. » (2)

Ainsi encore si un roturier tient un fief, son plus proche parent pouvait en avoir la garde : « On dit que 'en homme de poesté (de roture) n'a point de bail ; mais c'est à entendre quant il n'ont point de terre de fief : car s'ils ont fief, ils poent avoir bail, et l'emporte si plus prochain en la manière que je voz ai dit des gentis homes ; mais s'il ni a fors vilenage, n'i a point de bail. » (3)

Mais les coutumes différaient sur la quantité de biens qui y étaient soumises. C'étaient selon les unes les biens de la succession du prédécédé ; c'étaient selon les autres tous les biens de l'enfant, même ceux acquis depuis l'ouverture de la garde. La coutume de Paris ne fait pas de distinction à cet égard : « Le gardien noble demeurant hors la ville de Paris, au dedans la ville et les fauxbourgs d'icelle, et pareillement le gardien bourgeois, a l'administration des meubles, et fait les fruits siens durant ladite garde de tous les immeubles, tant héritages que rentes appartenant aux mineurs, assis en la ville ou dehors. » Art. 267.

196. *d*) Etudions maintenant la nature de la garde et voyons quels sont les droits et obligations du gardien.

Il ne semble pas que la garde eût été considérée comme étant d'ordre public. Pothier nous dit en effet qu'on peut, par contrat de mariage, renoncer à la garde de ses enfants, et que cette clause aura son plein et entier effet. Mais le père ne pouvait empêcher par testament que la mère ait la garde de ses enfants, parce que c'était un avantage qui venait de la loi, et qu'un acte unilatéral ne pouvait lier une personne qui y était étrangère (4).

La garde étant un droit personnel, on considérait, pour déterminer à quelles personnes on devait la déférer, la coutume du lieu où les père et mère ont leur domicile, et non celle où les biens sujets à la garde sont situés. Ce droit personnel se réglait donc selon la coutume du lieu du domicile (5). Mais en tant que la coutume attribue au gardien un émolument dans les biens des

(1) BEAUMANOIR, XV. n° 7.

(2) *Somme rurale*, 1re part., tit. 83 ; BERNARD, *op. cit.*, p. 131.

(3) BEAUMANOIR, XV, n° 23.

(4) V. FERRIÈRE, sur l'art. 265 de la *Cout. de Paris.*

(5) Arrêt 20 mai 1646, et FERRIÈRE, sur l'art. 265, *Cout. de Paris.*

mineurs, la garde est du statut réel, car elle dispose des choses des mineurs dont elle attribue la chose au gardien (1). La garde était donc à la fois de statut réel et de statut personnel, et il est facile, selon les distinctions posées plus haut, de résoudre les difficultés qui peuvent s'élever sur ce point.

Le gardien avait droit de gouverne sur la personne des mineurs ; il dirigeait leur éducation. Sur les biens, il avait l'usufruit des immeubles ; il en percevait les fruits naturels ou civils, soit par lui-même, soit par fermier. Les droits féodaux, qui comptaient au nombre de ces derniers, constituaient pour le gardien un émolument considérable. Mais certaines coutumes n'accordaient que l'usufruit des tenures nobles, tandis que d'autres grevaient de ce droit tout héritage, quelle qu'en soit la nature. En ce qui touche les meubles, certaines coutumes en donnent la propriété au gardien, dans d'autres, au contraire, on tient pour maxime que *Meubles ne tombent en garde.* Dans cette dernière catégorie rentre la coutume du Berri, quand la garde est déférée aux collatéraux, et la plupart des autres, qui ne conféraient qu'un droit d'administration de ces biens meubles. Quand les meubles ne tombent pas en garde, leur administration est confiée à un tuteur ; mais ces deux charges peuvent être réunies sur la même tête. Toutefois le gardien a toujours l'administration des biens grevés d'usufruit à son profit ; son droit serait illusoire s'il en était autrement. Quand la coutume lui conférait l'administration des meubles, il en était comptable, et devait faire inventaire. C'est ce qui avait lieu à Paris. Nous commençons ainsi l'énumération des obligations du gardien. Il devait donner au mineur une éducation proportionnée à sa fortune. Cette obligation était des plus importantes, car d'une part dans les coutumes où le second mariage faisait perdre la garde, le gardien conservait l'éducation (2) et d'autre part le magistrat pouvait saisir les revenus entre les mains du gardien, si celui-ci ne remplissait pas ses devoirs. A lui incombaient également les dépenses d'entretien. Il était aussi chargé d'acquitter les dettes mobilières quand il acquérait la propriété des meubles : *Qui garde prend, quitte le rend.* On y comprenait les frais funéraires du prédécédé, car on n'a jamais entendu, dit Ferrière (3) diminuer les charges des gardiens, attendu qu'il leur reste toujours assez de profit. Il en était de même des arrérages des rentes et charges annuelles des maisons et héritages provenant de

---

(1) Pothier, *Traité de la garde noble,* sect. 5, n° 105.
(2) Ferrière, *Dict. de droit et de prat.* V° GARDE.
(3) *Op. et loc. cit.*

la succession dont le gardien avait la jouissance. Il devait conserver les immeubles de manière à pouvoir les rendre en bon état après la garde finie.

Dans un autre ordre d'idées, le gardien n'était plus tenu de faire au seigneur hommage du fief, car la nouvelle coutume de Paris porte que le seigneur devait « bailler souffrance aux enfants ou à leur tuteur, jusqu'à ce qu'ils ou l'un deux fussent en âge pour faire ladite foi ou hommage (art. 41). » On sait que cette coutume formait le droit commun de la France. Il devait aussi acquitter le droit de mutations du fief dû par les enfants mineurs. On ne parle plus du droit de relief de l'époque féodale dû au suzerain qui entre en jouissance du fief.

Enfin quand le gardien n'avait que l'administration des biens mobiliers, il devait faire inventaire (1), sinon la communauté continuait entre le gardien et le mineur, quand la garde échoit à l'un des époux. De plus, l'enfant pouvait faire preuve de la consistance du mobilier par commune renommée, c'est-à-dire par la plus dangereuse et la plus onéreuse pour le gardien.

La gardienne noble doit de plus donner caution, d'après la coutume d'Orléans, quand elle est remariée.

197. Reste à dire comment la garde prenait fin.

La garde finissait :

Par la majorité, qui variait suivant les coutumes.

A Paris elle était fixée à vingt ans pour les garçons et quinze ans pour les filles ;

Par l'émancipation ;

Par le mariage des mineurs, produisant l'émancipation ;

Par décision judiciaire sur la demande des parents, intentée contre le gardien qui ne remplissait pas ses devoirs, surtout ceux d'éducation. Item, si la gardienne vivait dans un état de débauche notoire ; *ne favorabilior sit luxuria quam castitas et pudicitia* ;

Par la perte de la noblesse, la garde étant noble.

En général, le second mariage du gardien ou de la gardienne produisait certains effets particuliers. Dans quelques coutumes, il avait même pour effet de priver de la garde, soit le gardien, soit la gardienne, quelquefois cette dernière seulement. A Orléans, la gardienne qui convole en secondes noces conserve la garde, à charge de donner caution. Ici en cas de refus, la garde ne s'éteint pas, par exception à la règle : *Garde ne gémine point*, mais elle

(1) Art. 269, *Cout. de Paris.*

passe à l'aïeul. Le commentateur de cette coutume justifie cette dérogation par une fiction juridique qui répute la gardienne comme n'ayant jamais eu la garde dont l'aïeul était censé avoir été investi, dès le décès du gardien.

Enfin, la garde prenait fin à la mort civile ou naturelle du gardien ou du mineur.

198. Nous allons exposer brièvement ce qui était spécial à la garde bourgeoise.

A l'imitation de la garde noble, les non-nobles, les bourgeois eurent aussi leur garde, qui s'appela bourgeoise, ou roturière. Celle-ci était presque dépourvue d'émoluments, et n'était au fond qu'une tutelle légitime, surtout à Paris, où le gardien bourgeois était tenu de rendre compte, et n'avait que l'administration des meubles, qu'il devait restituer à la fin de la garde (1). Il avait toutefois la jouissance des biens du mineur, mais seulement jusqu'à l'époque où les garçons avaient atteint l'âge de quatorze ans, les filles douze. Elle n'était déférée qu'au père et à la mère. Les autres ascendants en étaient exclus. Elle n'était également accordée qu'aux bourgeois de la ville et faubourg de Paris, et refusée à ceux des autres villes du ressort de la coutume de la capitale.

Le gardien bourgeois était tenu de donner caution ; il devait aussi veiller à l'éducation du mineur.

On sait qu'en général, l'usufruit des biens des enfants était refusé aux parents. Mais les coutumes notoires du Châtelet constataient une exception pour Paris et sa banlieue. Il est fort difficile, pour ne pas dire impossible, de fixer l'époque où s'introduisit cette coutume. Elle ne fut réellement bien établie que depuis les lettres patentes de Charles VI du 5 août 1390, confirmant ce privilège accordé aux bourgeois par Charles V le 9 août 1371 (2). D'autres coutumes la notèrent également. Enfin, à l'époque de Pothier, on la définissait encore « le droit que la loi municipale accorde au survivant des deux conjoints bourgeois (de Paris) de percevoir à son profit le revenu des biens que ses mineurs ont eus de la succession du prédécédé… sous certaines charges qu'elle lui impose, et en récompense de l'éducation qu'elle lui confie (3). »

(1) V. POTHIER, *Traité de la garde noble et bourgeoise*, art. prélim., § 3, n° 11.
(2) FERRIÈRE, *op. et loc. cit.*
(3) POTHIER, *Ibid.*, n° 12.

Fin de la puissance paternelle.

199. La puissance paternelle, dit Prévot de la Jannès, en ce qui regarde les devoirs d'honneur et de respect ne peut jamais finir : mais pour ce qui concerne l'autorité, elle finit de plusieurs manières dans les pays coutumiers (1), par la majorité, la mort et l'émancipation. On se rappelle que les coutumes germaniques fixaient la majorité à douze et quinze ans, c'est-à-dire à l'époque où le jeune homme était suffisamment fort pour guerroyer et se protéger soi-même. Mais les habitudes guerrières étant disparues, une plus grande maturité d'esprit semblait plutôt nécessaire qu'une plus grande force corporelle. Les progrès de la civilisation, l'influence du christianisme et des idées romaines durent reculer l'âge primitivement fixé à une époque assez reculée, à vingt-cinq ans. Ceci commença lors de la rédaction des coutumes et devint définitif lors de leur révision (2). La majorité coutumière était donc fixée, selon le droit commun à vingt-cinq ans. On réagissait contre l'ancien système, dont les inconvénients se faisaient sentir de jour en jour : « Combien que par cy devant... le mâle âgé de quatorze ans, et la fille de douze ans accomplis fussent réputés d'aage parfait pour estre en jugement, faire et passer tous contrats, comme majeurs de vingt-cinq ans ; néanmoins les estats du pays ont consenti et consentent ladicte coustume estre abrogée et *le droit commun* en ce avoir lieu, *pour raison des inconvénients qui par cy devant s'en sont ensuivis et obvier à ceux qui pourraient ensuivre* (3). Toutefois, on trouve encore des coutumes qui émancipaient les enfants à un âge plus tendre, mais c'était en quelque sorte une majorité restreinte à certains actes, plutôt qu'une majorité générale. Il semblait que là on avait hâte de faire finir de bonne heure la puissance du père dont l'autorité, toutefois, était garantie en matière de mariage par les sévérités des ordonnances, et de conférer une plus grande capacité au fils mineur de vingt-cinq ans, lequel, en matière d'obligations, était toutefois protégé par la restitution pour cause de lésion (4).

La mort du père ou de la mère éteignait également la puissance paternelle.

(1) *Les principes de la jurisprudence française,* prem. partie, tit. prélim. n° 11.

(2) V. sur ce point Koenigswarter, *op. cit.* La famille féodale, et L. Amiable, *Essai hist. et crit. sur l'âge de la majorité,* dans la *Revue hist.* de 1861, page 205.

(3) *Coutume d'Auvergne,* ch. 13, art. 1.

(4) Bernard, *op. cit.* Droit coutumier.

Elle dissolvait le mariage ; la garde était ouverte et confiée à l'époux survivant.

La mort civile mettait également fin à la puissance paternelle d'une manière également définitive, car les effets de cette peine étaient irrévocables. Mais le fils était privé du droit de succession aux biens du condamné, lesquels étaient dévolus au fisc.

Enfin, un troisième et dernier mode d'extinction de la puissance paternelle en pays coutumier, c'était l'émancipation.

L'émancipation pouvait être expresse ou tacite. La première avait lieu en justice, ou même par devant notaire dans certaines coutumes. L'émancipation tacite résultait de plusieurs faits. L'un des plus importants et des plus fréquents était le mariage, alors même qu'il serait contracté avant l'âge de vingt-cinq ans : « Enfanz mariés sont tenus pour hors de pain et pot, c'est-à-dire émancipez » (1). La demeure séparée était également admise par la jurisprudence : « Feu et lieu font mancipation » disait Loisel (Ibid). Toutefois, les coutumes étaient muettes sur ce point (2), et il n'y avait pas de délai fixe ni uniforme. Ajoutons la prêtrise et la profession religieuse, qui fait passer les enfants sous la puissance du monastère, et nous aurons ainsi énuméré les divers événements qui procuraient l'émancipation tacite (3).

200. Pour nous résumer, on voit que la puissance paternelle coutumière respectait la dignité de la personnalité des fils de famille en lui rendant à un certain âge son indépendance naturelle. Elle ne transformait point les enfants en instruments d'acquisition au profit du père, mais au contraire elle obligeait celui-ci à administrer, souvent sans émoluments, les biens des enfants. Si la maxime *Droit de puissance paternelle n'a lieu* fut vraie en ce dernier point, on voit également que cette autorité fut loin d'être méconnue en matière de mariage, et qu'elle était énergiquement défendue pendant la vie entière des parents et des enfants en ce qui regarde les devoirs d'honneur, de respect, et de reconnaissance. Comme garantie de ses droits, le père avait à sa disposition l'emprisonnement disciplinaire et, si c'était nécessaire, l'exhérédation. En somme, l'histoire constate un progrès véritable réalisé par le droit moderne, une amélioration sensible à la condition des enfants, et la proclamation de leur personnalité.

---

(1) LOISEL, Règle XXXVIII, Liv. 1, tit. 1. ; *Cout d'Orléans*, art. 181, et *Commentaire* de POTHIER, page 212, du tome 1er de l'édit. Bugnet.

(2) BERNARD, *op. et loc. cit.*, p. 136.

(3) PRÉVOT DE LA JANNÈS, *op. et loc. cit.*

SECTION TROISIÈME.

Droit écrit.

Sommaire.

201. On sait que les pays de droit écrit étaient régis par la loi romaine, mais plus ou moins bien conservée, et altérée par les usages locaux (1) et mise en harmonie d'une manière souvent peu heureuse avec les besoins de cette société si disparate qui sortit de la conquête. La *Loi romaine des Wisigoths*, de beaucoup la plus importante était, avec la *Loi romaine des Burgondes*, la principale source du droit. Les tribunaux de ces peuples étaient même composés conformément à la loi romaine. Les églises et les clercs suivaient également cette législation.

202. On se rappelle que les Romains n'avaient pas laissé de personnalité au fils de famille ; de plus, ils avaient fait de celui-ci un instrument d'acquisition pour le père. Tels sont les deux traits saillants de cette législation surannée que l'on vit se conserver dans les pays de droit écrit, au lieu de suivre la nature et le bon sens.

203. Les justes noces seules conféraient la puissance paternelle. Ainsi les bâtards n'y étaient pas soumis. Il en était de même dans les pays coutumiers. Ces enfants ne rentraient dans aucune famille. La seule obligation des parents était de les élever et entretenir jusqu'à ce qu'ils puissent pourvoir eux-mêmes à leurs besoins. Les parents n'étaient pas non plus appelés à donner leur consentement au mariage de ces enfants illégitimes (2).

La mort civile encourue par le père, était également un obstacle à la puissance paternelle.

(1) Le droit écrit ou romain était surtout modifié dans les grandes villes, qui avaient une coutume propre, comme il arriva à Toulouse et à Bordeaux.
(2) DENISART, *Répert.* V° *Bâtard*, n° 35 et s., et *Aliments*, n° 10.

204. En principe, le père seul était investi de la puissance paternelle. Néanmoins, nos ancêtres ne privèrent pas la mère de toute espèce de prérogatives. Certains jurisconsultes puisèrent dans les idées chrétiennes le principe naturel : *Deus est in utroque parente* (1). On exigea donc que la mère fût consultée pour le mariage des enfants. Il y avait toutefois diversité d'interprétation résultant de la diversité d'intention chez les jurisconsultes, dont les uns appliquaient presque à la lettre le système romain, tandis que d'autres, aux idées plus larges et plus élevées, permettaient à la mère d'exercer la puissance paternelle conjointement avec le père. Si on suivait rigoureusement la législation écrite, on devait également décider que la puissance paternelle ne sera jamais exercée par l'aïeul maternel, puisque la fille de celui-ci était privée de ces droits sur ses propres enfants.

205. Le père était armé d'un droit de correction et même de juridiction domestiques presque aussi sévère qu'à Rome, quoi que l'on ait pas lieu de s'étonner que le droit de vie et de mort ne soit pas mentionné au droit écrit, puisqu'à partir d'une certaine époque, il n'existait déjà plus à Rome. Le droit de juridiction du père s'étendait non-seulement aux siens, mais souvent aux tiers, en différend avec ses enfants. Si en principe le droit de vie et de mort a été retiré au père de famille, on doit dire néanmoins qu'en fait l'absolution facile du père qui a tué son fils doit faire considérer ce droit comme existant en réalité, puisqu'il suffit au père de déclarer devant le juge, sous la foi du serment, qu'il a été poussé par la violence, ou qu'il a agi sans préméditation (2).

206. On ne peut s'empêcher de rappeler à cet égard l'exemple de Mirabeau. Son père agissait, il est vrai fort légalement et il était même intimement convaincu qu'il fesait son devoir « Crois-moi, écrivait le marquis à son frère, il n'y eut jamais que les pères méprisables qui pardonnèrent le mépris de la paternité..... Il faut avoir recours, pour châtier les enfants criminels, au despotisme barbare des lettres de cachet. Tant que force et volonté me dureront, je serai Rhadamante, puisque Dieu m'y a condamné (3). » Le père commença par enlever à Mirabeau son nom de famille (4). Viennent ensuite l'em-

---

(1) J. DE CATELLAN, liv. 4, ch. 8, des *Arrêts remarq. du Parlem. de Toulouse*, tome 2, page 123, édit. 1730.

(2) V. sur ce point curieux un article de M. RABANIS, sur *l'administr. municip. et les institutions judiciares de Bordeaux*, dans la *Revue historique* de 1861, p. 461 et suiv.

(3) Cité par LÉONCE DE LAVERGNE, séance publique annuelle de l'Académie des sciences morales et politiq. dans la *Revue des Cours littér.* du 4 janvier 1868.

(4) Lettre du 8 juin 1764, *ibid.*

prisonnement dans les forts, l'ordre de le ramener mort ou vif de l'étranger, où il s'était réfugié, et l'interdiction. Mirabeau était alors père de famille. Son père, regrettant de ne pouvoir le condamner à la prison perpétuelle, obtint même du roi une lettre d'exil.

Le père de famille s'adressait au juge, qui prononçait la sentence demandée par le père. Celui-ci, dans de rares circonstances, exerçait encore les fonctions de juge domestique. On cite la sentence d'un père qui avait condamné aux galères, et exhérédé son fils pour avoir attenté à ses jours et à ceux de sa mère. La peine de vingt ans prononcée par le père fut remplacée par une condamnation à perpétuité par le parlement de Grenoble (1) devant lequel le parquet avait fait appel à minima (2).

207. Le fils majeur avait le droit de se choisir un domicile. Si le père ne s'y opposait pas, le fils pouvait prescrire sa liberté et arriver à l'émancipation après un laps de temps de dix ans, si toutefois ce domicile séparé n'était pas imposé par la profession qu'exerçait le fils de famille, telle que celle de curé, de précepteur domestique, ou par le mariage de la fille.

208. Conformément à la législation romaine, le père de famille était obligé de doter sa fille. Toutefois, cette obligation cessait quand le refus du père au mariage de sa fille était légitime, comme cela arrivait pour la mésalliance (3). La fille perdait également le droit de demander une dot, si elle se livrait à la débauche tant qu'elle n'avait pas atteint l'âge de vingt-cinq ans. Passé cet âge, le père ne pouvait plus la deshériter, il devait encore la doter même pour mariage contracté après sommations respectueuses. La jurisprudence le décidait ainsi, présumant que le père s'opposait de parti pris à l'établissement de sa fille, car il était peu probable en effet que le père n'eût pu la marier avant vingt-cinq ans.

L'obligation de doter incombait à la mère, quand le père n'avait point de ressources suffisantes pour la faire. Si la mère était « hérétique » elle devait également doter sa fille « orthodoxe ».

209. Quand la fille avait été ainsi dotée, elle ne pouvait plus venir à la succession, ni même demander la légitime, si le père n'en ordonnait autrement. « Si le père, dit la *Coutume de Bordeaux*, a baillé dot à sa fille et au contrat de mariage elle renonce aux biens paternels avec serment, soit ma-

---

(1) Arrêt, 19 septembre 1663.
(2) Voy. BERNARD., op. cit., 1ʳᵉ part., ch. 4, Sect. 2°.
(3) Arrêts de Toulouse, 15 août 1587 et 13 juin 1612; arrêt de Bordeaux, 6 avril 1604.

jeure soit mineure, ne pourra venir à la succesion de son père, ne demander supplément de légitime. » La fille dotée était censée avoir obtenu sa part de succession, et de légitime, quelque minime, du reste, qu'eût été la dot (1).

210. La légitime, dont nous venons de prononcer le mot, était fixée au tiers des biens quand il y avait quatre enfants ou moins, et à la moitié quand il y en avait plus (2). Les mêmes faits qui entraînaient l'exhérédation faisaient également déchoir les fils de famille du droit de demander la légitime. Si le père avait un fils prodigue, il pouvait même ne lui laisser que l'usufruit de la portion héréditaire qui lui avenait, en ayant soin toutefois de donner la nue propriété aux enfants du prodigue. C'est ce que nous apprend Ricard, en son célèbre *Traité des Donations*: « Nous permettons aux pères de faire les arbitres dans leurs familles, et qu'un père et une mère pour le mauvais ménage de leur fils, dont on croit facilement leur jugement en cette rencontre, puissent ordonner qu'il se contentera de la portion qui lui doit appartenir en leurs biens; pourvu qu'il dispose de la propriété au profit des enfants de leur fils. Contre cette disposition on n'écoute pas le fils qui implore le secours de la loi et demande la légitime. Je l'ai vu juger ainsi par arrêt donné en l'audience de la Grand'Chambre, le 9 avril 1647 (3). » Notons toutefois que certaines coutumes ne reconnaissaient point de légitime et laissaient liberté complète au père de disposer de ses biens. C'était emprunter au droit romain, à la vérité, mais au droit primitif, aux *Douze Tables*, dont l'une d'elles fulminait contre les enfants, le célèbre *Uti legâssit ita jus esto*. Et encore ce droit absolu ne fut, à l'encontre de la mère, accordé qu'au père, exerçant seul des droits politiques et de famille, tandis que dans cette partie de la France qui imita si malheureusement le droit romain, on trouve les mêmes droits d'exhérédation conférés à la mère. Parmi les coutumes refusant une légitime aux enfants, on cite Montpellier (4), Narbonne et Toulouse. Ainsi, quelque modeste que fût le legs des enfants, ceux-ci devaient s'en contenter. Mais la coutume la plus farouche, en ce qu'elle reconnaissait également à la mère le droit absolu d'exhérédation, était celle d'Alais. Elle porte : « Père et mère peuvent laisser à leurs enfants ce qu'ils veulent et *quel que soit le peu qu'ils leur laissent*, les enfants ne peuvent s'en plaindre. Que ceux-ci se tien-

(1) Voyez aussi le *Répertoire* de GUYOT , au mot DOT.
(2) *Novelle* 18, ch. 1er, *De legit. port. liber. relinq.*
(3) 3e partie du *Traité*, ch. 8, n° 1139, de l'édition, en 2 vol. in-f°. Riom, 1783.
(4) *Anc. Coutume* : Liberi debent parere voluntati parentum et suis legatis esse contenti, art. 56.

nent toujours pour satisfaits et ne puissent demander la falcidie. » Ainsi que le dit Laferrière, ce qui était un acte de droit politique pour le citoyen romain, devint un acte de volonté privée et domestique dans les mœurs du Moyen-Age (1).

211. L'incapacité du fils de tester, même avec le consentement de son père, sur des biens autres que les pécules militaire et quasi-militaire se conserva dans les pays du Midi. La jurisprudence des parlements admit toutefois certains tempéraments. Il fut permis de tester pour œuvre pie, avec le consentement du père d'une manière absolue, et sans consentement, si la disposition était faite en faveur des enfants (2).

212. La capacité du fils de famille de s'obliger, même pour son père, lui était encore reconnue, comme à Rome. Il n'avait que l'administration des biens dont l'usufruit était au père et ne pouvait en aliéner la nue propriété. En cas d'émancipation, il avait pleine capacité d'aliéner les biens dont il a la propriété et l'usufruit, et ce, même sans l'agrément de son père. En ce qui concerne le mode de disposer par donation à cause de mort, il existait une vive controverse sur la capacité du fils de famille encore en puissance. Cette matière semble trop sortir de notre cadre pour l'exposer ici. Quand le fils de famille s'était obligé pour prêt, le père pouvait obtenir des lettres de rescision. Ces lettres portaient mandement aux juges à qui elles étaient adressées que s'il leur appert que l'exposé desdites lettres soit véritable, ils remettent les parties au même état qu'elles étaient avant le contrat (3). Il ne pouvait non plus contracter avec son père, vu l'identité de personnes juridiques. « Le père se puet desmettre des biens lui vivant en ses enfans, c'est assavoir s'ilz estoient en eage et les mancipast, et puis se desmeist, de ses biens en eulz » (4). Après l'émancipation, le fils de famille devenait capable de contracter avec son père, et d'acquérir pour lui-même. « Nul qui est ou pover du père ne puet rien acquérir si le père ne le mancipe (5). »

213. En puissance, le fils de famille qui acquiert transmettait l'acquisition

---

(1) En son *Hist. du droit*, Tome 5, Liv. VII, ch. 2, Sect. 2, p. 213.

(2) BERNARD, *op. et loc. cit.* Droit écrit.

(3) FERRIÈRE, *op. cit.* V° LETTRES DE RESCISION.

(4) § 806 déjà cité, *Livre des droitz et commandementz*, publ. par BEAUTEMPS-BEAUPRÉ.

(5) § 556, *Ibid.* Cet ouvrage dont nous avons déjà cité plus haut quelques paragraphes, donne l'état de la jurisprudence au commencement du quinzième siècle, dans le Poitou, et même quelques pays voisins. C'est l'œuvre d'un praticien de l'époque, qui était resté manuscrit jusqu'en 1865, époque où M. Beautemps-Beaupré la mit au jour. Elle contient des renseignements curieux sur l'application du droit romain dans cette partie de la France à cette époque.

en pleine propriété et en jouissance du pécule profectice. Le père avait de plus l'usufruit du pécule adventice. Mais les pécules militaire et quasi-militaire étaient au fils en pleine propriété et en usufruit. On faisait rentrer les fiefs dans ces derniers.

214. Les Romains n'avaient pas retiré au fils de famille même non émancipé le droit d'être revêtu de fonctions publiques, la magistrature, la tutelle. Il en fut de même chez nous (1).

215. La puissance paternelle finissait par la mort.

Elle finissait également par l'émancipation. Cette dernière était expresse quand elle était faite devant les magistrats, ou devant les notaires, comme à Toulouse, ou par contrat de mariage, comme à Besançon. Elle était tacite dans les autres cas. Ainsi l'habitation séparée pendant un certain laps de temps (2) et dans certaines conditions ; les hautes dignités, comme celles d'évêque, de gouverneur de province ou de lieutenant général des armées du roy, de ministre, etc. On cite la Bourgogne comme n'admettant pas cette seconde sorte d'émancipation : « Il est notoire que les fils de famille n'y sont émancipés par aucune charge ni par aucune dignité. » D'un autre côté, certaines provinces admettaient l'émancipation par mariage : « Le fils marié et la fille mariée sont censés émancipés par la volonté du père (3). » Il en était de même à Toulouse quand le père avait fait à son fils une libéralité pour son établissement par mariage (4).

Ces deux modes d'émancipation dépendent plus ou moins de la volonté du père, et n'ont pas le caractère de l'émancipation forcée qui peut être imposée au père par un testateur, par exemple, ou par autorité de justice. On fondait sur ce point les traditions romaines. Ainsi les mauvais traitements, la corruption, etc., étaient autant de motifs qui permettaient aux juges de prononcer la déchéance de l'autorité paternelle.

Tant que le fils restait en puissance du père, il ne pouvait avoir le droit de puissance sur ses propres enfants. On avait conservé dans les pays de droit écrit cette conséquence du système romain. L'émancipation le rendait apte à exercer les droits que lui conférait l'autorité paternelle, mais seule-

---

(1) On excepte la Bourgogne, où les fonctions de maire, d'échevin, etc., ne pouvaient lui être conférées.

(2) En Poitou, l'an et jour : §§ 643 et 1035 du *Livre des droits* ; à Toulouse après dix ans.

(3) *Cout. de Montpellier*, art. 53.

(4) V. LAFERRIÈRE, *Hist. du droit*, liv. VII, notamm. ch. 2.

ment sur les enfants postérieurs à l'émancipation ; ceux nés auparavant restaient sous la puissance de l'aïeul (4). On voit par là avec quelle rigueur les juristes de ces pays appliquaient la lecture du droit romain, qui aurait dû leur paraître néanmoins une légitimation surannée.

216. En résumé, on voit qu'on avait suivi trop étroitement en pays de droit écrit les vieux principes de Rome, dont s'étaient bientôt débarrassés les pays coutumiers. Ajoutons que le despotisme féodal violait odieusement les droits les plus sacrés de l'autorité de famille. La condition des enfants s'est donc empirée, dans cette partie de la France, alors que dans l'autre partie nous avons été heureux de signaler les progrès de cette institution et son développement naturel. Si en droit romain l'organisation de la famille ou plutôt l'autorité du père reposait sur un grand principe religieux et politique, c'étaient dans une grande partie de la France un pur despotisme et une volonté privée qui étouffaient la voix de la nature, et assujettissaient les enfants à une dépendance perpétuelle. Notons toutefois que les parlements s'efforcèrent d'adoucir et de tempérer ce pouvoir absolu, et que l'on vit surtout s'engager dans cette voie la jurisprudence moins étroite et plus libérale du parlement de Toulouse.

(1) GUYOT, *Répertoire*, V⁰ PUISS. PAT.

TROISIÈME PÉRIODE

LA RÉVOLUTION ET LE CODE CIVIL.

Sommaire.

217. Nous réunissons sous une même période les temps révolutionnaires pendant lesquels s'est développé le droit qu'on est convenu d'appeler intermédiaire, avec le *Code Civil,* source principale de notre droit privé actuellement en vigueur, parce que ce dernier mouvement législatif est réellement né de la révolution, et qu'il s'est inspiré des principes nouveaux proclamés depuis 1789 (1).

Toutefois l'ordre chronologique que nous devons suivre autant que possible, nous impose l'obligation de traiter séparément 1° de l'époque révolutionnaire ; 2° du droit actuel.

(1) C'est du reste la classification admise par MM. Aubry et Rau, pour l'histoire du nouveau droit civil français dans leur bel ouvrage sur notre droit privé : § 42, B. page 143 de la 4ᵉ édit.

CHAPITRE PREMIER

LA RÉVOLUTION.

218. La première époque commence au jour de l'ouverture des États généraux, pour se terminer à la promulgation du *Code Civil*, qui vient donner à l'état social né de la révolution la sanction législative. Pendant ce laps de temps, on détruit les anciennes institutions qui n'ont plus leur raison d'être. Des idées nouvelles se font jour. L'amour de l'égalité et la raison se réunissent pour abolir les priviléges de tout genre, et proclamer l'inviolabilité des droits de l'homme. « Ce n'est pas dans de vieilles chartes, s'écriait Mirabeau, où la ruse combinée avec la force a trouvé les moyens d'opprimer le peuple, qu'il faut chercher les droits de la nation ; c'est dans la RAISON ; ses droits sont anciens comme le temps et sacrés comme la nature. Il n'y a rien d'immuable que la Raison, et elle détruira bientôt toutes les institutions vicieuses. Guerre aux privilégiés et aux priviléges. »

219. La législation des pays de droit écrit qui laissait le fils sous la puissance inutile, souvent injuste et capricieuse de son père bien au-delà du temps où la nature rend le fils indépendant et capable de pourvoir lui-même à ses besoins; et le rend apte à fonder une nouvelle famille. Ce débris d'une société décrépite devait disparaître de nos lois. Ce fut une des gloires de notre Révolution. Tandis que des esprits justes, élevés et honnêtes suivaient encore avec sincérité et bonne foi la loi romaine et en enseignaient dans leurs doctes livres les principes surannés, d'autres hommes, obscurs jusqu'alors, mais remplis de bon sens, rendaient enfin la famille à elle-même, et sans compromettre le principe même de l'autorité paternelle, suivaient la nature, écoutaient leur raison, qui n'était plus aveuglée par les préjugés, et faisaient réellement du fils de famille un citoyen indépendant, et le trouvaient capable et digne de fonder une famille distincte de celle du père. Le pouvoir paternel fut ramené à des limites justes, et renfermé dans les bornes raisonnables que nécessitaient l'intérêt et la dignité de la nouvelle société. Jamais le respect de l'indépendance de l'homme ne fut plus solennellement affirmé.

220. On trouve chez les Encyclopédistes du dix-huitième siècle une théorie

qui inspira évidemment les législateurs de l'époque révolutionnaire (1). Elle inaugura la réaction contre les institutions sociales. Elles s'explique facilement par le mot d'un publiciste célèbre : *La réaction a toujours été en raison directe de l'oppression.* Si elle a poussé à l'extrême peut-être des principes vrais, elle contient en germe l'axiome actuel : *L'intérêt des enfants fait loi* ; elle impose aux parents l'obligation du travail, afin de pourvoir à la nourriture, à l'entretien et à l'éducation des enfants. Elle proclame l'indépendance du fils de famille parvenu à l'adolescence en ce qui concerne le mariage. Elle abolit enfin l'exhérédation en instituant la légitime; part sacrée du patrimoine de la famille, à laquelle il est interdit au père de toucher. Plus tard un Conventionnel bien connu, adversaire constant des priviléges s'écriera « Qu'on ne m'oppose pas la puissance paternelle ; elle n'est qu'une tutelle naturelle, c'est-à-dire le droit de garder la personne et d'administrer les biens. »

221. En suivant l'ordre chronologique, un des premiers actes législatifs sur notre matière émane de l'Assemblée Constituante. Cette assemblée, dit Kœnigswarter, fut une réunion de législateurs comme l'histoire du genre humain en a rarement produit, et quelles que soient les louanges qu'on lui a décernées, la France et l'Europe n'ont pas assez reconnu ce que cette réunion d'esprits nobles et élevés a fait pour la civilisation (2). La loi des 16-24 août 1790, statuant sur l'organisation judiciaire, réglementa le droit de correction. On se rappelle les abus de l'ancien droit, dans les pays du Midi surtout. Il parut bon à l'Assemblée Nationale de formuler le droit nouveau de façon à ne plus donner lieu à l'arbitraire. Ainsi le droit de correction, qui appartenait au père seul, passa à la famille réunie, érigée en tribunal et présidée par un magistrat. On évitait ainsi des décisions souvent dictées par la colère et la pasion, et l'intervention du magistrat garantissait jusqu'à un certain point la liberté de l'enfant. L'État en effet lui devait protection, comme à tout autre citoyen. Refuser de le secourir en cette occurence c'eût été, selon nous, faire reconnaître l'autocratie du père de famille, et retourner à l'arbitraire légal. En son titre X *Des bureaux de paix et du tribunal de famille* (1)

_____

(1) Voy. l'*Encyclopédie*, au mot ENFANT.
(2) *Op. cit.* Ch. 7. Droit Révolut.
(3) XV. Si un père ou une mère, ou un aïeul, ou un tuteur a des sujets de mécontentement très-graves sur la conduite d'un enfant ou d'un pupille dont il ne puisse réprimer les écarts, il pourra porter sa plainte au tribunal domestique de la famille assemblée, au nombre de huit parents les plus proches, ou de six au moins, s'il n'est pas pos-

cette loi réservait les cas graves où les père et mère, les aïeuls ou aïeules exerceraient le droit de correction; mais c'était plutôt un simple avis que l'on demandait à ces ascendants; car, dans ces cas exceptionnels, la décision à prendre émanait réellement du conseil de famille, ayant à sa tète le président du tribunal. Un auteur contemporain avait donc raison de dire: « C'est pour les enfants seuls, pour leur avantage, que cette mesure de force a été conférée non pas au père, mais à la famille; non pas même à la famille seule mais à la famille et au magistrat, toujours maître de s'opposer à une sévérité exagérée et à une décision qui aurait été dictée par la passion » (1). On voit en quoi s'écarte cette loi de la législation romaine avant l'abolition du tribunal de famille. A Rome, c'était le père qui présidait ce tribunal, et qui seul prononçait la peine. Les rédacteurs de notre loi ne voulurent pas que le père fût juge et partie dans sa cause; ils évitèrent l'écueil et n'exposèrent pas ce citoyen à la lutte dangereuse entre son intérêt et son devoir, dans laquelle malheureusement ce n'est pas toujours le devoir qui triomphe. Le choix d'un magistrat, indépendant de la famille, parut une sauvegarde suffisante de l'intérêt, de la liberté et de l'honneur des enfants (2).

222. Dans certaines parties de la France, nous avons constaté que les enfants étaient soumis à une puissance perpétuelle. Ils acquéraient peu de chose pour eux-mêmes. L'indépendance naturelle à l'homme était évidemment méconnue. De plus on commettait une grave erreur économique. La loi du 28 août 1792, rendue sous l'influence des principes individualistes, disposa que la majorité affranchirait le fils de la puissance paternelle. Elle généralisa pour la France les dispositions coutumières qui déjà faisaient cesser cette puissance domestique à cette époque. La personne de l'enfant fut désormais distincte de celle du père. Rendu à lui-même, le fils put acquérir et posséder par lui-même et pour lui-même. Le travail personnel fut respecté et regardé comme la première et la plus sacrée des propriétés. De là un puissant stimu-

sible d'en réunir un plus grand nombre; et à défaut de parents, il y sera suppléé par des amis ou des voisins.

XVI. Le tribual de famille, après avoir vérifié les sujets de plainte, pourra arrêter que l'enfant, s'il est âgé de moins de vingt et un ans accomplis, sera renfermé pendant un temps qui ne pourra excéder celui d'une année dans les cas les plus graves.

XVII. L'arrête de la famille ne pourra être exécuté qu'après avoir été présenté au président du tribunal de district, qui en ordonnera ou refusera l'exécution, ou en tempérera les dispositions, après avoir entendu le commissaire du Roi, chargé de vérifier, sous forme judiciaire, les motifs qui auront déterminé la famille.

(1) GUICHARD, *Du tribunal de famille.*

(2) Voy. *L'exposé des motifs* du titre *De la puissance paternelle*, DALLOZ, *loc. cit., Repert. de législat. de doctr. et de jurisdrud.* Vᵉ PUISS. PAT. nᵒ 12.

lant. L'homme actif, travaillant à son bien-être et à celui des siens augmentait en même temps la fortune publique. De cette façon, la puissance paternelle ne s'exerça plus que sur les majeurs. « L'Assemblée Nationale décrète que les majeurs ne seront pas soumis à la puissance paternelle, elle ne s'étendra que sur les personnes des mineurs. » Or la majorité fut fixée à vingt et un ans accomplis. Le décret du 20 septembre 1792, tit. 4, art. 2, porte : « Toute personne sera majeure à vingt et un ans accomplis. »

223. Passons au mariage. La majorité pour le mariage était fixée à vingt et un ans. Lois de 1792 précitée et du 31 janvier 1793.

Parvenu à cet âge, l'enfant de famille fut apte à contracter cette union sans le consentement de ses parents, tuteurs et curateurs. Il put se passer du conseil des ascendants, car la formalité des actes respectueux n'était plus exigée. Ici se fait encore sentir cette réaction contre les prohibitions et les peines trop sévères dont les puissantes familles de l'époque monarchique avaient armé la puissance paternelle contre le fils qui contractait mariage contre le gré de ses parents. On sait que le fils encourait l'exhérédation, peine nouvelle et ajoutée pour ce cas à la longue énumération romaine ; de plus, la révocation des donations et avantages faits aux enfants par les étrangers. Ajoutez à cela la *peine arbitraire* dont pouvait les frapper le juge (1).

L'ancienne législation, à laquelle du reste nous sommes revenus et qui imposait au fils de famille l'obligation de requérir le conseil et avis des parents, sans attenter à sa liberté avait ceci de bon : c'est qu'elle réveillait chez lui toute l'attention et la réflexion que mérite un acte aussi grave et aussi important, et l'empêchait peut-être de céder à un mouvement subit de passion. Mais ne semble-t-il pas que le législateur ait fini sa tâche quand il a fixé à un âge raisonnable, en somme, la majorité qui habilite le fils au mariage ? Le père n'est-il pas averti par la loi que l'enfant, dès que l'heure de la majorité aura sonné, pourra passer outre et faire procéder à la célébration de son mariage ? Si des abus se sont produits, il n'en faut pas accuser ces lois éminemment sages, inspirées par les meilleures intentions, et rédigées par des hommes honnêtes et la plupart pères de famille eux-mêmes. « Quoi que l'on fasse, disait un membre de l'Assemblée nationale, Prugnon, une

_____

(1) Voy. plus haut ce que nous avons dit, sous l'explication de l'Édit de février 1556, art. 2, 3 et 4, et des Ordonnances de Louis XIV, aux §§ 162 et suiv., du chap. 2, ancien droit.

galerie de portraits de mauvais pères ne sera jamais ni riche ni vaste, et la plus immense collection sera celle des bons pères. » On doit plutôt faire retomber la faute sur les mœurs de la société de cette époque, triste legs du règne de corruption et de débauche qui avait précédé, et peut-être un peu aussi sur l'inexpérience de ces hommes généreux, qui venant de reconquérir leurs droits civils et politiques, cherchaient encore les formules législatives des droits nouveaux.

224. Les dispositions légales permettaient à cette époque au fils de famille âgé de quinze ans, à la fille âgée de treize de contracter mariage, avec le consentement toutefois du père. Celui-ci est seul appelé à consentir. S'il est mort ou interdit, la mère le remplace. A défaut de celle-ci, l'enfant de famille ne s'adresse pas aux autres ascendants, mais à un conseil de famille, composé de quatre parents et du juge de paix. Si le conseil ne consent pas lorsqu'il est appelé à le faire, il doit se prononcer un mois après. Lorsque la personne que l'orphelin se proposait d'épouser était d'une inconduite notoire, ou n'avait pas été réhabilitée après avoir encouru une peine infamante, le conseil de famille pouvait alors motiver son refus, mais sur ces deux faits seulement (1). On voit que sous la période des Girondins et sous l'influence de leur système social, la législation tend de plus en plus à se rapprocher de l'état de nature ; l'individu est préféré à la société ; plus le citoyen aura de liberté individuelle, plus il se rapprochera de l'idéal des fédéralistes. Il en résulta une grande facilité de divorce, car « la liberté eût été perdue par un engagement indissoluble. » Loi du 20 septembre 1792.

225. Le principe de l'adoption fut également conservé, mais cette source du pouvoir paternel ne fut assujetti à aucune forme ; il suffisait qu'elle fût contenue dans un acte authentique. Elle assurait à l'adopté un droit dans la succession de l'adoptant, les mêmes droits en un mot qu'à l'enfant légitime (2).

226. Notons enfin, avant d'étudier le régime des biens sous cette phase législative, que les droits d'aînesse et de masculinité se trouvèrent abolis en même temps que les autres droits féodaux. Le principe d'égalité fut ainsi proclamé entre frères et sœurs venant à la succession des parents (3). Il

---

(1) Décrets du 20 septembre 1792, et du 7 septembre 1793. Voy. LAFERRIÈRE, *Hist. des principes et des lois pendant la révolut. française.*, Liv. 2, ch. 2, page 301 de la 2ᵉ édit., Paris, Cotillon, 1852.

(2) Decret 16 frimaire an III ; 2 germinal an XI ; LAFERRIÈRE, *op. cit.*, Liv. 2, ch. 2, p. 292 et suiv.

(3) Décret du 15 mars 1790.

avait fallu toute l'énergie et la ténacité du système féodal pour faire disparaître de nos institutions la tradition franke que Marculfe avait ainsi formulée au VIIᵉ siècle : « Comme Dieu a donné également au père tous ses enfants, ils doivent avoir une part égale dans les biens de leur père » (1). Mais comme le principe d'égalité ne s'appliquait, rigoureusement et juridiquement parlant, qu'aux fiefs et aux biens qui se partageaient noblement à raison de la qualité des personnes (2), un décret postérieur, du 15 avril 1791, l'étendit aux biens non-nobles ni féodaux.

227. Voyons maintenant ce qu'il en fut des biens dans leurs rapports avec la puissance paternelle. Mirabeau remarquait avec raison que les vices de la féodalité auraient été en vain arrachés des lois si on n'en coupait la racine dans les esprits et habitudes ; il demandait si un père et une mère pouvaient disposer à leur gré de leur fortune et établir l'inégalité dans la possession des biens domestiques ; il soutenait que le droit de propriété n'est pas un droit primitif, mais social, qui doit cesser avec la vie (3) ; il voulait que l'égalité régnât dans les familles et qu'on détruisit complétement « ces lois corruptrices qui semaient les haines où la nature avait créé la fraternité » ; enfin il s'attaquait avec raison à tout ce qui peut produire l'inégalité : préciputs, majorats, substitution, fidéicomms, et même institutions contractuelles (4). Mais la question fut ajournée, et ne fut résolue que par la Convention. Celle-ci décréta la prohibition absolue de disposer de ses biens en ligne directe (5). « La faculté de disposer de ses biens, soit à cause de mort, soit entre vifs, soit par donnation contractuelle en ligne directe est abolie ; en conséquence, tout les descendants auront un droit égal sur le partage des biens de leurs ascendants ». La loi du 17 nivôse an II reproduisit cette prohibition, tout en l'étendant aux successions collatérales ; en sorte que les successions *ab intestat* restaient comme seuls moyens de recueillir à titre universel, les dispositions à titre universel étant prohibées. Toutefois les dons et legs particuliers furent reconnus valables (6). Ainsi, celui qui avait des enfants pouvait disposer du dixième de ses biens en faveur d'un étranger ; mais ne pouvait en avantager l'un de ses

(1) Cité par LAFERRIÈRE, *op. cit.*, Liv. 1, ch. 3, p. 219.

(2) Remarque de Merlin, dans son *Rapport* présenté le 20 nov. 1790. BERNARD, *op. cit.*, *Prem. part.*, ch. 3, *Droit interméd.*

(3) Cité dans BERNARD, *op. et loc. cit.*

(4) Voy. LA FERRIÈRE, *op. cit.*, liv. 1, ch. 2.

(5) Décret du 7 mars 1793.

(6) Voy. le *Rapport* de TRONCHET à la Cour de Cassation, en l'an IX.

enfants. Celui qui n'avait que des collatéraux, pouvait disposer du sixième toujours en faveur d'un étranger et d'un non successible. En l'an VIII, la quotité disponible fut du quart s'il y avait moins de quatre enfants ; du cinquième, s'il y en avait quatre, et ainsi de suite, en comptant toujours pour la déterminer le nombre des enfants plus un. (Loi du 4 germinal an VIII, art. 1er). On voit combien la quotité disponible a subi des variations, depuis les origines romaines, gauloises, barbares et coutumières, avant d'être fixée définitivement et différemment encore par notre loi actuelle.

Nous ne pensons pas qu'on doive attribuer à un vain désir de propagande révolutionnaire le système d'égalité complète établi entre successibles, comme le fait un auteur que nous aimons à citer pour les renseignements historiques, mais dont nous regrettons que les appréciations ne soient peut-être pas toujours suffisamment impartiales. M. Bernard dit en effet que la Convention recherchait avidemment « les moyens de détruire tant ce qui s'oppose à la propagande et au radicalisme révolutionnaires. » Comment qualifier de révolutionnaires les idées de justice et d'égalité dans les partages, qu'on aime déjà à rencontrer chez les Franks, nos ancêtres, qu'on voit recommandées avec chaleur par les Dargentré, Dumoulin, surtout quand les droits d'ainesse et de masculinité sont si vigoureusement flétris par notre auteur ? Ah ! il faut se replacer à cette époque de lutte et de réaction contre l'ancien régime ; il faut, comme Mirabeau, avoir été témoin de l'influence que les mœurs féodales avaient exercée dans le Midi sur les familles et les successions, malgré la promesse d'égalité écrite dans les lois romaines (1). Et on peut alors dire avec l'orateur : « Il n'y a plus d'*aînés*, plus de privilégiés « dans la grande famille nationale, il n'en faut plus dans les petites familles « qui la composent. L'inégalité du partage appelle l'inégalité des soins pa- « ternels, celle même des sentiments et de la tendresse. L'éducation domes- « tique, pour être bonne, doit être fondée sur des principes d'exacte justice, « de douceur et d'égalité. Moins les lois accorderont au despotisme paternel, « plus il restera de force au sentiment et à la raison (2). »

228. Telles furent, en résumé, les dispositions législatives sur notre institution pendant cette courte, [mais féconde période. Peut-être trouve-t-on que le mariage fut permis à un âge trop tendre ; et que le droit de correction fut illégitimement enlevé au père et confié à un conseil de famille. Ces deux

(1) LAFERRIÈRE, *op. cit.*, liv. 1, ch. 2.
(2) Discours sur *l'Égalité des partages.* Voy. *Mirabeau, sa vie, ses opinions et ses discours,* par A. VERMOREL. Biblioth. nat. 5 vol., p. 92 et suiv. du dernier vol.

reproches nous sembleraient seuls fondés. Mais si l'on observe que l'intérêt même et l'amour des parents pour leurs enfants les guideront dans l'établissement de ceux-ci, et que d'un autre côté le conseil de famille n'était appelé à statuer que dans des cas graves et exceptionnels, et qu'en somme les droits de correction et d'éducation domestiques restent toujours aux mains du père, on peut conclure que l'époque révolutionnaire fut une ère de progrès pour la famille et l'intérêt des enfants : la puissance paternelle n'étant plus considérée que comme une tutelle, ainsi que l'avaient fait certains pays coutumiers.

CHAPITRE DEUXIÈME

LE CODE CIVIL

Sommaire.

229. Le vainqueur de Marengo se sentant assez fort pour marcher tout seul (1) renversa le Gouvernement du pays qu'il accusait injustement de faiblesse. Exploitant avec un machiavélisme froid la lassitude des esprits ballotés en tout sens par les factions politiques, il ne parla plus au peuple français qui avait généreusement conquis son indépendance au prix de son sang que de *liberté civile* et de *lois organiques* (2). Il terrifia les citoyens par la voix de son ministre de police (3), et éteignit chez eux tout espoir de reconquérir de nouveau leur indépendance en leur disant hardiment en face : « La Révolution est finie, » (4)

230. Si tel fut le rôle politique de Bonaparte à la fin de la révolution et au commencement du siècle nouveau, son influence ne fut pas moins grande peut-être lors de la préparation du monument législatif qui fait la gloire de Tronchet, de Bigot et de Portalis, du *Code civil des Français*, auquel il devait néanmoins plus tard donner son nom (5). Ses observations dans les dis-

---

(1) *Mémorial de Sainte-Hélène.*
(2) Discours du 20 Frimaire, an VI ; Proclamation du 18 Brumaire.
(3) Fouché, Instruction du 26 brumaire, après le coup d'état.
(4) Proclamation du 24 brumaire an VIII.
(5) Décret du 3 septembre 1807. Voyez aussi celui du 27 mars 1852.

cussions sur les différents principes de notre législation nouvelle ont laissé parfois des traces profondes et lumineuses. Après avoir fait peser une autorité si vigoureuse sur la société politique, Bonaparte rêvant déjà une gloire militaire incomparable, avait le dessein de faire de la France un vaste camp d'éducation militaire, en prenant l'enfant à sa naissance, en revendiquant le droit de faire son éducation qui devait tendre à la carrière militaire, en lui désignant sa profession et réglementant jusqu'à son mariage et l'état qu'il devait choisir. C'était reculer vers le système féodal. Ce gigantesque projet n'a pas triomphé. Car lorsque les idées du consul étaient justes, les Tronchet et les Portalis s'empressaient d'y adhérer.

231. Or une forte opposition dans laquelle on vit Réal, s'élever contre un système qui eût été par trop contraire à la liberté humaine, à la dignité et à l'esprit de famille, qu'on désirait au contraire opposer à l'esprit militaire (1).

232. Portalis disait en effet : « Notre objet a été de lier les mœurs aux lois et de propager *l'esprit de famille*, qui /est si favorable, quoiqu'on n'dise, à l'esprit de cité. Les sentiments s'affaiblissent en se généralisant : il faut une prise naturelle pour pouvoir former des liens de convention. Les vertus privées peuvent seules garantir les vertus publiques ; *et c'est par la petite patrie, qui est* LA FAMILLE, *qu'on s'attache à la grande* ; ce sont les bons pères, les bons maris, les bons fils qui font les bons citoyens. Or, il appartient essentiellement aux instituteurs civils de sanctionner et de protéger toutes les affections honnêtes de la nature » (2).

233. Toutefois notre *Code civil*, pas plus que le droit coutumier n'a organisé systématiquement la famille. En somme, c'est encore l'autorité des coutumes, la puissance paternelle calquée sur la garde de la famille germanique qui est conservée par la législation actuelle (3). On s'efforça de faire avec ménagements une transaction prudente entre l'ancien droit romain et les coutumes. Les rédacteurs ont pris la famille dans son état naturel. Le projet de Réal contient les idées suivantes :

« Nous reconnaissons les droits principaux qui obligent et qui lient plus étroitement entre eux les membres de toutes ces petites sociétés *naturelles*

---

(1) Voy. OSCAR DEVALLÈE. *De la puissance pat.* REVUE WOLOWSKI, 1852, notam. page 238.

(2) Discours préliminaire exposant les motifs du *Code civil.*

(3) V. KOENIGSWARTER, *op. cit.*, § 2. *Droit actuel*, Klimrath, *Essai sur l'histoire du droit*, notamm. deuxième partie, Du droit coutumier, p. 26 et suiv. du tome 1er de l'édit de Warnkœnig. 1843.

dont l'agrégation civile forme la grande famille. » Et plus loin : « Le législateur ne pouvant sur cette importante question trouver aucun secours dans la loi romaine (1), ne trouvant dans les coutumes que des vues imparfaites marchant entre l'exagération et la faiblesse, a dû consulter *la nature et la raison*. » (2) Aussi la puissance paternelle était-elle définie : « Un droit fondé sur la nature et confirmé par la loi, qui donne aux père et mères, pendant un temps limité et sous certaines conditions la surveillance de la personne, l'administration et la jouissance des biens de leurs enfants » (3). Nous ne pouvons mieux faire connaître la nature de ce pouvoir et les nouveaux principes sur lesquels il repose qu'en citant les jurisconsultes eux-mêmes qui l'ont organisé. De cette façon, nous connaîtrons bien mieux l'esprit qui a présidé à cette grande œuvre. Car un exposé froid et méthodique des principales dispositions qui régissent cette institution n'atteindrait pas le but que nous nous sommes proposé , ne justifierait pas la devise que nous avons choisie : « Il faut éclairer les lois par l'histoire, et l'histoire par les lois (4) » et méconnaîtrait l'adage juridique : *Scire leges non est verba earum tenere, sed vim ac potestatem.*

234. On considère l'autorité des père et mère comme « une magistrature paternelle, la plus sacrée de toutes les magistratures, indépendante de toutes les conventions et qui les a toutes précédées. » (5) « La nature, dit encore le même orateur, veut que dans le premier âge le père et la mère aient sur leurs enfants une puissance entière, qui est toute *de défense et de protection* (6). » Le tribun Vésin exprimait la même idée dans la séance du 1ᵉʳ Germinal, an XI : « Il nous suffit que le pouvoir des pères soit reconnu par tous les peuples policés, qu'il soit l'un des plus fermes soutiens de la société pour qu'il ne s'élève pas le moindre doute sur la nécessité d'accorder aux père et mère l'autorité sur leurs enfants, autorité toute de défense et de protection dans le premier âge, et qui acquiert ensuite une consistance, une intensité proportionnée aux besoins de l'adolescence, environnée de tous

(1) Nous en avons néanmoins conservé quelques principes, sinon l'esprit tout entier : La puissance paternelle doit consister dans la piété et non dans une extrême sévérité ; de plus, l'usufruit légal, dont on peut trouver l'analogue dans l'usufruit paternel des pécules ; l'autorisation au mariage.

(2) *Exposé des motifs*, DALLOZ, vᵒ PUISSANCE PATERNELLE, nᵒ 8. *Répert. méthod. et alphab. de législ. et de jurisprud.* ; tome 38. Paris, 1857.

(3) DALLOZ, *ibid*, nᵒ 9.

(4) *Esprit des lois.* liv. 31, ch. 2

(5) RÉAL, *Exposé des motifs*, DALLOZ, *ibid*, nᵒ 1.

(6) *Ibid*, nᵒ 2.

les écueils et des passions qui l'assiégent (1). Et un peu plus loin : « C'est un pouvoir de protection pour les enfants, et la mère est à juste titre admise à le partager (2). » « Au second âge, reprend Réal, la puissance paternelle qui est alors toute d'administration domestique et de direction, pourra seule..... ajouter la vie morale à l'existence physique, et dans l'homme naissant préparer le citoyen (3). Dans son code, l'homme a substitué l'intérêt au sentiment, il a méconnu, étouffé la voix de la nature, et au lieu de reconnaître la *puissance*, il a créé le *despotisme* paternel. » Réal fait ici (4) allusion aux temps primitifs de Rome, qui ont déteint malheureusement sur certaines parties de la France, et sans doute aussi au régime féodal.

Il ne faudrait pas croire néanmoins que tous les hommes qui ont collaboré à notre *Code civil* aient été unanimes à faire pénétrer dans nos institutions le principe de protection pour les intérêts de l'enfant, qui est comme un vague souvenir des traditions germaniques. Un jurisconsulte, qui remplissait les fonctions de secrétaire rédacteur et prit une part active à la confection du code, Malleville, homme du midi et des pays de droit écrit, aurait désiré agrandir l'autorité paternelle, au point de la transformer en force ou moyen politique. Berlier, son adversaire sur ce point, établit avec sagesse une différence profonde entre l'ancienne société romaine conservée dans une partie de la France ainsi que nous l'avons vu, par le droit écrit, et l'autorité nouvelle qu'il désire conférer aux parents, non comme une autorité proprement dite, mais plutôt comme un pouvoir protecteur et tutélaire qui s'éteindra à la majorité de l'enfant et sera confié à la mère qui en était autrefois exclue. Il conçoit la nouvelle organisation de la famille d'une façon presque inconnue : le nouveau titre doit être *De l'autorité des père et mère.*

236. On voit en somme que les rédacteurs, tout en respectant les traditions « de bon sens, de règles et de maximes » (5) de l'ancien droit, lorsque ces idées étaient justes, ne se sont pas laissés entraîner vers un système trop exclusif ni des idées trop nouvelles. Ils ont mené à bonne fin l'essai de « transaction » (6), si courageusement commencé par Pothier entre le droit écrit et les coutumes ; enfin ils ont puisé dans les principes de la Révolution une

---

(1) *Rapport fait au tribunat,* DALLOZ, *Ibid* n° 19, note.
(2) *Ibid* DALLOZ, n° 23, in fine.
(3) *Ibid.,* DALLOZ, n° 2, in fine.
(4) *Ibid.,* DALLOZ, n° 4.
(5) PORTALIS. *Discours préliminaire.*
(6) Expression du même jurisconsulte.

« originalité » (1) remarquable. S'appuyant sur le nouveau dogme social de l'égalité civile, ils ont replacé enfin la famille française sur les bases indiquées par la justice, la raison et la liberté.

237. Avant d'entrer dans le cours de notre sujet, esquissons brièvement l'histoire externe de notre titre : DE LA PUISSANCE PATERNELLE, qui forme le neuvième, à notre code.

Il fut discuté au conseil d'Etat le 8 Vendémaire et le 20 Brumaire, an XI. Après quelques observations, la section de législation du [Tribunat se prononça pour l'adoption. L'exposé des motifs au corps législatif fut présenté le 23 Ventôse an XI, par Réal, conseiller d'Etat et orateur du Gouvernement (14 mars 1803), assisté de Bigot Préamcneu, Crétet, conseillers d'Etat. Le rapport au tribunat fut fait par Vesin au nom de la section de législation, le premier Germinal, an XI (22 mars 1803). Enfin Albisson, orateur du tribunat, fut chargé par cette Assemblée de présenter au corps législatif le vœu d'adoption de ce titre, le 3 Germinal, de la même année (24 mars). La loi fut décrétée le même jour à la majorité de 210 voix contre 4 et promulguée le 13 du même mois, selon l'art. 37 de la constitution. Cette loi du 13 Germinal an XI (3 avril 1803) forma par l'effet de la loi du 30 Ventôse an XII (21 mars 1804), le titre IX du livre I du *Code civil des français*, DE LA PUISSANCE PATERNELLE.

238. Ce titre est la source principale des dispositions législatives en vigueur sur notre matière. Ajoutons quelques articles relatifs au droit des parents de consentir au mariage de leurs enfants (2) ; l'art. 389, relatif à l'administration légale et qui se trouve placé au titre *De la minorité* ; la loi du 21 mars 1832, sur l'armée qui contient une disposition relative à l'engagement volontaire des fils de famille, rappelée par la nouvelle loi sur le recrutement, et quelques articles épars dans les codes.

239. D'après les développements donnés plus haut sur la nature de la puissance paternelle, on voit qu'elle est généralement prise dans une acception restreinte, puisqu'elle n'est considérée que dans ses effets pendant la minorité des enfants de famille. On peut en effet traiter aussi de cette autorité d'une manière plus générale, et étudier les divers attributs de ce

---

(1) LAFERRIÈRE, *Histoire des principes, des institutions et des lois pendant la révolution française ;* Liv. 4, ch. 3, page 472, de l'édit. citée.
(2) Art. 152 et s. Titre V. *Du mariage.*

pouvoir, qui ne sont pas exclusivement réservés aux père et mère. Tels sont l'obligation alimentaire, la réserve des ascendants, le droit de succession aux biens des descendants, l'acceptation des donations faites à ceux-ci. On pourrait même étudier certains droits qui ne produisent leur effet qu'après la mort de l'un des parents, c'est-à-dire la tutelle légale des père et mère, ou la désignation d'un tuteur testamentaire. Quoique ces droits semblent sortir rigoureusement de la sphère des attributs de la puissance paternelle proprement dite, nous croirions que notre étude serait incomplète, si nous ne disions quelques mots, au moins des principaux ; car ils sont dans la plupart des cas exercés par le père ou par la mère.

240. Les auteurs ont tous remarqué que dans notre législation, la seule et vraie source de la puissance paternelle est dans la filiation, rapport créé entre le père, *genitor*, et le fils par le fait de la paternité. Il y a à cet égard une différence profonde entre notre législation actuelle et les anciennes. On sait que l'ancien droit romain fondait la puissance paternelle sur les justes noces, ou sur l'adoption. D'un autre côté, l'ancien droit français refusait les attributs de la puissance paternelle aux français qui avaient donné le jour à des enfants illégitimes. Chez nous, au contraire, l'adoption est loin d'avoir des effets aussi étendus ; car elle ne peut avoir lieu que lorsque le futur adopté est majeur, et à la majorité on voit s'éteindre les principaux effets de la puissance paternelle. De plus, la puissance paternelle s'exerce même sur les enfants illégitimes dans ses prérogatives essentielles, qui sont évidemment le droit d'éducation et le droit de correction ; ce dernier étant compris dans le précédent (1). C'est une remarque que nous croyons devoir faire, pour lever toute espèce de malentendu sur le fondement du droit d'éducation qui se trouve précisément placé au Titre *Du mariage* et qui semble y être indiqué comme une des obligations résultant de ce contrat. Art. 203. En cette circonstance les rédacteurs du *Code civil* se sont évidemment inspirés de la nature. La nature, en effet, jette l'enfant nu sur la terre nue. La première personne qui semble destinée à le recueillir n'est-elle pas celle qui lui a donné le jour ?

241. Un autre caractère essentiel de la puissance paternelle **en France** est son inaliénabilité. Elle a été considérée par ceux qui l'ont organisée comme étant d'ordre public, et comme une disposition législative à laquelle

---

(1) Art. 383 du *Code civil*. Pour abréger, lorsque les articles cités ne seront suivis d'aucune désignation spéciale, ils se reféreront toujours au *Code civil*.

la volonté privée des citoyens ne saurait déroger par convention. Art. 6 combiné avec l'art. 1388. Et cela même par contrat de mariage, lequel contrat est de tous le plus favorisé par la loi. Le père est donc tenu de conserver le dépôt que la loi lui a confié. L'harmonie du corps social exige à tel point que le pouvoir paternel ne soit exercé que par lui, que l'on a considéré cette aliénation comme attentatoire aux bonnes mœurs et à l'ordre public. Ce droit ne pourra donc s'éteindre que conformément aux prescriptions législatives, et chose étonnante qui ne se remarque point dans la plupart des autres droits que l'on exerce en les anéantissant, celui-ci est tellement inhérent à la personne du père que sa durée ne dépend que de la loi (1).

Nous étudierons en son lieu la question de savoir si le droit d'administration légale peut être exercé par une autre personne que le père, si par exemple le père peut y renoncer en faveur soit de sa femme soit d'une tierce personne ; ou si un testateur ou un donateur peut imposer comme clause à sa libéralité que le droit d'administration des biens formant l'objet de la libéralité ne sera pas donné au père. Nous verrons s'il y a en pareil cas dérogations aux principes que le législateur a regardés comme étant de l'essence du pouvoir paternel. Voyez notre § 319.

Le fait de confier à un tiers l'éducation des enfants ne constitue pas l'aliénation de l'autorité paternelle dans le sens de l'abdication prohibée par la loi. C'est ce que nous essaierons d'établir en étudiant le droit d'éducation. Voy. Prem. Sect, lettre c.

242. Le père, disons-nous est revêtu de cette autorité qu'il exerce seul durant le mariage. C'est en effet la disposition de la loi française. Art. 373. Mais il est un principe nouveau dans notre droit actuel et inconnu des anciens Romains et même des Français de certaines anciennes provinces (2) : c'est que la mère est revêtue de l'autorité domestique en même temps que le père. Cette autorité appartient conjointement à tous deux, dit Marcadé, et le droit est commun à l'un et à l'autre (3). En face de la mère, le père seul

(1) Arrêts de Grenoble, du 11 août 1833 et Cassat. du 5 mars 1855 Abry C. Trouvé. DALLOZ. 1855, 1,341 ; 2,91
(2) Dans les pays de droit écrit, disait Réal, dans son *Exposé des motifs*, le père seul était investi de cette puissance et, malgré les droits donnés par la nature, mais sans doute en conséquence de cette ancienne législation, qui plaçait jadis l'épouse sous la puissance paternelle [ou plutôt du chef de famille] la mère n'avait aucune participation à cette puissance. DALLOZ, *loc. cit.*, n° 6, p. 536.
(3) Sur les art. 372 et 373, p. 144 de la sixième édit., tome II. Paris, Delamotte, 1866.

exerce l'autorité ; mais si celui-ci vient à manquer, la mère le suppléera.

« Le père est considéré en effet comme le chef de la famille par ies prin-cipes admis sur le mariage, il est dans l'oadre, et c'est une conséquence qu'il en ait les prérogatives. Ce pouvoir, s'il était en même temps partagé par plusieurs, s'affaiblirait par cela même, et tomberait ea sens contraire de son institution. Le projet de loi n'entend pas par là ne pas associer la mère à cette magistrature ; elle l'exerce à son tour, et prend la place du père s'il vient à manquer (1).

243. Voici les cas dans lesquels la femme même pendant le mariage a l'exer-cice de la puissance paternelle.

244. Lorsque le père a disparu laissant des enfants mineurs issus d'un commun mariage, la mère en a la surveillance et exerce tous les droits du mari, quant à leur éducation et à l'administration de leurs biens. Art. 141. On suit les mêmes dispositions dans le cas où l'un des époux qui a disparu laisse des enfants mineurs issus d'un mariage précédent. Art. 143.

Item quand le père encourt l'interdiction pour cause de démence (2) ou par suite d'une condamnation pénale (3), quand on l'a placé dans un établis-sement d'aliénés (4) ; quand il se trouve privé de la puissance dont il était revêtu, par l'effet d'une condamnation pénale pour avoir excité ses enfants mineurs à la débauche (5).

Après la dissolution du mariage, la mère exerce de plein droit la puissance paternelle, sans qu'il soit nécessaire pour cela qu'elle ait également la tutelle.

244. Nous trouvons au titre *De l'Adoption* qu'une classe de personnes exerce également certains droits conférés à la puissance paternelle. Ainsi le tuteur officieux d'un mineur a l'administration de la personne de celui-ci et de ses biens, avec les droits de garde et d'éducation (art. 364 et 365), et ce même du vivant des parents du mineur, mais avec le consentement de ces derniers, ou du conjoint survivant. Art. 361 et 364, 2°. Mais les parents du pupille ne sont pas privés du droit de consentir à son mariage, ce droit n'étant pas incompatible avec ceux du tuteur officieux.

245. Enfin, on ne peut douter que les étrangers puissent exercer en France l'autorité paternelle, car outre que cette matière est de statut personnel et

---

(1) Séance du 1ᵉʳ germinal, an XI, dans BERNARD, *op. cit.* § 2. 2ᵉ part.
(2) Art. 507.
(3) Art. 29 du *Code pénal.*
(4) Loi du 30 juin 1838, sur les aliénés, sect. 4, passim.
(5) Art. 334 et 335 du *Code pénal* combinés.

suit les personnes étrangères résidant en France, alors même qu'elles ne seraient pas encore admises à y établir leur domicile, il est évident pour nous qu'il y a ici un intérêt d'un ordre éminemment élevé et que la société tout entière doit pourvoir à ce que cette autorité puisse fonctionner régulièrement. Il suit donc que l'on ne peut refuser l'exercice de ce pouvoir aux étrangers, et que ceux-ci sont même tenus de l'exercer, puisqu'ils sont soumis aux lois générales de police et de sûreté comme nous. Arg. art. 3.

Ces préliminaires étant posés, nous allons immédiatement étudier les effets de la puissance paternelle. Il convient de faire ici une division, et de traiter d'abord de ses effets sur la personne des enfants, puis de voir quels sont ses rapports avec les biens, soit de l'enfant, soit du père lui-même.

PREMIÈRE PARTIE.

Sommaire.

§ 246. Divisions. — § 247. Droits de la puissance paternelle proprement dite. A § 248. — Droit au respect. — La législation et la doctrine. — Opinion d'Albisson.

246. Pour jeter plus de clarté dans cette matière assez complexe nous la traiterons en plusieurs sections. La première contiendra le droit du respect celui de garde, d'éducation et de correction, le droit de consentir au mariage et enfin celui d'émanciper. Une seconde sera consacrée aux droits qui ne sont pas exclusivement réservés aux père et mère. Enfin nous verrons en dernier lieu quels droits ne produisent leur effet qu'après la mort d'un des parents.

PREMIÈRE SECTION.

Droits de la puissance paternelle proprement dite.

247. Ces droits que nous allons étudier successivement sont pour ainsi dire les bases essentielles de la puissance paternelle. Ils en forment comme la substance, et on peut presque affirmer que sans eux la puissance paternelle ne serait qu'un vain mot. Ce sont ces droits que les père et mère sont toujours appelés en première ligne à exercer.

A. DROIT AU RESPECT.

248. « L'enfant à tout âge, doit honneur et respect à ses père et mère. » Art. 371. Cette règle de haute morale figure justement au frontispice de notre titre. Les législateurs à l'esprit élevé comme Portalis et Tronchet ont bien fait de répéter l'éternel précepte et de donner aux juges un point

d'appui (1), en même temps qu'un guide à l'interprète de leur pensée. Nous nous garderons donc bien de répéter tout ce qu'on a dit de plus ou moins fondé sur l'inutilité qu'il y avait à l'insérer dans le *Code*, ou sur l'inadvertance des rédacteurs qu'y ont oublié d'y adjoindre une sanction. Cette prescription légale dans sa rédaction énergique et laconique a fait d'un précepte purement moral un principe juridiquement obligatoire. Ce n'est donc pas seulement une obligation que l'étude spéculative du moraliste ou du philosophe tire de la nature des rapports existant entre le père et l'enfant. Le législateur semble même s'être référé à ce principe quand il exige que l'enfant, à tout âge, demande le conseil de ses parents à son mariage, ou à son adoption. Si toutefois les conséquences de ce principe n'ont pas été déduites avec une rigueur mathématique dans des articles clairs et précis, on ne peut que féliciter le législateur de l'avoir posé. Les magistrats, auxquels est confié le dépôt de la loi et qui ont reçu la mission de la faire exécuter, s'inspirent de son esprit dans les circonstances délicates et difficiles où il y a désaccord entre le père et le fils. Ainsi M. Demolombe a pu dire que si un procès offrait des doutes, les magistrats devraient les interpréter en faveur de l'ascendant (2). C'est l'esprit qui animait également la jurisprudence quand elle refusait à l'enfant le droit de demander la contrainte par corps contre son père. Ainsi le fils ne pouvait obtenir de la justice un jugement emportant à son profit condamnation de son père à la contrainte par corps. Cette jurisprudence fut consacrée législativement dans la loi du 17 avril 1832, sur cette matière. On comprend facilement les raisons de haute moralité qui avaient fait édicter cette exception dans une loi qu'on a jugée depuis et avec raison indigne de figurer dans nos Codes, et qu'on ne peut même plus appliquer à des personnes étrangères à la famille (3). Mais faut-il aller jusqu'à dire, avec Proudhon et Duranton, que ce précepte fait obstacle à ce que le fils intente contre son père une action déshonorante ? Nous ne le pensons pas. Pour nous ce n'est plus interpréter la loi, mais la faire. C'est retomber dans les anciens errements et vouloir faire de la législation romaine une source à laquelle on doit toujours puiser, alors que cette législation est évidemment abolie (4). A ce compte, il faudrait soutenir aussi que le fils de

---

(1) *Rapport* de Vézin, au tribunat, *Discours* d'Albisson au corps législatif.

(2) N° 277, de son *Traité de la puissance paternelle*.

(3) Loi abolitive de la contrainte par corps en matière civile, commerciale, et contre les étrangers du 22 juillet 1867.

(4) Art. 7, loi du 30 ventôse an XII.

famille ne peut intenter une action en justice contre son père, sans la permission du juge, comme cela se faisait à Rome. C'est aller évidemment contre le texte précis de nos lois, sur des matières qui font précisément l'objet de leurs dispositions. Il nous suffit de citer l'art. 380 du *Code pénal*, qui supposant qu'un père s'est rendu coupable de soustraction au préjudice de son fils, permet à celui-ci d'intenter une action en réparation civile ; et de renvoyer au *Code de procédure*, dans lequel on ne trouve aucune disposition relative à l'autorisation préalable du président qui serait nécessaire au fils pour actionner son père.

Enfin le meilleur commentaire à cet article est encore ce qu'en disait Albisson : « Au sortir de la tourmente qui a bouleversé tant de têtes, tant menacé d'une subversion totale toute idée de subordination et de révérence filiale, ce précepte devait précéder des d'spositions toutes relatives à une autorité temporaire, pour rappeler sans cesse aux enfants que si la loi les affranchit à des époques fixes de leur âge de l'autorité de leurs parents, il n'est point de moment de leur vie, point de circonstance, point de situation où ils ne leur doivent honneur et respect (1). » Ainsi le fils témoignera à son père dans toutes les circonstances de la vie publique ou privée ces sentiments d'honneur et de respect qui distinguent les âmes élevés et honnêtes et qui sont le fruit d'une éducation bonne et digne. Les mille circonstances de la vie offrent toujours à l'enfant l'occasion de suivre les sages prescription de la loi à l'égard des auteurs de ses jours, et si parfois le fils semblait oublier ses devoirs, la justice doit les lui rappeler. Les décisions nombreuses de la jurisprudence sur ce point attestent qu'elle a parfaitement compris que la loi n'était pas dépourvue de sanction. Ainsi elle ne permettait pas au fils de faire incarcérer son père pour dettes (2). Nous ne pensons pas non plus qu'elle doive accueillir la demande du fils créancier tendant à obtenir la déclaration en faillite de son père ; car la faillite a toujours, peut-être à bon droit, jeté une trop forte déconsidération sur la personne du failli pour que nous doutions qu'il n'y ait en cette espèce violation de l'art. 371. Mais on est évidemment allé trop loin en refusant à l'enfant le droit de faire la preuve des mauvais traitements imputés à son père (3), car, puisque la loi pénale garantit la personne des enfants en cette circonstance, cette même loi serait

---

(1) *Discours* au corps législatif.
(2) Bastia, 31 août 1826, DALLOZ, *loc. cit.*, n° 19.
(3) Nîmes, 12 fructidor an XII, aff. Dufour DALLOZ, *ibid.*

la plupart du temps inapplicable, si on refusait aux enfants le droit de prouver les mauvais traitements dont ils sont très–souvent seuls témoins et presque toujours victimes en même temps (1).

C'est encore à ce principe qu'on doit rattacher l'idée de l'obligation alimentaire, l'obligation d'obtenir le consentement de ses père et mère qui incombe à la fille qui se dispose à contracter des vœux dans une congrégation religieuse (2); la même obligation pour le fils qui veut, avant vingt-cinq ans, entrer dans les ordres sacrés (3).

Notons pour terminer que la présence d'un fils au conseil de famille appelé à statuer sur la destitution d'un père de la tutelle de ses enfants mineurs, bien que peu convenable en semblable circonstance, n'a pas paru devoir motiver l'annulation de la délibération de cette Assemblée (4).

Ce serait, en effet, créer contre l'enfant, au regard de ses père et mère, des défenses et prohibitions que le code n'a pas admises par des dispositions formelles (5).

B. DROIT DE GARDE.

Sommaire.

§ 249. Droit de garde. — § 250. Quelles personnes l'exercent. — § 251. Décisions judiciaires entraînant déchéance ou modification de ce droit. — § 252. Garanties des droits des parents envers les tiers. — § 253. Exception créée en faveur du fils pour enrôlement volontaire. — § 254. Sa défense par Albisson. — Critique de cette disposition. — § 255. Etat de la législation actuelle sur ce point.

249. Le droit de garde est ainsi établi par la loi : « L'enfant ne peut quitter la maison paternelle. » (Art. 374). En vertu de ce droit le père assigne à l'enfant sa résidence, soit dans sa maison même, soit chez un étranger, pour l'éducation de l'enfant. C'est à la foi un droit et un devoir pour le père.

---

(1) Art. 309 et suiv. *Code pénal*, V. aussi Crim. Cassat, 17 décembre 1819, n° 48, dans DALLOZ, et la note : « Considérant que si la nature et les lois civiles donnent aux pères sur leurs enfants une autorité de correction, elle ne leur confère pas le droit d'exercer sur eux des violences et des mauvais traitements qui mettent leur vie et leur santé en péril; que ce droit ne saurait être admis surtout contre les enfants qui dans la faiblesse du premier âge ne peuvent jamais être coupables de fautes graves; que la qualité de mère de la condamnée appelante ne peut donc, dans l'état des faits déclarés contre elle, l'affranchir des dispositions du *Code pénal* ; rejette ce moyen.

(2) Décret du 18 février 1809, art. 7, renvoyant lui-même aux art. 148, 149 et 150.

(3) Décret du 23 février, 1810, art. 4.

(4) Rej. du 16 décembre 1829, aff. Beer. DALLOZ, *loc. cit.*, n° 21.

(5) DALLOZ, *ibid.*

La loi, en effet, serait inconséquente, si armant le père de l'autorité paternelle, elle lui enlevait de l'autre côté le droit de l'exercer en retenant l'enfant près de lui. On ne pourrait plus rendre le père responsable des actes de
son enfant mineur (1), si celui-ci n'avait l'enfant sous sa main. Aussi nous
n'hésitons pas à permettre au père de faire réintégrer le domicile paternel
manu militari au fils rebelle ou vagabond, en sollicitant du président du
tribunal une simple ordonnance. On ne peut douter que ce droit ne compète au père si on remarque qu'il peut même faire détenir l'enfant dans une
maison publique. Les auteurs dissidents, sans refuser le droit de faire ramener le fils à la maison, estiment qu'il faut au moins obtenir un jugement
enjoignant au fils cet ordre, et on suivrait alors la procédure de l'exécution
forcée des jugements. La loi, il est vrai, est muette sur ce point, mais ne
serait-ce pas compliquer inutilement l'exercice de la puissance paternelle ?
Aussi la pratique a-t-elle rejeté ce dernier système. La puissance paternelle
ayant un caractère d'ordre public, le ministère public pourrait même agir
avant la réquisition du père. Dès que l'enfant a franchi le seuil de la maison
paternelle, la force publique n'a plus qu'à se retirer, car la demeure paternelle ne peut être changée en maison d'arrêt, et la force publique ne peut
être mise à la disposition d'un citoyen pour la garde de ses enfants jusqu'à
leur majorité. Le père n'aura plus alors que le droit de détention, si le fils
persévère dans sa mauvaise conduite.

250. Tout ce que nous venons de dire s'applique également à la mère,
quoique la loi semble indiquer que le droit de garde n'est exercé que par le
père. Ce droit appartient aussi à la mère, non-seulement après le décès du
mari (ce qui est en effet le cas le plus ordinaire), mais aussi dans toutes les
circonstances que nous avons énumérées plus haut et où l'on voit la mère
exercer la puissance paternelle, art. 1384, 2°. Et il en serait ainsi alors
même que la tutelle ne serait pas conférée à la mère survivante : la tutelle et
le pouvoir paternel étant distincts et pouvant reposer sur deux têtes (2).

251. La garde des enfants pourrait être enlevée à l'un ou à l'autre des
parents, ou seulement à celui qui l'exerce, en cas de mauvais traitements
sur la personne de l'enfant. On ne doute pas, en effet, que si des parents
étaient assez dénaturés pour se livrer sur leurs enfants à des excès intolé-

---

(1) ... Le père et la mère, après le décès du mari, sont responsables du dommage
causé par leurs enfants mineurs habitant avec eux. Art. 1384, 2°.

(2) Grenoble, 11, août 1853 et Cassat. 5 mars 1855 ; voir la note 1 de la page 228, relative à ces arrêts ; MARCADÉ. sur l'art. 374.

rables ou pour les pousser eux-mêmes à l'immoralité, les tribunaux ne puissent et ne doivent, devant un pareil attentat, délivrer leurs victimes et modifier selon les circonstances un pouvoir dont on aurait abusé d'une manière si abominable (1). De nombreuses décisions judiciaires attestent cette doctrine. Lorsque le divorce existait dans nos lois, la mère pouvait, après le prononcé du jugement, recevoir par ordre du tribunal la garde d'un ou de plusieurs enfants (2). Comme en cas de séparation de corps, la loi est muette sur notre question, on a considéré cette disposition relative au divorce comme applicable en ce dernier cas, et comme formant le droit commun. C'est généralement l'époux qui a obtenu la séparation qui a la garde des enfants (3). On ne peut même décider que le père continuera à exercer le droit de garde sur ses enfants, alors même que la séparation aurait été prononcée contre lui et si la justice n'a pas jugé à propos de le lui enlever ; car, d'un côté, l'art. 302 n'est relatif qu'au divorce, et d'un autre la séparation laisse subsister le mariage : or, c'est le père qui pendant le mariage exerce l'autorité paternelle. La justice, en ces circonstances, se décide toujours d'après le plus grand avantage des enfants (4). Si après la séparation de corps la garde des enfants peut encore appartenir au père, il en est de même à plus forte raison lorsque l'instance en séparation n'est que commencée (5).

La séparation de corps ayant pour effet entre autres de rendre à chaque époux la liberté de choisir son domicile, il s'ensuit que la mère qui a obtenu la garde des enfants a le droit de les fixer près d'elle, même dans une ville différente de celle où habiterait son mari (6). Ce qui, toutefois, ne peut priver celui-ci du droit de visiter les enfants et de conserver sur eux la surveillance de leur entretien et de leur éducation (7), et même de s'opposer

---

(1) MARCADÉ, sur l'art. 374 ; Cassat. 8 juillet 1857, DALLOZ, 1. 273, Vve Jaumes ; art. 335 du *Code pénal*.

(2) Les enfants seront confiés à l'époux qui a obtenu le divorce, à moins que le tribunal, sur la demande de la famille ou du ministère public n'ordonne, pour le plus grand avantage des enfants, que tous ou quelques-uns d'eux seront confiés aux soins soit de l'autre époux, soit d'une tierce personne, art. 302.

(3) Arrêts de Caen, 19 juin 1807, Bruxelles 28 mars 1810, Req. 28 juin 1815 ; Metz, 18 juillet 1811, DALLOZ, *loc. cit.*, n° 58.

(4) Paris, 11 décembre 1821, *ibid.*

(5) Bordeaux, 18 janvier 1841, *ibid.*, n° 61.

(6) Req. 28 février 1842, *ibid.* n° 63.

(7) Lyon, 16 mars 1825, *ibid.*

tout à fait à un pareil déplacement qui ne serait inspiré que par la malice : car *malitiis non est indulgendum* (1).

252. Les droits du père sont également garantie contre les entreprises des tiers qui tenteraient de mettre obstacle à leur libre exercice. La loi pénale punit, en effet, de la réclusion les coupables d'enlèvement, de recelé ou de suppression d'enfant, de substitution d'enfant à un autre, ou ceux qui ayant reçu la garde d'un enfant, par exemple, pour faire son éducation ou lui apprendre un état, ne le représenteraient point aux personnes qui ont le droit de le réclamer (2). Comme le disait, dans un réquisitoire l'avocat général M. Ancelot : il faut admirer la formule si heureusement compréhensive dans son laconisme qui enveloppe tous les attentats à l'autorité ou à la direction sous laquelle l'enfant est placé, « la fraude, la violence, l'enlèvement, l'entraînement, le détournement, le déplacement, l'action directe ou indirecte par autrui, » tout est frappé par la même sanction. Il n'est pas nécessaire que l'enfant soit ravi dans la maison paternelle ; tous les lieux où il a été mis sont sacrés à l'égal du foyer domestique. Bien plus encore, la personne étrangère qui dirige l'enfant par délégation des parents leur succède dans leurs droits comme dans leurs devoirs (3).

253. Le *Code Civil*, après avoir défendu au fils de quitter la maison paternelle sans la permission du père, lui rendait toute sa liberté lorsqu'il voulait s'enrôler volontairement, à l'âge de dix-huit ans révolus. Nous trouvons ici un indice curieux des tendances militaires de l'époque. L'harmonie est rompue dans la loi, et les rédacteurs du code semblent avoir cette fois manqué de logique. Si on suppose en effet que le fils est réputé majeur pour se choisir un état aussi périlleux que l'état militaire, alors même que cette majorité serait reculée à vingt ans comme on l'a fait depuis, ne devrait-il pas l'être également pour tout autre acte aussi important, comme le choix de la profession religieuse, ou même son mariage ? La considération que l'autorité paternelle sera remplacée par l'autorité militaire, et qu'à la caserne ou au camp le fils pourra compléter son éducation ne doit pas être ici d'un grand poids ; car généralement à cet âge l'éducation de famille est à peu près terminée. En 1832, bien qu'on fût revenu à des idées plus pacifiques, on a reculé cette majorité jusqu'à vingt ans, sans qu'on ait effacé cette anomalie de

---

(1) Angers, 6 mai 1841, aff. Hébert, *ibid.*
(2) Art. 345, 354 et suiv. du *Code pénal.*
(3) *Gazette des Tribunaux,* 27 novembre 1861, aff. Sarah Meyer.

nos lois. Tant les précédents ont de force ! (1) Le décret du 13 juillet 1848, qui avait abaissé à dix-sept ans l'âge auquel les volontaires pouvaient s'engager prit bien garde de passer sous silence le consentement du père, à un âge relativement si tendre ; et jusqu'à vingt ans, le consentement du père, fut nécessaire.

254. Voici un fragment des travaux préparatoires relatifs à la question qui nous occupe en ce moment : L'enfant, disait Albisson, ne peut quitter la maison de son père sans son consentement ; un seul cas l'y peut autoriser : c'est celui où se sentant pressé du désir de servir la patrie, et de marcher sur les traces des héros à qui la République est redevable de sa stabilité et du rang glorieux qu'elle tient parmi les pays de l'Europe, il s'enrôle volontairement sous ses drapeaux signalés par tant de victoires ; mais dans ce cas même, la loi toujours sage ne lui permet qu'à une époque qui le rassure contre l'explosion d'une effervescense puérile. » (2) En somme on voit que cette exception pouvait avoir sa raison d'être sous le premier Empire pour faciliter le recrutement d'armées sans cesse renouvelées (3). Mais ce fut une blessure profonde à l'autorité paternelle. Il arriva malheureusement que l'on vit parfois le fils se révolter *légalement* contre l'autorité du père, laquelle survivait encore certaines années. Le fils insubordonné puisa dans cette disposition législative une menace perpétuelle contre ses parents, et une arme destinée à faire triompher ses désirs. On ne peut donc s'empêcher de regretter l'erreur dans laquelle tombe le pouvoir législatif. Cette erreur, il est vrai, fut quelque peu corrigée postérieurement mais d'une manière insuffisante toutefois pour faire disparaitre complètement ce défaut d'harmonie et ne pas laisser ainsi la porte de la maison paternelle grande ouverte à certains fils de familles qui ne tardent pas à se repentir à l'armée de la décision qu'il ont prise avec beaucoup de légéreté.

255 Enfin de nos jours, la nouvelle loi sur le recrutement de l'armée, votée par l'Assemblée Nationale le 27 juillet 1872 autorise l'engagement volontaire à l'âge de dix-huit ans, mais avec l'assentiment de la famille, pour entrer dans l'armée de terre, et à seize pour entrer dans l'armée de mer. Cette nouvelle loi a laissé subsister le défaut d'harmonie déjà signalé, en permettant au jeune homme de vingt ans de s'enrôler malgré sa famille.

---

(1) Loi du 21 mars 1832, art. 32, 5°.
(2) *Discours au corps législatif*. DALLOZ, loc., cit., n° 38.
(3) BERNARD, *op. cit.*, 3° part., ch. 4, sect. 1 p. 373.

Art. 46. D'après l'art. 32, 5° de la loi du 21 mars 1832, encore en vigueur, l'engagé volontaire devra, s'il a moins de vingt ans, justifier du consentement de ses père, mère ou tuteur ; ce dernier autorisé par une délibération du conseil de famille. Nous devons appliquer ici le principe général que le père exerce seul l'autorité paternelle durant le mariage. Ainsi donc, en cas de dissentiment, c'est la volonté du père qui sera suivie.

Ces questions acquièrent de nos jours une importance qui ira toujours grandissant, vu le nouveau système des engagements conditionnels d'un an que vient d'organiser la loi récente (1).

C. DROIT D'ÉDUCATION.

Sommaire.

§ 256. Droit d'éducation, conféré aux parents. — Nature de ce droit.— § 257. Difficulté d'en préciser nettement le caractère et les limites. — § 258. Règle générale à suivre. — § 259. Ce droit est complexe. — § 260. Le droit commun le régit. — § 261. Il est soustrait, en principe au contrôle de la justice. — § 262. Les parents ne sont pas tenus civilement de pourvoir à l'établissement de leurs enfants. — § 263. L'instruction obligatoire. — § 264. Responsabilité civile du père pour dommages causés par ses enfants mineurs habitant avec lui. — § 265. Le droit d'éducation exercé par la mère. — § 266. Influence de la séparation de corps. — § 267. Principe général d'après lequel on doit se guider.

256. Ce droit a été confié aux parents. Il n'en fut pas toujours ainsi. Les Grecs, dit Trolong, revendiquaient pour l'Etat le gouvernement presque absolu de l'enfance, que nous abandonnons à la tendresse et à la souveraineté de la famille (2). Albisson pouvait donc considérer toute famille comme une petite république dont le père et la mère sont les chefs naturels et qui exercent sur leurs enfants une autorité n'ayant directement d'autre cause ni d'autre but que l'intérêt de ceux-ci, n'étant pas à proprement parler un droit, mais seulement un moyen (3). Et cette autorité leur est confiée pour

(1) Voy. pour plus en détails l'ouvrage rempli de renseignements précieux de notre collègue et ami, M. ORY, *Recrutement et condition juridique des militaires*, 3° part. ch. 5, art. 4 de la 2° sect.

(2) REVUE WOLOWSKI *Lettre sur l'éducation des Grecs et des Romains*, 23° année, p. 130 et suiv.

(3) *Discours au corps législatif*. n°' 31 et 32. DALLOZ, *loc. cit.*

l'éducation et l'instruction de leurs enfants. L'éducation qu'ils donneront à ces enfants sera digne et honorable, et conforme au rang et à la fortune du père. C'est là un devoir naturel que nous avons déjà esquissé dans notre *Introduction*. Nous avons rappelé à cet égard les prescriptions claires et saisissantes qu'un philosophe du siècle dernier donnait aux pères de famille.

257. Bien que notre loi positive ait cru devoir rappeler cette obligation aux parents, elle a été sur ce point si laconique, que la nature de ce droit est fort difficile à préciser, et que les opinions les plus contradictoires se sont produites sur son exercice et sur son étendue, dans la doctrine comme dans la jurisprudence. Nous essaierons néanmoins de résoudre les questions les plus importantes qui se sont élevées sur ce droit d'une nature si « ondoyante ».

258. En principe, il ne faut pas marchander au père la liberté dont il a besoin pour remplir cette vaste tâche, car plus les devoirs sont grands et difficiles à remplir, plus les moyens d'arriver au but doivent être nombreux et divers.

259. Cette obligation légale comprend l'éducation physique et matérielle, morale et intellectuelle, élevée et digne d'un citoyen d'un grand pays. On comprend que nous ne pouvons entrer dans les détails, et passer en revue toutes les classes de la société. Elle sera aussi brillante que le permettra la fortune d'un riche rentier ; elle sera modeste pour l'enfant de l'artisan ; en un mot elle sera adaptée au genre de vie qui doit mener plus tard l'enfant, et conforme à la position qu'il doit occuper dans la société.

260. Mais ce droit, comme tous ceux découlant de la loi positive a ses limites. D'une part le père ne peut y renoncer ; car c'est pour lui en même temps une obligation ; et l'intérêt général de la société ne peut permettre à un père négligent de se débarrasser du premier de ses devoirs. Alors même que celui-ci s'en déchargerait sur la mère, on doit regarder ce fait comme étant une infraction à la loi. Toutefois, ces principes demandent à être sainement entendus et appliqués avec prudence.

En étudiant, au § 241, le caractère d'inaliénabilité de la puissance paternelle, nous disions que le fait de confier à un tiers l'éducation des enfants ne constitue pas l'aliénation du pouvoir paternel dans le sens de l'abdication prohibée par la loi. Le père en effet ne fait en cela qu'exercer son droit au moyen d'une délégation momentanée et révocable à son gré. Il faut en dire autant de la remise à des tiers de la personne des enfants, soit pour que ceux-ci les gardent ou leur apprennent un état. On peut saisir maintenant dans quel esprit la loi doit être obéie. Ainsi on regardera comme nulle les clauses stipulant, même dans un contrat de mariage, l'éducation des enfants dans telle maison spécialement déterminée, ou dans telle religion, selon leur sexe, ou leur destination à telle profession civile, religieuse ou militaire ; ou encore la délégation même partielle, fût-ce à la mère, du pouvoir paternel, alors même qu'elle aurait lieu pour une circonstance déterminée. Ce serait anéantir, ou du moins singulièrement compromettre cette autorité que la loi a voulu établir pleine et entière sur la tête du père. Elle a voulu que toute la majesté et la responsabilité de ce pouvoir reposent en sa personne. On ne peut nier toutefois que ces conventions insérées dans un contrat aussi solennel que l'est celui du mariage n'acquièrent une certaine importance et une grande valeur morale aux yeux des époux qui doivent se soumettre à cette charte conjugale qu'ils considèrent comme sacrée en leur conscience. Mais la loi refuse sa garantie contre l'inexécution de ces clauses qui n'ont pas d'existence à ses yeux. Elle a voulu que la personne des enfants restât toujours en la puissance du père ; et que celui-ci en fût toujours responsable et qu'il ne pût se tracer, pour ainsi dire une ligne de conduite dont il ne pourrait plus tard dévier. En un mot, la puissance paternelle sera exercée telle qu'elle a été établie par la loi, et non telle que pourraient l'organiser les futurs époux même dans un contrat authentique (1).

Le père doit donner une éducation en harmonie avec la fortune de l'enfant, quand celui-ci possède des biens personnels. Ici évidemment le fils a des droits que l'on ne peut méconnaître, et que nul ne pourrait songer à contester. Donner une éducation d'artisan au fils millionnaire serait dérisoire. Aussi admet-on en ce cas que la justice puisse intervenir. Le fils lui-même peut déposer une plainte au parquet, afin de prier le ministère public d'agir contre un père qui méconnaîtrait à ce point ses devoirs moraux et légaux, et refuserait de donner satisfaction aux légitimes aspirations de son fils. Le ministère public ne pourrait rester dans l'inaction, alors surtout qu'il y a malversation évidente des deniers du fils, et que le père n'est obligé de faire aucuns sacrifices pécuniaires.

262. Mais nous ne saurions admettre que la justice intervienne dans l'exercice de l'autorité paternelle et prétende imposer au père un système d'éducation qui peut répugner à celui-ci lorsque l'enfant, ne possède pas, bien entendu, des biens personnels. Et on comprend facilement la timidité et la réserve des auteurs qui admettent en principe le contrôle de l'autorité judiciaire

---

(1) Voy. BERNARD, op. cit.; 2° part.; § 3, page 184.

16

en cette circonstance. « On ne saurait, dit Demolombe (1), être trop réservé en pareil cas ; l'autorité des père et mère, le secret de leurs affaires, leurs projets sur l'avenir de leurs enfants, il faut les respecter. » Un système qui demande tant de délicatesse pour être appliqué, qui dégénérerait en inquisition privée et livrerait les secrets des familles à la publicité n'est-t-il pas condamné à l'avance ? Armer les magistrats d'un principe semblable, n'est-ce pas ouvrir la voie à l'arbitraire ? Et qu'on ne dise pas que l'art. 203 sera dépourvu de sanction. Elle est dans la loi pénale, et nous l'avons déjà suffisamment établi. L'arrêt de Toulouse invoqué par nos adversaires est loin d'être décisif en leur faveur. Certaines expressions des considérants montrent bien que le père destitué de la tutelle, dans l'espèce, avait failli tomber sous l'application de la loi pénale : « Attendu que Roudès négligeait tellement l'éducation de ses filles qu'il les abandonnait à un état d'éducation *totalement dégradante*, en les laissant exposées *dans leur jeune âge, aux séductions les plus dangereuses* (2). » Il manque peu de chose pour arriver au fait bien caractérisé d'excitation de mineurs à la débauche. On ne saurait réellement argumenter de cet arrêt. Et notons bien que c'est lorsque la loi refuse formellement aux enfants une action contre leurs parents pour établissement quelconque, que l'on veut au contraire leur en donner une pour l'éducation. Ne serait-ce pas éluder les prescriptions de l'art. 204 ? car en somme une bonne éducation est presque pour un enfant intelligent l'équivalent d'un établissement.

262. Ceci nous conduit à l'examen de cette seconde disposition légale. L'obligation morale qui incombe aux parents de procurer à leurs enfants un établissement, soit par mariage, soit autrement, ne peut être mis en doute. Seulement dans la législation actuelle elle ne peut former une dette civilement obligatoire : « L'enfant n'a pas d'action contre ses père et mère pour un établissement par mariage ou autrement » art. 204. Nous avons vu, en étudiant la législation romaine, les raisons qui avaient déterminé le législateur à accorder cette prérogative aux enfants. Nous n'avons pas à y revenir ici. Nous savons aussi que dans les pays français qui suivirent les errements de cette législation, le père était forcé de doter sa fille. Mais dans ces contrées, la puissance paternelle était tellement forte et armée de si redoutables prérogatives, que rarement le père de famille se trouvait in-

---

(1) *Traité du mariage*, n° 9, page 10 de la 2° édit. Paris 1861.
(2) Arrêt du 25 novembre 1830, dans Sirey, 1831, 2°, col. 246.

quiété (1). On se rappelle que la fille dotée perdait dans certaines coutumes de droit écrit le droit de venir à la succession aux biens du père. Il y avait ainsi un contre-poids puissant aux idées d'indépendance qui pouvaient se rencontrer chez les filles. Lors de la rédaction du code, on a préféré l'axiome du système coutumier : *ne dote qui ne veut.* On a repoussé cette prescription fondée sur les biens naturels qui unissent les membres de familles entre eux, et tirée du devoir de piété paternelle : *Patria potestas in pietate debet consistere.* Peut-être doit-on regretter que nos législateurs se soient écartés des précédents du midi, et des idées d'égalité que la Révolution avait essayé de faire dominer dans la famille. On objecte, il est vrai, que cette action exercée par l'enfant porte une grave atteinte à la puissance paternelle. Mais on doit se rappeler que la puissance paternelle, d'après les idées mêmes de ceux qui l'ont organisée, telle que nous la voyons aujourd'hui, n'est pas seulement une autorité, mais une institution qui, en conférant des attributions très-étendues encore à celui qui est dépositaire de cette autorité, lui impose en même temps des charges auxquelles il ne saurait se soustraire. Les idées d'égalité, n'étant proclamées que depuis un demi-siècle, n'ont pas porté tous leurs fruits, et n'ont pas encore été appliquées dans la législation civile à toutes les circonstances qu'une étude logique faite dans le calme et la tranquillité de la paix permettrait de trouver. Depuis cette grande époque révolutionnaire, on a été trop agité par de graves événements politiques et des guerres à l'extérieur ; et les tristes événements de ces dernières années appellent les citoyens patriotes à des études d'un intérêt national plus élevé, et absorbent l'attention de ceux qui pourraient étudier les pacifiques réformes à introduire dans le droit de famille.

263. Qu'il nous soit permis, à l'occasion du devoir d'éducation, de dire quelques mots d'une question pleine d'actualité, et de la solution de laquelle dépend évidemment notre régénération. Outre son grand intérêt dans le domaine du droit, il y a une grande difficulté à concilier dans la sphère législative les droits de la puissance paternelle avec ceux du pays. L'exégèse pure éprouve des obstacles presque insurmontables à faire rentrer l'instruction, même simplement primaire, dans le texte de l'art. 203, ainsi conçu : « Les époux contractent ensemble par le fait seul du mariage, l'obligation de nourrir, entretenir et *élever* leurs enfants. » On connaît l'axiome pédagogique: *L'instruction et l'éducation sont deux choses complétement distinctes.*

---

(1) Voy. *l'Exposé des motifs* du titre *Du mariage*, par PORTALIS.

Partant de là, on fait actuellement de l'éducation un devoir de famille, tandis qu'on revendique pour l'Etat le droit d'obliger les parents à donner l'instruction. L'éducation en effet n'est que la direction générale de l'esprit de l'enfant dans la vie, dans ses rapports avec la famille ou la société : elle comprend l'enseignement des traditions et de l'esprit de famille, la préparation de l'enfant à une bonne conduite, aux bonnes mœurs et même aux simples convenances.

Mais si l'éducation comprend ces choses et encore elle serait peut-être bien incomplète, on avouera facilement que l'instruction, comme nous l'entendons ici, et qui n'est qu'une faible partie de la science proprement dite, rentre nécessairement dans l'éducation, et que ce devoir incombe au premier chef aux parents. Nous pensons qu'outre le devoir moral des parents de donner l'instruction à leurs enfants selon leurs moyens et leur aptitude personnelle, il y a aussi *une obligation légale et civilement obligatoire* de le faire. Qui ordonne le plus ordonne le moins, et sous peine d'être illogique, nous devons conclure à l'obligation de l'instruction. Malheureusement, cette obligation manque de sanction spéciale et on essaye actuellement de la formuler législativement. Toutefois, les parents auront, selon nous, rempli leurs devoirs *aux yeux de la loi* actuelle faisant donner par d'autres l'instruction qu'ils sont malheureusement la plupart du temps incapables de donner eux-mêmes. Ne peuvent-ils pas déléguer cette obligation à la société, laquelle soumet chacun à des servitudes qui gênent le particulier dans l'intérêt du public (1) ? Et tout en conservant intact le principe de l'autorité paternelle en confier l'exercice sur ce point à des établissements spéciaux ? Les droits de la puissance paternelle sur l'éducation ne seront pas atteints dans leur essence, puisque nous réservons à la direction de la famille l'instruction de la religion et de la morale religieuse.

Dans l'histoire du droit, nous avons déjà rencontré le principe de l'instruction obligatoire. On se rappelle les capitulaires de Charlemagne et les ordonnances de nos rois depuis 1556. Il est vrai que parfois ces dernières furent inspirées malheureusement par esprit de propagande de la Religion catholique et en haine de la Religion protestante réformée. Plus tard, la Révolution enjoignit aux pères, mères, tuteurs et curateurs, l'ordre d'envoyer aux écoles du premier degré (écoles primaires) les enfants et pupilles

(1) JEAN MACÉ, *Lettre d'un paysan d'Alsace à un sénateur, sur l'instruction obligatoire,* broch. Paris, Hetzel, 1870.

dont ils étaient chargés (1) et à voir l'empressement de la grande majorité des pères de famille à suivre les prescriptions de la loi, on remarque avec plaisir que nos ancêtres comprenaient bien leurs devoirs. Aujourd'hui, dans les campagnes et jusque dans les hameaux les plus écartés, on crée de nouvelles maisons d'école au moyen de fonds recueillis par souscription chez les habitants, auxquels vient en aide le trésor public. C'est un mouvement généreux qu'il faut encourager. Nous appelons de tous nos vœux l'attention du législateur sur cette importante question, et nous dirons avec Mirabeau : « Ceux qui veulent que le paysan ne sache ni lire ni écrire se sont fait sans doute un patrimoine de son ignorance, et leurs motifs ne sont pas difficiles à apprécier. Mais ils ne savent pas que lorsqu'on fait de l'homme une bête brute, l'on s'expose à le voir à chaque instant se transformer en bête féroce. » Enfin remarquons avec M. Jean Macé qu'il n'est pas plus permis à un père de ne pas envoyer son enfant à l'école quand elle est ouverte à tous, et qu'il n'en coûte rien aux pauvres, qu'il ne l'est à nos jeunes gens de rester à la maison quand le jour de la conscription est arrivé. Demande-t-on aux parents, continue le spirituel auteur, ce qu'ils en pensent, et s'inquiète-t-on de leur autorité sur le conscrit ? Qu'on fasse une bonne conscription d'école, et que le sergent de police ramène par l'oreille l'écolier réfractaire ! *Car c'est aussi l'ennemi de la patrie que l'on combat sur ces bancs qu'il déserte !* (2).

264. Une sanction explicitement comprise dans la loi, mais d'une manière indirecte, il est vrai, du devoir d'éducation se trouve dans l'art. 1384, 2°, aux termes duquel le père est responsable des dommages causés par ses enfants mineurs habitant avec lui. On a présumé, en effet, que si le père eut déployé plus de vigilance ou d'intelligence dans la direction de l'éducation qu'il devait donner à ses enfants, il n'eût pas été exposé à se voir réclamer des indemnités du chef de ceux-ci. La société, en effet, est trop intéressée

---

(1) Décret du 29 frimaire an II, art. 6 : « Les pères, mères, tuteurs et curateurs sont tenus d'envoyer leurs enfants ou pupilles aux écoles du premier degré d'instruction. » Cette loi prononçait des peines contre les parents qui négligeraient d'envoyer leurs enfants aux écoles primaires. La loi postérieure du 27 brumaire, an III, supprima ces peines ; mais elle excluait des fonctions publiques tout jeune homme qui, n'ayant pas fréquenté les écoles primaires, était reconnu n'avoir pas les connaissances nécessaires à tous les citoyens français. DALLOZ, *Répert. de législat.*, etc., Vᵉ ORGANISAT. DE L'INSTR. PUB., section 1ʳᵉ, nᵒˢ 77 et 78.

(2) JEAN MACÉ, *ibid.* Lettre 3ᵉ, page 49.

à l'éducation des enfants dont dépend la moralité des citoyens (1).

265. Jusqu'alors nous avons toujours supposé que c'est le père qui exerce le droit d'éducation. C'est lui, en effet, qui est désigné par la loi, si on la prenait à la lettre. Art. 373. Mais il est évident qu'ici comme en beaucoup d'autres circonstances le législateur a statué sur le *plerumque fit* et désigné la personne à laquelle devait rester l'autorité en dernier lieu s'il s'élevait des contestations au sein de la famille. Car, en principe, et légalement parlant, la mère est associée au père dans le droit d'éducation : « L'intérêt des pères et mères étant égal et leur obligation envers leurs enfants étant solidaire, les peines, les soins, la sollicitude se partagent également entre eux. Toutefois, la raison dicte qu'un tel partage ne saurait subsister sans détruire le pouvoir, et la nature a résolu la question en donnant à l'homme des moyens de supériorité et de prééminence qui ne peuvent lui être contestés. Ainsi c'est au mari comme chef de la société conjugale que la puissance sur les enfants doit appartenir pendant la durée de la société, pour passer ensuite à la femme après sa dissolution (2). » Ainsi après le mariage, et quand même la mère perdrait la tutelle, on ne pourrait lui retirer le droit de garde et d'éducation, bien que la loi voie en général de mauvais œil le convol de la veuve en secondes noces. Ce serait édicter contre elle une déchéance que rien ne justifie et sur laquelle la loi est complétement muette. Il nous semble donc plus équitable et plus conforme aux principes de conserver intacts ces droits en la personne de la femme et de ne modifier ces principes dans la pratique qu'avec de grandes réserves et toujours pour le plus grand intérêt des enfants (3). Il en serait de même, à plus forte raison, si elle perdait la tutelle pour cause d'inconduite notoire. Elle conserverait encore les droits de surveillance et d'éducation, qui sont différents et indépendants de ceux conférés par la tutelle (4), tant qu'un jugement ne lui enlève pas ces droits.

266. Enfin, en cas de séparation de corps, le mari reste toujours investi du droit d'éducation tant que le jugement reste muet sur ce point (5). N'ou-

(1) Voy. Req., 5 mars 1855 ; 3 mars 1856 ; Lyon, 8 mars 1859. DALLOZ, V°. PUISS. PAT., n° 23. Voy. aussi la note 1 de la page 228, relative à ces arrêts.

(2) ALBISSON, *Discours au corps législat.* DALLOZ, *op. cit.* V° PUISS. PAT., n° 31, in fine.

(3) Bastia, 31 août 1826, aff. Guitera, DALLOZ, *Répert. de législat.* V° MINORITÉ. n° 374, et V° PUISS. PAT. n° 75. Contra-Lyon, 5 avril 1827, aff. Ducharne, *ibid.* V° MINORITÉ, n° 395.

(4) Req., 3 mars 1856, aff. Wey, DALLOZ, *ibid.* n° 75.

(5) Contrà Lyon, 16 mars 1825. Cet arrêt décide à tort, selon nous, que l'éducation des enfants reste commune aux deux époux séparés de corps. DALLOZ, *ibid.*, n° 58.

blions pas, en effet, que le mari est en principe chef de famille, qu'il exerce seul la puissance paternelle pendant le mariage, que la séparation de corps laisse subsister le mariage et ses effets civils non modifiés par le jugement, et que ce n'est qu'*après le mariage* que la mère est appelée à exercer la puissance paternelle (1).

267. Mais il est un principe qu'on ne doit pas perdre de vue en cette matière : *Utilitatem pupillorum Prætor sequitur* (2). Les tribunaux, souverains appréciateurs des faits, jouissent d'un pouvoir très-étendu et la décision qu'ils auront prise est à l'abri de la censure de la Cour suprême. Néanmoins l'effet de la remise de l'enfant à une tierce personne ne va pas jusqu'à enlever au père le droit de surveiller son entretien et son éducation (3).

D. DROIT DE CORRECTION.

Sommaire.

§ 268. Le père a perdu le droit de punir. — § 269. Il n'a plus que le droit de correction. — Limites de ce dernier droit. — § 270. La détention disciplinaire. — § 271. Exercée par le père. — Voie d'autorité. — § 272. Voie de réquisition. — § 273. Le droit de correction exercé par la mère. — § 274. Convol de la mère en secondes noces. — § 275. Règles générales du droit de correction. — § 276. Récapitulation.

268. La société actuelle a enlevé à la puissance paternelle une de ses prérogatives les plus redoutables. Dans le monde romain, le chef de famille était armé du terrible droit de punir. Ce droit se maintint pour ainsi dire jusqu'à nos jours, dans les pays de droit écrit. Nos législateurs n'ont pas voulu confier au chef de famille le soin de rendre la justice. Placer en effet le père entre son devoir et sa tendresse naturelle c'était l'exposer à ne pas donner au crime la répression sévère qu'il exigeait, ou le pousser à se déterminer quelquefois sous l'empire de la passion ou d'une colère passagère. Du reste, comme ce terrible droit de punir peut aller jusqu'à priver un individu de la vie, la société toute entière n'est pas trop forte pour prendre les responsabilité d'un acte aussi grave.

(1) Voy. aussi Paris, 5 juillet 1853, aff. Mortier. L'arrêt décide que l'exercice exclusif de l'autorité paternelle, qui pendant le mariage appartient au mari, subit en cas de séparation de corps une modification nécessaire. DALLOZ, *ibid.*, n° 58, 7°.

(2) Fr. 10, au *Digest*. TRYPHON. *De conf. tut.* 26. 3.

(3) Art. 373 ; Req. 23 juin 1841, DALLOZ, *ibid.*, n° 59.

269. On n'a donc conservé au père que le droit de correction. L'éducation en effet serait presque impossible si le père ne pouvait infliger à l'enfant ces châtiments domestiques presque insignifiants, et qui varient selon
les mœurs, l'éducation des parents ou la gravité des fautes de l'enfant. On
n'a jamais cherché à contester au père le droit de donner ces légères punitions à la maison, parce qu'elles facilitent singulièrement sa tâche, alors
surtout que l'intelligence des enfants est encore peu apte à comprendre les
bienfaits d'une bonne éducation. Du reste notons que ces châtiments corporels ne doivent avoir pour but que de frapper le moral de l'enfant pour lui
faire prendre la direction que le père désire. En sorte que si les parents
pouvaient parvenir à ce but autrement, ils le devraient faire, et abandonner
ces tristes moyens, parfois brutaux, qu'ils emploient malheureusement trop
souvent. Le point difficile est de se faire aimer et respecter. Si on y par-
vient, la correction corporelle sera alors inutile, et deviendrait même fort
nuisible. Toutefois, nous refusons formellement aux parents le droit de recourir aux voies de fait sur la personne de leurs enfants (1), et nous ne
croyons pas pour cela désarmer l'autorité paternelle. Nous combattons donc
vivement et de toutes nos forces cette déplorable jurisprudence qui permet aux parents des traitements corporels de ce genre. Nous pensons que
sur la plainte des enfants le ministère public doit intervenir pour faire respecter les droits des enfants (2). Les moyens plus doux et qu'on pourrait
par opposition appeler moraux relèvent l'éducation à son véritable niveau
moral, et n'exposent pas les parents qui agissent sous l'influence d'une
colère passagère à la poursuite devant les tribunaux où ils doivent perdre
le prestige de l'autorité qui leur est nécessaire.

La loi, du reste, permet au père qui a de graves sujets de mécontentement sur la conduite de son enfant, de recourir à une détention disciplinaire qu'elle a eu soin de réglementer.

Ce sont ces prescriptions que nous allons maintenant étudier.

270. Dans l'esprit du législateur, le droit de correction tel qu'il est réglementé, n'est qu'un secours apporté au père de famille, quand le système de
correction adopté par celui-ci se trouve insuffisant ou inefficace pour main-

(1) Nous ne suivrons pas les Encyclopédistes du XVIII° siècle, qui allaient jusqu'à
dénier à la société le droit de mettre la force publique à la disposition du père de famille, supprimaient du même coup l'emprisonnement disciplinaire et tout autre châtiment corporel. *Encyclopédie*, au mot ENFANT.
(2) Loi du 20 avril 1810, art. 46.

tenir dans le devoir un enfant peu heureusement né. Le père appelle alors
l'autorité publique au secours de la magistrature paternelle (1). En tous
cas, cette importante prérogative de l'autorité paternelle s'éteint par la majorité ou l'émancipation de l'enfant.

Les droits des parents sont plus ou moins étendus, selon l'âge de l'enfant,
et certaines circonstances qui se trouveront développées tout à l'heure. La
même autorité n'est pas non plus conférée au père et à la mère. Nous aurons
donc plusieurs hypothèses à prévoir.

Notons d'abord que ce droit de correction appartient à celui des parents
qui exerce l'autorité paternelle. Art. 371 et 372. Et comme nous avons
déjà indiqué les circonstances dans lesquelles la mère se trouve appelée à
reprendre cette autorité, elle exercera également ce droit de correction
dans les cas que nous avons énumérés, et non-seulement au cas de prédécès
du mari comme pourrait le faire croire l'art. 381. La généralité des termes
employés par l'art. 141, qui donne à la femme de l'absent la surveillance des
enfants et tous les droits du mari quant à l'éducation ne laisse pas de doute
à cet égard (2).

271. Lorsque le droit de correction est exercé par le père, les jurisconsultes distinguent avec la loi les deux cas où le père agit par voie d'*autorité*,
ou par voie de *réquisition*. L'exercice du droit de correction par voie d'autorité suppose d'abord que l'enfant est âgé de moins de seize ans *commencés*,
ce qui signifie dans le langage ordinaire, *qu'il n'a pas quinze ans*, car un
enfant de quinze ans est celui qui a traversé quinze années de son existence
et qui entre dans la seizième (3). Lorsque le père agit par voie d'autorité,
il s'adresse au président du tribunal, qui doit sur sa demande, lui délivrer
l'ordre d'arrestation, sans pouvoir examiner les motifs du père ou les griefs
de l'enfant. L'autorité du père est ici sans contrôle. Que si évidemment le
père paraissait sévère jusqu'à l'insanité, si par exemple il voulait faire arrêter un enfant de quelques mois ou même de quelques années, le président
du tribunal n'accéderait évidemment pas à sa demande. Mais à part ces cas,
qui seront toujours extrêmement rares, le rôle du magistrat est purement
passif. La loi ne le fait intervenir que pour légaliser pour ainsi dire la cor-

(1) RÉAL, *Exposé des motifs*, DALLOZ, n° 12, du *Répertoire*, V° PUISS. PAT.

(2) Proudhon avait soutenu le contraire, mais son opinion a été abandonnée. Il est
évident qu'ici, comme en plusieurs autres circonstances, le législateur avait prévu le
cas le plus fréquent.

(3) MARCADÉ, sur les art. 375 et suiv., page 147 de l'édit. précitée.

rection paternelle et attester légalement que les conditions exigées par la loi sont toutes remplies. Autrement la distinction de l'exercice du droit de correction par voie d'autorité d'avec la voie de réquisition serait vaine. Le père, en définitive, est seul juge de la gravité des sujets de mécontentement qu'il a sur la conduite de son fils. On doit en dire autant si le fils tombe dans de nouveaux écarts. Le père seul appréciera encore s'il doit recourir au droit de correction, et le magistrat est tenu d'obtempérer à sa demande. Nous supposons, bien entendu, que toutes les conditions requises pour procéder par voie d'autorité sont remplies, qu'aucune contestation, par exemple, ne s'élève sur l'âge de l'enfant. Cependant quelques auteurs ont douté que cette solution fût vraie. Un auteur contemporain a remis de nouveau la question en litige. Les raisons que l'on invoque peuvent se résumer ainsi : On dit que le magistrat, pour juger s'il y a de nouveaux écarts dans la conduite de l'enfant, doit nécessairement avoir un certain droit d'appréciation, comme dans le cas où le père agit par voie de réquisition. L'art. 379 sur lequel porte la difficulté renvoie précisément, quant à la procédure, à la manière prescrite par les art. précédents, c'est-à-dire à la voie de réquisition, édictée par les art. qui précèdent immédiatement notre art. 379. Tels sont les arguments que nous essaierons de réfuter. L'argument tiré de la rédaction de l'art. 379 nous semble peu fondé ; et il faut en dire autant de la rédaction de l'art. 375, car d'après l'interprétation contraire à celle que nous proposons, le magistrat serait juge du père, et il y aurait confusion entre les deux manières de procéder : ce que nous avons déclaré impossible. On ne peut dire non plus que notre art. n'a visé que celui ou ceux dans lesquels il est parlé de la voie de réquisition, car c'est aux articles précédents qu'il renvoie d'une manière générale. Or parmi les art. précédents se trouve précisément aussi celui qui organise la voie d'autorié : il suffit de remonter à un article plus haut. Et si le législateur, dit Marcadé, eût voulu exclure pour le cas de récidive le mode d'autorité établi par l'art. 376, il aurait certainement dit au singulier : *conformément à l'art.* 377 (1). En sorte que pour ce cas, la voie d'autorité ne se trouve point fermée au père. On ne voit pas en effet quels motifs auraient décidé le législateur à refuser au père la confiance dont il l'avait investi, et du moment que l'interprétation qu'on ferait de la loi entraînerait une déchéance des attributs du père, on ne doit pas hésiter à la repousser.

(1) MARCADÉ, *hic*, n° 138.

272. Quand le père agit par voie d'autorité, le maximum de durée de l'emprisonnement disciplinaire est fixé à un mois. Ce temps doit suffire pour amener l'enfant à résipiscence, vu le peu de gravité des fautes de l'enfant à cet âge. Lorsque l'enfant a accompli sa quinzième année, nous voyons en effet que la durée de la détention peut être plus longue, parce que les écarts peuvent être plus graves. Mais précisément l'enfant étant plus âgé, et sa personnalité plus développée dans la société, il mérite plus d'égard qu'auparavant. Aussi le père est-il obligé d'employer le mode de réquisition. Alors le président du tribunal a le droit d'examiner les motifs de la plainte du père, de peser les griefs de celui-ci et d'examiner la gravité des fautes du fils. Sa religion étant éclairée, il peut donner ou refuser l'autorisation, mais après en avoir conféré avec le ministère public. En ce cas, le père peut demander une détention de six mois. Ainsi, il y a deux différences profondes entre la voie d'autorité et la voie de réquisition. Dans la première, le père est juge souverain, nul ne contrôle sa [conduite, mais il ne peut demander une détention dont la durée dépasse un mois ; dans la seconde, l'intervention des magistrats donne plus de garanties à l'enfant, parce qu'ils jugent eux-mêmes la conduite du père ; mais l'enfant peut être détenu pendant six mois.

C'est encore la voie de réquisition que le père doit employer, quand le père est remarié, et qu'il exerce son droit de correction contre un enfant du premier lit, même âgé de moins de seize ans. Art. 380. L'expérience enseigne en effet que l'affection que le mari porte à sa nouvelle épouse éteint parfois ou diminue considérablement la tendresse qu'il avait pour les enfants du premier lit, surtout quand il naît des enfants de la seconde union. Or dans ce cas, la sévérité paternelle perdrait le contrepoids que l'amour pour l'enfant lui donnait. Ces mêmes motifs nous portent également à décider que lors même que le père remarié serait devenu veuf de nouveau, il serait obligé encore de recourir à la voie de réquisition. Il suffit en effet que le second mariage ait existé pour que la tendresse paternelle ait pu recevoir une atteinte soit de la présence de la seconde femme, soit de celle des enfants du nouveau lit. L'expérience n'a que trop démontré que les secondes noces sont ordinairement funestes aux enfants d'un premier mariage (1). On ne

_____

(1) *Exposé des motifs*, BERNARD, *op. cit.*, 2ᵉ part., § 5 ; contra MARCADÉ, *hic.*, n° 137. Ce dernier auteur supposant le mari délivré de l'influence de la marâtre et recouvrant sa liberté et son indépendance, lui permet de prendre la voie d'autorité. Le texte de l'art. 380 paraît également favorable à cette opinion, car la loi emploie les expressions : « Si le père *est* remarié, » et non pas : si le père *s'est* remarié.

voit en effet aucun texte qui ait rendu au père le droit d'agir par autorité (que lui ont enlevé les art. 380 et 381). On ne pourrait donc faire revivre un droit dont la déchéance a été formellement prononcée par la loi (1).

C'est encore cette dernière voie que le père doit suivre lorsque l'enfant a des biens personnels. Art. 382. On a craint que le départ subit de l'enfant de la maison paternelle ne permît au père de se livrer à une administration mauvaise et même coupable des biens de son fils. Cambacérès disait en effet: « Si l'enfant a pour père un dissipateur, il est hors de doute que celui-ci cherchera à le dépouiller, qu'il se vengera du refus de l'enfant et que peut-être il lui fera acheter sa liberté (2). » Ces motifs sont-ils réellement ceux qui ont déterminé le législateur ? D'un côté, l'enfant à cet âge étant mineur ne peut civilement s'obliger. D'un autre, si l'enfant est propriétaire de certains biens, il n'en a pas toutefois l'administration, alors même que dans l'hypothèse la plus favorable pour lui, ses père et mère n'en auraient pas la jouissance légale. Art. 386, 387 et 389. La raison serait plutôt que précisément parce que le fils a des biens personnels, il a droit à plus de garanties de la part de la société, qui doit protéger surtout ceux qui ont le plus besoin de protection. Ajoutons que l'individualité du fils est plus importante quand il a une fortune personnelle que quand il n'en a pas.

Il en est de même évidemment quand l'enfant exerce un état. Les raisons citées plus haut s'y appliquent parfaitement, outre qu'on peut faire remarquer que le père compromettrait gravement et peut-être sans motifs les intérêts du fils. La loi en effet ne distingue pas s'il est chef ou simple ouvrier, s'il exerce son état à la maison ou dehors. Au fond, ce sont donc les mêmes idées qui ont inspiré le législateur, car le travail de l'enfant est évidemment un bien, une propriété qu'il exploite par lui-même. Or empêcher injustement le travail ou l'industrie constituerait un crime (3).

La durée de la détention est fixée à un mois dans le cas où le père exerce son droit de correction contre un enfant âgé de moins de seize ans. La loi est formelle. Il est bien évident que l'enfant de moins de seize ans, qui a un état ou des biens personnels, ou dont le père s'est remarié, a paru au législateur plus digne d'intérêt encore, puisqu'il a subordonné l'action du père à l'examen de la justice. Il serait donc absurde de vouloir prétendre que dans ces

---

(1) DEMOLOMBE, *Traité de la puiss. pat.*, part. I, chap. I, sect. deux., n° 322 de la 2ᵉ édit., expose la doctrine opposée, qui, dit-il, est généralement enseignée.

(2) LOCRÉ, *Législ. civ.*, T. 7, p. 36.

(3) Art. 379 et s. 414 et s. *Code pénal.*

cas favorables pour l'enfant on pourra augmenter la durée de sa détention, ou plutôt donner au père le droit de requérir une détention plus longûe, sous le spécieux prétexte que le contrôle des magistrats protégera suffisamment l'enfant. C'est réellement faire la loi au lieu de l'expliquer et aggraver la position de l'enfant, alors que tout le Code respire son intérêt, et que la puissance paternelle ne doit plus être qu'une tutelle, c'est-à-dire une administration, et non plus une autorité.

273. Voyons maintenant le droit de correction exercé par la mère. « Le législateur a dû prévoir que la mère trop faible ou trop légèrement alarmée pourrait peut-être trop facilement recourir à ces moyens extrêmes. D'un autre côté, il a dû penser qu'une veuve sans défense, dont toutes les actions sont exposées à la critique et à la malignité, devait se ménager des témoins impartiaux qui puissent toujours attester la nécessité de cette mesure de rigueur, et qui fussent les garants de sa bonne administration » (1). Ainsi, la mère ne peut faire détenir son enfant qu'avec le concours des deux plus proches parents paternels. Art. 381. On exige aussi de plus qu'elle emploie le mode de réquisition. En cas de convol en secondes noces, elle perd ce droit de correction. On a supposé sa tendresse maternelle moins vive et moins impartiale. Notons que ce n'est pas seulement en cas de prédécès du mari que la femme exerce ce droit, mais encore en cas d'interdiction, de déchéance judiciaire et de présomption d'absence, car dans notre art. 381 le législateur n'a statué que sur le *plerumque fit*, ainsi que nous avons eu déjà plusieurs occasions de le constater. Notons encore que si les deux plus proches parents paternels ,dont le concours, c'est-à-dire le consentement (2) est exigé n'existent plus, ou demeurent à des distances fort éloignées, on ne peut concéder à la mère le droit d'agir seule, ce serait violer trop ouvertement la loi, et s'inscrire en faux contre les motifs qui l'ont fait édicter.

On ne peut non plus priver la mère du droit de correction, mais on remplacera ces parents par des parents d'un degré plus éloigné, mais habitant les mêmes lieux que la mère ; ou encore par deux membres du conseil de famille ; ou même si l'enfant n'a pas de conseil de famille ,parce que son père est interdit, par deux alliés ou amis de son père. Arg. d'analogie tiré de l'art. 409 (3).

C'est encore le concours de ces deux personnes qui est nécessaire à la

(1) RÉAL, *Exposé des motifs*, DALLOZ, n° 14 du *Répertoire* V° PUISS. PAT.
(2) DEMOLOMBE, *ibid.*, n° 349 et 350.
(3) DEMOLOLOMBE, *ibid.*, n° 351 ; MARCADÉ, *ibid*, n° 139.

mère pour abréger la détention de l'enfant, ou même pour lui pardonner entièrement. Les motifs de décider ainsi sont les mêmes que plus haut. La mère en effet se trouve protégée contre des entrainements irréfléchis et sa tendresse exaltée par les reproches, les regrets ou les larmes de son fils. Du reste, comme le fait remarquer Marcadé (*op. cit.*, n° 140), on ne comprendrait guère comment la mère, qui même *avec* le concours exigé n'a pour la détention qu'un droit plus restreint que celui du père, aurait pour l'élargissement un droit égal au sien, même *sans* ce concours.

274. Maintenant, si la mère se remarie, elle perd le droit de correction tel que nous venons de l'étudier. Néanmoins, la mère pourra exercer comme tutrice les droits qui pourront la dédommager de ceux qu'elle vient de perdre, si toutefois la tutelle lui est conservée après son second mariage. L'art. 468, en effet, accorde au tuteur le droit de détention ; les art. 395 et 396 permettent à la mère d'être tutrice, le mari étant co-tuteur. Alors elle pourra exercer un droit de correction suivant les prescriptions édictées par l'art. 468, c'est-à-dire « porter ses plaintes à un conseil de famille, et si elle y est autorisée par ce conseil, provoquer la réclusion du mineur conformément à ce qui est statué à ce sujet au titre *De la puissance paternelle*. »

Nous appliquerons ce que nous avons dit du père remarié devenu veuf à la mère remariée devenue veuve. Nous déciderons donc que la mère ne peut recouvrer le droit de détention, bien que l'on puisse prétendre que si son nouveau mari vient à mourir, son influence n'est plus à craindre.

275. Enfin terminons l'étude de ce droit de correction par l'examen des règles générales auxquelles est soumis le droit de détention exercé à titre de peine disciplinaire sur la personne de l'enfant.

Il n'y aura pas de publicité. Car donner de la publicité à des erreurs, à des faiblesses de jeunesse, en éterniser le souvenir, ce serait marcher directement contre le but qu'on se propose, et de ces punitions mêmes qui ne sont infligées à l'enfant que pour épargner des tourments à l'âge mûr, ce serait faire naître des chagrins qui flétriraient le reste de sa vie (1). Ainsi point de formalités judiciaires ni motifs de plainte, ni écritures ; rien ne doit rester, si ce n'est l'ordre d'arrestation dans lequel les motifs ne doivent même pas être énoncés, car les erreurs des enfants doivent être étouffées dans le sein de la famille (2). Le père seulement sera tenu de souscrire une soumission de payer tous les frais et de fournir les aliments convenables. On n'a pas voulu

---

(1) RÉAL. *Exposé des motifs*, DALLOZ, *ibi t*, n° 13.
(2) VÉZIN, *Rapport au Tribunal*, n° 24, DALLOZ, *ibid.* ; Art. 378.

que le père, par un honteux calcul d'avarice, pût se décharger de la dette alimentaire dont il est tenu envers son fils. Mais si le père de famille est nécessiteux, on ne peut lui enlever ainsi indirectement cette prérogative de la puissance paternelle (1).

Une seconde règle est que le père est toujours maître d'abréger la durée de la détention par lui ordonnée ou requise, art. 378. Il reste seul juge et souverain appréciateur de l'opportunité de l'exécution de sa décision concernant l'enfant. C'est à lui à voir si la menace de la détention a suffi pour avertir et corriger l'enfant. « La loi se prête pour ainsi dire, au repentir des enfants et à la bonté des pères ; elle est imitative de leur tendresse (2). »

Enfin, lorsque le père aura suivi la voie de la réquisition pour demander la détention de son enfant, celui-ci pourra adresser un mémoire au Procureur général de la Cour. Celui-ci se fera rendre compte par le Procureur du tribunal et fera son rapport au Président de la Cour, lequel après en avoir donné avis au père et après avoir recueilli tous les renseignements, pourra révoquer ou modifier l'ordre délivré par le Président du tribunal, art. 382, 2'. Certains auteurs argumentent de la place même qu'occupe ce paragraphe, dont la disposition permet au fils une espèce de droit d'appel. Ils limitent dès lors ce bénéfice établi en faveur de l'enfant au cas où celui-ci a des biens personnels, ou exerce un état, hypothèses prévues, en effet, dans le principium de notre article, sans l'étendre, par conséquent, aux autres cas où le père doit exercer son droit de correction par voie de réquisition, comme par exemple quand il s'est remarié. Nous ne pouvons partager leur opinion. Et, en effet, les mêmes motifs existent aussi puissants, et il est regrettable que certains auteurs aient adopté une pareille méthode d'interprétation. Pourquoi vous arrêter aux deux cas prévus par notre article et ne pas remonter à quelques articles précédents qui traitent précisément aussi de la voie de réquisition ? Dites-moi, je le veux bien, que ce recours est rigoureusement établi en faveur de l'enfant, et que le père ne peut lui-même se pourvoir contre la décision du Président du tribunal : vous

_____

(1) En pratique, l'attestation du juge de paix, du maire ou du commissaire de police suffit pour établir son indigence. Depuis la promulgation du *Code*, on a créé à diverses reprises des établissements spéciaux destinés à recevoir les enfants détenus par ordre de l'autorité paternelle, et l'administration charitable de ces maisons a dispensé le père de famille dont l'indigence est bien constatée de l'obligation légale de consigner les aliments. On a vu là un puissant motif de moralité publique, l'éducation de l'enfant étant d'intérêt général.

(2) VÉSIN, *Rapport au tribunat.* DALLOZ, *ibid.*, n° 24.

serez dans le vrai, car la loi est par trop explicite. La difficulté ne pourrait se présenter que sur l'interprétation de la loi, et non sur la décision du Président, et ce serait alors la Cour suprême qui serait saisie. Ici il y a contestation, en effet, sur le fond du droit, comme dans le cas où le père remarié devenu veuf prétendrait pouvoir agir encore par voie d'autorité. Ici seulement le recours du père serait fondé, car il ne s'agit plus de la prononciation de la détention ou de sa durée, mais du droit lui-même. Le père alors suivra les formes de procédure du droit commun, puisque l'art. 382 lui est évidemment inapplicable. Comme ce recours se forme contre le Président du tribunal et que celui-ci ne peut être l'adversaire du père, il faudra, dit Demolombe, nommer à l'enfant un tuteur *ad hoc*, chargé de soutenir la prétention élevée dans son intérêt par le magistrat.

Notons que ce pouvoir de l'enfant ne suspend pas l'ordre d'arrestation, et que cette disposition de la loi prévient et paralyse toutes les surprises, toutes les intrigues des localités et empêche qu'elle puisse jamais être un instrument de despotisme entre les mains des pères ou mères contre leurs enfants (1). A cet égard, Albisson disait encore : la loi prend toutes les précautions qu'a pu lui inspirer la conservation de la vie et de la réputation de l'enfant, qui ne doit recevoir aucune atteinte de l'exercice passager d'une correction domestique (2).

276. On voit quels immenses progrès ont été réalisés depuis le siècle dernier, où les pères de famille ne craignaient pas, dans certaines contrées de la France, de recourir aux lettres de cachet et même demander des lettres d'exil contre leurs enfants. On voit aussi de quels sentiments généreux étaient animés les grands législateurs de l'époque consulaire. Et si l'on tient bien compte des nécessités de la crise sociale qu'ils traversaient, on trouvera bien peu fondés les reproches que leur adressent certaines personnes qui souhaitent voir supprimé le droit d'emprisonnement disciplinaire (3).

(1) VÉZIN, *Rapport au tribunat*, DALLOZ, *ibid.*, n° 26, in fine.
(2) *Discours* au corps législatif, DALLOZ, *ibid.*, n° 39.
(3) Nous savons, en effet, qu'aucune législation étrangère (si ce n'est que la législation Sarde), n'accorde au père plus de droits sur l'enfant qu'il veut faire détenir par mesure de correction domestique. L'emprisonnement par voie de réquisition est inconnu, ou bien exercé comme en Prusse par le roi et le ministre de la justice. Dans le Valais, la détention ne peut être prononcée contre l'enfant qu'après avis de la Chambre pupillaire. D'autres pays sont complètement ignorants de ce droit de détention. Notons, toutefois, que les autres législations européennes qui ont adopté, de gré ou de force, le *Code Civil*, suivent naturellement ses prescriptions. Entre autres, le Grand-Duché de Bade, les villes libres de Dantzig, Francfort, l'Italie, la Hollande, les départements anséatiques.

E. DROIT DE CONSENTIR AU MARIAGE.

Sommaire.

277. Voyons ce qu'est devenu de nos jours le droit de consentir au mariage.

Le mariage a paru d'un intérêt social si élevé et un acte d'une telle solennité, que la loi l'a entouré de formalités nombreuses, destinées à sauvegarder en même temps l'autorité des familles et la liberté des enfants. Au nombre des formalités édictées par la loi pour le mariage des enfants de famille se trouve la nécessité du consentement des parents à cet acte. Cette prescription a une durée égale à la vie, et le fils de famille ne peut jamais se dispenser de consulter son père. C'est une application législative du beau précepte : L'ENFANT A TOUT AGE DOIT HONNEUR ET RESPECT A SES PÈRE ET MÈRE. La majorité pour le mariage est fixée à dix-huit ans révolus pour les fils et à quinze ans pour les filles, art. 144. Mais à cet effet, ils doivent se munir du consentement de leurs parents. On a supposé naturellement que l'amour des parents pour leurs enfants serait un guide sûr pour l'intérêt de ceux-ci.

Tant que le fils n'aura pas atteint l'âge de vingt-cinq ans accomplis, et la fille celui-ci de vingt et un, qui est la véritable majorité pour le mariage, car alors on peut vaincre la résistance des parents, les enfants n'ont qu'à s'incliner devant la volonté toute-puissante de leurs parents. Notons bien que le consentement des deux époux est exigé par la loi : « Le fils..... et la fille..... ne peuvent contracter mariage sans le consentement de leurs père et *mère* » art. 148. Mais comme le père exerce seul en réalité la puissance paternelle, son consentement suffit en cas de désaccord. Cette disposition

17

est fort grave, car elle touche à un acte éminemment solennel. Elle ne peut guère se justifier que par la nécessité d'arriver à une solution.

La loi prescrit néanmoins à l'enfant de consulter sa mère, tant pour la déférence qu'il lui doit que pour les conseils qu'elle peut lui donner, et pour l'influence qu'elle peut exercer sur le père. Comme il n'y a pas de sanction directe pour l'oubli de ce devoir de piété filiale, la jurisprudence comme nous le verrons tout-à-l'heure, a accordé à la mère le droit de former opposition au mariage de l'enfant, quoique l'art. 173 ne lui confère ce droit qu'à défaut du père. Faut-il voir dans la loi un silence significatif et une des applications nombreuses du système qui tient la mère à l'écart tout en l'investissant de l'autorité paternelle, mais sans lui en laisser l'exercice du vivant du père ?

Si un des deux époux est mort, ou dans l'impossibilité de manisfester sa volonté, le consentement de l'autre suffit. Art. 149. On assimile au cas de mort l'interdiction, la déclaration d'absence, le placement dans un établissement d'aliénés. Il faut aussi ajouter le cas de simple présomption d'absence, vu la généralité des termes de l'art. 141, et le cas d'imbécillité habituelle qui prive le parent de la capacité de donner un consentement en connaissance de cause, alors même que l'interdiction ne serait pas encore prononcée. Par analogie de l'art. 155, on peut suppléer au jugement d'interdiction par un jugement d'enquête constatant l'impuissance juridique de l'époux, où même par un acte de notoriétété délivré par le juge de paix.

279. En ce qui concerne le moment où le consentement doit être donné, la loi nous indique que c'est au moment même de la célébration : « On énoncera dans l'acte de mariage..... le consentement des pères et mères. » Art. 76, 4°. Ainsi le consentement doit être constant, continu pour ainsi dire, et persister jusqu'au moment du mariage. Il suit de là que si le père, par exemple qui pouvait consentir seul et qui en effet avait consenti, meurt avant l'époque fixée pour célébrer l'union, la mère, qui lui succède en cette prérogative, peut parfaitement s'opposer à cette union, si elle la désapprouve. Car elle seule en ce moment exerce la puissance paternelle.

280. Quant à ce qui touche les formes du consentement, on décide généralement qu'il doit être exprès, et que l'officier de l'état civil est en droit de se refuser à célébrer le mariage si le consentement des père et mère ne lui est rapporté dans un acte authentique. Art. 73. Mais comme l'action en nullité, qui est la sanction du droit de consentir, au mariage, ne peut plus être intentée par les époux dont le consentement était requis toutes les fois que

le mariage a été approuvé expressément *ou tacitement* par eux, ou lorsqu'il s'est écoulé une année sans réclamation de leur part, on peut soutenir que le consentement tacite suffirait. Art. 183. Enfin, quant à la question de savoir si le consentement doit être donné en vue de telle personne déterminée, ou s'il ne suffit pas de le donner d'une manière générale, nous pensons qu'il faut la résoudre en ce dernier sens, vu la faveur que la loi accorde au mariage et le silence de l'art. 73 sur ce point.

281. Voyons quelle est la sanction de l'obligation pour les enfants de se munir du consentement des parents, au mariage. On se rappelle les terribles sanctions que la monarchie absolue avait attachées dans l'ancien droit général du royaume au défaut du consentement. La nullité du mariage, et l'exhérédation. Nos mœurs n'ont pu tolérer de pareils abus du pouvoir législatif ; elles n'ont pu s'accommoder avec une même rigueur hors de proportion avec le fait qu'on voulait punir. On s'est contenté de permettre aux parents dont le consentement était refusé, ainsi qu'au conjoint auquel cette autorisation était nécessaire, d'attaquer le mariage ainsi contracté au mépris de leur volonté. Art. 182. Comme c'est un droit qui peut produire de graves résultats et même modifier profondément l'état des époux et de leurs propres enfants, l'interprétation de cette disposition doit être aussi restrictive que possible, sans qu'on arrive toutefois à la paralyser. Ainsi ce ne sera que le parent qui était appelé à consentir au moment du mariage qui pourra intenter l'action en nullité ; si même les deux époux sont encore en vie et que le père seul ait consenti, la mère ne pourrait pas se plaindre devant les tribunaux : car en définitive son refus n'eût pas empêché la célébration, puisque c'est le père seul qui en dernière raison est appelé à consentir, et dont l'avis est prééminent. A l'inverse, que la mère consente sans le père, celui-ci aura son action en nullité et pourra triompher, s'il ne se trouve d'ailleurs avoir approuvé expressément ou tacitement le mariage, ou si on ne lui oppose la prescription annale. Art. 183. Les espèces que nous venons d'examiner suffisent grandement, selon nous, pour faire saisir l'esprit de la loi et permettre d'appliquer juridiquement le principe que c'est le parent seul qui doit consentir qui a le droit d'intenter l'action en nullité (1).

---

(1) Les officiers de l'état civil qui auront procédé à la célébration d'un mariage quand le consentement des père et mère était ordonné sont passibles d'une amende dont le maximum est fixé à trois cents francs et d'un emprisonnement minimum de six mois. Art. 156 et 192 du *Code civil*, et 193 du *Code pénal*.

282. *Actes respectueux.* Les fils parvenus à vingt-cinq ans, les filles à vingt et un ne sont plus tenus d'obtenir le consentement des parents ; on les astreint seulement à requérir leur conseil. C'est au moyen de demandes respectueuses et formelles que le futur conjoint notifie officiellement sa volonté à ses parents. Ces actes seront faits de mois en mois, pendant trois mois consécutifs. Toutefois, l'enfant peut user d'intervalles plus longs, et il n'est pas obligé d'épuiser, coup sur coup les ressources que la loi met à sa disposition. Un mois après la signification du dernier, il peut être passé outre à la célébration, si toutefois il n'y a pas d'opposition de la part des parents, auxquels il ne reste plus que ce moyen pour faire respecter leur autorité. Ce sont deux notaires, ou un notaire et deux témoins qui sont chargés de signifier aux parents la volonté de l'enfant. Cette signification se fait à domicile, il en est dressé procès-verbal avec mention de la réponse. Si l'ascendant auquel doit être fait l'acte respectueux est absent, on peut passer outre à la célébration du mariage, si toutefois le conjoint représente le jugement déclarant l'absence, à défaut le jugement ordonnant l'enquête ou s'il n'y a pas encore de jugement rendu, un acte de notoriété délivré par le juge de paix du lieu où l'ascendant a eu son dernier domicile connu. Ce dernier acte contiendra la déclaration de quatre témoins appelés d'office par le juge de paix. Après trente ans pour les fils et vingt-cinq ans pour les filles, un seul acte suffira et un mois après on peut passer outre à la célébration du mariage. Art. 153 et 152 combinés.

283. Le tableau suivant indique les diverses formalités selon l'âge et le sexe des enfants de familles :

FORMALITÉS.	GARÇONS.	FILLES.
Nécessité du *consentement* des parents.	De 18 à 25 ans.	De 15 à 21 ans.
Consentement remplacé par *trois demandes formelles et respectueuses.*	De 25 à 30 ans.	De 21 à 25 ans.
Une seule demande suffit.	A partir de 30 ans.	A partir de 25 ans.

284. Telles sont les formalités des actes respectueux. On les a réglées avec minutie. Peine inutile ! l'inexécution des prescriptions édictées par la loi n'entraîne pas la nullité du mariage. On a pensé en effet qu'à cet âge,

les droits de l'enfant contrebalançaient tellement l'autorité paternelle qu'il y avait lieu de respecter les faits accomplis et de ne pas inquiéter l'état des époux et des enfants qu'ils pourraient avoir. Cette absence de sanction à l'égard des enfants qui rencontreraient un maire assez complaisant pour passer outre à la célébration prouve combien peu ces formalités sont nécessaires. Car il semble qu'en cette matière la responsabilité est singulièrement déplacée : ce ne sont pas les enfants qui sont punis, mais bien l'officier de l'état civil. La loi ne devait avoir de rigueurs en effet que pour les personnes auxquelle elle dit : « Vous devez à tout âge honneur et respect à vos parents. » Or nous ne voyons d'autre responsabilité que celle du maire, qui sera condamné à une amende de quelques francs et à un emprisonnement d'un mois ! Les actes respectueux ne nous semblent être qu'une formalité illusoire, que les enfants sérieusement décidés à se marier regardent avec dédain ; car il paraît inutile de notifier *officiellement* à ses parents l'union projetée, du moment que l'heure de la majorité pour le mariage a sonné. Elle est d'autant plus inutile que le plus souvent le fils n'habite pas avec le père ; que le notaire chargé de notifier la volonté de l'enfant est en ce cas assez éloigné et ne connaît pas le père ; et que la présence du fils n'est pas exigée lors de la notification. Il nous semble donc préférable de remplacer législativement ces sommations par la comparution en personne de l'enfant devant les membres de la famille en assemblée générale. Pour arriver plus facilement à la conciliation et éviter le parti pris systématique du père ou de l'enfant, la présidence de cette assemblée serait conférée au juge de paix, magistrat des familles (1).

285. *Droit d'opposition.* Les formalités des actes respectueux étant terminées, et leur résultat demeuré inefficace, il ne reste plus aux parents pour vaincre l'obstination de leurs enfants, que le droit d'opposition. C'est, dit Marcadé (sur l'art. 173) *l'ultinum subsidium* des parents pour forcer les enfants à respecter leur volonté. Notons que les parents, en formant opposition, ne sont pas obligés d'énoncer les motifs qui déterminent leur conduite. Ce dernier moyen aura peut-être pour résultat de faire réfléchir sérieusement l'enfant. Car, dit encore Marcadé, tel qui n'a pas reculé devant un et même trois actes respectueux signifiés secrètement et au su seulement de deux notaires, ou d'un notaire et de deux témoins, reculera peut-être en

_____

(1) Voyez sur cette importante réforme, BERNARD, *op. cit.*, 3ᵉ part., ch. 4, sect. 2, page 4C0.

face de l'idée d'assigner son père devant un tribunal ; l'autre époux d'ailleurs pourrait bien renoncer au mariage, quand il se verrait réduit à n'entrer dans une famille qu'au moyen d'un procès. Que si les futurs époux portent l'opiniâtreté jusqu'à ne reculer devant aucun obstacle, cet obstacle tombera ; et l'opposition, s'il n'existe point d'empêchement au mariage, ne saurait être maintenue sans violation de la loi, *si graves que fussent les motifs qu'aurait l'ascendant de refuser son consentement* (1).

Les actes d'opposition faits par les parents au mariage de leurs enfants seront signifiés à leur personne ou à leur domicile, et à l'officier de l'état civil de l'une des communes où les publications doivent se faire. Art. 66 et 176, combinés avec l'art. 69. Alors l'officier de l'état civil ne pourra célébrer le mariage avant qu'on lui ait remis la main-levée, art. 68. C'est donc au futur époux à intenter une action devant le tribunal de première instance, afin de faire prononcer par celui-ci, s'il y a lieu, la main-levée. Ce dont le tribunal s'occupera dans les dix jours, art. 177.

E. DROIT DE CONSENTIR A D'AUTRES ACTES.

Sommaire.

286. Outre le consentement au mariage de leurs enfants, les parents ont aussi le droit de consentir à d'autres actes.

a). Parlons d'abord de l'adoption.

287. Cette institution est loin d'être passée dans nos mœurs. On peut dire qu'elle a été vue de mauvais œil par le législateur, parce qu'elle crée en

---

(1) MARCADÉ, *ibid.* L'auteur cite ensuite à l'appui l'exemple d'un père qui avait fait opposition au mariage que sa fille voulait contracter avec un forçat libéré par lequel elle s'était laissé séduire. Un arrêt de Cassation du 7 novembre 1814 (S., 15, 1.245), força le père à céder. Sans doute la position du père était pénible, mais les magistrats sont tenus d'appliquer la loi telle qu'elle est et non de la faire. Voy. aussi, Paris, 2 décembre 1851, et l'appréciation de cette jurisprudence par M. A. ANCELOT, *Revue de législat.*, 1852, tome 3, p. 148.

effet une parenté tout à fait fictive, et enlève en somme un de ses membres à la famille naturelle pour le transporter dans une famille étrangère. Ces considérations et beaucoup d'autres, dans lesquelles nous n'avons pas à entrer ici, ont fait établir un système assez complexe de restrictions qui prouve suffisamment le peu de faveur dont la loi a entouré ce changement de famille.

La disposition importante pour nous est celle qui fait un devoir aux enfants de l'un et de l'autre sexe de se pourvoir du consentement de leur père et mère à leur adoption. Cette obligation existe jusqu'à l'âge de vingt-cinq ans, sans distinction de sexe. En minorité, il n'en est pas question, puisque l'adoption ne pourra jamais avoir lieu avant la majorité de l'adopté. A partir de vingt-cinq ans, les enfants de famille sont seulement tenus de requérir une fois le conseil de leurs parents.

288. On aperçoit au premier abord une notable différence avec les dispositions relatives au mariage. On ne fait pas de distinction de sexe, car l'adoption a paru d'un intérêt social bien moindre que le mariage. La fille doit être mariée à vingt-cinq ans ; il importe peu qu'elle soit adoptée. En second lieu, l'adoption n'est permise qu'après la majorité ; tandis que le mariage des mineurs est formellement permis par la loi. En continuant la comparaison de cette institution avec le mariage au point de vue de l'autorité des père et mère sur leurs enfants, nous arrivons à nous demander avec certains auteurs, bien que cette question pour nous n'en soit pas une, si en cas de dissentiment de l'un des parents, celui de l'autre suffit, comme cela a lieu pour le consentement au mariage. Nous pensons rentrer dans l'esprit de la loi en exigeant le consentement *unanime* des deux époux. Le texte d'abord est trop formel : « L'adopté sera tenu de rapporter le consentement donné à l'adoption par ses père et mère, ou par le survivant. » Art. 346. Puis en continuant la lecture de cet article, on trouve qu'il est muet sur le cas de dissentiment et qu'il prend bien garde de reproduire la phrase de l'art. 148 relative au consentement au mariage : « En cas de dissentiment le consentement du père suffit. » Quelque grande que soit l'autorité du père pendant le mariage, elle ne peut néanmoins dépasser les limites que lui a imposées le législateur. Or si pour le consentement à l'adoption le consentement du père avait suffi, le législateur n'eût pas manqué d'en parler. L'esprit de la loi ensuite doit nous faire adopter la solution proposée plus haut. Il serait facile d'établir que le législateur a évidemment à dessein accumulé obstacles sur obstacles, et grossi peut-être outre mesure les formalités relatives à

l'adoption. On ne compte pas moins de six conditions du côté de l'adoptant, et trois du côté de l'adopté — dont l'une nous occupe en ce moment — toutes spéciales à cette institution, sans tenir compte des capacités générales juridiques. Or il nous est difficile d'admettre que le législateur ait placé sur la même ligne l'adoption et le mariage, lorsqu'on voit au contraire qu'il traite l'un avec tant de faveur, l'autre avec tant de rigueur. Nous pensons donc que le législateur n'a pas eu l'intention de renvoyer au titre *Du mariage* l'interprète des dispositions relatives à l'adoption. Cette conclusion nous conduit aussi à décider qu'un seul acte respectueux suffira pour demander le consentement des parents.

289. *b. Tutelle officieuse.* — Les parents ont le droit de consentir à la tutelle officieuse de leurs enfants. Art. 361. Le consentement du survivant suffira naturellement ; si les deux époux existent tous deux, il faut évidemment le consentement de l'un et de l'autre. La tutelle officieuse ne s'exerce jamais que sur des mineurs de quinze ans. Elle impose au tuteur officieux l'obligation de nourrir le pupille, de l'élever et de le mettre en état de gagner sa vie. Les parents sont ainsi remplacés dans leurs droits de garde et d'éducation. Art. 364 et 365. Le tuteur officieux toutefois n'a pas le droit de correction paternelle, mais seulement tutélaire, comme la femme remariée, mais qui conserve malgré son second mariage la tutelle de ses enfants mineurs. Art 468. Les parents conservent également le droit de consentir au mariage de ce pupille ; ce droit n'étant pas incompatible avec ceux du tuteur officieux.

290. *c.)* Enfin les parents ont le droit de diriger l'enfant dans le choix de sa carrière, et leur consentement même est requis lorsqu'il se propose d'embrasser certaines professions spéciales.

291. *Profession religieuse.* La loi ne permet pas au fils âgé de moins de vingt-cinq ans d'entrer dans les ordres sacrés, sans justifier du consentement exigé pour le mariage. Décret du 28 février 1810, art. 4. L'esprit de la loi est le même. L'acceptation de ces fonctions conférées par l'évêque, confirmée par l'État, lie de l'avis unanime des canonistes, le citoyen pour le reste de ses jours à la vie religieuse. Cet acte a paru au législateur civil d'une gravité égale à celle du mariage, auquel il l'a sous ce point de vue complétement assimilé.

Les mêmes raisons ont déterminé le législateur à imposer aux filles âgées de moins de vingt-un ans l'obligation d'avoir le consentement de leurs parents, lorsqu'elles sont dans l'intention d'entrer dans une congrégation religieuse pour y contracter des vœux, bien que ces vœux soient renouvelables tous les deux ans. Décret du 18 février 1809, art. 7.

Ces deux dispositions légales ne sont du reste qu'une application du principe général sur lequel sont fondés le droit de garde, le droit d'éducation qui appartient aux parents sur leurs enfants.

292. *Profession commerciale.* Le mineur, émancipé ou non, ne peut évidemment se livrer au commerce sans l'autorisation de son père, puisque celui-ci a sur lui le droit d'éducation, et la direction de sa conduite. Mais lorsqu'il est émancipé, sa capacité juridique est plus grande. L'émancipation a précisément pour effet de le faire considérer comme majeur pour les faits relatifs au commerce. Art 487. Toutefois, cette capacité juridique qui l'assimile en cette matière aux majeurs, ne date que du jour où il a été préalablement autorisé par son père, ou par sa mère en cas de décès, interdiction ou absence du père. Art. 2 du Code de commerce. A défaut du père et de la mère, il doit être autorisé par le conseil de famille, laquelle délibération sera homologuée par le tribunal civil. On exige en outre que l'acte d'autorisation soit enregistré et affiché au tribunal de commerce du lieu où le mineur veut établir son domicile.

Pour ce qui concerne la profession militaire, nous renvoyons au § 255 de la section *du droit de garde*, à la fin de laquelle nous en avons suffisamment parlé.

G. DROIT D'ÉMANCIPATION.

Sommaire.

293. Nous terminons l'énumération des droits de la puissance paternelle proprement dite par l'étude du droit d'émancipation.

294. Voyons d'abord qu'elle est la nature de ce droit. L'émancipation, en elle-même, est un acte qui affranchit le mineur de la puissance paternelle et lui confère le droit de gouverner sa personne et d'administrer ses biens. Art. 372, 377,

481 et suiv. Telle est l'idée générale qu'on peut en donner ; car nous évitons avec soin d'en donner une définition proprement dite, nous souvenant de l'adage de l'école : *Omnis definitio periculosa.* Toutefois, nous essaierons de donner des développements suffisants pour faire connaître cette institution dans ses rapports avec la puissance paternelle.

295. Elle fait perdre au père le droit de garde, car le mineur émancipé peut choisir son domicile. Art. 372. L'enfant n'est plus soumis non plus au droit de correction, Art. 377. Mais le droit de consentir au mariage, à l'adoption, à l'entrée en religion, reste intact. Toutefois, le fils émancipé pourra contracter un engagement volontaire même avant vingt ans accomplis (1).

296. Nous avons conservé l'émancipation par mariage du droit coutumier Art. 476. Elle est conférée aux époux de plein droit, quel que soit leur âge et est irrévocable.

297. Une simple déclaration devant le Juge de paix confère directement l'émancipation à l'enfant. Art. 477.

298. Lorsque l'enfant a encore ses père et mère, le droit d'émancipation appartient exclusivement au père. Art. 373 et 477. Le survivant exerce le même droit.

En cas d'absence ou d'interdiction du mari, on s'est fort légitimement demandé si la mère peut conférer l'émancipation. La difficulté porte sur la signification à donner à ces mots : « Le mineur pourra être émancipé à *défaut de père* par sa mère » Pour nous, la femme remplace le mari dans l'exercice de ce droit. Car un premier principe, c'est que la puissance paternelle est de nos jours essentiellement organisée en faveur de l'enfant. C'est un pouvoir de protection plutôt qu'une autorité proprement dite ; c'est un moyen plutôt qu'un but. Un second principe, c'est que nous voyons la mère investie des droits du père quand-celui-ci ne peut les exercer. Elle est en effet déclarée par les rédacteurs eux-mêmes avoir la jouissance des droits paternels, mais sans pouvoir les exercer, parce que le père a naturellement la prééminence. Si l'on nous objectait que l'émancipation conférée par la mère a pour effet de priver le père interdit ou absent de l'usufruit légal des biens du mineur, et que l'on devrait interdire cet acte à la mère jusqu'à l'époque où finit l'usufruit, nous répondrions d'abord qu'une telle distinction est complétement arbitraire, et qu'elle subordonne à un intérêt purement pé-

(1) BERNARD, op. cit., 2e partie, § 17.

cuniaire un intérêt moral plus élevé : le libre choix d'une carrière pour le fils, une capacité juridique plus étendue, soit quant à sa personne, soit quant aux biens qu'il possède actuellement, ou ceux qu'il pourra acquérir plus tard, par exemple par le commerce. Quant à l'objection tirée de l'art. 141, et qui consiste à dire que cet article est muet sur la collation à la mère du droit qui nous occupe, elle tombe facilement devant la considération que l'énumération qui y est faite n'est point limitative. On peut y puiser au contraire un argument en notre faveur. Car le droit d'éducation, que cet article accorde à la mère, et qui s'exerce depuis la naissance de l'enfant jusque sa majorité, est d'une importance bien autrement grande que l'émancipation que la mère pas plus que le père ne peut conférer avant l'âge de quinze ans. Ainsi, nous reconnaissons à la mère le droit d'émanciper au cas d'absence ou d'interdiction du mari, et ce droit elle le tient directement de la loi, sans qu'il soit besoin qu'elle obtienne de la justice une autorisation à cet effet.

299. Nous avons dit que c'est à quinze ans accomplis que le mineur peut être émancipé par l'un de ses deux parents, art. 477, 1° (1). C'est aux parents à juger si à cet âge l'enfant qui est sous leur puissance a déjà acquis la force et l'indépendance nécessaires pour exercer les droits qui lui sont conférés.

300. Les effets principaux de l'émancipation sont les suivants :

Elle donne au mineur émancipé capacité pleine et entière pour tous les actes de pure administration, art. 481.

Mais l'assistance de son curateur est nécessaire pour intenter une action immobilière ou y défendre, art. 482.

De plus, l'autorisation du conseil de famille et l'homologation du tribunal sont exigées pour faire des emprunts (art. 483), vendre ou aliéner les immeubles, ou les hypothèquer (art. 484 et ?124).

Enfin, la donation n'est permise que par contrat de mariage, art. 1398. S'il n'est pas parvenu à l'âge de seize ans, il ne peut tester ; encore à cet âge ne peut-il disposer ainsi que de la moitié des biens dont la loi permet au majeur de disposer, art. 904.

301. Lorsque l'émancipation a été conférée par les parents, ceux-ci peuvent la révoquer, mais assez difficilement. Car, d'une part la loi exige qu'il y ait eu de la part de l'émancipé excès dans les obligations qu'il a contrac-

_____

(1) Le mineur resté sans père ni mère, pourra aussi, mais seulement à l'âge de dix-huit ans accomplis être émancipé, si le conseil de famille l'en juge capable. Art. 478 1°.

tées dans les limites de son pouvoir, et de plus, que ces engagements excessifs aient été réduits pour cette cause. La révocation de l'émancipation a des conséquences trop graves pour l'émancipé pour que l'on puisse corriger le texte de l'art. 485 et l'interpréter d'une manière plus favorable pour les parents. La révocation de l'émancipation remet, en effet, le mineur en puissance *jusqu'à sa majorité accomplie*. Il ne pourra donc plus être émancipé de nouveau. Or cette déchéance grave ne peut être prononcée contre lui qu'en vertu d'un texte formel de la loi ; et tout ce qui touche à l'état des personnes est de rigueur.

SECTION DEUXIÈME.

Autres droits naissant de la puissance paternelle.

Sommaire.

§ 302. Droit aux aliments.— § 303. En quoi la dette alimentaire diffère de l'obligation de nourrir, élever et entretenir les enfants. — 304. Son fondement rationnel.— Quelles circonstances permettent d'exercer l'action judiciaire à fin d'obtenir des aliments. — § 305. Ce qu'il faut entendre par *aliments*. — 306. Réciprocité de la dette alimentaire. — 307. Droit du père de s'affranchir de l'obligation alimentaire, en s'offrant à recevoir l'enfant à la maison.

Nous traiterons rapidement dans ce chapitre d'autres attributs de la puissance paternelle, mais qui ne sont pas réservés exclusivement aux père et mère, ou qui ne produisent leur effet qu'après la mort d'un des parents (2).

(2) Nous avons placé dans la catégorie précédente le droit de consentir au mariage et celui d'émanciper, bien que dans certains cas, ces droits soient exercés par d'autres ascendants que les père et mère, ou par la famille assemblée. Ce qui nous a déterminé à le faire, c'est que ces personnes ne sont pas admises à exercer ces droits tant que les parents peuvent les exercer eux-même. Le droit des parents prime donc ceux de ces autres personnes. D'un autre côté, dans l'immense majorité des cas, ce sont les père et mère qui exercent ces droits. Du reste, ces divisions ne sont pas d'une rigueur mathématique. Car il est admis généralement que les ascendants autres que les père et mère ont également droit au respect, et que l'éducation de l'orphelin doit nécessairement après la mort de ses père et mère être confiée à d'autres personnes. Ces divisions n'ont au fond d'autre but que de soulager un peu l'attention du lecteur et de le guider plus sûrement dans l'examen de ces droits si nombreux et si complexes qui dérivent plus ou moins directement de l'autorité paternelle.

A. DROIT AUX ALIMENTS.

302. Le droit le plus important que nous ayons à traiter dans ce chapitre c'est sans contredit le droit aux aliments, qui porte également le nom d'obligation alimentaire, car la réciprocité existe entre débiteurs et créanciers d'aliments. Toutefois pour suivre le législateur, nous emploierons l'expression droit aux aliments car c'est ainsi que la loi nous présente d'abord la la dette alimentaire : « Les enfants doivent des aliments à leur père et mère et autres assendants qui sont dans le besoin. » art. 205. Puis seulement elle édicte la réprocité : « Les obligations résultant de ces dispositions sont réciproques. » art. 207.

303. La doctrine ne confond pas, et elle ne doit point le faire, la dette alimentaire des parents avec l'obligation de nourrir, entretenir et élever leurs enfants. Car d'abord celle-ci naît en même temps que l'enfant, et se termine à sa majorité. Celle-là alors peut seulement prendre naissance, si les circonstances se présentent, et elle ne s'éteint qu'avec la vie. Le devoir d'éducation exige les soins personnels des parents, ou tout au moins des personnes qui puissent à cet égard remplacer les parents ; la dette alimentaire peut s'acquitter par le paiement d'une somme d'argent.

Cette dernière est réciproque. Il n'est pas venu à l'idée du législateur d'appliquer la réciprocité au devoir d'éducation, bien que dans des circonstances pénibles ,ce soit un devoir de piété filiale.

304. Fondée sur le droit naturel, l'obligation alimentaire a été consacrée législativement par une disposition formelle de notre loi actuelle. Aucune limite d'âge n'a été fixée par le législateur pour l'exercice de l'action des parents. Elle résulte du seul fait de la paternité, et elle prend naissance dès que les besoins nécessaires à la vie se font sentir, quelles que soient du reste les circonstances qui aient mis les parents dans l'impossibilité de pourvoir eux-mêmes à leur propre subsistance. Et il n'est pas nécessaire pour l'exercice de cette action que les parents soient dans un état complet de dénûment : les choses doivent s'entendre humainement. Un revers de fortune qui diminurait d'une manière tellement notable les biens personnels des parents que ceux-ci seraient d'un jour à l'autre exposés à tomber dans la plus

profonde misère ; un accident qui les mettrait dans l'impossibilité, même temporaire, de subvenir par leur travail à leurs besoins journaliers, suffisent pour que les enfants doivent les aliments. Le fils ne saurait être admis à alléguer l'imprévoyance, l'incapacité ou la mauvaise conduite de ses parents. Car il est d'un intérêt public supérieur que chaque membre de la société ait à sa disposition les moyens nécessaires de se conserver.

305. Tous les auteurs admettent que les aliments comprennent non-seulement la nourriture proprement dite, mais aussi les vêtements, l'habitation, les soins et remèdes en cas de maladie et de vieillesse. Cette obligation est proportionnée d'une part à la fortune personnelle des enfants, et d'autre part aux besoins des parents. Art. 208. Et le rang que les parents occupent dans la société, leur habitude de vivre, la gravité de la maladie dont ils peuvent être atteints, les soins qu'exige une longue vieillesse, déterminent l'étendue de l'obligation des enfants. D'un autre côté, la demande des parents ne doit pas être exagérée, et les père et mère qui auraient vécu dans l'opulence seraient mal venus à demander de quoi reprendre le même train de vie à des enfants qui suffiraient à peine à leurs besoins quotidiens par un pénible travail.

306. La loi établit la réciprocité de la dette alimentaire. Le fils qui par conséquent se trouverait dans les cas énoncés plus haut est admis à faire valoir sa demande en observant les règles ci-dessus indiquées. Les mêmes motifs d'ordre public se reproduisent ici. La loi déclare en outre que les parents satisfont pleinement aux prescriptions légales en s'offrant à recevoir, nourrir et entretenir dans leur demeure l'enfant auquel ils doivent des aliments. La maison paternelle doit être considérée en effet comme la demeure naturelle de l'enfant. Néanmoins, les circonstances peuvent être telles que l'enfant ne puisse vivre au domicile des parents. En ce cas, les tribunaux apprécient souverainement les motifs qui empêchent le fils d'accepter les offres de son père. En effet, la position sociale soit du père soit du fils est à considérer. On doit également faire attention au genre de vie de l'un et de l'autre, à leurs mœurs, convenances et habitudes.

307. Mais alors que le père s'offrant à recevoir l'enfant à la maison doit être dispensé de payer une pension alimentaire, le fils ne peut, en faisant des offres semblables s'affranchir de l'obligation que lui a imposée la loi. Art. 211. On a craint de porter atteinte à la dignité paternelle, et de diminuer la majesté, le prestige dont ce pouvoir doit être entouré.

B. TUTELLE DES PÈRE ET MÈRE.

308. Après la dissolution du mariage, le survivant des deux époux est tuteur de plein droit de ses enfants mineurs non émancipés. La puissance tutélaire se substitue ainsi à la puissance paternelle. Nous nous trouvons ainsi en présence d'une autre autorité de famille, qui par conséquent est en dehors de notre sujet. Nous ne pouvons toutefois nous dispenser d'en dire un mot, et d'indiquer au moins les principes et les raisons qui l'ont fait substituer à l'administration légale.

La mort de l'un des deux époux prive le survivant de l'influence salutaire sur l'administrateur que lui donnait son titre de père ou de mère : cette surveillance bienfaisante a disparu. Ensuite la mort de l'un des époux a généralement pour effet d'agrandir la fortune de l'enfant, de créer par suite en faveur de celui-ci des intérêts nouveaux, distincts, et même opposés à ceux de l'époux survivant. Aussi la loi a-t-elle entouré l'enfant de nouvelles garanties. Une hypothèque légale grève les biens de la personne qui a la tutelle ; un subrogé tuteur augmente encore cette protection.

C. DROIT DES PARENTS DE DÉFÉRER LA TUTELLE.

314. Le droit individuel de choisir un tuteur, parent ou même étranger, n'appartient qu'au dernier mourant des père et mère. Art. 397. La loi a ainsi permis que l'époux qui exerçait la puissance sur la personne et les biens de l'enfant pût se choisir un successeur. Elle autorise le choix d'un tuteur même en dehors du cercle de la famille, et laisse tomber les présomptions d'amitié et d'intérêt d'après lesquelles elle défère la tutelle.

315. La loi confère ce droit aux pères et mères comme tels. Mais ce n'est qu'au dernier mourant. Toutefois la nomination serait valablement faite même pendant le mariage par celui des époux dont le conjoint serait déclaré absent ; car tous ceux qui ont des droits subordonnés au décès de l'absent peuvent les exercer. Art. 143, in fine. On rentre, au fond, dans l'art. 397 : le déclaré absent étant légalement supposé mort (Marcadé, sur les art. 397 et suiv., n° 188).

SECONDE PARTIE.

Sommaire.

316. Nous considérons maintenant notre tâche comme à peu près terminée. Notre but était de suivre la filiation historique des principes si divers qui ont servi de fondement à la famille, et d'essayer de découvrir les lois qui la régissaient.

Pour ce qui regarde spécialement cette seconde partie de la période française, on peut pour ainsi dire prévoir quels seront les règles générales qui dirigeront l'autorité paternelle dans ses rapports avec les biens soit du fils, soit du père. En effet, les principes posés par les hommes de la Révolution, et appliqués en grande partie par les législateurs de la période consulaire, paraissent presque tous nés de l'intérêt de l'enfant. Il en résultera donc les conséquences suivantes. Non-seulement le fils n'est plus un instrument d'acquisition pour le père, puisque la personnalité de celui-ci a été enfin reconnue ; mais le législateur a même imposé au chef de famille l'obligation d'administrer les biens de l'enfant. Ceci paraissait tellement évident et découler d'une manière si naturelle du système général dans lequel on avait conçu l'autorité paternelle, que l'on n'avait pas cru nécessaire de le formuler en articles de loi.

En second lieu, les motifs qui ont déterminé le législateur à substituer des garanties légales aux garanties naturelles dont l'enfant se trouve privé par la mort de sa mère (1), laissaient bien entendre qu'il s'était inspiré de l'intérêt de l'enfant, reconnu comme principe essentiel.

Ces deux points ne paraissent donc pas douteux (2).

En troisième lieu, l'usufruit qu'on attribuerait au père sur les biens de ses enfants pouvait être à bon droit considéré comme une légitime compensation des soins et de l'éducation que le père doit donner à ses enfants. Mais pour que la propriété ne fût pas un vain mot entre les mains du fils, il fallait en limiter la durée à un âge où celui-ci voit croître ses besoins, où son indépendance commence à poindre, et sa personnalité va se détacher de plus en plus. Il ne fallait pas non plus que cet usufruit retardât l'émancipation que le père pouvait conférer à son fils, ou son consentement au mariage qui a également pour effet l'émancipation.

En quatrième lieu, la prohibition de l'exhérédation étant fermement maintenue, puisque l'égalité du partage était un principe décidément admis en matière successorale, il restait à fixer d'une manière définitive la quotité disponible et par contre les droits des enfants sur les biens de leurs parents ou leur réserve. Réciproquement, on devait également déterminer les droits des parents sur les biens de leurs enfants et créer la réserve légale.

Tels sont en effet les points principaux que l'on rencontre dans l'étude de la puissance paternelle avec les biens.

Ce rapide aperçu général suffit pour faire apercevoir l'abondance de la matière, et l'intérêt que présente son étude. Mais notre travail serait plutôt exégétique qu'historique, si nous l'entendions ainsi. Or nous avons préféré lui donner ce dernier caractère, nous inspirant surtout du précepte d'un illustre publiciste. *Il faut éclairer les lois par l'histoire et l'histoire par les lois.* Nous nous contenterons donc d'esquisser à grands traits les principales institutions que nous venons d'énumérer.

---

(1) A. AUBRY. *De l'administration légale du père pendant le mariage,* dans la *Revue du droit français et étranger,* tome 1er, 1844, page 664.

(2) Ce n'est en effet que sur l'observation du Tribunat, que les articles 389 et 390, relatifs à l'administration et à la tutelle légales, furent insérés dans le Code.

SECTION PREMIÈRE.

Administration légale et usufruit des père et mère.

317. Le père est durant le mariage administrateur des biens personnels de ses enfants mineurs. Il est comptable, quant à la propriété et aux revenus, des biens dont il n'a pas la jouissance ; et quant à la propriété seulement de ceux des biens dont la loi lui donne l'usufruit. Art. 389.

Voilà ce que nous apprend la loi sur l'administration du père. La doctrine a naturellement essayé de suppléer à l'insuffisance du texte.

Un point sur lequel il n'y a plus de doute, c'est la différence de l'administration légale et de la tutelle légale qui suit. Car d'un côté l'art. 389 eût été inutile ; de l'autre, ainsi que le fait remarquer M. Aubry (*ibid.*, page 661), la tutelle du père, au lieu de ne s'ouvrir qu'à la dissolution du mariage, aurait commencé au moment où l'enfant a des biens personnels. Les biens du père ne seront donc pas grevés d'hypothèque légale de ce chef, art. 2121, 2°.

Ce point admis, on suit généralement la règle suivante. On examine quelles sont les dispositions relatives à la tutelle qui sont susceptibles d'être étendues à l'administration légale (M. Aubry). On place à côté de cette règle le principe qu'elle est un attribut et une conséquence de la puissance paternelle. La combinaison de ces deux idées et l'application qui doit en être faite avec réserve aux divers cas qui se présentent permettent d'arriver à des solutions à peu près satisfaisantes, mais qui sont loin d'avoir la solidité de celles qui s'appuient sur des textes législatifs.

Cette administration appartient au père tant qu'il exerce le pouvoir paternel, mais seulement pendant le mariage. Elle lui est même imposée par la loi, comme compensation des avantages que lui confère l'autorité paternelle. Il ne peut pas plus s'en affranchir que de l'administration des biens de son épouse, car elle résulte de la paternité comme celle-ci du mariage.

Il n'a point de subrogé tuteur. Il n'est pas non plus soumis au contrôle du Conseil de famille en ce qui concerne les actes de pure administration (1).

On considère les actes de disposition comme étant en dehors des pouvoirs

---

(1) Arg. Art. 420. « Il faudrait, observait le Tribunat, que le père fût sous la surveillance d'un subrogé tuteur et sous la dépendance d'un conseil de famille, ce qui répugne à tous les principes constamment reçus. »

du père administrateur (1). Toutefois, si ces actes étaient évidemment favorables au mineur, l'homologation des tribunaux habiliterait le père (2). On assimile aux actes de disposition la constitution d'hypothèque, l'acceptation de succession, le partage, l'emprunt, et enfin la transaction (3).

Enfin on ne peut plus permettre au père de faire des donations, ni de compromettre. Ces deux actes en effet blessent trop profondément l'intégrité du patrimoine du mineur, qu'on doit en définitive lui conserver (4).

L'administration paternelle s'éteint avec la puissance ; l'interdiction du père, la majorité et l'émancipation y mettent également fin. M. Aubry admet également (et nous partageons sa manière de voir) qu'en cas d'inconduite notoire, d'incapacité ou d'infidélité du père dans la gestion, l'enfant peut recourir aux tribunaux ; car, dit cet auteur, il n'est pas d'autorité si élevée qu'elle puisse être qui ne soit soumise à un contrôle, à une surveillance quelconque.

Un dernier point nous reste à examiner rapidement. Il s'agit de l'apposition à une libéralité faite à l'enfant de la clause qui exclut l'administration légale du père. Ceux qui admettent avec nous que l'intérêt des enfants forme la base de l'autorité paternelle, n'hésiteront pas à reconnaître que cette clause est valable. Ce serait en effet priver l'enfant d'une disposition qui peut être d'une grande valeur. Du reste, l'administration légale ne peut être considérée comme un attribut essentiel de la puissance paternelle, bien que la loi l'impose au père comme obligation à laquelle il ne peut se soustraire de sa propre autorité. Elle s'éteint en effet avec le mariage, pour être remplacée par la tutelle. De plus, l'exclusion ou la destitution de la tutelle laissent subsister la puissance paternelle, essentiellement distincte du pouvoir tutélaire. Enfin, circonstance décisive pour nous, l'art. 1388, que ne manquent pas d'invoquer ceux qui ne partagent pas la doctrine que nous exposons, doit se retourner contre eux, puisqu'il ne défend de déroger qu'aux droits *sur la personne* de la femme et des enfants. Or l'administration légale ne s'exerce que *sur les biens.*

Terminons en tirant du principe que toute autorité suppose une responsa-

---

(1) M. AUBRY, *ibid.,* p. 671.

(2) Cf. Art. 457 avec les art. 953 et 954 du Code de Procédure ; V. aussi art. 454, § 1° et Marcadé, sur l'art. 389.

(3) Art. 457 et 2126 combinés ; Art. 461 et 776 combinés ; art. 465 et suiv. et 838 combinés ; art. 437 ; enfin art. 2045, § 1°.

(4) M. AUBRY, *ibid.,* p. 680.

bilité, des limites et un contrôle, l'obligation pour le père d'administrer en bon père de famille et de rendre compte de sa gestion. Cf. les art. 469, 471, 473 et 450, § 2.

b. Usufruit légal.

318. La loi accorde aux père et mère l'usufruit des biens de leurs enfants. C'est une compensation des soins que l'éducation de ceux-ci exige des parents et des peines que leur coûte l'administration de leur patrimoine personnel. Sa nature en fait un droit personnel à l'époux qui l'exerce : il ne finit donc pas avec le mariage, mais il est attribué à l'époux survivant. D'un autre côté, il ne remonte jamais aux aïeuls. Ici, comme ailleurs, on trouve le père comme premier appelé à exercer ce droit. La mère a cette jouissance quand elle exerce la puissance paternelle (1).

319. L'usufruit porte sur tous les biens meubles ou immeubles des enfants. Il frappe la propriété et ses démembrements, comprend les fruits naturels ou civils, même un autre usufruit établi au profit des enfants, comme aussi les arrérages d'une rente constituée sur la tête de ceux-ci.

Mais certains biens sont soustraits à cet usufruit.

Ce sont 1° les biens acquis par un travail et une industrie séparés. Il n'est pas nécessaire qu'il y ait habitation différente et hors de la maison paternelle. Il faut et il suffit que le travail soit personnel au fils, et son labeur distinct. Le fils, toutefois, tout en acquérant la propriété de ces biens, n'en a pas la libre disposition, car l'administration en reste toujours au père qui en est comptable quant à la propriété et quant aux revenus. Art. 389, in fine.

2° Les biens donnés ou légués avec clause privative d'usufruit. Si la clause est douteuse, on revient à la règle générale, qui est l'existence de l'usufruit.

3° Les biens que les enfants ont recueillis de leur chef dans une succession dont le père ou la mère ont été écartés comme indignes. Art. 730.

4° Enfin les biens composant les majorats. Avis du Conseil d'État, 30 janvier 1811.

320. Les charges de cet usufruit sont :

1° Celles auxquelles sont tenus tous les usufruitiers : l'inventaire, la conservation de la substance des biens, leur entretien, la jouissance en bon père de famille, le paiement des intérêts dus, etc. Art. 385, § 1. Voy. aussi art. 600 à 616.

_____

(1) Réal, *Exposé des motifs*, cité par Dalloz, v° Puiss. pat., n°^s 18 et suiv., page 557 de son *Répertoire*.

2° La nourriture, l'entretien et l'éducation des enfants selon leur fortune, Art. 385, § 2. Cette obligation ne se confond pas avec celle que nous avons déjà étudiée plus haut, en traitant de l'éducation, §§ 256 et suiv. ; car c'est la fortune de l'enfant qui sert ici de point de départ (1).

3° Le paiement des arrérages de rentes, ou intérêts des capitaux. On comprend dans cette catégorie les intérêts ou arrérages même échus et qui n'auraient pas été payés régulièrement par annuités.

4° Les frais funéraires et ceux de dernière maladie de la personne dont la succession procure cet usufruit.

321. Voyons comment l'usufruit s'éteint. Cette jouissance prend fin dans les circonstances suivantes :

1° L'émancipation, expresse ou tacite. Art. 384, in fine. Si elle est révoquée, l'usufruit renaît.

Nous ne pensons pas que les créanciers du père usufruitier soient admis à critiquer l'émancipation comme étant un acte qui leur porte préjudice. On ne peut en effet soutenir que le père émancipe pour faire tort à ses créanciers, pas plus qu'il ne donne son consentement au mariage de ses enfants dans le même but.

2° Quand les enfants ont atteint l'âge de dix-huit ans.

3° La mort de l'enfant.

4° La mort du survivant des père et mère. Art. 384 et 617.

5° La condamnation entraînant déchéance de la puissance paternelle, pour avoir excité ou favorisé la débauche des enfants. Art. 334 et 335 du Code pénal.

6° Le convol de la mère en secondes noces. Signalons à cet égard l'erreur dans laquelle est tombée la jurisprudence quand elle a décidé que la femme *non remariée*, mais qui vit dans un état d'impudicité notoire, doit perdre cet usufruit. Nous sommes en effet ici en présence d'une loi restrictive qu'on ne peut, sous peine de violer les règles les plus élémentaires de l'interprétation interpréter *lato sensu*. Ce correctif serait peut-être à désirer. Mais

---

(1) On trouve dans les annales de la jurisprudence l'exemple d'un père de famille usufruitier qui n'avait pas rempli ses devoirs à cet égard, et avait constamment employé l'enfant à des travaux domestiques les plus grossiers. Il fut tenu de restituer tout ce qu'il avait reçu en vertu de la jouissance légale. Cassat., 23 avril 1817, aff. Salicé, DALLOZ, *Répert. alph.* V° PUISS. PAT., n° 127, et V° MINORITÉ, n° 729, 4°.

l'ancien adage du Palais et de l'Ecole *nulla pœna sine lege* ne doit point être oublié.

7° La renonciation à la jouissance légale. L'usufruit étant en effet une offre faite aux parents par la loi et nullement de l'essence de la puissance paternelle, ceux-ci peuvent valablement y renoncer. Art. 6 et 1388 combinés. Toutefois cette renonciation peut être critiquée par les créanciers du renonçant. Art. 622, 1167 et 2093 combinés.

8° L'abus de jouissance. Car l'usufruitier doit jouir en bon père de famille. Cette cause d'extinction n'agit pas de plein droit, mais elle est prononcée par la justice, qui jouit en cette circonstance d'un pouvoir d'appréciation assez étendu. Cf. art. 602 et 603.

9° Le défaut d'inventaire. Art. 1442, § 2. Toutefois cette déchéance ne frappe que les époux communs en biens.

Telles sont les cas d'extinction de l'usufruit légal que reconnait la législation actuelle.

A côté d'elles, nous devons mentionner deux causes de déchéance qui n'existent plus : le divorce et la mort civile.

a). L'usufruit paternel n'avait pas lieu au profit de celui des père et mère contre lequel le divorce avait été prononcé : car, disait Réal, celui contre lequel le divorce a été prononcé, a, par un délit grave, brisé les nœuds les plus sacrés ; pour lui il n'y a plus de famille. Cette disposition existait déjà en vertu de la loi du 20 septembre 1792 ; elle fut reproduite par le Code, art. 386. L'interprétation littérale de l'art. 384 conduirait à dire que le divorce n'avait pas pour effet de transmettre cet usufruit à la mère, puisque après le prononcé du divorce elle n'est pas *survivante*. Mais ici le législateur a statué sur le *plerumque fit* : le cas le plus fréquent de dissolution du mariage étant la mort, même sous l'empire d'une législation qui admet le divorce. Notons aussi que notre article emploie les expressions « après la dissolution du mariage. » Or le divorce produisait bien cet effet.

b) Nous pensons que l'on doit raisonner de même pour le cas de mort civile. Un point non douteux c'était l'extinction de l'usufruit sur la tête du condamné ; cet usufruit étant une dépendance de la puissance paternelle, qui est éteinte par suite de cette condamnation. La mort civile ayant comme le divorce pour effet de dissoudre le mariage, on devait décider que l'usufruit légal était transmis en ce cas à la mère.

Ces questions n'ont plus qu'un intérêt historique, puisque les lois qui les faisaient naitre sont abrogées (1). Mais si conformément au vœu général des publicistes les plus autorisés et des criminalistes les plus savants on a aboli la mort civile qui déshonorait nos Codes, peut être un jour rapportera-t-on la loi abolitive du divorce, lequel garantit réellement la moralité des familles et paraît devoir être considéré comme un remède à de plus grands maux. Une partie alors de ces discussions acquerrait une certaine importance pratique.

c) Une dernière observation pour terminer cette section de l'usufruit légal. L'extension de la disposition légale privative d'usufruit au cas de séparation de corps serait aussi arbitraire qu'au cas d'inconduite notoire dont nous parlions tout à l'heure. Les mêmes raisons doivent la faire repousser ; de plus on doit observer que la séparation de corps laisse subsister le mariage.

Rapports de l'autorité paternelle avec la quotité disponible.

322. Nous avons à mentionner ici 1° la réserve légale des père et mère, c'est-à-dire les droits des parents sur les biens de leurs enfants ; 2° la qualité disponible des parents, c'est-à-dire les droits des enfants sur les biens de leurs parents, et accessoirement le partage d'ascendants et la substitution, qui sont des formes de disposer spécialement réservées aux ascendants.

La famille se rapprochant de plus en plus de la nature et les liens du sang qui unissent les membres se resserrant davantage, la loi moderne, suivant en ceci les plus antiques traditions nationales, a restreint dans une certaine mesure la faculté naturelle du propriétaire de disposer de ses biens comme il l'entendait. Les rapports de famille ont fait ainsi frapper d'indisponibilité au profit des ascendants et des descendants une partie de leur patrimoine.

a). 323 *Réserve des père et mère.* Chacun des père et mère a une réserve fixée au quart des biens de l'enfant. Celui-ci ne peut donc disposer de plus de la moitié de ses biens, si à défaut d'enfant, il laisse à sa mort son père et

(1) La loi du 8 mai 1816 abolit le divorce ; celle du 31 mai 1854 abolit la mort civile.

sa mère. S'il ne laisse que l'un d'eux, il peut disposer des trois quarts. Art, 915 et 916.

Quand la réserve des parents est entamée, il naît à leur profit le droit de réduction. Art. 920.

b) 324. *Réserve des enfants.* Le fils unique a droit à la moitié des biens de chacun de ses père et mère.

Deux enfants ont droit aux deux tiers pour les deux.

Trois enfants ou plus ont droit aux trois quarts.

Il ne saurait donc plus être question d'exhérédation. Si cette expression est encore parfois employée dans le langage vulgaire, sa signification juridique est bien peu redoutable maintenant ; la quantité de biens qui peut être soustraite aux enfants diminuant à mesure que le nombre de ceux-ci augmente. On n'a pas voulu que le père pût de sa propre autorité diminuer tout d'un coup d'une manière trop forte une fortune que les enfants s'étaient presque habitués à regarder comme leur appartenant.

Les enfants ont comme les parents le droit de faire réduire les libéralités faites à leur détriment.

c) 325. *Partage d'ascendants.* C'est la faculté qu'ont les parents de faire eux-mêmes le partage de leurs biens entre leurs enfants. Elle offre l'avantage précieux de prévenir ces querelles fâcheuses qui divisent souvent pour la vie les membres d'une même famille. Le partageant peut aussi répartir dans l'intérêt des enfants les différents biens qui composent son patrimoine, en faisant à chacun son lot suivant ses goûts, sa profession, ses aptitudes pour tel ou tel genre de vie.

d) 326. *Substitution faite par les parents.* Les parents qui désirent assurer le bien-être de leurs enfants et de leurs petits enfants peuvent faire parvenir leur fortune à ces derniers, sans néanmoins priver complétement leurs enfants. La loi leur permet de disposer de leur quotité disponible en faveur de leur enfant, à charge de la conserver jusqu'à sa mort et de la rendre à ce moment à ses enfants nés ou à naître. Art. 897, 1048 et suiv.

RÉSUMÉ.

327. La loi actuelle donne aux parents une autorité dont les éléments se décomposent ainsi :

I. *a* Droit de garde jusqu'à la majorité ou l'émancipation, sauf l'exception regrettable de la loi sur le recrutement ;

b. Droit de correction ou de détention disciplinaire personnelle aux parents ou exercée sur leur demande à la Justice ;

c. Droit de consentir au mariage, à l'adoption, à l'entrée en religion, au choix de certaines carrières ;

II. *a*. Obligation de nourrir, entretenir et élever les enfants ;

b. Obligation de conserver l'autorité dont la loi les a revêtus.

c. Obligation à la dette alimentaire perpétuelle et réciproque.

III. *a*. Libération de la puissance paternelle par la majorité, l'émancipation et le mariage ;

b. Personnalité des enfants, distincte de celle du père qui leur permet l'acquisition d'un patrimoine séparé ;

e Obligation de témoigner à tout âge honneur et respect aux parents ;

328. On peut toutefois lui faire les reproches suivants :

a Oubli presque complet de la mère dans l'exercice de la puissance paternelle, le père étant vivant ;

b. Défaut d'harmonie entre la loi militaire et la loi civile relativement à la majorité ;

c. Utilité fort contestable des actes respectueux ;

Telle est dans son ensemble la loi qui nous régit actuellement.

330. En terminant, il eût été instructif de jeter un coup d'œil sur les législations étrangères et d'étudier chez les peuples voisins les progrès de la civilisation dans la famille. Cette étude de législation comparée pourrait même sembler nécessaire ; « car toute connaissance vraiment élevée est due à la comparaison, et repose sur la comparaison. » (1) Mais notre travail eût

(1) MAX MULLER. *La science de la religion*, trad. A. Dretz, Paris, Germer-Baillière 1873,

peut-être été trop considérablement augmenté, et le temps ne nous permet pas pour le moment d'entreprendre cette tâche.

Notre travail touche à sa fin, et nous espérons que nos efforts n'auront pas été stériles. Il ne faut pas d'ailleurs oublier — et nous lui avons dû un précieux encouragement dans le cours de notre tâche — ce précepte d'un maître illustre : *En aucunes choses peut-être, il n'est donné à l'homme d'arriver au but ; son mérite est d'y marcher* (1).

Hâtons-nous de conclure.

(2) GUIZOT, *Histoire de la civilisation en France*.

CONCLUSION.

---

331. Dans l'étude que l'on fait de l'histoire de la famille, on ne peut douter que la magistrature domestique ne subisse une influence notable de l'organisation politique et religieuse du peuple au milieu duquel elle fonctionne.

On observe d'abord une grande variété dans son étendue, et l'on trouve un plus ou moins grand nombre de personnes soumises à son pouvoir.

On constate ensuite qu'un nombre presque illimité de moyens sont mis à sa disposition pour se faire respecter.

Tels sont les divers aspects sous lesquels on peut envisager toute espèce de puissance sociale, et l'autorité paternelle en particulier.

Ce pouvoir domestique fut, selon les temps et l'âge des sociétés, plus ou moins redoutable.

Quand la société est à son premier âge, le chef réunit sur sa tête le pouvoir de famille et le pouvoir politique. Il rend la justice et exécute parfois ses sentences : ces deux pouvoirs sont confondus.

Mais avec les progrès de la civilisation, la société semble se trouver jalouse des prérogatives du père ; la loi et l'État revendiquent le droit de juridiction, et l'autorité paternelle est alors resserrée dans un cercle plus étroit. On la voit ainsi décroître à mesure que s'agrandit le pouvoir social. On constate donc que l'autorité domestique est dans un rapport intime avec la société, elle s'harmonise avec le pouvoir central, quand elle n'est pas à son tour absorbée par celui-ci ; elle se plie enfin aux mœurs régnantes.

La famille romaine forme un petit corps politique et religieux. Elle puise dans son sein tous les pouvoirs, qu'elle concentre dans la main puissante du chef. Celui-ci est magistrat dans toute l'acception du mot. Il exerce le pouvoir judiciaire ; il est armé du droit de vie et de mort. Il agrandit ou resserre le cercle de son autorité, sans paraître tenir grand compte des liens formés par la nature. La personne de tous les membres de la famille est comme absorbée par celle du chef ; l'individualité n'apparaît qu'avec le Christianisme, mais se fait difficilement jour chez le Romain, alors corrompu et égoïste.

Les Gaulois et les Germains s'assimilèrent plus facilement les idées de liberté, d'indépendance et d'individualisme. L'enfant chez eux fut de bonne heure une personne sur laquelle ils comptèrent pour augmenter le nombre des combattants qui venaient se ranger sous la protection d'un chef. En l'absence de pouvoir central, leurs traditions tendirent dans leur développement à se rapprocher du droit naturel et formèrent le noyau précieux qui contenait en germe les mœurs et la vie de famille. Cette heureuse influence ne put se faire sentir dans le Midi, qui conservait avec jalousie les vieux principes romains.

Mais la féodalité, née de la conquête de la terre et de la nécessité de la défense du fief, sacrifia tout à ses exigences militaires. Autour du puissant feudataire se pressent ses serfs, ses colons et ses hommes de combat ; le fils apprend le dur métier des armes en guerroyant avec le père autour du manoir. Le baron est le chef absolu de tout ce qui vit et respire dans les limites du domaine. Il ne reconnaît d'autre supériorité qu'un voisin plus puissant. On voit alors apparaître deux classes bien distinctes. En haut le chef féodal ; en bas les serviteurs sur lesquels le maître a pris tous droits. Si, au nom de l'amour et de la fraternité chrétiennes, le clergé ne s'éleva pas autant qu'il l'aurait dû contre une telle abjection, c'est qu'il se laissa corrompre lui-même et exerça les mêmes droits qui, quoique moins rigoureux, subsistèrent précisément plus longtemps.

Le privilége n'exploita pas seulement les classes inférieures. Il dépouilla même au sein de la famille certains de ses membres qui étaient nés trop tard, ou qui n'étaient pas de sexe masculin. Cet état de choses parut tellement nécessaire à la conservation de l'ordre social, qu'il dura plusieurs siècles. Les classes non nobles, sauf la haute bourgeoisie et notamment celle de Paris, ne se laissèrent point envahir ; elles conservèrent au contraire les traditions d'égalité et d'indépendance des premiers siècles : ce qui marqua une différence profonde entre le droit coutumier et le droit féodal.

Quand éclata au onzième siècle le grand mouvement de l'émancipation communale, la royauté encouragea le peuple dans les efforts vigoureux qu'il faisait pour conquérir sa liberté ; mais elle ne leur permit point de toucher aux priviléges, soutien commun de la royauté et de la féodalité. La masse du peuple ne faisait donc que changer de maître, malgré l'octroi de quelques franchises communales ; et le despotisme seigneurial qui s'exerçait souverainement, même sur les droits de famille, fut remplacé par la volonté toute puissante du roi, qui se mit parfois même au-dessus des lois.

89 enfin fit pénétrer la liberté jusqu'au sein de la famille, et proclama l'égalité naturelle de ses membres.

Le CODE CIVIL couronne les efforts de tant de siècles en érigeant en loi le principe de la protection et de l'intérêt dus aux enfants. Il consacre et fait respecter la liberté et l'individualité humaines, en substituant au despotisme paternel séculaire le règne de la loi appliquée désormais par une magistrature impartiale. Il trace enfin la ligne de démarcation précise qui indique les limites du pouvoir paternel et rappelle éloquemment aux enfants le devoir d'honneur et de respect. Le père, qui à diverses époques a été sous la dépendance d'un autre chef de famille, d'un seigneur féodal, ou même d'un roi, n'a plus d'autre maître que la loi. Les enfants longtemps considérés comme un instrument d'acquisition au profit du père, courbés sous l'omnipotence d'un chef, exposés à l'emprisonnement arbitraire, « jetés » par l'égoïsme aristocratique du père, au couvent ou à l'église, sont maintenant sous la sauvegarde et la garantie formelle d'une loi qui repose sur les vrais principes philosophiques et législatifs consacrés par la Révolution.

CORRECTIONS ET ADDITIONS.

1. C'est par inadvertance, que nous avions fait de Paul Orose, un historien grec (Voy. § 30, page 32). Cet auteur, qui vivait au Ve siècle, écrivit un ouvrage qu'on suppose avoir été intitulé *De miseriâ hominum* et qui fut publié sous le titre *Historiarum adversùs paganos libri VII*. L'ouvrage va jusqu'en 316. Voyez du reste la *Bibliotheca latina* de J.-Alb. Fabricius, Tome II. L'histoire ecclésiastique de Sozomène a été publiée par Migne, Tome 67 de la Patrologie grecque. Voy. aussi Fabricius, Tome VI de sa *Bibliotheca græca* et les *Historici græci* de Rob. Estienne. Ces deux auteurs anciens sont cités : le premier, par M. de Fresquet, dans sa monographie *Du tribunal de famille chez les Romains ;* le second, par Troplong, dans son *Mémoire sur l'influence du Christianisme sur le droit civil des Romains.*

2. Le texte de Macrobe cité à la quatrième note de la page 35 doit être rétabli ainsi : « Arbores quæ inferum deorum avertentiumque in tutela sunt eas infelices nominant : alternum sanguinem, filicem, ficum atram quæque baccam nigram nigrosque fructus ferunt, itemque acrifolium, pirum silvaticum, ruscum, rubum, sentesque quibus portenta prodigia mala comburi jubere oportet.

3. C'est au troisième livre des *Annales* de Tacite qu'il faut chercher la note de la page 47. On trouve aussi dans ce même livre, au § 28 : Ut si à privilegiis parentum cessaretur, velut parens omnium populus *vacantia* teneret.

4. Il faut supprimer à la page 93, 6e ligne, la phrase qui commence par ces mots : L'autorisation du père de famille...... »

5. Au § 155, dernière phrase du 1er alinéa, supprimez « mais ».

6. Lisez à la fin du § 189, page 196 : « Même les meubles et les biens immobiliers ne pouvaient, *par* lui, être aliénés volontairement. »

7. Lisez ainsi la dernière phrase du § 215, page 212 : « On voit par là avec quelle rigueur les juristes de ces pays appliquaient la *lettre* du droit romain qui aurait dû leur paraître une *législation.*

ERRATA.

§ 3, ligne 6, lisez : *au* législateur.

§ 39, ligne 12, lisez : n'est pas *capable*.

Page 65, ligne 3, lisez : *nobis* ipsis.

§ 95, ligne 4, et § 119 *a* lignes 6 et 7, lisez : *Théodose*.

§ 120, dernière phrase de la lettre A, lisez : Nous *renvoyons*.

Page 133, note 2. La date de l'ouvrage d'Ayrault est 1597.

Page 138, ligne 3 en remontant, au lieu de « Les droits de *celui-ci* »,
 lisez : « Les droits de *ce parent* ».

Page 197, ligne 13, lisez : Influence de la *législat.* canon.

§ 200, ligne 2. lisez : La dignité *et* la personalité.

§ 219, première ligne, supprimez « qui ».

Page 220, ligne 14, lisez : Les moyens de détruire *tout* ce qui..,

§ 231, première ligne, lisez : *s'éleva*.

Page 236, ligne 11, supprimez « ne ».

§ 254, ligne 17, lisez : *tomba*.

Page 244, ligne 19, lisez : La loi actuelle *en* faisant...

§ 250, ligne, 6, supprimez « Art. 1384, 2 ».

Page 275, ligne 5, lisez : Enfin on ne peut *pas* plus....

Page 281, note 1, lisez : Trad. A. Dietz.

TABLE-SOMMAIRE

19

CHAPITRE DEUXIÈME. — EFFETS DE L'AUTORITÉ PATERNELLE.

SECTION TROISIÈME. — AUTRES ATTRIBUTS DU POUVOIR PATERNEL.

SECTION QUATRIÈME. — DROITS ET OBLIGATIONS DES PARENTS ET DES ENFANTS
COMME TELS.

SECTION CINQUIÈME. — DROIT PRATIQUE.

CHAPITRE TROISIÈME. — EXTINCTION DE LA PUISSANCE PATERNELLE.

SECTION PREMIÈRE. — MODES D'EXTINCTION.

DEUXIÈME PÉRIODE

Ancien droit français.

CHAPITRE PREMIER. — TEMPS ANTÉRIEURS A L'ANCIEN DROIT PROPREMENT DIT.

SECTION PREMIÈRE. — LA GAULE.

CHAPITRE DEUXIÈME. — L'ANCIEN DROIT.

SECTION PREMIÈRE. — DROIT GÉNÉRAL DU ROYAUME.

SECTION DEUXIÈME. — DROIT COUTUMIER.

SECTION TROISIÈME. — DROIT ÉCRIT.

TROISIÈME PÉRIODE

La Révolution et le Code civil.

CHAPITRE PREMIER. — LA RÉVOLUTION.

CHAPITRE DEUXIEME. — LE CODE CIVIL.

PREMIÈRE PARTIE.

Effets de l'autorité paternelle sur la personne des enfants.

SECONDE PARTIE.

L'autorité paternelle dans ses rapports avec les biens.

www.ingramcontent.com/pod-product-compliance
Lightning Source LLC
Chambersburg PA
CBHW060422200326
41518CB00009B/1449